Luc
Beauregard

AUTRES OUVRAGES PUBLIÉS

De Jacqueline Cardinal et Laurent Lapierre

- *Noblesse oblige. L'histoire d'un couple en affaires. Philippe de Gaspé Beaubien et Nan-b de Gaspé Beaubien*, Montréal, Éditions Logiques, 2006.
- *Jacques Duchesneau. Sur le qui-vive. L'audace dans l'action*, Montréal, Éditions Logiques, 2006.
- *Pierre Jeanniot. Aux commandes du ciel*, Québec, Presses de l'Université du Québec, 2009.
- *Guy Coulombe. Le goût du pouvoir public,* Québec, Presses de l'Université du Québec, 2011.

De Laurent Lapierre

- *Imaginaire et leadership,* Tome I, 1992, Tome II, 1993, Tome III, 1994, Montréal, Éditions Québec/Amérique.
- *Roland Arpin et le Musée de la civilisation* (en collaboration avec Francine Séguin et Geneviève Sicotte), Québec, Presses de l'Université du Québec, 1993.
- *Marcel Brisebois et le Musée d'art contemporain de Montréal (1985-2004)* (en collaboration avec Bernard Chassé), Québec, Presses de l'Université du Québec, 2011.
- *Simon Brault. Prendre fait et cause pour la culture* (en collaboration avec Laurence Prud'homme et Aurélie Dubois-Prud'homme), Québec, Presses de l'Université du Québec, 2011.
- *La subjectivité et la gestion*, Québec, Presses de l'Université du Québec, 2011.
- *On dirige comme on est*, Québec, Presses de l'Université du Québec, 2012.

Membre de L'ASSOCIATION NATIONALE DES ÉDITEURS DE LIVRES

Presses de l'Université du Québec
Le Delta I, 2875, boulevard Laurier, bureau 450, Québec (Québec) G1V 2M2
Téléphone : 418 657-4399 – Télécopieur : 418 657-2096
Courriel : puq@puq.ca – Internet : www.puq.ca

Diffusion/Distribution :

Canada et autres pays : Prologue inc., 1650, boulevard Lionel-Bertrand, Boisbriand (Québec) J7H 1N7
Tél. : 450 434-0306 / 1 800 363-2864

France : Sodis, 128, av. du Maréchal de Lattre de Tassigny, 77403 Lagny, France – Tél. : 01 60 07 82 99

Afrique : Action pédagogique pour l'éducation et la formation, Angle des rues Jilali Taj Eddine et El Ghadfa, Maârif 20100, Casablanca, Maroc – Tél. : 212 (0) 22-23-12-22

Belgique : Patrimoine SPRL, 168, rue du Noyer, 1030 Bruxelles, Belgique – Tél. : 02 7366847

Suisse : Servidis SA, Chemin des Chalets, 1279 Chavannes-de-Bogis, Suisse – Tél. : 022 960.95.32

JACQUELINE CARDINAL
LAURENT LAPIERRE

Luc Beauregard

BIOGRAPHIE

LE PARI DE LA VÉRITÉ

Presses de l'Université du Québec

Catalogage avant publication de Bibliothèque et Archives nationales du Québec et Bibliothèque et Archives Canada

Cardinal, Jacqueline

    Luc Beauregard : le pari de la vérité

    Comprend des réf. bibliogr. et un index.

    ISBN 978-2-7605-3345-5

1. Beauregard, Luc. 2. Cabinet de relations publiques National inc. – Histoire. 3. Relations publiques – Personnel – Québec (Province) – Biographies. 4. Leaders – Québec (Province) – Biographies. I. Lapierre, Laurent, 1940- . II. Titre. III. Titre : Pari de la vérité.

HD59.6.C3C37 2012   338.7'616592092   C2012-940041-6

Les Presses de l'Université du Québec reconnaissent l'aide financière du gouvernement du Canada par l'entremise du Fonds du livre du Canada et du Conseil des Arts du Canada pour leurs activités d'édition.

Elles remercient également la Société de développement des entreprises culturelles (SODEC) pour son soutien financier.

Mise en pages : INFO 1000 MOTS

Couverture · Conception : RICHARD HODGSON
       · Photographie : PIERRE THÉROUX, magazine *Entreprendre*

*La meilleure communication
est d'abord l'action.*

Luc Beauregard

REMERCIEMENTS

En premier lieu, il convient de remercier ici Luc Beauregard lui-même. Nous avons pu compter sur sa disponibilité, non seulement lors des nombreuses entrevues qui se sont échelonnées sur plus d'un an, mais aux différentes étapes de la production du livre. Nous espérons avoir été à la hauteur de la confiance qu'il nous a témoignée, des standards d'écriture du journaliste qu'il est toujours et des exigences graphiques de l'ancien chef de pupitre.

Marie-Jacqueline Ackad, son adjointe, a fait montre d'une patience et d'une efficacité sans faille en assurant le suivi, en plus de régler les détails fastidieux habituellement reliés à un tel projet. Nous lui en sommes extrêmement reconnaissants.

Nous avons demandé à Me Jean A. Savard (conjoint de Jacqueline Cardinal) de relire le manuscrit. Sa contribution de tous les instants est allée au-delà de nos attentes. Étant donné les aspects névralgiques de certains passages, il a fait une révision linguistique et éditoriale à la fois prudente et inventive, nous évitant des écueils dont nous ne soupçonnions parfois pas l'existence, et encore moins l'ampleur.

Nous nous sentons par ailleurs privilégiés de pouvoir compter sur une éditrice hors pair, en la personne de Céline Fournier. Elle et son équipe des Presses de l'Université du Québec ont fait un travail d'édition et de graphisme remarquable. Que chacun et chacune en soit remercié personnellement.

AVANT-PROPOS
La genèse d'un leadership d'affaires

« On ne naît pas leader, on le devient. » Dans le cas de Luc Beauregard, l'homme qui fonda le Cabinet de relations publiques NATIONAL en 1976, cette paraphrase du célèbre aphorisme de Simone de Beauvoir, référant à la femme, est tout à fait pertinente. Studieux, rangé et peu disert, rien chez l'élève appliqué de l'école Notre-Dame-de-Grâce ou chez l'étudiant des premières années au Collège Stanislas ne laissait deviner un tempérament de chef. Un peu moins rangé à l'adolescence, il fut élu trésorier de sa promotion en Première, équivalent de la rhétorique dans le système québécois d'alors.

Ce livre raconte la suite. D'abord pigiste au *Petit Journal*, puis journaliste à *La Presse* à la faveur de la démission surprise de Jean-Louis Gagnon parti fonder l'éphémère *Nouveau Journal*, il fit un bref séjour à Québec après deux courts passages marquants à Ottawa. Il devint conseiller spécial et attaché de presse du ministre unioniste Jean-Guy Cardinal à une époque où tout se construisait et se déconstruisait. Dans les mêmes années, il eut à vivre de très près l'enlèvement et la mort de Pierre Laporte, ministre dans le gouvernement Bourassa et ancien journaliste au *Devoir*.

Il retint de ces expériences diverses de précieux enseignements sur les écueils du journalisme parlementaire, sur l'influence croissante des mandarins fédéraux et provinciaux, et sur l'émergence des réseaux officiels et officieux d'information gravitant autour du pouvoir politique. De retour à Montréal, il est cofondateur de Beauregard Landry Nantel inc., conseils en communication, lorsque *La Presse* le recrute pour lui confier le redressement du *Montréal-Matin*. Acharné et têtu, Luc Beauregard redorera le blason journalistique du tabloïd montréalais qui battait de l'aile. Il y apprit à la dure à composer avec les âpres relations de travail des années 1970, particulièrement dans le secteur des journaux, et a été forcé, à contrecœur, de battre en retraite devant des décisions administratives qui pavaient la voie à l'attaque fatale de Pierre Péladeau armé de son populaire *Journal de Montréal*.

Vivre constamment sur la corde raide a ses limites. La fatigue physique et morale aidant, le hasard et les nécessités de sa vie de père de famille voulurent qu'il retraversât la frontière du journalisme, et Luc Beauregard se replia pour de bon vers une carrière de consultant en relations publiques. Son seul désir était alors de travailler en solitaire et de se débrouiller pour vivre confortablement, lui et une secrétaire, des quelques mandats que ses clients de plus en plus nombreux confiaient à sa petite entreprise nommée Luc Beauregard et associés inc.

Selon ses propres mots, sur ce plan-là, à tout le moins, il a échoué lamentablement, car NATIONAL est aujourd'hui le plus important cabinet de relations publiques au Canada. Présents dans dix des principales villes du Canada, plus de 300 professionnels de la communication, répartis dans six champs de pratique[1], y offrent toute la gamme des services[2]. Les dirigeants des plus grandes entreprises privées et publiques de secteur économique, sportif et culturel font régulièrement appel à NATIONAL (parfois en catastrophe !), sans compter les représentants de différents paliers de gouvernements (municipal, provincial et fédéral) aux prises avec des problèmes à gérer d'ordinaire ou d'urgence. On évalue le chiffre d'affaires du Groupe conseil RES PUBLICA, société mère de NATIONAL, à environ 60 millions de dollars par année. Aucune autre firme canadienne n'a jamais atteint cette taille dans ce domaine. NATIONAL et sa société sœur Cohn & Wolfe Canada comptent au total treize bureaux et 350 employés au Canada. NATIONAL a aussi des bureaux à New York et à Londres, œuvrant sous le nom d'AXON. Par des alliances stratégiques, NATIONAL s'appuie sur la force de frappe de milliers d'employés basés dans plus de 80 pays. Voilà un « échec » retentissant que plusieurs journalistes d'hier et d'aujourd'hui envient sans doute à leur ancien compagnon d'armes !

Un tel succès s'explique. Le style de leadership de Luc Beauregard, sa conception des relations publiques, son regard sur la liberté de presse et la démocratie, les valeurs sur lesquelles il a fondé la croissance de NATIONAL et la stratégie qu'il a déployée pour conquérir de nouveaux marchés méritaient qu'on s'y attarde. Toute entreprise est un peu le prolongement de son fondateur-dirigeant. Nous avons voulu voir comment le phénomène s'avérait dans cette réussite d'affaires exceptionnelle.

Avec la publication de ce nouvel ouvrage, la Chaire de leadership Pierre-Péladeau de HEC Montréal poursuit son programme de recherche sur le phénomène fuyant qu'est le leadership. Notre approche est résolument subjective et notre postulat de base est le suivant : le leadership vient de l'intérieur et il y a autant de formes de leadership qu'il y a de leaders. Bien sûr, de nos histoires de cas et de nos biographies, un certain nombre de constantes se dégagent. Une fois rendus dans des postes d'action, les leaders savent où ils vont, ils connaissent leurs forces et leurs faiblesses, ils ont le don de bien s'entourer, ils agissent plus qu'ils ne

---

[1] Champs de pratique : communication corporative, communication financière et relations avec les investisseurs, affaires publiques, communication marketing, communication dans le secteur de la santé et communication dans le secteur de la technologie.

[2] Services : recherche et analyse, planification et conseils stratégiques, relations médias, formation de porte-parole, relations gouvernementales, positionnement de marques et services de création, consultations publiques.

tergiversent et enfin, ils savent motiver leurs troupes. Mais chacun le fait à sa façon à la faveur de ses propres expériences intimes de l'exercice du pouvoir. Et c'est ce qui nous fascine et que nous voulons approfondir en tant que chercheurs.

Comme pour toute chaire universitaire, notre mandat est double. D'abord un volet recherche, que nous voulons exclusivement empirique, dont nous expliquons plus haut les raisons, et parallèlement, un volet pédagogique. Nous croyons toutefois, à la Chaire de leadership, que le leadership s'apprend, mais qu'il ne s'enseigne pas. Le mieux qu'un professeur puisse faire, et c'est notre position académique, est de susciter chez les étudiants le goût de développer leur propre potentiel unique de leadership, et ce, à leur façon. Nos travaux de recherche et de pédagogie, nos histoires de cas et nos biographies de leaders vont tous dans ce sens.

En outre, aux deux volets recherche et pédagogie, nous greffons un mandat de rayonnement qui se justifie par l'omniprésence du leadership dans nos sociétés. Nous croyons que par les problématiques et les réflexions qu'ils soulèvent, nos travaux peuvent être utiles non seulement à nos étudiants en gestion, mais à tout lecteur intéressé par le leadership, et ce, quel que soit son secteur d'activité. C'est pourquoi nous signons régulièrement des articles dans des journaux à large tirage en plus de ceux que nous publions dans des revues professionnelles ou arbitrées. Nos biographies de leaders, notamment celle que nous présentons ici, s'inscrivent dans cette démarche visant un large public. Chacune recèle son lot unique de leçons de vie, de gestion et de leadership. Et pour cause.

Nous avons en effet constaté à maintes reprises dans nos enquêtes sur le terrain, que les leaders dirigent comme ils sont, avec leurs qualités, leurs talents et leurs forces, mais également avec leurs défauts, leurs lacunes et leurs points faibles, dont ils doivent se rendre compte, et avec lesquels ils sont appelés à composer dans l'exercice de leurs fonctions et dans leurs rapports interpersonnels. Par le truchement des récits de vie que nous produisons (histoires de cas ou biographies), nous voulons inciter les lecteurs à faire un retour sur eux-mêmes et à décider si eux aussi sont prêts à passer à l'action, dans un milieu qu'il leur sera loisible de choisir en fonction de leurs talents, leurs intérêts ou toutes autres considérations professionnelles, familiales et personnelles. Ainsi aurons-nous contribué, du moins nous l'espérons, à ce qu'émergent des formes riches et variées de leadership, toutes forcément uniques.

Avant d'accepter de s'engager dans la production de cet ouvrage portant sur son cheminement de leader, Luc Beauregard a dû se laisser convaincre. Il ne voyait pas en quoi son parcours pouvait intéresser les étudiants de HEC et encore moins le public en général! Heureusement pour nous, pour nos étudiants et pour tout lecteur intéressé par l'éclosion et l'exercice d'un leadership d'affaires, il a fini par accepter, y voyant un bénéfice pour la petite histoire de l'entreprise qu'il a créée et pour les collègues qui y œuvrent. Il s'est ensuite prêté à nos entrevues[3] avec une ouverture et une disponibilité sans faille. En tant que chercheurs, nous avons également pu profiter d'une riche documentation remontant à ses premières années de journaliste et d'entrepreneur, ce qui nous a donné l'occasion d'explorer en profondeur son cheminement, tout en faisant œuvre utile du point de vue de l'histoire récente du Québec, y compris une dimension appuyée sur le journalisme des effervescentes années 1960-1975.

La carrière de Luc Beauregard étant associée de près à l'histoire du Québec et du Canada, nous avons inséré le récit de sa vie dans des contextes qui ont parfois fait dévier son parcours, nous obligeant ainsi à effectuer des recherches complémentaires poussées.

À cet égard, nous espérons que les apartés et les notes afférentes proposées en complément au récit permettront à nos étudiants d'approfondir leurs connaissances à ce chapitre. Quant à ceux et celles qui ont vécu cette période fascinante et parfois trouble, nous espérons qu'ils y trouveront de quoi s'en remémorer les moments les plus marquants et qu'ils éprouveront autant de plaisir que nous en avons eu à les faire renaître.

Jacqueline Cardinal
Laurent Lapierre

---

[3] Les entrevues ont eu lieu les 14 mai, 1er juin, 7 décembre et 21 décembre 2010, de même que les 15 mars, 17 mai, 26 juillet, 1er août et 9 août 2011, sans compter de multiples rencontres *ad hoc*.

TABLE DES MATIÈRES

PREMIÈRE PARTIE

AVANT NATIONAL
1941-1976

LE MARCHAND DE PEAUX

La tête renfoncée, bien carré dans son nouveau fauteuil d'éditorialiste en chef, Roger Champoux haussa les sourcils au-dessus de ses loupes de lecture cerclées de corne brune. Il toisa le jeune homme qui frappait à sa porte. Il remarqua d'emblée l'abondante chevelure noire, la très haute stature et la vivacité du regard bleu qui contrastait avec le flegme feint des lèvres minces. « Le journal n'a pas besoin d'étudiants mais de journalistes à temps plein », dit l'éditorialiste. Le visiteur au visage juvénile insista calmement pour voir en personne le nouveau rédacteur en chef de *La Presse*,

Gérard Pelletier, qui, souffla-t-il en serrant les dents, l'avait personnellement convoqué à une entrevue d'embauche. Perplexe, l'éditorialiste posa son stylo et se leva : « Gérard Pelletier est très occupé, mais je vais voir ce que je peux faire », lui répondit-il en le priant de patienter.

En cette fin de mai 1961, Luc Beauregard terminait sa première année de droit à l'Université de Montréal, par défaut. En fait, il avait déjà fait une première année d'études juridiques à l'Université McGill, mais à la fin du deuxième semestre, il avait échoué de peu aux examens de fin d'année. Ne donnant pas suite à l'offre qui lui était faite de reprendre son année à McGill, il avait décidé de repartir à zéro à l'Université de Montréal au mois de septembre suivant. Peut-être y réussirait-il mieux.

À sa sortie du Collège Stanislas deux ans plus tôt, Luc Beauregard avait choisi d'aller à l'Université McGill, en droit, sans trop de conviction. Il avait simplement suivi les traces de son frère Marc qui lui avait pavé la voie. Inscrit à nouveau en première année de droit, cette fois il avait obtenu de meilleurs résultats dans ce qui était alors la seule institution d'enseignement universitaire francophone de Montréal. Il y avait rejoint des copains de Notre-Dame-de-Grâce, dont Pierre Lapointe, avec qui il avait commis quelques incartades de jeunesse, et y avait revu Jean Sisto[1], avec qui il avait étudié à Stanislas.

Collection privée.

Luc Beauregard, photo de finissant au Collège Stanislas.

---

[1] Jean Sisto, dont nous reparlerons plus loin, est décédé à Montréal le 23 mai 2011 à l'âge de 70 ans.

En cours d'année, ce dernier avait réussi à entrer à *La Presse* comme journaliste affecté aux faits divers. Voyant qu'il en tirait des revenus d'appoint très intéressants tout en poursuivant ses études de droit, Luc Beauregard se dit : « Pourquoi pas moi ? » Il fit parvenir une quinzaine de *curriculum vitae* à autant de publications montréalaises de tout acabit.

La seule réponse favorable qu'il reçut vint de Willie Chevalier[2], directeur de l'information au populaire hebdomadaire *Le Petit Journal*[3] dont le principal concurrent était *La Patrie*[4]. Le travail du jeune pigiste consistait essentiellement à mener des sondages d'opinion dans la rue et à en tirer de courts articles pour lesquels il recevait 15 $ la copie sans trop d'efforts. Cet emploi de fortune relativement rémunérateur ne l'enthousiasmait pas outre mesure, mais il aimait l'effervescence du milieu de travail qu'il découvrait et l'urgence de vivre qui s'en dégageait.

Le 19 avril 1961, coup de théâtre dans l'actualité montréalaise : on apprend qu'Angélina Berthiaume-Du Tremblay[5], veuve du président du journal *La Presse*, met abruptement fin à une longue querelle de famille

---

[2] Né à Montréal en 1911, Willie Chevalier entreprend une carrière de journaliste à l'âge de 20 ans, sans avoir reçu *« aucun diplôme d'aucune institution »*. Libéral et antinationaliste, il occupe divers postes dans le domaine de la presse écrite. Durant la Deuxième Guerre mondiale, il signera dans *Le Soleil*, sous le pseudonyme de Vauquelin, des éditoriaux pour soutenir De Gaulle et la France libre, au Québec, face à une presse qu'il juge trop favorable au régime de Vichy et à Pétain. Au cours de sa longue carrière, il sera tour à tour président de la tribune parlementaire des journalistes à Québec, directeur de l'information et rédacteur en chef pour différents journaux dont *Le Soleil*, *Le Droit*, *Le Petit Journal* et *Le Canada*. Il est décédé à Montréal en 1991. Voir Frédéric Smith, *Histoire politique et diplomatique. Willie Chevalier*, texte inédit, 30 avril 2010. Tiré de : <http://sebastienvincentilsontecritlaguerre. blogspot.com/2010/04/visages-de-la-france-libre-au-quebec.html>.

[3] *Le Petit Journal* a été fondé à Montréal par Roger et Rolland Maillet en 1920 sous le titre *Le Matin*. Il deviendra *Le Petit Journal* en 1926. En 1964, le financier Jean-Louis Lévesque l'achète, puis le revend en 1966 à l'homme d'affaires Jacques Brillant. Les Journaux Trans-Canada l'acquièrent en 1968 pour le revendre à Normand G. Robidoux qui déclare faillite en 1979. Gilles Brown tente en vain de le ressusciter en même temps que *Photo-Journal*. Son dernier numéro paraît en octobre 1981. Source : Jean Cournoyer, *La Mémoire du Québec*, Montréal, Stanké, 2001, p. 863.

[4] Le journal *La Patrie* a été fondé en 1879 par l'écrivain, journaliste et homme politique Honoré Beaugrand (1848-1906) pour défendre les positions des libéraux dans la région de Montréal. Vendu en 1897 à Joseph-Israël Tarte pour le compte du Parti libéral de Wilfrid Laurier, le quotidien sera revendu, en 1925, au groupe conservateur Webster, Lespérance et Fortier. En 1933, il passe à *La Presse*, qui lui donnera un format tabloïd, le transformera en hebdomadaire et adoptera des positions politiques plus neutres. Yves Michaud en sera le rédacteur en chef de 1962 à 1966. Son tirage atteindra alors 200 000 exemplaires. Source : <http://collections.banq.qc.ca>.

[5] Angélina Berthiaume-Du Tremblay, née en 1886, était la fille de Trefflé Berthiaume (1848-1915), propriétaire et éditeur de *La Presse*. Au décès de Trefflé Berthiaume, ses fils Eugène, puis Arthur Berthiaume lui succéderont dans ses fonctions. En 1932, à la mort de ce dernier, Pamphile-Réal du Tremblay, qu'Angélina avait épousé en 1907, le remplacera. Lorsque son mari décède en 1955, Angélina Berthiaume-Du Tremblay prend la présidence de l'entreprise. C'est elle qui supervisera la construction de l'édifice de la rue Saint-Jacques. Lorsqu'elle quitte

entourant la propriété du journal en claquant la porte du quotidien de la rue Saint-Jacques. Dans un coup d'éclat que personne n'avait vu venir, elle accompagne le rédacteur en chef Jean-Louis Gagnon[6] en conférence de presse pour annoncer non seulement la fondation du *Nouveau Journal*, dont elle est le principal bailleur de fonds, mais aussi la nomination de ce dernier comme premier rédacteur en chef. Le premier numéro sortira en septembre suivant. Fort de l'appui financier de madame Berthiaume-Du Tremblay, le transfuge vedette de *La Presse* avait convaincu une trentaine de journalistes, soit près de la moitié de la salle de rédaction, de le suivre dans l'aventure. *La Presse*, qui restait en partie entre les mains de la famille Berthiaume, était décapitée et saignée à blanc du jour au lendemain.

Le nouveau président, Gilles Berthiaume, recruta en catastrophe Gérard Pelletier[7] pour remplacer Jean-Louis Gagnon au pied levé. Celui qui s'était fait un nom comme grand reporter par ses articles-chocs dans *Le Devoir* sur la fameuse grève de l'amiante de 1949, quittait ainsi son poste de rédacteur en chef du journal *Le Travail*, bulletin de la Confédération des travailleurs catholiques du Canada[8]. Il restait

---

La Presse en 1961, le tirage est de 300 000 exemplaires. Elle décède en 1976 après avoir consacré les dernières années de sa vie aux œuvres caritatives de la Fondation Berthiaume-Du Tremblay qu'elle avait mise sur pied en 1961. Source : Nicole Ouellet (dir.), *La Fondation Berthiaume-Du Tremblay. Un nom, une histoire*, Fondation Berthiaume-Du Tremblay, 2006.

[6] Jean-Louis Gagnon est né à Québec en 1913. Élève des collèges Sainte-Marie et Brébeuf, il fit ses études supérieures aux universités d'Ottawa et de Laval. Après avoir été rédacteur en chef de *La Voix de l'Est* et chef de la rédaction de *L'Événement-Journal*, il devint correspondant de guerre du *Soleil* en 1940 en même temps que chargé de mission pour le ministère des Affaires étrangères du Royaume-Uni. Chef du bureau de France-Presse à Montréal puis à Washington, il revint à Montréal en 1946 où il devint éditorialiste au poste de radio CKAC et directeur du quotidien *Le Canada*. Il fut nommé rédacteur en chef de *La Presse* en 1958. En 1963, il retourna à la radio comme chef de l'information au poste CKLM. La même année, il est nommé à la Commission royale d'enquête sur le bilinguisme et le biculturalisme, dont il deviendra coprésident cinq ans plus tard avec Arnold D. Dunton, en remplacement d'André Laurendeau décédé en 1968. Directeur d'Information-Canada puis ambassadeur du Canada à l'UNESCO, il devint membre du Conseil de la radio et de la télédiffusion du Canada (CRTC). Il est décédé à Québec en 2004. Source : <http://www.academiedeslettresduquebec/jeanlouis_gagnon.html>.

[7] Gérard Pelletier est né à Victoriaville le 21 juin 1919. Après ses études classiques à Mont-Laurier, il s'installe à Montréal où il milite au sein des Jeunesses étudiantes catholiques (JEC). Il deviendra journaliste à l'hebdomadaire *JEC*, puis secrétaire général du mouvement de 1940 à 1943. À ce titre, il se rendra en Amérique du Sud et à Paris où il séjournera de 1945 à 1947. Il occupe brièvement un poste à l'UNESCO avant de rentrer au pays en 1947. Il sera chroniqueur aux affaires syndicales au *Devoir* avant d'être nommé rédacteur en chef du journal *Le Travail*, en 1950. Source : <http://www.thecanadianencyclopedia.com>.

[8] Ancêtre de la Confédération des syndicats nationaux (CSN).

néanmoins codirecteur de la revue contestataire *Cité libre*[9] qu'il avait fondée en 1950 avec son ami Pierre Elliott Trudeau. Roger Champoux, qui avait refusé de suivre Jean-Louis Gagnon au *Nouveau Journal*, avait été nommé éditorialiste en chef.

Gérard Pelletier avait la tâche urgente de renflouer les effectifs du « plus grand quotidien français d'Amérique ». Son premier geste sera de reconduire dans leurs fonctions les journalistes qui étaient restés fidèles à *La Presse*, et d'appeler en renfort les pigistes qui travaillaient au journal. Puis Gérard Pelletier fit éplucher les *curriculum vitae* qui traînaient dans les tiroirs. Celui de Luc Beauregard s'y trouvait, tout frais.

Gérard Pelletier le fit convoquer en entrevue, ce qui expliquait l'insistance de l'étudiant auprès de Roger Champoux à rencontrer en personne le directeur, et personne d'autre. L'entrevue eut lieu, au cours de laquelle Luc Beauregard fit valoir sa courte expérience au *Petit Journal*. Gérard Pelletier l'engagea le jour même. Luc Beauregard, qui avait alors 19 ans, ne s'attendait pas à entrer au grand quotidien si tôt. Il rejoignait son ami Jean Sisto parmi les journalistes. Il était entendu qu'à la fin de l'été, il retournerait à l'université.

Né sur la rue Christophe-Colomb dans Villeray, un quartier du nord-est de Montréal, Luc Beauregard a grandi à Notre-Dame-de-Grâce où son père avait déménagé pour mieux loger sa nombreuse famille. Alors âgé de huit ans, Luc avait deux frères : Pierre l'aîné, qui deviendra chirurgien, et Marc, quatrième en âge, qui deviendra juge à la Cour supérieure puis juge à la Cour d'appel du Québec. Il avait aussi quatre sœurs, Louise, Françoise, Claire et Marie. Après avoir été script-girl à la populaire émission *La famille Plouffe*, Louise deviendra réalisatrice de sport à Radio-Canada où elle mettra en ondes *La Soirée du hockey* pendant plusieurs années. Françoise fera carrière dans l'immobilier, secteur des grands immeubles résidentiels. D'abord infirmière, Claire fera de même

---

[9] La revue *Cité libre*, fondée en 1950, réunissait des journalistes et des intellectuels qui s'opposaient au régime autoritaire du premier ministre Maurice Duplessis et à l'emprise de l'Église catholique sur la société québécoise. Elle s'affichait néanmoins d'obédience catholique, inspirée par le personnalisme du Français Emmanuel Mounier et la mouvance catholique de gauche. Dans les années 1960, elle se rangea dans le camp des fédéralistes d'allégeance libérale face à la montée du souverainisme. Le départ de Pierre Elliott Trudeau et de Gérard Pelletier, qui devinrent respectivement premier ministre et secrétaire d'État dans le gouvernement canadien, provoqua la fermeture de la revue. Source : <http://www.citelibre.com>.

Annonce de la nomination de François
Beauregard chez Holt Renfrew,
au début des années 1970.

dans le secteur résidentiel sur la Rive-Sud, quelques années plus tard[10]. Après Luc, né le 4 août 1941, venait enfin Marie, qui suivra les traces de ses sœurs Françoise et Claire en devenant à son tour agente d'immeuble, après avoir fait des études universitaires en géographie.

Pour gagner sa vie et nourrir toutes ces bouches, François Beauregard faisait le commerce de la fourrure. Né le 2 août 1907, il avait étudié au Collège de Montréal au début des années 1920. Le décès prématuré de son propre père l'avait forcé à interrompre des études qui devaient le mener à une « profession libérale », c'est-à-dire médecin, avocat ou notaire. Par la force des choses, en tant qu'aîné d'une famille de neuf enfants, il dut renoncer à ses ambitions et se débrouilla tant bien que mal pour aider sa mère à joindre les deux bouts. Il travailla quelque temps chez un concessionnaire automobile, puis il trouva un emploi chez un tanneur du Vieux-Montréal avant de lancer son propre commerce de fourrure à l'intersection des rues Saint-Paul et Saint-Pierre. Il avait appris le métier de marchand de fourrure : comment négocier les prix avec les fournisseurs, comment reconnaître les plus belles peaux de visons, de renards ou de castors provenant de la nature sauvage au Nord du Québec et de l'Ontario, ou de fermes d'élevage de plus en plus nombreuses dans le paysage canadien.

Son fils Luc s'était initié à la tannerie qui consistait à clouer les peaux brutes sur des cadres de bois ovales pour mieux les tendre, les réparer et les nettoyer de leur gras, de viande et de leurs taches de sang séché. Luc Beauregard se souvient encore de l'odeur quand, adolescent, il travaillait l'été à l'atelier de son père dans le Vieux-Montréal où il arrachait un à un les clous serrés qui retenaient les peaux sur les vieux cadres de bois.

À la fin de la Deuxième Guerre mondiale, le commerce de la fourrure connut un regain d'activité à la faveur de la reprise économique. Les marchands de peaux reprenaient fièrement la longue tradition

10 Professionnellement connue sous son nom de femme mariée, Claire Bernier est décédée le 13 février 2011 à l'âge de 71 ans.

canadienne de la traite des fourrures. Bien sûr, la conjoncture avait changé radicalement, mais à Montréal, les ventes aux enchères avaient repris et les anciens ateliers de tannerie s'activaient à nouveau à Lachine et dans le Vieux-Montréal. Certains fourreurs avaient commencé à s'installer plus près du centre-ville dans ce qui deviendra l'actuel quartier de la fourrure, soit le quadrilatère Saint-Alexandre – Mayor – Bleury. Des magasins spécialisés ouvraient un peu partout dans la ville, notamment à l'Ouest, rues Mackay et Peel. Les grands magasins Morgan's (devenu plus tard propriété de la Compagnie de la Baie d'Hudson fondée en 1670), Eaton's, Ogilvy's et Holt Renfrew & Cie limitée abritaient d'importants rayons de manteaux et accessoires de fourrure afin de répondre à la demande de leurs riches clientes.

De leurs côtés, plusieurs petits marchands francophones de l'Est de Montréal se lancèrent dans ce commerce lucratif, profitant de l'engouement des belles Montréalaises pour cet article de luxe. Les Reid, Dugré, Labelle, Giguère, Longpré et Desjardins faisaient concurrence à leurs pendants anglophones, les Alexander, McComber et Grosvenor de l'ouest, sans compter le grand magasin à rayons Dupuis Frères. Avec les bas nylon à longue couture noire courant sur les mollets[11], la fourrure reprenait sa place comme symbole de confort, de chaleur, de beauté et de richesse après les dures privations de la période de guerre. Les étoles de renard ornées de clips ambrés en forme de tête d'animal faisaient fureur au printemps ; en hiver, on remarquait les manchons à dragonne

Le premier article signé Luc Beauregard (*Le Petit Journal*) le 21 mai 1961.

Gilles Brown, Le Petit Journal.

---

11 Certaines femmes, qui n'avaient pas les moyens de se payer des bas nylon, dessinaient une ligne noire sur leurs mollets avec des crayons d'encre indélébile et marchaient jambes nues.

dissimulant des pochettes secrètes ; des chapeaux turbans étaient offerts en assortiment aux capes fortement épaulées ; de larges manteaux à « peaux descendues » étaient ornés de boutons dorés, argentés ou nacrés. Les commandes, réalisées sur mesure sur des patrons de papier, néces-sitaient de nombreux essayages dans des ateliers spécialisés où flottait une odeur vaguement chaude. Une fois les peaux cousues et assemblées conformément à un patron soigneusement choisi, des couturières aux mains habiles brodaient les noms de leurs futures propriétaires sur les doublures de soie de ces manteaux exclusifs.

Le commerce auquel François Beauregard se livra pendant le plus longtemps se situait en amont de cette activité de détail. Beauregard Fur Corporation (l'anglais était encore la langue du commerce) se spécialisait dans le négoce des peaux. Pendant un temps, il s'associa à une entreprise qui deviendra Arpin, Gendron, Beauregard faisant à la fois le commerce des peaux et la fabrication de manteaux. Puis il revint au commerce des peaux uniquement. Se considérant au service des marchands, auprès de qui il s'était construit une réputation d'homme d'affaires intègre et de travailleur infatigable, il deviendra éventuellement président de l'Asso-ciation des marchands de fourrure. À un moment donné, il investit dans des activités de financement pour soutenir les activités des membres et les premiers pas des nouveaux venus dans l'industrie. Malheureusement, de mauvaises créances le forcèrent à abandonner cette voie et à retourner à son premier métier de fourreur. Il perdit de l'argent dans l'aventure et termina sa carrière comme vendeur de manteaux, d'abord chez Reid Fourrures dont le propriétaire était resté reconnaissant des nombreux services que François Beauregard avait rendus à l'industrie de la fourrure à Montréal, puis chez Holt Renfrew.

François Beauregard avait épousé Gertrude Lévesque en 1931. Ils avaient tous les deux 24 ans. Comme le voulait l'époque, la mère s'occupa des sept enfants à la maison tandis que le père jouait le rôle traditionnel d'unique pourvoyeur de la famille. Luc Beauregard décrit son père comme un homme autoritaire qui imposait une rigoureuse discipline à ses enfants. Les dimanches, c'était lui qui faisait la cuisine pour toute la famille, ce qui ne faisait pas toujours l'affaire de sa mère qui n'aimait pas voir son mari envahir sa chasse gardée. Soucieux de donner à ses fils la meilleure éducation possible afin qu'ils réussissent un jour dans le milieu des affaires, dont il connaissait les coulisses, François Beauregard inscrivit son fils aîné Pierre dans une école anglaise, le Montreal Catholic High School. Il y voyait une façon de le rendre parfaitement bilingue, quitte à le ramener dans le réseau francophone plus tard, au niveau collégial.

Quand vint le moment de décider de la suite de l'éducation de son fils, il tenta de le faire admettre dans un collège francophone privé, mais en vain. On répugnait à accepter un élève qui provenait d'un *high school*. Chaque fois, on déclarait que l'adolescent n'avait pas le bagage académique suffisant en français pour réussir ce qu'on appelait alors le « cours classique ». Son père s'adressa alors au Collège Stanislas[12], situé à Outremont. Il s'agissait de la seule institution d'enseignement pour garçons accordant le baccalauréat français à Montréal[13]. La direction du collège acquiesça à sa demande en le prévenant toutefois que son fils devrait travailler dur s'il voulait passer le « bachot », administré par le ministère de l'Éducation nationale de France et officiellement décerné par rien de moins que la Sorbonne.

François Beauregard n'avait pas le choix. Il inscrivit son fils aîné à Stanislas. Après avoir suivi des cours d'appoint, Pierre entra en seconde[14]. Il y restera donc trois ans. Après « Stan », il fit sa médecine à l'Université de Montréal, sa résidence à l'Hôtel-Dieu et, après un stage dans une université de Virginie, il devint chirurgien à l'Hôpital de Saint-Laurent et à l'Hôpital Fleury. Il termina sa carrière à la Cité de la Santé de Laval. Il est décédé en 2004. Quant à Marc, il alla rejoindre son frère aîné à Stan sans passer par un *high school*. Il y passa son « bachot » et entra en droit à McGill. Il pratiqua d'abord comme avocat. À l'âge de 38 ans, il devint le plus jeune membre du Barreau à être nommé juge à la Cour supérieure du Québec. Cinq ans plus tard, le 1er mai 1980, il accédait à la Cour d'appel du Québec[15] où il siège toujours comme juge surnuméraire.

[12] Le Collège Stanislas de Paris a ouvert une succursale à Montréal en 1938 à l'instigation du sénateur Raoul Dandurand (1861-1942), considéré comme son fondateur à Montréal. D'abord logé dans une ancienne centrale de Bell Canada, avenue Rockland, il emménagea dans ses nouveaux locaux du boulevard Dollard, angle Van Horne, en 1942 (source : Ludger Beauregard, « Raoul Dandurand, sénateur et diplomate oublié », *Mémoire Vivante*, bulletin de la Société d'histoire d'Outremont, n° 10, printemps 2010, p. 7). Aujourd'hui, dans sa publicité, le Collège Stanislas cite les noms de quelques illustres anciens : Valéry Giscard d'Estaing, ancien président de la République française et professeur à Stanislas, Jacques Parizeau, ancien premier ministre du Québec, Charles Binamé, cinéaste, et Luc Beauregard…

[13] À la même époque, le Collège Marie-de-France offrait le même diplôme français uniquement aux filles.

[14] Dans le système français, la numérotation des années suit un ordre décroissant. La seconde était l'équivalent de belles-lettres, soit de la cinquième année du secondaire d'aujourd'hui, et la première était la rhétorique.

[15] Auparavant connue sous le nom de Cour du banc de la Reine.

Les filles Beauregard étudièrent au couvent Villa-Maria et au Collège Marguerite-Bourgeoys situés à quelques minutes à pied de la résidence familiale, rue Vendôme.

Luc eut un parcours quelque peu différent de ses frères. Il fit ses deux premières années de primaire à l'école Notre-Dame-du-Rosaire dans le quartier de Villeray. Après le déménagement de la famille en 1950, il fit ses troisième, quatrième et cinquième années de primaire à l'école Notre-Dame-de-Grâce, dirigée par les Frères du Sacré-Cœur. Il était un élève appliqué et ses professeurs avaient rarement à se plaindre de son comportement, que ce soit en classe, dans la cour d'école ou au Manoir des jeunes d'à côté. Les pères dominicains avaient la cure de la vieille église attenante à leur monastère. Luc y était enfant de chœur. Vu ses bonnes notes, on le choisissait pour aller servir les funérailles durant les jours de classe. Il recevait 10 ¢ par messe en semaine, 25 ¢ pour celles du dimanche et les funérailles, et 1 $ pour les grands-messes ou les mariages.

François Beauregard et son fils Marc, juge à la Cour d'appel du Québec.

Collection privée.

Lorsque vint le moment de choisir un collège pour Luc, François Beauregard pensa au Collège de Montréal où lui-même avait étudié jadis pendant quelques années. La politique de la maison voulait que le cours soit offert gratuitement, pour la durée de huit ans du cours classique, à celui qui arrivait premier à l'examen d'entrée. Luc s'y présenta et arriva deuxième. Le directeur proposa néanmoins à M. Beauregard d'accepter son fils, comme externe, pour la moitié des frais normalement exigés.

C'était un pensez-y bien pour le père de famille qui avait sept enfants aux études. Il laissa néanmoins son fils cadet de 12 ans entièrement libre de décider dans quel collège il voulait aller : au Collège de Montréal, où ce serait à moitié prix et où lui-même avait étudié, ou à Stanislas, que ses deux frères avaient fréquenté. Luc Beauregard opta pour Stanislas pour deux raisons. D'abord, lorsqu'il était allé passer l'examen d'entrée sur la rue Sherbrooke Ouest, il n'avait pas aimé l'« odeur de vieille humidité »

Article signé Luc Beauregard dans *La Presse*, le 28 avril 1962.

qui flottait entre les murs centenaires de l'institution. Deuxièmement, il préférait suivre les traces de ses deux frères aînés, d'autant plus qu'ils avaient une bonne impression générale de leurs années d'études en milieu laïque français.

En septembre 1953, Luc Beauregard faisait donc pour la première fois le trajet à pied, en autobus et en tramway de la maison paternelle de la rue Vendôme à Notre-Dame-de-Grâce, vers Stan, sis à l'angle de l'avenue Van Horne et du boulevard Dollard à Outremont. Normalement, il mettait près de cinquante minutes pour ce faire, mais en hiver, les déplacements pouvaient prendre plus d'une heure. Dans la plus pure tradition française, la discipline était très sévère. Les étudiants devaient tous avoir sur eux une « carte de discipline » comportant 20 carreaux, que n'importe quel professeur pouvait poinçonner pour inconduite à tout moment de la journée. Chaque mois, si le total des points perforés dépassait un certain seuil, l'étudiant se voyait coller une retenue de trois heures le samedi matin. Les 20 points de discipline comptaient pour 20 des 100 points dans le bulletin de notes mensuel : le total des points de discipline perforés était aussi enlevé dans le bulletin.

Le règlement de Stan était également très strict sur la ponctualité. Un professeur particulièrement exigeant, Pierre Ricour, avertissait ses élèves en début d'année que le moindre retard dans sa classe se traduirait par une retenue de trois heures le samedi matin, et ce, même si l'incident avait lieu un jour de tempête. Si l'infraction devait se répéter, c'était l'expulsion pure et simple ! « Arriver à l'heure, c'est arriver avant l'heure !, répétait-il souvent de sa voix haut perchée. Écoutez la météo le soir. Si on annonce une tempête, vous n'avez qu'à partir plus tôt de la maison le lendemain matin. Nous sommes au Québec ici. Pas en France. Il est normal que surviennent des tempêtes, et ce n'est pas une raison valable pour être en retard. Agissez, messieurs, en conséquence ! »

La conséquence, c'était que la plupart des étudiants de Stan arrivaient bien avant l'heure obligatoire et se retrouvaient, qui dans le petit parc Stanislas[16] adjacent au collège, qui sur le terre-plein du boulevard Dollard, qui au petit restaurant d'en face, sur l'avenue Van Horne. Certains y déjeunaient debout, un café d'une main et leur cartable de l'autre. On y parlait de choses et d'autres, de sport, d'actualité, de filles, des professeurs, des dissertations à remettre, des récitations, des « contrôles » inopinés à subir en mathématiques ou des longues leçons de chimie ou de physique à apprendre.

L'institution, qui n'acceptait pas encore les filles, mettait davantage l'accent sur les matières au programme d'études imposé depuis la France que sur les sports. En fait, il n'y avait à peu près pas de sports vraiment organisés. Luc Beauregard y trouvait son compte. Il participait aux cours obligatoires d'éducation physique et aux jeux (baseball, football, soccer) durant la récréation du midi, mais sans plus. Plutôt solitaire et souvent en retrait des autres, il qualifie lui-même son comportement général de « non grégaire ». Encore aujourd'hui, il n'aime pas l'esprit de collège. Il n'a aucune réticence à agir comme il l'entend, en dépit des modes ou des tendances dans lesquelles il baigne par la force des choses.

---

[16] Son nom a été changé en 2011 en celui de Raoul-Dandurand, du nom du fondateur du Collège Stanislas à Montréal.

Les journées d'école commençaient à 8 h 30 et se terminaient à 18 h 20, ce qui comprenait une période d'études entre 16 h et 18 h 20. Luc Beauregard rentrait vers 19 h 40 à la maison. La famille avait déjà pris le repas du soir, mais sa mère l'attendait pour lui servir des petits plats spéciaux, qu'elle avait préparés à part, conformément aux goûts culinaires particuliers[17] du plus jeune de ses fils, ce qui faisait grandement l'affaire de ce dernier. Après avoir pris son repas seul, Luc montait à sa chambre pour la suite de ses devoirs et de l'étude qu'il n'avait pas eu le temps de terminer au collège, puis c'était le coucher. À compter de la Seconde, le matin, il se levait à 5 h et étudiait jusqu'à 7 h. Après un petit déjeuner rapide, il partait de la maison vers 7 h 30 au plus tard. Contrairement aux élèves des collèges classiques, ceux de Stanislas ne portaient pas l'uniforme.

Pendant les premières années, Luc Beauregard s'accommodait très bien de cet emploi du temps astreignant. Il avait vu ses deux frères s'y conformer avant lui et il l'acceptait. Mais une fois les pieds bien ancrés dans l'adolescence, son comportement changea quelque peu. Dans les dernières années, la discipline et l'obéissance commencèrent à lui peser, mais il était mal placé pour protester trop fort, puisque c'était lui qui avait choisi d'aller à Stan plutôt qu'au Collège de Montréal.

Vers 16-17 ans, il se lia d'amitié avec un de ses confrères de classe qui habitait seul sur l'avenue Rosemount, à Westmount. Les parents d'Isaac Sakal, juifs et arméniens, vivaient à New York. Pour que leur fils puisse étudier au Collège Stanislas, ils lui avaient laissé cet appartement qui devint le refuge des deux amis. Ils y étudiaient, refaisaient le monde, partageaient les cultures de leurs origines respectives et organisaient des fêtes. Luc Beauregard, qui se découvrait un petit côté rebelle, était souvent absent de la maison familiale à Notre-Dame-de-Grâce et rentrait tard, ce qui lui valait de sérieuses remontrances de son père. Il acquit ainsi le titre de mouton noir de la famille. Après ses études à Stan, Isaac Sakal fit cinquante-six métiers, se maria, eut un fils, déménagea en Californie. Sa femme Patricia pratiqua un temps les relations publiques. Puis la vie l'emmena ailleurs et Luc Beauregard perdit peu à peu contact avec le premier complice de sa jeunesse folle. Il ne l'a revu qu'une fois à Montréal vers 1975.

---

[17] Encore aujourd'hui, Luc Beauregard a des goûts alimentaires très arrêtés. Par exemple, il ne mange jamais d'oignons, d'échalotes, d'ail, de concombres ni de tomates.

Sur le plan académique, Luc Beauregard continuait de se débrouiller pour passer d'une année à l'autre, mais ses notes baissèrent, sauf en français, en anglais, en latin et en grec, des matières qui le passionnaient, ce qui n'était pas le cas des mathématiques, de la physique ou de la chimie. En rétrospective, ce que Luc Beauregard apprécia le plus du Collège Stanislas (dont la devise est *Sans peur et sans reproche*, comme le chevalier Bayard), c'est que contrairement à ce qui se passait dans les collèges classiques québécois, les professeurs y encourageaient l'esprit critique et incitaient les étudiants à penser par eux-mêmes face aux connaissances qu'ils leur transmettaient.

Le directeur de Stan était un prêtre, mais les professeurs étaient des laïcs pour la plupart. On n'y craignait pas les discussions ouvertes et l'on considérait comme normaux les questionnements des élèves, y compris en matière religieuse. À cet égard, Luc Beauregard raconte qu'un jour, le cardinal Paul-Émile Léger vint y faire une visite afin de rencontrer les élèves. Il avait prévu de faire un discours dans la grand-salle faisant aussi office de chapelle, mais devant le peu d'attention que le bruyant auditoire lui prêtait, il arrêta net de parler, tourna les talons et quitta les lieux brusquement. Le «prince» de Montréal, qui arrivait de Rome revêtu de la pourpre cardinalice, n'y remit jamais les pieds.

DU PLOMB SUR LE MARBRE

Les téléscripteurs pétaradaient. Fébrile, Luc Beauregard regardait les mots tomber un à un, en grosses capitales, sur les feuilles éructées en continu de l'appareil. C'était la dernière dépêche qu'il attendait. Il savait que cette fois encore, il aurait à faire un titre, à corriger les fautes à la main et à mettre les accents et les cédilles, avant d'envoyer par tube le texte au marbre[1] où l'attendait le typographe pour composer le texte sur la linotype, en haut et bas de casse[2]. Il était cinq heures du matin.

Il aurait ensuite une demi-heure tout au plus pour repérer les coquilles des articles montés, pour équilibrer les titres en tenant compte des chasses des caractères[3] et pour « boucler » le tout. Après la mise en page sur le marbre par le typographe selon la maquette conçue par le journaliste, les pages étaient reproduites sur des formes de carton épais servant de matrices pour recouler les pages dans le plomb sur des demi-cylindres prêts à être installés sur les presses rotatives, actionnées à toute vapeur. À sept heures, les ballots devaient être ficelés, empilés et prêts à partir, car déjà on entendait les camions de livraison avancer à la file indienne dans la ruelle de chargement. Si, entre-temps, une grosse nouvelle tombait, il fallait lui trouver une place en « une » et parfois même recommencer toute la première page, mais en respectant toujours le « *dead line* » de sept heures.

Il apprenait sur le tas. Le jour même de son entrée à *La Presse*, en juin 1961, on l'avait assigné aux « pages provinciales ». Le travail se faisait en soirée, de 19 h à 2 h du matin. À l'époque, le quotidien sortait quatre éditions par jour : 7 h, 10 h 20, 12 h 20 et l'« édition finale » à 15 h 30. La première présentait les nouvelles de la journée précédente, auxquelles on ajoutait celles survenues dans la soirée ou dans la nuit, s'il était possible de les insérer avant l'heure de tombée. Seule cette première édition comprenait le cahier des « pages provinciales », que l'on insérait dans les exemplaires acheminés à l'extérieur de Montréal.

[1] Le terme désignait la table de fonte polie, confectionnée en marbre à l'origine, sur laquelle on effectuait les tâches techniques précédant l'impression, notamment le montage des articles transcrits en lignes de plomb pour constituer les pages.

[2] Expressions qui remontent à l'époque de Gutenberg où les caractères d'alliage de plomb d'une même police (ou fonte) étaient rangés dans des meubles à casiers. Pour faciliter la tâche du typographe qui y « piochait » à l'aveugle, les capitales (ou majuscules) et les caractères utilisés plus rarement étaient rangés dans les « casses » du haut, alors que les minuscules et les caractères plus courants occupaient celles du bas. D'où le signe typographique h. c. (haut de casse), pour désigner les capitales, et b. c. (bas de casse), pour désigner les minuscules.

[3] Le terme chasse désigne l'encombrement horizontal d'un caractère. Luc Beauregard explique que la lettre *M* a une chasse plus grande que la lettre *I*. C'est pourquoi il évitait des mots comme « démembrement ». Il fallait souvent trouver des synonymes à chasses plus courtes en quelques secondes pour que le titre entre dans la ligne de titre, et ce, sans fautes ni erreurs de sens. La manchette de la première page était faite à la main, lettre par lettre.

Les articles étaient produits par des correspondants de *La Presse* affectés à couvrir les événements se produisant dans les principales régions du Québec : Sherbrooke et Cantons-de-l'Est, Mauricie, Saguenay–Lac-Saint-Jean, Abitibi, Beauce et Bois-Francs. Ces reporters faisaient parvenir leurs copies par le truchement de téléscripteurs, un réseau offrant un service de dactylographie automatique à distance. Doté d'une imprimante, le téléscripteur fut remplacé par le télex, qui sera supplanté à son tour par le télécopieur dans les années 1970.

Bien qu'il ne signât aucun article dans le cahier des pages provinciales dont il était un rédacteur-réviseur, Luc Beauregard avait le statut de journaliste et recevait un salaire de 68 $ par semaine, un emploi d'été à l'horaire astreignant, qu'il jugeait très bien payé, et qui lui donnait l'occasion privilégiée d'apprendre le b.a.-ba du métier. Vinrent septembre et la rentrée universitaire. Il devait donc quitter son emploi d'été et reprendre le chemin de l'Université de Montréal, comme entendu avec Gérard Pelletier lors de son entrevue d'embauche. Par contre, il ne voulait pas quitter totalement ce métier qu'il aimait de plus en plus, ni le quotidien *La Presse* pour lequel il développait un sentiment d'appartenance. Peut-être pourrait-il devenir pigiste.

Comme la direction du journal était très satisfaite de son travail au cahier des nouvelles provinciales, Jean-Thomas Larochelle, bras droit de Gérard Pelletier à *La Presse*, lui offrit de fournir des chroniques sur la vie à l'Université de Montréal, ce pourquoi il eut maintes occasions de rencontrer celui qui sera de nombreuses années plus tard premier ministre du Québec, Bernard Landry, qui était alors président de l'Association générale des étudiants (AGEUM). Puis il lui demanda de constituer, avec Jean Sisto, l'« équipe de chevauchement » du journal, ce qui permettait aux deux étudiants d'assister à leurs cours pendant la semaine, et de travailler au journal les fins de semaine. Devant l'ampleur de la tâche, Jean Sisto décida éventuellement de ne pas retourner à l'Université, mais Luc Beauregard était certes

Collection privée.

Luc et Michelle Beauregard en compagnie de Jean et Denyse Sisto en vacances au Mexique.

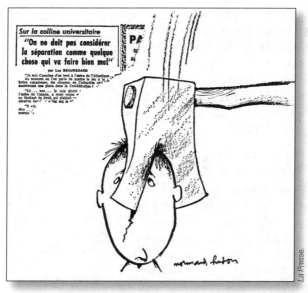

Caricaturiste à *La Presse*, Normand Hudon illustre à sa manière une citation chapeautant un reportage.

heureux de conserver ses liens avec *La Presse*, mais il n'était pas encore prêt à abandonner ses études en droit.

À l'époque, *La Presse* n'était pas publié le dimanche[4]. Le numéro du lundi rapportait les événements s'étant produits entre le samedi, le dimanche et la nuit de dimanche à lundi. On appelait « équipe de chevauchement » les journalistes qui faisaient le pont du vendredi soir au lundi matin et qui collaboraient ainsi aux numéros du samedi et du lundi.

Luc Beauregard se souvient de cette époque effervescente où, avec son copain Jean Sisto, il partageait l'actualité qui survenait à Montréal et dans tout le Québec. C'était l'époque où les mesures de la Révolution tranquille étaient discutées dans de nombreux congrès politiques et rassemblements dont Luc Beauregard et Jean Sisto se partageaient la couverture médiatique. Ils rapportaient également les faits divers survenus durant les week-ends, y compris les premiers attentats du Front de libération du Québec (FLQ). Luc Beauregard finit d'ailleurs par consacrer beaucoup de temps aux activités du groupe terroriste. Il tenait Gérard Pelletier informé de ce qu'il découvrait au hasard de ses enquêtes sur le terrain. Quelques semaines plus tard, lorsque les bombes éclatèrent en pleine nuit dans les boîtes aux lettres de Westmount, Gérard Pelletier, lui-même résidant de Westmount, se rappela des rapports de Luc Beauregard et sut immédiatement qu'il s'agissait du FLQ. Il reconnut, dans la première bande des individus arrêtés par la police, des noms que Luc Beauregard avait portés à son attention auparavant.

---

[4] Le journal avait été publié pour la première fois le dimanche à trois reprises lors des Jeux olympiques de 1976. Le 11 mars 1984, le numéro du dimanche commença à être publié de façon régulière. Le 15 juin 2009, le président et éditeur de *La Presse*, Guy Crevier, annonçait que l'entreprise devait réduire considérablement ses dépenses et que, par conséquent, le 28 juin suivant, le numéro du dimanche serait publié pour la dernière fois.

Sans relâche, les deux amis, Luc Beauregard et Jean Sisto, parcouraient la ville, à l'affût de la nouvelle, puis rédigeaient leurs articles en série le dimanche en fin de journée. Il leur fallait ensuite une bonne journée de repos pour récupérer de trois jours de travail intense. Le jeu en valait la chandelle. Pendant deux jours de la semaine, se souvient Luc Beauregard avec une pointe de fierté nostalgique, « *La Presse*, c'était nous ! ». C'est dans le numéro d'un lundi matin de l'automne 1961 que les premiers articles signés « Luc Beauregard » étaient apparus dans *La Presse*. Il venait d'avoir 20 ans.

Entre les week-ends de « chevauchements », Luc Beauregard et Jean Sisto avaient besoin de s'offrir un peu de bon temps après avoir récupéré pendant la journée du lundi. Comme ils avaient toujours un point d'ancrage à la Faculté de droit de l'Université de Montréal, ils avaient fixé le rendez-vous habituel du mardi matin au Centre social où s'assemblaient aussi autour de la table John K. Archambault, le futur comédien Daniel Pilon et d'autres carabins.

Collection privée.

Luc Beauregard à Moscou, avec un collègue journaliste, en 1966.

John K. Archambault, de mère irlandaise et de père francophone, avait étudié au collège Stanislas à compter de la Première, après être passé par le Princeton College du New Jersey. D'origine américaine, sa mère s'était remariée avec l'homme d'affaires franco-américain Léo Choquette[5] qui possédait des dizaines de salles de cinéma en province. John avait été élevé dans un milieu aisé et habitait seul le bel appartement aménagé par sa mère rue Déom, à l'entrée d'Outremont.

---

[5] Léo Choquette était né en 1906 à Manchester (New Hampshire) de parents québécois immigrés aux États-Unis au début du siècle. Après le décès de sa mère en 1913, sa famille, qui comptait cinq enfants, revint à Montréal. Il avait à peine 8 ans. Il étudia au Collège de Montréal et au Loyola College. Vers la fin de la Deuxième Guerre

Au Centre social, le groupe planifiait l'après-midi. Après un arrêt à la sympathique épicerie Desautels de la rue Gatineau pour faire provision de bière et de victuailles, puis au magasin de la Régie des alcools, alors ainsi nommée, pour acheter du vin bon marché, style Faisca, St-Georges ou Ben Afnam, les joyeux lurons déménageaient leurs pénates dans le magnifique appartement de John, situé à quelques pâtés de maisons plus loin. On discutait politique, art, philosophie, femmes, jusque tard dans la soirée. John, qui avait des talents de cuisinier,

Au musée du Kremlin avec entre autres Paul Martin père, Mme Martin et D'Iberville Fortier (à l'arrière).

s'activait généralement aux fourneaux vers minuit et le repas n'était généralement pas servi avant 2 ou 3 heures du matin. « Et on remettait ça le lendemain ! C'était la *dolce vita* », se rappelle avec un certain sourire Luc Beauregard.

Plus tard, le groupe se transporta aussi chez l'ami Serge Desrochers, autre ancien de Stanislas pratiquant le droit chez Pouliot Mercure LeBel et Prud'homme. Serge occupait le sous-sol de la maison familiale de l'avenue Hartland à Outremont où il jouait volontiers du piano qu'il avait appris pendant des années.

---

mondiale, il se lança dans l'exploitation de salles de cinéma. Il s'implanta en région, car les villes de Montréal et de Québec étaient les chasses gardées de France-Film et de chaînes liées aux producteurs et distributeurs américains. Devenu le plus important exploitant indépendant du Québec, il se spécialisait dans les reprises de films français puisque France-Film, dirigé par J. A. DeSève, se réservait la primeur des films distribués dans ses propres salles. Dans les années 1960 et 1970, Léo Choquette dut se résoudre à vendre plusieurs de ses salles à France-Film. Il est décédé à Montréal en 1998. Il était le frère de Robert Choquette, ambassadeur, poète, romancier, scénariste et auteur de populaires feuilletons radiophoniques dans les années 1950, puis de téléromans dans les années 1960. Source : <http://www.cinemaparlantquebec.ca>.

Une amitié indéfectible cimentait le groupe. En janvier 1964, son ami Jean Sisto s'était marié à Denyse Grenon, rencontrée alors qu'étudiante à Marie-de-France, elle participait aux épreuves du baccalauréat français. Un mois plus tard, Luc Beauregard épousait à son tour Lucie Daoust, une autre étudiante de Marie-de-France qu'il avait aussi rencontrée à l'occasion des épreuves du baccalauréat. Après les noces, il se rendit avec sa nouvelle femme chez John qui donnait une fête intime avec les amis pour l'occasion. En fin de soirée, tout le monde se déplaça dans un restaurant du chemin de la Côte-des-Neiges, pour clôturer ensemble les célébrations. Ce fut un moment mémorable pour le jeune couple.

Comme Luc Beauregard et Jean Sisto, John Archambault s'était inscrit en droit à l'Université de Montréal, mais contrairement à eux, il poursuivit ses études jusqu'à l'obtention de sa licence. Il fit également sa cléricature chez Pouliot Mercure LeBel et Prud'homme où Serge Desrochers était devenu associé. Il se vit confier le mandat de suivre des audiences publiques de l'Office national de l'énergie pour une entreprise de gaz naturel. Il attira alors l'attention de dirigeants de TransCanada Pipelines qui le recrutèrent et où il devint éventuellement chef du contentieux, à Toronto.

Au début des années 1980, il fut nommé président d'une filiale destinée à étendre le gazoduc au-delà de Montréal, sur la rive nord du fleuve jusqu'à Québec et au-delà, de même que du côté de la rive sud et des Cantons-de-l'Est. Il fit alors appel à son ami Luc Beauregard, qui avait fondé sa firme de relations publiques entretemps. Il lui demanda d'aider TransQuébec & Maritimes à se déployer à travers la province. Les délégués de l'entreprise devaient se présenter aux municipalités, négocier avec les propriétaires des terres agricoles pour y installer les canalisations et développer le marché potentiel des entreprises et des particuliers dans les régions desservies.

Ce fut un immense projet qui dura quelques années, et qui contribua à donner des bases plus solides à Beauregard, Hutchinson, McCoy, Capistran et associés, comme s'appelait alors la firme fondée par Luc Beauregard[6]. En plus de produire des outils de communication à l'intention de ces divers publics, la firme monta une caravane et une équipe itinérante d'une dizaine de personnes pour présenter la nouvelle source d'énergie dans les centres commerciaux et autres endroits publics des régions.

---

[6] Le chapitre 9 décrit les différentes étapes ayant conduit à l'appellation de Cabinet de relations publiques NATIONAL.

Ce fut aussi l'occasion de réunir à nouveau les anciens amis dans la ferme que John Archambault, à son retour au Québec, avait acquise à Mansonville dans les Cantons-de-l'Est. Encore là, on dînait tard, car John Archambault allait d'abord aux champs pour cueillir soigneusement les chanterelles accompagnant les pâtes.

John Archambault fut ensuite muté à Détroit où il dirigea Great Lake Transmission. Puis il revint définitivement à Montréal pour sa retraite, atteint d'un mal neurologique qu'on eut de la difficulté à définir. Lorsque John vint rendre visite à son bon ami Luc à la veille de quitter son entreprise, son discours frôlait par moment l'incohérence. Éventuellement, il est devenu incapable de parler, se souvient avec tristesse Luc Beauregard. Malgré toute la tendresse dont l'entourèrent sa femme et ses enfants, il fallut se résoudre à le placer dans une maison de soins où il est décédé près de quinze ans plus tard, en 2009. Ce fut une lourde perte dans la vie intime de Luc Beauregard et d'autres membres du groupe. Un autre grand ami de l'époque, Serge Desrochers, décéda du cancer en 2010.

Pendant le premier semestre universitaire de 1961, Luc Beauregard mena de front ses études de droit à l'Université de Montréal et son travail à *La Presse*, assistant à tous les cours ou s'organisant pour obtenir de ses confrères de classe les notes de ceux auxquels il ne pouvait se présenter. À un moment donné, Jean David, le chef de pupitre, demanda à Luc Beauregard de s'occuper de la page 3 du numéro du samedi matin, alors consacrée aux nouvelles locales de Montréal, en plus des responsabilités de reporter pour les samedis et dimanches.

Le nombre d'heures de travail s'accumulait au même rythme que les responsabilités supplémentaires qu'on lui con-

Pontifica Fotograph Felici.

Dans la bibliothèque du pape, Luc Beauregard avec la délégation canadienne auprès du pape Paul VI dirigée par Paul Martin père, ministre des Affaires extérieures.

fiait. À un moment donné, compte tenu de ses nouvelles obligations de jeune chef de famille, c'en était trop. Il avait un choix à faire : le droit ou le journalisme. Il décida de s'engager à fond dans la profession de journaliste, un travail qui le passionnait, au risque d'échouer dans ses études juridiques. Il estime toutefois que les principes de droit qu'il a retenus des cours qu'il a eus à McGill et à l'Université de Montréal lui ont souvent servi, non seulement dans son travail de journaliste et dans les relations de travail comme directeur de tabloïd (comme on le verra plus loin), mais également plus tard, dans sa profession de conseiller stratégique en relations publiques, affirmant même que certains clients se demandent parfois s'il ne mène pas une vie clandestine d'avocat…

Peu de temps après son mariage, une grève se déclara à *La Presse*. Ce sera le premier long conflit de travail dans le milieu des journaux qu'aura à vivre celui qui deviendra quelques années plus tard patron de presse. Le 4 juin 1964, la Confédération des syndicats nationaux (CSN), que dirigeait Marcel Pepin, recommanda à ses journalistes de voter en faveur d'une grève. Les journalistes avaient été convaincus par les représentants de la CSN que leurs conditions de travail mettaient en péril l'exercice de leur liberté d'information[7].

L'arrêt de travail, déclenché d'abord par la grève, sera suivi d'un lock-out. Il durera sept mois au cours desquels l'entrepreneur Pierre Péladeau en profita pour lancer, dès le 15 juin suivant, le *Journal de Montréal*, dont le tirage atteignit rapidement 80 000 exemplaires. Lorsque *La Presse* recommencera à être publié, le 4 janvier 1965, le tirage du *Journal de Montréal* redescendra à 12 000, mais le marché des quotidiens du matin était à jamais bouleversé par la présence du populaire tabloïd.

Un autre journal vit brièvement le jour, *Métro-Express*. Voulant lui aussi profiter de l'éclipse temporaire de *La Presse*, l'homme d'affaires Jacques Brillant, originaire de Rimouski, réunit une équipe de journalistes connus. Citons entre autres Yvon Turcot, directeur de la rédaction, Roger Nantel[8], ex-journaliste de *La Presse* et directeur de l'information, Jean Chartier, directeur de la section des sports, et le caricaturiste

---

[7] Pour une description des relations de travail dans les milieux journalistiques américains au cours des années 1970, voir J. Cardinal et L. Lapierre, « Katharine Graham et le *Washington Post* », *Revue internationale de cas en gestion*, automne 2011, vol. 9, n° 3.

[8] Nous reparlerons plus loin de ce journaliste dont le parcours professionnel croisera un temps celui de Luc Beauregard.

Jean-Pierre Girerd, originaire d'Alger, débauché du *Star & Tribune* de Minneapolis. Luc Beauregard y travailla comme reporter aux faits divers durant la grève de *La Presse*. *Le Journal de Montréal* et *Métro-Express* étaient deux tabloïds en concurrence directe avec *Montréal-Matin*, fondé en 1930 et financé en grande partie par l'Union nationale, dont il défendait les positions politiques. *Métro-Express* cessa d'être publié le 14 septembre 1966[9]. Quant au *Montréal-Matin*, il profita de la grève de *La Presse* pour consolider sa position de chef de file des journaux du matin. Misant sur la popularité de son journaliste sportif, Jacques Beauchamp, le quotidien atteindra, pendant la grève, un tirage record de 148 000 exemplaires.

Lorsque les journalistes de *La Presse* retournèrent au travail en janvier 1965, Jean David, mentor de Luc Beauregard et nommé entre-temps directeur de l'information, lui offrit le poste de maquettiste de la première page des quatre éditions quotidiennes. C'était à la fois un témoignage d'appréciation pour son travail assidu, une reconnaissance de sa compétence de journaliste et une lourde responsabilité puisque la moindre erreur s'affichait à la face de l'univers journalistique canadien.

Collection privée.

Chef de pupitre à *La Presse*. À l'arrière-plan, Fernand Beauregard et Ivan Guay, responsables des pages d'information internationale. À l'avant-plan, Gilles Pratte, alors responsable des pages de politique nationale et provinciale.

Commença alors une autre période de travail intense et d'horaire exigeant. Arrivé rue Saint-Jacques à 5 h du matin, Luc Beauregard prenait connaissance des principales nouvelles et, en consultation avec des collègues, devait décider lesquels des articles produits la veille par les journalistes paraîtraient en première page, avec quelle emphase et où, en bénéficiant des recommandations des adjoints responsables des nouvelles internationales, des nouvelles locales ou des nouvelles de politique fédérale et provinciale. Accompagnés d'une photo ? Si oui, laquelle ? En bas,

9   Voir «*Métro-Express* n'est plus», *Montréal-Matin*, 15 septembre 1966. Cité dans <http://jfespace.spaces.live. com/>.

à gauche ou en haut, à droite ? En entier ou avec report en page 2 ? D'une édition à l'autre, au fur et à mesure de l'entrée des nouvelles qui tombaient sur le pupitre, il jouait avec les titres et les textes selon son bon jugement. La maquette se construisait et se reconstruisait avec le passage des heures. Ainsi, souvent, la page 1 de 7 h n'était pas la même que celle de 10 h 20, ni de 12 h 20, et encore moins que celle de l'édition finale de 15 h 35.

Sorte de nouvelles en continu de l'époque, les premières pages des différentes éditions quotidiennes reflétaient l'évolution de l'actualité avec l'égrainage des heures de la journée. Luc Beauregard faisait de nombreux allers-retours depuis la salle de rédaction jusqu'au marbre pour les derniers ajustements avant de boucler la première page et la page des «tournures», et avant que ne s'enclenche l'impression. Quatre fois par jour, les camions de livraison se replaçaient en ligne dans la ruelle, prêts à entasser les ballots dans leurs bennes et à livrer les journaux dans tous les points de vente. Les chauffeurs et les manutentionnaires étant rémunérés à l'heure, tout retard impliquait des coûts additionnels considérables qu'il fallait éviter à tout prix, sans compter les ventes manquées en kiosques.

La maquette de la première page avait des incidences inévitables sur le montage des pages suivantes, lesquelles étaient la responsabilité des dirigeants de sections qui devaient composer avec ce que Luc Beauregard retenait après consultation avec ses collègues. Ce fut pour lui l'acquisition des premiers rudiments en relations interpersonnelles du point de vue du décideur et dans l'exercice du pouvoir face à des professionnels de l'information. Ce véritable puzzle en mouvement se construisait à même le feu roulant de l'actualité suivie de près par les reporters de tous les médias. Au surplus, c'était un temps où se succédaient en enfilade les commissions d'enquête aux contenus parfois croustillants, nécessitant des changements de titres et de textes d'heure en heure, au gré des témoignages.

La Commission Dorion, instituée en 1964, faisait enquête sur les tentatives de corruption du caïd Lucien Rivard sur des politiciens d'Ottawa qui, en échange, auraient exercé des pressions contre son extradition aux États-Unis. En mars 1966, l'affaire Gerda Munsinger, accusée d'espionnage au Canada pour le compte de l'Allemagne de l'Est, éclaboussait Pierre Sévigny, ministre de la Défense dans le gouvernement conservateur, soupçonné d'avoir eu une relation intime avec elle, ce qui aurait mis en danger la sécurité du Canada. À Québec, le gouvernement libéral de Jean Lesage lançait des réformes dans plusieurs domaines, ce qui suscitait la grogne de certains groupes jadis influents, tandis qu'à

Montréal, le maire Jean Drapeau faisait des pieds et des mains pour que l'Exposition universelle, prévue dans « sa ville » pour le printemps 1967, soit prête à temps.

Les manchettes changeaient selon le déroulement des commissions d'enquête, les révélations, les démentis, les confirmations et les infirmations successives des acteurs politiques impliqués. Chaque fois, la « une » de *La Presse* s'en trouvait modifiée jusqu'à la production de l'édition finale, lancée à 15 h 35, et qui sonnait la fin de la longue journée de travail de Luc Beauregard.

Après plus d'une année de ce rythme trépidant, il commença à vouloir faire autre chose. Il ressentait le besoin de se libérer d'un horaire d'enfer qui commençait à taxer sa santé et sa vie familiale. Il voulait aller voir ailleurs. Il sollicita et obtint le poste de correspondant parlementaire de *La Presse* à Ottawa et déménagea avec sa femme dans la capitale fédérale en juin 1966.

Entre-temps, un événement d'apparence bénigne s'était produit, qui allait avoir un effet sur le déménagement à Ottawa d'autres personnages. En avril 1965, Luc Beauregard tomba malade pendant la nuit. Il se sentait incapable de rentrer au journal pour faire la première page de l'édition de 7 h. Son remplaçant choisit de faire la une avec un article du chroniqueur Jean V. Dufresne portant sur un notable d'Ottawa impliqué dans l'affaire Rivard. Le titre déplut à certains membres du conseil d'administration de *La Presse* qui se réunissaient justement ce matin-là, rue Saint-Jacques. Le conseil demanda à Gérard Pelletier de modifier le titre pour la prochaine édition. Ce qui fut fait, mais contrairement à ce à quoi s'attendaient les administrateurs, le titre

23 septembre 1966 : le montage de la première page change selon les éditions.

qui apparut dans l'édition subséquente était, à leurs yeux, encore plus incriminant que le premier. Ne ménageant pas leur colère, les membres du conseil d'administration réclamèrent immédiatement la démission de Gérard Pelletier, déjà suspect à cause de ses antécédents syndicaux. Goutte d'eau qu'ils attendaient comme faisant déborder le vase, ils le considérèrent comme directement responsable de cette bévue, impardonnable à leurs yeux, et perçue comme une bravade.

C'est ainsi que le journaliste Gérard Pelletier quitta *La Presse* comme rédacteur en chef après y avoir remplacé au pied levé Jean-Louis Gagnon quatre ans plus tôt. Cet imprévu le rendait libre d'entreprendre une autre carrière encore plus accaparante. Au printemps suivant, à l'invitation de son ami Pierre Elliott Trudeau et du chef syndicaliste de la CSN Jean Marchand[10], il fera partie des «trois colombes» libérales qui partiront du Québec à l'assaut d'Ottawa pour déloger le gouvernement conservateur de John D. Diefenbaker. Élu en 1965 comme député libéral dans le comté d'Hochelaga, Gérard Pelletier restera dix ans dans la capitale fédérale où il deviendra ministre d'État aux Affaires extérieures, puis secrétaire d'État (aujourd'hui le ministère du Patrimoine) dans le gouvernement Trudeau. Mais n'anticipons pas.

En guise de protestation contre un congédiement qu'il considérait injustifié, et par solidarité avec Gérard Pelletier, Jean David démissionna de son poste de directeur de l'information. Les départs de Pelletier et de David suscitèrent beaucoup d'inquiétude dans la salle de rédaction.

Dans la foulée des bouleversements causés par les départs de Gérard Pelletier et de Jean David, le journaliste Antoine DesRoches remplacera ce dernier comme directeur de l'information. Avec l'approbation de son nouveau patron, Luc Beauregard restera deux ans à Ottawa, en 1966 et en 1967. Il ne le regrettera pas. Son horaire était moins astreignant et le travail, très différent mais aussi intéressant qu'à Montréal à cause de la double dimension nationale et internationale des activités ministérielles qui s'y déploient à l'échelle du pays. Il fit équipe avec Jacques Pigeon, déjà correspondant de *La Presse* à Ottawa. Il se lia d'amitié avec des

---

10 Jean Marchand a été élu secrétaire général de la Confédération des travailleurs catholiques du Canada (CTCC) à l'âge de 29 ans en 1944. Il jouera un rôle déterminant durant la grève des mineurs d'Asbestos, survenue en 1949. Il restera à la tête de la CTCC jusqu'en 1961, date au cours de laquelle il participera à la modernisation de cet organisme, qui devint la Confédération des syndicats nationaux (CSN). De 1963 à 1965, il fut membre de la Commission royale d'enquête sur le bilinguisme et le biculturalisme. Il fut élu député du Parti libéral du Canada en 1965 et devint ministre dans les gouvernements Pearson et Trudeau. Nommé sénateur en 1976, il est décédé en 1988 à Québec. Source : <http://www.csn.qc.ca/web/csn/souvenirs-demain-pierre-vadeboncœur/>.

correspondants d'autres journaux, notamment celui qui avait précipité indirectement et involontairement le départ de Gérard Pelletier, Jean V. Dufresne, alors correspondant du *Devoir* à Ottawa[11].

Il couvrait les débats à la Chambre des communes à l'époque des affrontements entre le premier ministre Lester B. Pearson et le chef de l'opposition John D. Diefenbaker. Il observait, du haut de la tribune de la presse, les premières interventions des trois «colombes» Jean Marchand, Gérard Pelletier et Pierre Elliott Trudeau. Il rendait compte des dossiers chauds, exposait différents points de vue sur des enjeux controversés et accompagnait parfois les ministres dans leurs déplacements au pays et à l'étranger.

Il eut l'occasion de se rendre en France, au Luxembourg, en Italie, en URSS et en Pologne. Il ira notamment au Vatican où il rencontrera le pape Paul VI dans sa bibliothèque en compagnie de Paul Martin père, alors ministre des Affaires étrangères. Il fit la connaissance du directeur des communications du ministère des Affaires extérieures, D'Iberville Fortier, dont il observa les façons de faire, notamment les «*briefing*» sur les positions de l'heure du Canada en matières internationales. Les journalistes s'engageaient à ne pas citer ces breffages «*off the record*», mais ils pouvaient utiliser le contenu comme «*background*».

En ces années-là, le Canada s'apprêtait à célébrer le centenaire de la Confédération. De nombreuses activités avaient été organisées partout au pays, notamment à Ottawa avec la construction du Centre national des arts du Canada et à Montréal avec la tenue de l'Exposition universelle en majorité financée par le gouvernement fédéral. Ce dernier événement, aux dimensions internationales, donnera lieu à de nombreuses visites de chefs d'État à Ottawa. À la faveur de cette activité de grande envergure, le gouvernement canadien se bâtissait une reconnaissance internationale, approfondissait les règles du protocole et de la diplomatie[12], et se dotait peu à peu d'une fonction publique plus professionnelle, et tout cela, sous

---

[11] Pierre O'Neil succéda à Jean V. Dufresne à ce poste.

[12] On se souviendra du passage du général de Gaulle à Montréal et de sa déclaration controversée prononcée du balcon de l'hôtel de ville en juillet 1967. Le gouvernement canadien réagit fermement à sa célèbre phrase «Vive le Québec libre!» en l'enjoignant de quitter le pays. Les relations avec le gouvernement fédéral avaient déjà été mises à mal par la façon dont De Gaulle était arrivé. Pour ne pas avoir à saluer d'abord ses hôtes canadiens à Ottawa, le président de la République française avait traversé l'Atlantique non pas par avion, avec atterrissage obligé dans la capitale canadienne, mais à bord du bateau *Le Colbert*, ce qui lui permettait d'entrer au pays par le golfe du Saint-Laurent et de poser le pied en sol canadien d'abord à Québec, où l'accueillit le premier ministre Daniel Johnson père, et non à Ottawa, et ce, sans enfreindre les règles protocolaires internationales.

les yeux attentifs du correspondant de *La Presse*. Le Centenaire avait pour effet de donner au Canada une nouvelle conscience de lui-même comme pays et une fierté naissante qui déteignit sur Ottawa. La capitale fédérale en était profondément changée.

Luc Beauregard observait l'actualité avec son œil de journaliste, avec le regard critique qui le caractérise. Il se faisait sa propre opinion sur les choses et observait les pratiques de la communication dans le champ de l'intérêt public. Cette période lui permit de confirmer que ce qui l'intéressait, c'était de faire de la communication de façon à influer sur le cours des choses, que ce soit par le biais du journalisme ou autrement. Sur le plan personnel, sa famille, qui vivait avec lui à Ottawa, s'agrandit. Une deuxième fillette, prénommée Stéphanie[13], vint rejoindre sa sœur Valérie, bientôt âgée de trois ans.

Au fur et à mesure que s'écoulaient les mois, Luc Beauregard acquérait un regard de plus en plus critique à l'égard de *La Presse*. Il se plaignait souvent à son directeur de l'information du manque de professionnalisme qui transpirait dans la façon dont l'actualité fédérale était présentée et la couverture du journal en général. En 1967, prenant au mot son correspondant à Ottawa, la direction du journal invita Luc Beauregard à rentrer à Montréal. Il semblait avoir des idées précises sur la façon d'améliorer les choses, alors qu'il vienne montrer ce dont il était capable !

Collection privée.

Le journaliste Luc Beauregard en Israël, 1965.

Après deux ans dans la capitale fédérale, Luc Beauregard revint donc, en 1967, dans les bureaux de la rue Saint-Jacques à titre de chef de pupitre de nuit. Il faisait à nouveau équipe avec son ami Jean Sisto, qui était devenu chef

---

[13] Stéphanie Beauregard reviendra dans sa ville natale pour faire ses études de droit à l'Université d'Ottawa et fera carrière comme avocate à Montréal dans le secteur immobilier. Elle est actuellement avocate chez Delegatus services juridiques inc. Valérie Beauregard occupe aujourd'hui le poste de vice-présidente principale, Affaires corporatives du groupe conseil RES PUBLICA, société mère de NATIONAL. Nous reviendrons plus loin sur le rôle qu'elle joue dans la firme.

Quelques articles signés par le journaliste et reporter
Luc Beauregard, octobre 1967, janvier 1968,
avril 1964 et octobre 1966.

de pupitre de jour. Ce dernier préparait le journal du lendemain, décidait des affectations des journalistes et des sujets à traiter en priorité durant la journée. De son côté, Luc Beauregard arrivait vers 17 h, décidait de la mise en page du journal à l'aide de cinq adjoints respectivement spécialisés dans les nouvelles locales, politiques, internationales, économiques et sportives, et supervisait les processus d'édition.

Revivant à nouveau l'époque du plomb sur le marbre, il devait se plier encore une fois à un régime de vie spartiate. Luc Beauregard considère qu'il était alors un des journalistes les mieux payés du Québec grâce à l'accumulation d'heures supplémentaires. La convention collective prévoyait des semaines de 32,5 heures sur cinq jours. Or, il n'était pas rare pour lui que le nombre grimpât à 80 heures, dont plus de la moitié à temps et demi ou double. Le chef de pupitre pour le numéro du samedi, sixième journée de publication, cumulait le poste de délégué syndical et Luc Beauregard le remplaçait souvent le sixième jour, ce qui ajoutait encore à sa rémunération. Il vivait la nuit et dormait quelques heures le jour, soit de 8 h du matin jusqu'à 13 h, juste à temps pour s'enquérir de ce qui se passait dans l'actualité en prévision de son retour au travail à la fin de l'après-midi. Marié et père de deux jeunes enfants, il trouvait à nouveau que bien qu'il adorât son travail, il ne pourrait pas tenir le rythme longtemps.

À Pâques, Luc Beauregard annonça à son nouveau directeur de l'information, Pierre Lafrance, qu'à la Saint-Jean, il souhaitait redevenir simple journaliste. Un soir, le phénomène l'avait frappé de plein fouet. Il avait remarqué pour la première fois dans la salle de rédaction la présence en grand nombre de têtes blanches, des journalistes d'expérience s'acquittant toujours fidèlement de leurs tâches. Beaucoup avaient passé leur vie professionnelle entière à *La Presse*. Il se dit qu'il ne voulait pas suivre le même parcours. Il devait faire autre chose avant d'atteindre un point de non-retour. C'était le moment, se dit-il. À 28 ans, il devait donner un coup de barre. L'idée fit son chemin dans sa tête, et quelques mois plus tard, sa décision d'abandonner ses fonctions de chef de pupitre était prise.

La convention collective lui permettait de reprendre ses fonctions de reporter, ce qui lui donnait le loisir de réfléchir à la suite des choses. Sa décision d'aller voir ailleurs et de quitter le plus grand quotidien français d'Amérique était définitive. Il avait vécu son rêve. Il avait été journaliste pendant sept ans. Il ne savait ni ce qu'il ferait à l'avenir, ni où il irait, ni comment les choses se présenteraient, mais il avait décidé de plonger dans le vide en espérant retomber rapidement sur ses pieds. La décision était téméraire même si la convention collective lui permettait de prendre un congé sans solde et de rentrer éventuellement au journal après un an, mais il ne quittait pas avec l'intention de revenir. Il laissait le poste de journaliste le mieux rémunéré pour l'inconnu, car il tenait à disposer de son propre sort, plutôt que laisser quelqu'un d'autre décider pour lui, vingt ans plus tard.

Quelques articles signés par le journaliste et reporter Luc Beauregard en septembre 1965 (avec Jean Sisto), en avril et en octobre 1967.

OTTAWA APRÈS 1967

Les fiches étaient éparpillées sur sa table de travail. Le cœur serré, Luc Beauregard compulsait les notes que Jean David avait griffonnées à la main. Il connaissait bien l'écriture de son ancien patron et éprouvait un malaise indéfinissable à toucher ces papiers sur lesquels celui-ci avait couché sa pensée. En puisant ici et là dans les cartons empilés autour de lui, Luc Beauregard prenait connaissance du travail de son mentor, là où ce dernier l'avait laissé. En ce matin pluvieux de septembre 1968, seul dans son nouveau bureau d'Ottawa, la triste réalité s'imposait à lui. Il ne reverrait plus jamais Jean David.

Le 8 novembre 1965, Gérard Pelletier avait été élu député du comté d'Hochelaga en même temps que les deux autres «colombes» du Québec, Pierre Elliott Trudeau et Jean Marchand. Alors que Trudeau devenait secrétaire parlementaire, puis ministre de la Justice, et Jean Marchand, ministre de la Citoyenneté et de l'Immigration dans le gouvernement minoritaire libéral de Lester B. Pearson, Gérard Pelletier ne s'était vu confier aucun portefeuille ministériel. Toutefois, il était souvent consulté lorsqu'il s'agissait de combler des postes stratégiques qui relevaient de ses compétences.

Le 14 décembre 1967, le premier ministre Pearson, âgé de 71 ans, annonça qu'il se retirait de la politique. La nouvelle en surprit plus d'un, car la population appréciait de plus en plus celui qui avait présidé avec efficacité et diplomatie aux célébrations rassembleuses soulignant le centenaire de la Confédération canadienne. En plus de faire passer des mesures progressistes comme l'assurance maladie et la Commission d'enquête sur le bilinguisme et le biculturalisme, Lester B. Pearson songeait à commander une étude sur la façon dont le gouvernement canadien devait traiter l'information à communiquer aux citoyens. Il se confia à Gérard Pelletier qu'il chargea de trouver une personne compétente, capable d'établir les bases d'une enquête de cette nature.

Gérard Pelletier et Jean David étaient restés en contact après leur congédiement et démission respectifs de *La Presse*, le premier comme directeur et rédacteur en chef et le second comme directeur de l'information. Lorsque vint le moment de nommer une personne pour le poste, Gérard Pelletier pensa immédiatement à Jean David et suggéra son nom à Lester B. Pearson. Celui-ci l'accepta. Il fut nommé en janvier 1968. Journaliste respecté, l'ancien directeur de l'information de *La Presse* connaissait bien les milieux de l'information de tout le pays, qui avaient connu une période de grands bouleversements dans la foulée de l'Exposition universelle de 1967[1]. Il s'attela immédiatement à la tâche.

Quelques semaines plus tard, Jean David avait déjà structuré sa démarche vers ce qui s'annonçait comme un grand chantier de réflexion. Il en avait défini les grands axes, mais pour l'étayer davantage, il envisageait de faire une vaste consultation auprès des grands journaux des principales

[1] Pour comprendre l'historique et le déroulement de l'Expo 67, voir J. Cardinal et L. Lapierre, *Noblesse oblige. Philippe de Gaspé Beaubien et Nan-b de Gaspé Beaubien. L'histoire d'un couple en affaires*, Montréal, Éditions Logiques, 2006, chapitres 6 et 7, p. 95-123.

villes du pays. La tâche était colossale, mais le travail ne l'avait jamais rebuté. Il occupait un bureau dans un édifice adjacent au parlement d'Ottawa et faisait régulièrement la navette entre la capitale fédérale et Montréal où il avait gardé son adresse principale. Un vendredi soir de février 1968, il s'était attardé quelque peu à son bureau afin de mettre la dernière main à un document qu'il prévoyait soumettre à Gérard Pelletier le lundi suivant. Il regarda sa montre. Déjà 18 h. Il voyait la neige tomber à travers la fenêtre donnant sur le canal Rideau. Il faisait nuit noire. Il valait mieux partir maintenant pour Montréal avant que la chaussée ne devienne trop glissante. Il téléphona à sa femme et lui dit qu'il rentrerait le soir même.

Il prit le volant de sa voiture un peu avant 19 h. Le parcours prend environ deux heures. Il arriverait à la maison à une heure raisonnable. C'était sans compter sur les conditions routières. Sa femme l'attendit toute la soirée et resta postée à sa fenêtre une partie de la nuit. Au petit matin, elle reçut un coup de fil du Service de la police provinciale de l'Ontario. On lui annonçait que son mari avait eu un accident sur la route 117 entre Ottawa et Montréal. Il avait raté la courbe, à hauteur de Hawkesbury, et avait fait une sortie de route, suivie d'une grave embardée. Son mari était malheureusement mort sur le coup ; son passager Jean-Guy Fredette était gravement blessé.

La nouvelle fit la manchette des journaux. Jean David était un journaliste connu, respecté et intègre. Il avait été le modèle de toute une génération de journalistes[2]. On relata sa carrière professionnelle, notamment sa démission indignée lors du congédiement de Gérard Pelletier de *La Presse* par la famille Berthiaume. Les milieux journalistiques se déclarèrent en deuil de cette figure emblématique.

Luc Beauregard en fut personnellement bouleversé. Il avait rencontré Jean David pour la première fois quand il était entré au journal en 1961 comme étudiant. C'était son chef de pupitre. Après quelques semaines, Jean David avait remarqué la détermination du nouveau venu qui se démarquait par son ardeur au travail. Il ne mit pas de temps à vouloir mettre l'étudiant à l'épreuve. Voyant que la recrue se débrouillait

---

[2] Voir le témoignage de Paule Beaugrand-Champagne, journaliste à la retraite de *La Presse*, à qui Jean David avait appris « que la meilleure façon d'apprendre était de faire des faits divers parce qu'ils développent l'empathie et le jugement ». Propos rapportés par Nathalie Collard dans « Paule Beaugrand-Champagne. Éternelle journaliste », *La Presse*, 9 décembre 2010, cahier Arts et Spectacles, p. 10.

très bien, il avait voulu lui donner un véritable baptême du feu en le faisant nommer dans l'équipe de chevauchement avec Jean Sisto et en lui assignant, peu de temps après, la page 3 des nouvelles locales de *La Presse*. Avide d'apprendre et de lui montrer de quoi il était capable, Luc Beauregard avait relevé ces défis haut la main.

Peu à peu, voyant que son intuition se confirmait dans les faits, Jean David s'était fait le mentor de l'étudiant stagiaire, qui acceptait volontiers les tâches, même ingrates, que son chef de pupitre lui confiait. Luc Beauregard évoque encore avec émotion l'époque où il marchait « dans les pas de Jean David à *La Presse* ». Lorsqu'il cessa de s'intéresser à ses études de droit, la présence de Jean David comme son mentor en journalisme avait pesé lourd. Il le considérait comme un leader et il admirait ses connaissances de la politique canadienne acquises notamment comme militant au sein du Parti libéral fédéral.

Après le décès de Jean David, Gérard Pelletier fit appel à un autre journaliste chevronné pour prendre en main ce vaste dossier : Michel Roy[3]. Le rédacteur en chef du *Devoir* prit connaissance du mandat et du travail que Jean David avait déjà abattu. Devant l'ampleur du défi à relever, il convainquit Gérard Pelletier qu'il fallait mettre sur pied un groupe de travail en bonne et due forme. Plutôt que de demander à un seul journaliste de poursuivre ce que Jean David avait commencé, les membres se partageraient la tâche en fonction de leurs compétences. En revanche, il était prêt à collaborer au travail du groupe et à la rédaction du rapport à présenter éventuellement. Le premier ministre Pearson, qui était toujours en poste, donna le feu vert.

---

[3] Michel Roy est né à Ottawa en 1929. L'année suivante, sa famille s'établit à Montréal où il fera ses études aux collèges Stanislas et Brébeuf avant d'obtenir une licence en philosophie de l'Université de Montréal. Il entre au journal *Le Canada* en 1949. Journaliste à la Presse canadienne pendant cinq ans, il passe au *Devoir* en 1957. Il en deviendra rédacteur en chef en 1975, puis directeur suppléant en 1979. Il y restera vingt-cinq ans avant d'être nommé éditorialiste en chef de *La Presse* en 1982. De 1983 à 1988, il sera successivement éditeur adjoint et rédacteur en chef du quotidien jusqu'à ce qu'il travaille comme journaliste indépendant au *Soleil*, au *Droit*, au magazine *L'actualité* et à la Société Radio-Canada. En 1992, il devient conseiller pour les questions constitutionnelles au Conseil privé à l'époque des négociations sur l'Accord du lac Meech. Il sera conseiller politique et constitutionnel auprès du premier ministre Brian Mulroney, qui le nommera ambassadeur en Tunisie et auprès de la Lybie. En tant qu'ambassadeur, il sera chargé de missions en Jordanie et en Algérie en 1995 et 1996. À son retour au Canada, il est nommé professeur invité à l'Université Laval et à l'Université de Montréal. Il devient président du Conseil de presse du Québec en novembre 1997. Il y restera jusqu'en 2004. Il est décédé à Montréal le 9 septembre 2011. Source : <http://www.thecanadianencyclopedia.com>.

Pendant ce temps, les instances du Parti libéral du Canada s'occupaient à préparer la succession de Pearson, dont le départ avait été annoncé quelques mois plus tôt. On fixa la tenue du congrès à la chefferie aux 5 et 6 avril 1968. Des noms circulaient, certains ralliant plus d'appuis que d'autres. Dans le Canada anglais, les candidatures de Paul Martin père, Paul Hellyer, Robert Winters, Eric Kierans et John Turner ressortaient. Du côté du Québec, on pressentit d'abord Jean Marchand, qui se désista finalement en faveur de Pierre Elliott Trudeau. Ce dernier mena une campagne efficace sous le signe du charisme et du glamour. À son corps défendant, il provoqua un phénomène médiatique jamais vu au Canada en politique : la « *trudeaumania* ».

Le congrès, qui débuta avec une lutte entre neuf candidats, se solda par un affrontement entre les quatre têtes d'affiche qu'étaient Trudeau, ministre de la Justice, Robert Winters, ministre du Commerce, Paul Hellyer, ministre des Transports, et John Turner, le jeune ministre de la Consommation et des Affaires commerciales. Au terme du premier tour, Trudeau détenait une avance de près de 500 votes sur son plus proche rival, Robert Winters. Le départ forcé du dernier en lice et le retrait volontaire de certains candidats donnèrent lieu à un jeu de négociations et d'alliances qui marqua les deuxième et troisième tours. Trudeau, Winters et Turner se retrouvèrent finalement seuls pour le quatrième et dernier tour. Celui-ci se solda à l'avantage de Trudeau qui obtint 1 203 votes, contre 954 pour Winters et 195 pour Turner. À la fin de la journée, Trudeau était donc officiellement élu chef du Parti libéral du Canada. Le 20 avril suivant, il remplaçait Lester B. Pearson comme premier ministre du Canada.

Quelques semaines plus tard, le nouveau premier ministre non élu déclencha des élections générales. Le 25 juin 1968, au lendemain du houleux défilé montréalais de la Saint-Jean au cours duquel il ne se laissa pas intimider par la virulence de manifestants anti-fédéralistes[4], Pierre Elliott Trudeau, qui avait promis une « société libre, juste et unie », se retrouvait à la tête d'un gouvernement majoritaire. Il obtint 155 sièges sur 264, porté autant par les Québécois, qui lui donnèrent 56 députés, que par le Canada anglais, qui espérait le voir « mettre le Québec à sa place ». Il

---

[4] Voir L.M. Tard et J.C. Leclerc, « La violence éclate rue Sherbrooke », *Le Devoir*, 25 juin 1968. Pour avoir le point de vue de Jacques Duchesneau, alors jeune policier dont c'était la première affectation, voir Jacqueline Cardinal et Laurent Lapierre, *Jacques Duchesneau – L'audace dans l'action*, Montréal, Éditions Logiques, 2006, p. 66-68.

ouvrit la porte de son cabinet aux deux autres colombes : Jean Marchand comme ministre des Forêts et du Développement rural et Gérard Pelletier comme secrétaire d'État.

Avant 1967, chaque ministère avait son propre service d'information, avec tous les chevauchements que cela supposait. Les événements entourant l'Exposition universelle de Montréal avaient mis en évidence la nécessité de systématiser davantage les communications émanant du gouvernement. Lui-même ancien commentateur politique, Pierre Elliott Trudeau s'intéressait de près à ce domaine. Il était d'accord avec Pearson sur la nécessité de donner des balises modernes à la diffusion de l'information gouvernementale. Fidèle à l'approche qu'il privilégiait dans la conduite du pays, il visait à vivifier les communications émanant des ministères, au besoin en les centralisant dans un seul organisme. Il demanda à Gérard Pelletier de continuer de piloter l'étude sur l'information et de lui accorder toute l'importance qu'elle méritait à ses yeux.

La proposition tombait dans un terreau fertile, car les mentalités avaient changé profondément dans la fonction publique et dans les milieux de l'information. Ottawa connaissait alors une période de transition entre ce qui avait cours avant 1967 et les bouleversements qu'avait provoqués l'Expo 67. Désormais ouvert à ce qui se passait dans d'autres pays, le Canada se trouvait alors profondément déstabilisé dans sa façon de concevoir le monde et de juger de sa place parmi les nations. Les fonctionnaires et les journalistes, à la fois témoins et acteurs de ce changement, en subissaient les contrecoups, à telle enseigne que dans l'histoire récente de la fonction publique et du journalisme au Canada, on peut parler d'avant et d'après l'Expo 67[5] et le Centenaire de la Confédération.

Gérard Pelletier avait donc les coudées franches pour suivre la suggestion de Michel Roy de constituer ce qu'il appellera le « Groupe de travail sur l'information gouvernementale ». Le 30 août 1968, il nomma D'Iberville Fortier comme président, un haut fonctionnaire qui avait été directeur du service de presse de l'Organisation du traité de l'Atlantique Nord (OTAN). Il lui adjoignit Bernard Ostry, économiste et journaliste au réseau anglais de Radio-Canada, et Thomas Ford, un publicitaire de Toronto. Michel Roy devint conseiller spécial en même temps que Derek Bedson, greffier du Conseil exécutif de la province du Manitoba.

[5] Voir notamment l'analyse éclairée que l'historien canadien-anglais William Lewis Morton porte sur cette époque dans *The Kingdom of Canada*, Toronto, McClelland and Stewart, 1968, 594 pages.

L'enquête supposait la collecte de données à travers le Canada dans différents secteurs d'activité, notamment en ce qui avait trait à l'information fédérale dans les diverses régions du pays. Gérard Pelletier, qui gardait l'œil sur ce qui se passait dans son ancien journal, savait que Luc Beauregard souhaitait quitter *La Presse* pour un congé sans solde, et qu'il était disponible. Il suggéra son nom à Michel Roy qui lui téléphona pour lui offrir de travailler comme consultant pour le groupe de travail.

À titre de « chercheur et rédacteur » du Groupe, qui relevait du Conseil privé, Luc Beauregard prit possession d'un bureau du groupe de travail, rue Bank, à Ottawa. Il établit ses pénates au vénérable Hôtel Elgin, sur la rue du même nom, qui mit à sa disposition une petite chambre pour laquelle un prix global fut négocié pour la durée de son passage à Ottawa. Il y séjournait la semaine entre ses déplacements et ses allers-retours vers Montréal où était restée sa famille puisqu'il s'agissait d'une collaboration temporaire dans la capitale fédérale.

Il mena deux dossiers en particulier. Une vaste enquête auprès des leaders d'opinion au Canada à qui le groupe de travail demandait l'avis sur l'efficacité de l'information gouvernementale fédérale. Puis, une recherche sur les structures de l'information gouvernementale fédérale en région ; Québec et Winnipeg étaient des régions pilotes. Il compléta son travail en avril 1969 non sans avoir acquis une connaissance des milieux politiques et journalistiques dans toutes les provinces, un atout qu'il gardera précieusement dans sa manche pour plus tard. C'est dans ces circonstances tristement imprévues qu'il avait eu à consulter les fiches que Jean David avait laissées en plan sur son bureau et qu'on lui avait remis dans des boîtes de carton.

À la fin de ses travaux, en 1969, le Groupe présenta son rapport[6]. Il recommandait de créer l'organisme Information-Canada dont le rôle serait d'intégrer les communications du gouvernement fédéral. Les ministères désireux de transmettre des renseignements sur leurs activités ou des communiqués de presse aux journalistes ne pouvaient plus fonctionner en silos. Sensible aux doléances de certains hauts fonctionnaires réfractaires à un changement radical, Gérard Pelletier en arriva à une solution mitoyenne entre la structure recommandée par le Groupe de travail et la

---

[6] D'Iberville Fortier, président, Bernard Ostry, membre, et Tom Ford, membre, *Communiquer. Rapport du Groupe de travail sur l'information gouvernementale*, Ottawa, Imprimeur de la Reine pour le Canada, 1969 ; Tome I, 81 pages ; Tome II, 434 pages.

situation existante. Il donna à Information-Canada, dont on garda le nom, un rôle d'uniformisation graphique et de coordination. Gérard Pelletier voulait éviter de mettre en place une lourde structure administrative qui minerait l'efficacité que le nouveau gouvernement visait au départ. Pierre Elliott Trudeau nomma Jean-Louis Gagnon directeur de l'organisme auquel on greffa, en filigrane, la responsabilité de promouvoir l'unité du pays mise à mal par la montée du souverainisme québécois.

Le 15 février 1965, soit deux ans avant l'ouverture de l'Exposition universelle, le gouvernement canadien avait adopté le drapeau unifolié, qui remplaçait le *Red Ensign*, aux armoiries britanniques, hérité de la marine marchande canadienne. Lorsque Information-Canada fut fondée, quatre ans plus tard, les ministères adoptèrent le logo gouvernemental officiel concocté par le nouvel organisme, soit le mot Canada, gravé dans des caractères d'imprimerie bien définis, accompagné d'un demi-drapeau unifolié rouge. À l'instar du gouvernement du Québec qui agrémentait ses communications de fleurs de lys bleues depuis le mandat de Daniel Johnson père et de ses conseillers en communication, **toutes les communications** du gouvernement fédéral devaient afficher le même logo canadien officiel d'un rouge éclatant. La directive d'agrémenter de cette signature graphique les chèques émis par le gouvernement fédéral date également de cette époque.

La volonté d'associer un design graphique fort au gouvernement fédéral s'inscrivait dans la foulée du choix d'un autre symbole patriotique, soit l'hymne national. Déjà, sous le gouvernement Pearson, des démarches avaient été entreprises pour faire de l'*Ô Canada*, chant patriotique de la Société Saint-Jean-Baptiste (composé en 1880 par Adolphe-Basile Routhier sur une musique de Calixa Lavallée), l'hymne national du Canada. Pour la version anglaise, on adaptera finalement la traduction anglaise que Robert Stanley Weir avait écrite en 1908 à l'occasion du tricentenaire de fondation de la ville de Québec. On garda intacte la version française de l'*Ô Canada*, telle qu'elle a été composée par Routhier. Mais ce n'est que le 1er juillet 1980, après plusieurs tentatives législatives avortées, que l'*Ô Canada* sera officiellement adopté dans ses deux versions anglaise et française comme unique hymne national canadien[7].

7   Le 31 janvier 1966, le premier ministre Lester B. Pearson inscrivit un avis de motion au feuilleton: «Que le gouvernement soit autorisé à prendre les mesures nécessaires pour décréter que l'*Ô Canada* est l'hymne national du Canada tandis que le *God save the Queen!* est l'hymne royal du Canada.» Ce n'est que 1er juillet 1980, soit un peu plus d'un mois après de premier référendum sur la souveraineté du Québec, que le gouverneur général

En rétrospective, Luc Beauregard garde ses réticences sur l'à-propos de la nomination de Jean-Louis Gagnon comme premier directeur d'Information-Canada. Il concède que la vaste culture et l'éloquence naturelle de l'ancien journaliste et ambassadeur en faisaient, en principe, un porte-parole convaincu. Toutefois, l'Opposition considérait Information-Canada comme un organe de propagande et, à cause des vues férocement partisanes de Gagnon, il y avait à l'époque danger de faire d'un organisme conçu comme une entité purement administrative, un organe de propagande qui minait sa crédibilité, donc son efficacité, même en ce qui avait trait à l'unité nationale.

Quoi qu'il en soit, Luc Beauregard confirme aujourd'hui que la ville d'Ottawa dans laquelle il revenait en 1968, deux ans après y avoir vécu comme correspondant de *La Presse*, n'était pas la même que celle qu'il avait connue avant l'Expo. Il nota un enthousiasme comparable à celui qu'avaient suscité l'arrivée de Jean Lesage à Québec et la mise en œuvre de sa Révolution tranquille. La fonction publique fédérale était ébranlée dans ses fondements, mais elle se montrait désireuse de participer au mouvement de modernisation de l'État. En règle générale, malgré les réticences de certains, les fonctionnaires appuyaient le nouveau premier ministre Trudeau dans son œuvre de *Nation Building*, qui s'articulait autour du progrès social et du bilinguisme.

Avec la réélection du Parti libéral, en juin 1968, ce nouveau souffle ambiant se traduisit par des lois qu'on n'avait toutefois pas prévues aussi déstabilisantes. Fort de sa majorité en Chambre, le premier ministre se montra en effet décidé à agir et à faire adopter le plus vite possible des mesures progressistes. Il fit passer, coup sur coup, deux lois majeures qui devaient accentuer ce changement de mentalité en dépassant les attentes des fonctionnaires et en modifiant les mœurs des citoyens canadiens.

En premier lieu, ce sera la *Loi de 1968-69 modifiant le droit pénal* (S.C. 1968-69, c. 38). Mieux connue sous le nom de *Bill Omnibus* parce qu'elle portait à la fois sur plusieurs sujets, cette loi a été adoptée le 14 mai 1969 par la Chambre de communes du Canada. Elle promulguait des amendements majeurs aux articles de loi ayant trait à la sexualité, l'avortement, l'attentat à la pudeur, les loteries, la conduite avec facultés

Edward Schreyer proclamait la loi sur l'hymne national faisant de l'*Ô Canada* un des symboles officiels du pays au cours d'une cérémonie publique tenue sur les pelouses du palais du parlement à midi en présence de milliers de Canadiens. Source: <http://www.pch.gc.ca>.

affaiblies, les armes à feu et la réforme pénale. Les questions de l'avortement thérapeutique, désormais autorisé dans certaines conditions médicales, la simplification des procédures d'obtention du divorce et la décriminalisation de l'homosexualité firent l'objet de vifs débats entre des députés dont les commettants n'étaient pas tous d'accord, peu s'en fallait, avec ces bouleversement juridiques dont les conséquences bousculeraient fondamentalement les valeurs que partageaient les Canadiens de l'époque. Le gouvernement libéral vota en sa faveur en dépit des controverses, et le fameux *Bill Omnibus* fut adopté. Dans le style iconoclaste qu'on lui connaissait, le premier ministre Trudeau cristallisa l'esprit de la loi en ces termes : « L'État n'a pas sa place dans les chambres à coucher de la Nation. »

La deuxième loi, encore plus dérangeante pour la majorité anglophone du Canada, s'intitulait simplement : *Loi sur les langues officielles*. Elle fut adoptée un peu moins de deux mois après le *Bill Omnibus*, soit le 7 juillet 1969. Comme son nom l'indiquait, il s'agissait cette fois de faire de l'anglais et du français les deux langues officielles du Canada et d'obliger les institutions fédérales à fournir les services dans l'une ou l'autre langue selon la demande, et ce, partout au pays.

Votée sur la recommandation de la Commission royale d'enquête sur le bilinguisme et le biculturalisme instituée par le premier ministre Pearson en 1963, elle faisait du Canada un pays bilingue, du moins officiellement. Il ne s'agissait pas de rendre tous les citoyens du pays bilingues, mais d'instaurer le bilinguisme dans les institutions fédérales. Elle créait une nouvelle entité administrative, le Bureau du Commissaire aux langues officielles (qui deviendra l'actuel Commissariat aux langues officielles), chargée de son application. Le gouvernement nomma Keith Spicer comme premier titulaire du poste[8]. Tout comme ces deux lois dérangeantes, la structuration du domaine des communications et de l'information provenant du gouvernement, dont sera issue Information-Canada, faisait partie des réformes majeures que Pierre Elliott Trudeau voulait mettre en place dans la société « libre, juste et unie » qu'il avait promise durant sa campagne électorale.

---

[8] Il le restera jusqu'en 1977. Keith Spicer avait travaillé comme recherchiste à la Commission Laurendeau-Dunton avant de devenir conseiller spécial du ministre de la Justice et président du Conseil privé. Max Yalden, sous-ministre adjoint au Secrétariat d'État sous Gérard Pelletier, le remplacera de 1977 à 1984, et c'est l'ancien président du Groupe de travail sur l'information gouvernementale, D'Iberville Fortier, qui occupera les fonctions jusqu'en 1991.

De son point d'observation privilégié, Luc Beauregard se forgeait une opinion sur les rapports de force en présence à Ottawa dans ces temps mouvementés. Une fois rédigées les parties du rapport qui lui avaient été assignées, une fois donc son mandat terminé, il lui restait à décider de ce qu'il ferait à l'avenir. Il avait toujours la possibilité de revenir à *La Presse* où il jouissait d'un congé sans solde d'un an. Il pourrait aussi rester à Ottawa et sans doute décrocher un poste à Information-Canada ou ailleurs dans la fonction publique qui était en pleine effervescence. Il en était là dans ses réflexions lorsqu'il rencontra, au hasard de ses déplacements en avion, une de ses connaissances qui se rendait à Québec dans le cadre de ses fonctions. Jacques Laurent était chef de cabinet de Jean-Guy Cardinal, alors ministre de l'Éducation du gouvernement provincial de Jean-Jacques Bertrand.

Or, Jacques Laurent était activement à la recherche d'un attaché de presse pour son ministre, car le congrès à la chefferie du parti de l'Union nationale devait avoir lieu en juin suivant, et Jean-Guy Cardinal avait l'intention de s'y présenter. Il affronterait, entre autres candidats, Jean-Jacques Bertrand qui remplaçait par intérim le premier ministre Daniel Johnson[9], décédé subitement le 26 septembre 1968, à l'âge de 53 ans, devant le tout nouveau barrage de la Manicouagan.

Placé devant une voie qu'il n'avait jamais envisagée, Luc Beauregard se montra sceptique au début, mais finalement, se dit-il, pourquoi pas ? Comme attaché de presse d'un ministre vedette de l'Union nationale, il découvrirait un nouvel univers, il serait près de l'action et pourrait influer sur le cours des choses en ces temps troublés. Il a 28 ans, de l'énergie à revendre et aucune obligation professionnelle pour rentrer immédiatement à Montréal, sinon d'y rejoindre sa petite famille le week-end. L'aventure lui souriait. Il n'eut qu'une exigence, celle de ne pas devoir

---

[9]   Daniel Johnson père est né à Danville en Estrie en 1915. Diplômé en droit de l'Université de Montréal, il pratique comme avocat à Montréal à compter de 1940. Élu député provincial du comté de Bagot de 1946, il le restera jusqu'à sa mort en 1968. En 1958, le premier ministre Maurice Duplessis le nomme ministre des Ressources hydrauliques. Élu chef de l'Union nationale en 1961, il dirigea l'opposition à l'Assemblée législative jusqu'à l'élection générale de 1966 où son parti l'emporta sur les libéraux de Jean Lesage. Il exerça les fonctions de ministre des Richesses naturelles et de ministre des Affaires fédérales-provinciales de 1966 à 1967, et de ministre des Affaires gouvernementales (1967-1968) tout en étant premier ministre du Québec de 1966 à 1968. Auteur de l'ouvrage *Égalité ou indépendance* (1965) portant sur la Constitution canadienne et la place qu'y tient le Québec, il s'efforce de faire adopter le principe fondamental de l'égalité des deux peuples fondateurs et s'investit pour donner une voix au Québec à l'échelle internationale. Daniel Johnson est mort en fonction au barrage Manic-5 (qui porte aujourd'hui son nom) le matin de son inauguration, le 26 septembre 1968. Source : <http://www.revolutiontranquille.gouv.qc.ca>.

devenir membre du parti de l'Union nationale. Jean-Guy Cardinal lui répondit qu'ils allaient bien s'entendre parce que lui non plus n'était pas du sérail de ce parti.

À l'automne 1968, Luc Beauregard avait donc opté pour un changement de cap, croyant alors quitter pour toujours ses premières amours, *La Presse* et le journalisme. Il donna avis à *La Presse* qu'il ne rentrerait pas.

QUÉBEC :
UN PANIER DE CRABES

L'agent de sécurité de l'Assemblée nationale était formel : Luc Beauregard n'avait pas le droit d'entrer. Ce dernier avait beau clamer qu'il était attendu, rien n'y faisait. Sur ordre d'un adjoint du premier ministre qui rigolait en regardant la scène, l'accès à l'hôtel du Parlement lui était désormais interdit.

Au fond, Luc Beauregard n'était pas surpris de se voir jouer pareil tour. Il savait que le premier ministre non élu, Jean-Jacques Bertrand, considérait son patron, le ministre de l'Éducation Jean-Guy Cardinal, comme son ennemi juré. Il savait aussi qu'à titre de son attaché de presse, lui-même était vu comme l'exécutant des basses œuvres de l'homme à abattre. Partout où il s'avançait, on lui mettait sournoisement des bâtons dans les roues. Le geste de l'agent de sécurité lui sembla symptomatique. En ce mois de décembre 1969, l'air se raréfiait pour lui à Québec, à un point tel qu'il n'avait plus le choix. Six mois après le congrès à la chefferie où Jean-Jacques Bertrand avait coiffé Jean-Guy Cardinal comme chef de l'Union nationale, Luc Beauregard se sentait forcé d'aller voir ailleurs pour « relever de nouveaux défis ». En acceptant le poste d'attaché de presse et de conseiller spécial de Jean-Guy Cardinal, Luc Beauregard ne s'attendait pas à être témoin d'autant de faits historiques et de basses manigances au sein d'un même parti politique. Rappelons les faits.

Au décès subit de Daniel Johnson, dont le cœur arrêta de battre le 26 septembre 1968, jour de l'inauguration en grande pompe du grand œuvre de Manic-5, le caucus des députés de l'Union nationale avait désigné le ministre de la Justice Jean-Jacques Bertrand pour le remplacer au pied levé. Il était le quatrième en dix ans à succéder au « cheuf » Maurice Duplessis qui avait régné sans partage sur le Québec pendant près de vingt ans : Paul Sauvé (1959), décédé trois mois et demi après son accession au pouvoir, Antonio Barrette (1960), qui sera prestement défait par le libéral Jean Lesage (1960-1966), et Daniel Johnson père (1966-1968), qui avait ramené l'Union nationale au pouvoir aux élections générales de 1966.

Alors qu'il était premier ministre, Daniel Johnson avait élégamment nommé son ancien adversaire à la chefferie, Jean-Jacques Bertrand, ministre de la Justice et ministre de l'Éducation. Dans un geste surprise, quelques mois après son élection, il avait fait appel à un non-élu, Jean-Guy Cardinal, pour prendre la relève de Bertrand au ministère de l'Éducation, en le faisant accéder au Conseil législatif, sorte de Sénat provincial qui sera aboli en décembre 1968[1]. Conformément aux règles parlementaires

---

[1] Le 12 décembre 1968, la *Loi concernant le Conseil législatif* (projet de loi 90) abolissait le Conseil législatif et donnait à l'Assemblée législative le nouveau nom d'Assemblée nationale. Le Conseil législatif adopta lui-même le projet de loi qui le sabordait, et ce, sans vote enregistré ou appel nominal. L'abolition du Conseil législatif prit effet le 31 décembre 1968.

britanniques, le stratagème lui permettait de nommer un ministre en attendant qu'un comté sûr se libère pour celui qu'il considérait sans doute comme son dauphin.

Le choix inattendu de Jean-Guy Cardinal comme ministre de l'Éducation de l'Union nationale sonna comme un coup de maître de la part du fin renard politique qu'était Daniel Johnson. Personne n'avait vu venir la nouvelle, et surtout pas Jean-Jacques Bertrand. La recrue était en effet directeur général adjoint du Trust Général et un personnage hautement respecté des milieux du droit et de l'éducation. Notaire de formation, il était professeur titulaire à l'Université de Montréal et avait été doyen de sa faculté de droit (1965-1967). Il était très au fait du système d'éducation québécois et était réputé pour être farouchement nationaliste.

Jean-Guy Cardinal, alors ministre de l'Éducation, et Luc Beauregard.

Né à Montréal en 1925, Jean-Guy Cardinal avait eu un cheminement d'études atypique pour l'époque. Après avoir reçu son diplôme de baccalauréat ès arts au Collège André-Grasset, il avait obtenu un certificat en « *business administration* » de l'Alexander Hamilton Institute de New York. De retour à Montréal, il s'inscrivit en droit à l'Université de Montréal et devint notaire en 1950. Sept ans plus tard, il obtenait un doctorat en droit de la même institution. L'année suivante, il recevait un diplôme en « arithmétiques commerciales » du gouvernement du Québec. En 1959, la Faculté de droit de l'Université de Montréal lui décerna son Mérite d'or. Il obtint un certificat de perfectionnement en gestion de HEC Montréal en 1960 et une formation additionnelle à la Famous Artists School en 1967. En plus d'enseigner le droit à l'Université de Montréal (dont le droit paroissial), il fut également professeur invité à la Faculté d'architecture de l'Université de Montréal[2].

En plus de ses activités de professeur, Jean-Guy Cardinal était très actif dans la société québécoise : de 1958 à 1965, il fut secrétaire général puis directeur général adjoint du Trust Général du Canada. Membre de la Cour des commissaires civils des paroisses de Montréal de 1957 à 1967, il fut président du comité de droit des biens et de la fiducie à l'Office de révision du Code civil de 1963 à 1967. Au moment où Daniel Johnson lui proposa de devenir ministre de l'Éducation dans son cabinet, il était également membre de la Commission de l'enseignement supérieur du Conseil supérieur de l'éducation du Québec, membre du conseil d'administration de l'Institut scientifique franco-canadien et administrateur de la mutuelle d'assurances La Laurentienne.

En prenant la barre du ministère de l'Éducation, Jean-Guy Cardinal tombait dans une mer houleuse, marquée par des conflits linguistiques orageux. Sous Daniel Johnson, les tensions avaient commencé à s'élever entre les groupes francophones et anglophones, sans qu'elles n'éclatent encore de façon violente. Sur papier, les francophones formaient la majorité, mais ils sentaient leur avenir précarisé par le comportement des nombreux immigrants de fraîche date, qui choisissaient massivement d'envoyer leurs enfants dans des écoles anglophones. Les tensions entre les francophones et les immigrants anglophiles se faisaient de plus en plus intenses au sein des quartiers chauds.

En juin 1968, l'attention médiatique se porta sur la ville de Saint-Léonard. À son assemblée de fin d'année, la commission scolaire francophone adopta une résolution imposant l'école française aux nouveaux élèves de l'élémentaire pour la rentrée suivante. La décision visait en fait l'abolition des classes élémentaires bilingues créées en 1963 pour accueillir les nouveaux immigrants qui affluaient en grand nombre dans ce petit village, peuplé jusqu'en 1950 de quelques centaines d'habitants, pour la plupart des Canadiens français de souche, vivant d'agriculture.

L'agglomération jusque-là paisible avait été le témoin de l'arrivée en grand nombre de jeunes familles ouvrières francophones (dont un bon nombre travaillait dans les usines du « bout de l'Île » de Montréal)

2 Voir <http://www.assnat.qc.ca/fr/députés/cardinal-jean-guy-2383/biographie.html>.

La Presse.

8/ LA PRESSE, MONTREAL, SAMEDI 9 AOUT 1969

Cardinal "réaménagera" son ministère

par François TRÉPANIER
de notre bureau de Québec

QUÉBEC — Le ministre de l'Éducation du Québec, M. Jean-Guy Cardinal, a annoncé, hier, qu'il procédera, au cours des prochaines semaines, à un "réaménagement" au sein de son ministère, lequel "réaménagement" affectera certains services, postes et individus.

M. Cardinal, qui donnait sa première conférence de presse depuis un mois, a avoué que son "réaménagement" tiendra compte de certaines idées qu'il a émises durant sa campagne pour la direction de l'Union nationale.

M. Cardinal a refusé cependant d'élaborer sur ses idées.

On se souvient qu'à l'occasion de sa campagne pour le leadership de l'UN, M. Cardinal avait insisté sur la nécessité pour le ministre de s'entourer de fonctionnaires dignes de confiance.

L'adversaire du premier ministre Jean-Jacques Bertrand s'était également attiré la sympathie de plusieurs militants de l'Union nationale après avoir reproché à certains fonctionnaires d'avoir pris des décisions sans avoir consulté leurs ministres.

Les déclarations de M. Cardinal avaient été suivies, peu après la campagne du congédiement du directeur général de la Direction de l'Éducation permanente, M. Fernand Jolicoeur, aujourd'hui attaché au ministère de la Fonction publique.

En dépit de son refus d'élaborer sur les idées qu'il a émises durant sa campagne, M. Cardinal, qui rencontrait les journalistes au cours d'une petite réception intime au Cercle universitaire à Québec, a quand même donné quelques détails sur son "réaménagement".

D'après M. Cardinal, ce "réaménagement" affectera notamment certaines structures pédagogiques comme le Service de formation des maîtres.

Toujours d'après M. Cardinal, certaines décisions ont déjà été prises, dans le cadre de ce "réaménagement".

Ainsi, Me Jacques Laurent, chef de cabinet de M. Cardinal, sera chargé d'assister aux réunions du comité de législation du ministère.

M. Luc Beauregard, un conseiller technique de M. Cardinal, assistera, pour sa part, aux réunions des sous-ministres.

Ces deux nominations permettraient à M. Cardinal de se tenir au courant de toutes les activités du ministère.

Au sujet de ces activités mêmes, M. Cardinal a précisé qu'il a demandé à tous les responsables des services de son ministère de lui fournir un rapport sur leurs études et leurs projets.

Par ailleurs, commentant sa nomination sur le comité politique de l'Union nationale, M. Cardinal a dit que plusieurs groupes de militants du parti lui ont offert leur collaboration.

M. Cardinal a dit qu'il entend faire écho aux représentations de ces groupes au sein du comité.

Dans un autre ordre d'idées, M. Cardinal, qui vient de prendre onze jours de vacances, a précisé qu'il soumettra au Conseil des ministres d'ici quelques semaines le projet de loi touchant la restructuration scolaire de l'Île de Montréal.

Un comité de travail étudie actuellement ce projet de loi qui sera soumis à l'Assemblée nationale lors de la reprise de la session.

D'après M. Cardinal, d'autres bills dont un pour favoriser le regroupement des commissions scolaires et un second concernant les manuels scolaires, seront également soumis à la Chambre lors de la reprise des travaux parlementaires.

CEGEP
François-Xavier Garneau

Le ministre de l'Éducation a également profité de sa rencontre avec les journalistes pour annoncer la nomination des administrateurs du CEGEP François-Xavier Garneau, à Québec.

Ces administrateurs sont M. Jean-Jacques Tremblay, M. Paul Remy, Mlle Christine Tourigny, M. Laurent Gagnon et Me Jacques Blanchard.

Me Blanchard, qui fut un ardent supporteur de M. Cardinal dans la campagne pour la direction de l'UN, agira comme président du CEGEP.

Article du journaliste François Trépanier de *La Presse* sur Jean-Guy Cardinal et ses propres collaborateurs, 9 août 1969.

---

et d'une importante vague d'immigrants italiens (qui s'y greffaient au petit noyau de descendants de leurs compatriotes arrivés au pays avant la Première Guerre mondiale). Au début des années 1960, le phénomène s'accentua, portant sa population à plus de 50 000 habitants qui n'étaient plus qu'à 60 % francophones. La construction de l'autoroute Métropolitaine, qui traversait l'Île de Montréal dans l'axe est–ouest, avait accéléré la transformation de l'ancien village en banlieue urbaine, dont le tissu social s'effritait à vue d'œil.

Des transactions bouclées par des gens d'affaires à l'affût de spéculation immobilière faisaient rapidement disparaître les prés de pâturage et les anciens champs couverts de maïs. Peu à peu, les maisons de ferme patrimoniales disparurent. On voyait surgir des pâtés de maisons, des commerces, des écoles, des tours à bureaux et des concessionnaires automobiles en quête d'espace à prix et à notes de taxes abordables, à une distance raisonnable du centre-ville de Montréal. Pour des raisons prétendument économiques, les immigrants italiens, bien qu'en majorité catholiques, exigeaient pour leurs enfants des écoles anglophones sur le territoire de Saint-Léonard dont ils formaient alors 30 % de la population.

À l'époque, les commissions scolaires étaient à la fois linguistiques et confessionnelles. Les francophones étaient rattachés à la Commission des écoles catholiques de Montréal (CECM), alors que les anglophones l'étaient au Protestant School Board of Greater Montreal (PSBGM), pour la plupart, et à l'English Catholic School Board, la petite section anglaise détachée de la CECM en 1963. Pour défendre leurs revendications à une école anglophone catholique, des parents italophones fondèrent la Saint-Leonard English Catholic Association of Parents. Appuyés par les anglophones qui voyaient d'un bon œil le renforcement démographique de leur commission scolaire catholique, ils n'hésitèrent pas à manifester sur la place publique, à Montréal et à Saint-Léonard, dont les rues devinrent le théâtre de nombreuses échauffourées. Le point de vue des francophones était porté par le Mouvement pour l'intégration scolaire, fondé en avril 1968, dont le but était de rendre obligatoires les classes unilingues françaises pour les immigrants.

À la rentrée scolaire de septembre 1968, des élèves francophones occupèrent l'école Aimé-Renaud à Saint-Léonard pour protester contre la transformation imposée de la seule école secondaire francophone en établissement d'enseignement secondaire anglophone. L'événement fut très médiatisé, il polarisa la population et força le gouvernement de l'Union nationale à réagir depuis Québec.

Article de la journaliste Lysiane Gagnon de *La Presse* sur les troubles à Saint-Léonard (photo où on aperçoit Luc Beauregard), 5 septembre 1969.

Jean-Guy Cardinal était ministre de l'Éducation lorsque les troubles culminèrent. La gestion d'une telle crise représentait un défi de taille pour le nouveau venu, mais ce qui ne facilitait pas sa tâche de ministre à l'interne, c'est que son prédécesseur était nul autre que Jean-Jacques Bertrand, qui avait lui-même remplacé le libéral Paul Gérin-Lajoie. Ce dernier avait été, de 1964 à 1966, le premier titulaire du nouveau ministère de l'Éducation, constitué dans la foulée du fameux rapport de la Commission royale d'enquête sur l'enseignement dans la province de Québec, présidée par Mgr Alphonse-Marie Parent.

La Commission Parent, de son nom abrégé, avait enclenché une refonte majeure du système d'éducation québécois. Tous les niveaux avaient été ciblés : le primaire, où on instaura les maternelles ; le secondaire, qui vit l'implantation de polyvalentes ; les « collèges d'études générales et professionnelles », rebaptisés du sigle « cégep » et dispensant une formation pré-universitaire ou professionnelle ; et enfin l'université, avec la création de l'Université du Québec, désormais responsable de la formation des enseignants et plus facilement accessible. Il proposait aussi de réduire sensiblement le nombre de commissions scolaires et de modifier leur mission.

Les fonctionnaires chargés d'implanter ces réformes à partir du nouveau ministère de l'Éducation avaient été choisis sous le règne du libéral Paul Gérin-Lajoie. Ils avaient fièrement piloté les importants chantiers administratifs lancés par le gouvernement de Jean Lesage. Certains d'entre eux voyaient mal comment l'Union nationale, réputée rétrograde, ferait avancer leurs dossiers qu'ils gardaient par ailleurs jalousement. Le gouvernement n'avait-il pas fait sa campagne en déplorant qu'on descende le crucifix des écoles ? Leur attitude vis-à-vis du nouveau gouvernement de Daniel Johnson, du ministre unioniste Jean-Jacques Bertrand, qui n'impressionnait guère, et ensuite de Jean-Guy Cardinal, perçu comme un intellectuel néophyte en politique, était à tout le moins perplexe et attentiste. Les nouveaux venus nommés par Jean-Guy Cardinal étaient souvent considérés comme des taupes. Les couteaux volaient bas et venaient de partout.

Daniel Johnson avait sans doute envisagé des solutions à cette crise majeure qui touchait non seulement les milieux de l'éducation, mais le gouvernement et toute la société québécoise. Malheureusement, son décès prématuré, à l'âge de 53 ans, ne lui laissa pas le temps de proposer des pistes de règlement acceptables aux groupes sociaux impliqués. Son départ laissait vacant le comté de Bagot, qu'il avait représenté pendant 22 ans. Jean-Guy Cardinal, qui marchait dans ses traces, y brigua les suffrages et fut élu. À compter de novembre 1968, il pouvait siéger à l'Assemblée législative comme député. Jean-Jacques Bertrand, premier ministre désigné par intérim, lui laissa l'épineux portefeuille de l'Éducation pour lequel Daniel Johnson l'avait convaincu d'entrer au gouvernement.

À son arrivée au pouvoir, Jean-Jacques Bertrand avait voulu apaiser la grogne en mettant sur pied la Commission d'enquête sur la situation de la langue française et sur les droits linguistiques au Québec, connue sous le nom de Commission Gendron[3], d'après son président, le linguiste Jean-Denis Gendron. Voulant ménager la chèvre et le chou, il annonça en même temps l'élaboration d'une loi qui cherchait à sauvegarder la liberté de choix des anglophones et allophones, tout en déclarant la langue française « prioritaire ». Son projet de loi 85 souleva un tollé de protestations de la part des nationalistes. Même le Conseil supérieur de l'éducation se prononça contre. Jean-Jacques Bertrand recula et la « loi 85 » mourut au feuilleton. Mais comme on le verra quelques mois après, Jean-Jacques Bertrand ne lâchait pas prise pour autant.

Sur ce fond de controverses linguistiques, des tensions internes liées au leadership de Jean-Jacques Bertrand, contesté de l'intérieur, amenèrent les instances du parti de l'Union nationale à organiser plus rapidement que prévu une course à la chefferie pour le 21 juin 1969. Trois candidats étaient en lice : Jean-Jacques Bertrand, qui avait l'avantage d'être le premier ministre en fonction, Jean-Guy Cardinal, le nouveau venu identifié au progrès social et à la jeunesse, et André Léveillé, député de Maisonneuve et whip adjoint, qui faisait diversion.

Le mandat de Luc Beauregard comme attaché de presse fut particulièrement fébrile puisqu'il survenait au moment de la course à la chefferie de Jean-Guy Cardinal. Comme Jean-Jacques Bertrand partait favori, il fallait mettre en valeur le changement et le dynamisme que symbolisait Cardinal face à un style de leadership incarné par Bertrand et associé à l'ancienne garde du parti de Maurice Duplessis.

Un volet important de toute campagne à la chefferie consistait alors à choisir les délégués de comté qui devaient faire leur choix avant la tenue du congrès. Une fois qu'ils s'étaient commis en faveur d'un candidat, leur vote était en effet acquis. Pour tous les candidats en lice, le défi était donc d'aller sur le terrain, d'organiser des assemblées et de trouver des partisans crédibles qui parleraient en leur faveur, de façon à ce que les délégués désignés votent pour eux au congrès.

---

[3] La Commission Gendron ne remettra son rapport que le 31 décembre 1972, sous le gouvernement Bourassa. Le ministre de l'Éducation Guy Saint-Pierre reprit l'essentiel du rapport dans le projet de loi 28 qui, encore une fois, ne satisfaisait ni les anglophones ni les francophones nationalistes. Le projet de loi 28 fut abandonné et les recommandations du Rapport Parent portant sur la restructuration des commissions scolaires furent bel et bien enterrées. Pour le moment.

Jacques Laurent, Luc Beauregard et leurs collègues du cabinet du ministre travaillaient activement à la planification de ces activités partisanes pour le camp de Jean-Guy Cardinal. Ils estimaient qu'il fallait déstabiliser le vieux fond unioniste des campagnes afin de faire admettre comme légitime, et même souhaitable, l'élection d'un candidat qui n'avait pas fait ses classes aux côtés de Maurice Duplessis. En même temps, ils voulaient montrer que Cardinal, qui incarnait la promesse d'un avenir meilleur, était certes progressiste, mais qu'il restait fidèle aux vieilles valeurs unionistes fondées sur la solidarité collective face à l'adversité. On joua, pour ce faire, sur deux tableaux.

L'équipe de Cardinal repéra, dans chaque comté, un militant d'expérience, incarnant la tradition et la sagesse, qui accepterait d'appuyer Cardinal plutôt que Jean-Jacques Bertrand. Il lui fallut pour cela sillonner la province, s'informer dans les chefs-lieux et les villages pivots de l'identité des personnages influents du parti, officiels ou officieux. Elle rencontrait les leaders un à un pour leur faire valoir les qualités de son candidat et le fait que c'était lui, et non Jean-Jacques Bertrand, qui était le véritable successeur de l'ancien premier ministre Daniel Johnson, dont on gardait partout un excellent souvenir. C'était un travail de terrain entrepris avec l'aide de militants de l'aile progressiste du parti.

Comme porte-étendard de la jeunesse, l'équipe de Cardinal abattit une carte maîtresse : elle convainquit le plus jeune fils de Daniel Johnson père, Pierre-Marc Johnson[4], de se prononcer publiquement pour Cardinal. Celui qui était alors médecin et étudiant en droit allait d'un comté à l'autre pour « chauffer les salles » et plaider avec enthousiasme en faveur de Cardinal. Les réunions mettaient aussi en vedette le député Fernand Grenier, un « vieux de la vieille » faisant contraste pour aller chercher la vieille base partisane. Suivait le candidat au micro. Les assemblées se déroulaient après la période de questions de l'Assemblée nationale, dans des salles communautaires, des sous-sols d'église ou des arénas locaux à réserver d'avance selon un échéancier conçu pour contrer le passage du camp adverse.

---

[4] Pierre-Marc Johnson deviendra brièvement premier ministre par intérim d'un gouvernement du Parti québécois lors de la démission de René Lévesque en 1985. Il déclenchera rapidement des élections générales et sera défait par les libéraux le 2 décembre 1985. Robert Bourassa, qui était chef du Parti libéral, fut alors défait dans son comté de Bertrand (!), puis élu quelques semaines plus tard dans une élection partielle déclenchée dans Saint-Laurent, ce qui lui permit finalement de siéger à l'Assemblée nationale comme premier ministre.

Il fallait voir également à concevoir la publicité qui serait déployée au congrès de juin et à prévoir les tactiques à adopter dans les coulisses et sur le «plancher» du Colisée de Québec, où se tiendraient les assises. Dans les semaines qui précédèrent le «jour J», il fallut déjouer la stratégie très terre à terre des partisans de Jean-Jacques Bertrand, qui ne lésinaient pas sur les moyens. Quant au troisième candidat, André Léveillé, il resta en lice jusqu'à la fin, mais sa seule réussite fut de sortir temporairement de l'ombre, sans obtenir des appuis en nombre suffisant pour lui permettre de jouer quelque rôle stratégique que ce fût.

Le déroulement du congrès fut très médiatisé. Alors que 3 000 personnes se réclamant de mouvements syndicalistes de gauche et de sympathisants communistes manifestaient à l'extérieur du Colisée contre le gouvernement de l'Union nationale, la lutte qui se déroulait à l'intérieur était féroce. À la fin, Jean-Jacques Bertrand obtint le vote de 1 325 délégués, Jean-Guy Cardinal en engrangea 938, alors qu'André Léveillé en rallia 20[5]. Après le comptage des votes qui faisait de Jean-Jacques Bertrand le chef élu de l'Union nationale, Jean-Guy Cardinal prononça un bref discours de ralliement, mais il ne réussit pas à apaiser totalement l'amertume qui étreignait ses partisans à la gorge. La défaite laissa des traces indélébiles dans un parti déjà miné par les luttes intestines et la fatigue du pouvoir. Luc Beauregard en retint de précieuses leçons de vie sur la stratégie politique, le pragmatisme dans l'action, l'amertume de la défaite et l'imparable attrait du pouvoir. Il conclut dès lors qu'il ne voudrait jamais entrer lui-même en politique.

Luc Beauregard vu par le caricaturiste Girerd, de *La Presse*, s'amusant de son ancien collègue qui intervient fréquemment comme porte-parole du ministre, 23 septembre 1969.

[5] Voir: <http://www.bilan.usherb.ca/bilan/pages/evenements/22492.html>.

Au cours des mois pendant lesquels il menait ses activités de candidat à la chefferie, Jean-Guy Cardinal était accaparé par ses responsabilités de ministre de l'Éducation. Le gros de ses efforts passait à calmer les esprits échauffés par les conflits linguistiques qui faisaient rage. Il tentait de trouver des façons d'apaiser les tensions entre les groupes francophones et anglophones de Montréal et de Saint-Léonard. Il fit élaborer un projet de loi, qui devait s'appeler le « Bill 62 », inspiré du Rapport Parent, en vertu duquel les commissions scolaires regrouperaient toutes les écoles françaises et anglaises, confessionnelles ou non, d'un même territoire. À titre de conseiller spécial du ministre, en plus d'attaché de presse, Luc Beauregard aura un rôle de premier plan dans ces enjeux et en particulier dans l'élaboration du « bill 62 ».

Dans le Grand-Montréal, qui englobait la ville et les banlieues immédiates, le nombre des commissions scolaires passerait de quarante-deux à onze, toutes langues et religions confondues. La loi visait le respect du pluralisme propre à la région de Montréal et la participation accrue des enseignants et des parents. Les commissions scolaires seraient délestées de leurs caractères linguistiques et confessionnels, et réduites à remplir des tâches administratives telles que la gestion des bâtiments ou l'approvisionnement en fournitures.

En vertu d'objectifs de rationalité administrative et de principes démocratiques, la « loi 62 » prétendait en effet gommer les disparités de financement entre les commissions scolaires francophones et anglophones, ce que ne pouvaient accepter les membres de la communauté anglophone qui bénéficiaient d'importants apports de capitaux de leurs élites bien nanties. Sur le plan démographique, ils craignaient en plus que leur pouvoir de décider ne soit dilué dans une seule entité unifiée où les commissions scolaires francophones seraient majoritaires. En revanche, la « loi 62 » donnait à l'État un rôle neutre et laissait aux écoles et aux parents le choix de la langue d'enseignement et du type d'enseignement religieux qu'ils voulaient pour leurs enfants. Jean-Guy Cardinal leur présentait le tout comme un « *package deal* » à prendre ou à laisser[6].

---

[6] Voir l'analyse du point de vue francophone dans Yves Rocher, « Autour de la langue : crises et débats, espoirs et tremblements » dans Gérard Daigle et Guy Rocher (dir.), *Le Québec en jeu*, chapitre XV, Montréal, Presses de l'Université de Montréal, 1992, p. 423-450 ; et le point de vue anglophone dans Marc V. Levine, *The Reconquest of Montreal*, Philadelphie, Temple University Press, 1992, 287 pages.

En plus de préparer la course à la chefferie, Luc Beauregard travailla lui-même « pendant des jours et plusieurs nuits », à l'élaboration de cet impossible projet de loi. Emporté dans le tourbillon de la crise linguistique, il n'hésitait pas à déborder de ses tâches courantes de secrétaire de presse pour jouer à plein son rôle de conseiller spécial auprès du ministre. Son emploi du temps s'en ressentit. Il se souvient notamment d'une journée mémorable où il eut à faire trois fois le trajet entre Montréal et Québec. Sa résistance physique était mise à rude épreuve, mais l'effervescence de l'action politique l'emportait.

À l'instar du défunt projet de loi 85 lancé par Jean-Jacques Bertrand à l'automne 1968, le « Bill 62 » ne fut jamais adopté à l'Assemblée nationale. Les anglophones craignaient les conséquences de cette grande fusion sur leur financement et le poids de leur influence. Les francophones n'étaient pas convaincus non plus par les arguments de Jean-Guy Cardinal qui leur garantissait, grâce au regroupement des commissions scolaires en un seul tout administratif amalgamé, la prédominance des francophones dans le pouvoir démocratique ultime de décider et de dépenser. C'est plutôt la « loi 63 », élaborée parallèlement en catimini par le premier ministre Bertrand, qui le sera dans des circonstances surprenantes, et ce, avec la collaboration forcée de Jean-Guy Cardinal.

En matière de législation linguistique, Jean-Jacques Bertrand n'avait pas abandonné l'idée de satisfaire les revendications des anglophones et des allophones, qui représentaient une importante faction d'électeurs potentiels pour son parti qu'il savait en chute libre chez les francophones dans les sondages. Il revint à la charge à l'automne 1969, en élaborant un projet de loi qui reprenait de grands pans de sa « loi 85 » avortée, notamment la liberté de choix des parents quant à la langue d'enseignement pour leurs enfants. Il l'assortissait de mesures incitatives devant supposément assurer la primauté du français.

En la nommant « Loi pour promouvoir la langue française au Québec », Jean-Jacques Bertrand croyait amadouer les partisans de l'unilinguisme français, mais ces derniers ne se laissèrent pas berner par ce titre de façade qui servait à mieux faire passer le principe du libre choix des parents auquel le premier ministre tenait *mordicus*, tant personnellement que dans une perspective électoraliste à courte vue. Il s'imaginait que ce faisant, il s'assurait des votes anglophones et allophones qui avaient toujours échappé à son parti et qui compenseraient pour la perte du vote francophone qui lui glissait entre les doigts.

Le 20 novembre 1969 au matin, Jean-Guy Cardinal se présenta à son bureau du ministère de l'Éducation. Après avoir réglé les dossiers courants en compagnie de son chef de cabinet Jacques Laurent et de Luc Beauregard, il se prépara à répondre aux questions courantes des députés de l'opposition à la session parlementaire qui devait se tenir le jour même à compter de 14 h 30. À midi, les trois hommes se rendirent au restaurant où ils poursuivirent leurs discussions de travail. Ils revinrent au bureau du ministre au Parlement à 14 h 15, soit juste le temps qu'il fallait pour déposer les manteaux et se rendre à l'Assemblée nationale. Comme il franchissait le seuil, clé en main, Jean-Guy Cardinal remarqua qu'un document avait été glissé sous la porte. Il en prit aussitôt connaissance pour s'apercevoir qu'il s'agissait du projet de loi 63.

Jean-Guy Cardinal était sous le choc. Bien sûr, il savait que le projet de loi 63 était en préparation. Bien sûr, il avait entendu dire que certaines des dispositions probables porteraient encore une fois à controverse, et il s'en méfiait. Mais comme il n'avait jamais été appelé à y contribuer, il ignorait à quel stade le projet en était. En prenant connaissance du contenu du document, il se rendit compte qu'il serait forcé de parrainer, à quinze minutes d'avis, un projet de loi que non seulement il n'avait jamais lu, mais dont il ne connaissait ni les tenants ni les aboutissants. Pour lui, l'alternative était la suivante : ou il présentait une loi qu'il ne connaissait pas, à titre de ministre de l'Éducation, mais qu'il savait contraire à ses positions politiques, ou il démissionnait sur-le-champ, abandonnant ainsi toute ambition de diriger un jour le Québec sous la bannière du parti de l'Union nationale dont il était, jusqu'à preuve du contraire, une étoile montante.

Luc Beauregard n'oubliera jamais le regard du ministre de l'Éducation au moment où ce dernier s'apprêtait à entrer à l'Assemblée nationale en cet après-midi du 20 novembre 1969. L'image du document glissé sous la porte du bureau de Jean-Guy Cardinal, sans doute par une estafette du premier ministre, reste pour Luc Beauregard un triste message symbolique en soi : Jean-Jacques Bertrand forçait son ancien adversaire à la chefferie, et l'âme de la contestation qui grondait à l'intérieur de son propre parti, à plier l'échine, à s'écraser comme une crêpe et à passer sous son joug. Dans l'urgence de la situation, pris de court, c'est le prix

TIME

THE WEEKLY NEWSMAGAZINE

June 13, 1969   Vol. 93 No. 24

CANADA

STRUGGLE FOR THE SUCCESSION IN QUEBEC

WHEN the federal and provincial heads of government get together in Ottawa this week for a round of closed-door constitutional talks, one participant will have an extra problem on his mind. Quebec Premier Jean-Jacques Bertrand will have to keep close tabs on affairs back home as befits a candidate in next

BERTRAND CAMPAIGNING IN RIMOUSKI.
In the manner of Daniel Johnson.

week's National Union leadership convention at Quebec City's Coliseum. Though it is widely expected that Bertrand will be named Premier in his own right to succeed the late Daniel Johnson, Education Minister Jean-Guy Cardinal has led Quebeckers in a determined and vigorous campaign for the job.

Cardinal was regarded as hardly more than a straw opponent to Bertrand when he emerged as a candidate in April, and Bertrand hoped for a "gentleman's contest" with his cabinet colleague. Instead, Cardinal, who has been in politics only 1½ years, organized campaign machinery, and took to the hustings. It proved particularly irking to Bertrand when backers of the handsome 44-year-old

Cardinal promoted him as "youthful, strong, dynamic"—a tactic that seemed to allude to the mild heart attack that the Premier, who will be 54 this week, suffered in December. Equally difficult for Bertrand to deal with was the fact that the education minister drew support from the party's nationalist wing largely for taking a markedly unenthusiastic attitude toward minority English-language rights, an issue which came to a head last summer when a group of militant unilingualists took over the school board in the Montreal suburb of St. Léonard. Thus, while Bertrand is willing to maintain amiable—if ambiguous—relations with Ottawa in the manner of Daniel Johnson, Cardinal has emerged in nationalist trappings. His stand seems an asset at a time when René Lévesque's untested *Parti Québécois* is demonstrating a magnetic attraction for young Quebeckers.

Youth Votes. It is, of course, a truism that the leader is chosen not by votes but by party delegates, 2,338 of them in the N.U.'s case. Yet like the federal Liberals who picked Pierre Elliott Trudeau, the delegates are primarily looking for a winner. In a survey in late May, Montreal's *La Presse* credited Cardinal with anywhere from 26-32% of delegate votes. Bertrand ranged at best 16% ahead. That left a significant number of uncommitted delegates who could vote either way.

"In Montreal," declares a party veteran, "Cardinal has the youth votes wrapped up. But in the rural areas it is a different story; almost all the members of the party, young and old, are for Bertrand." While Cardinal's workers have concentrated on trying to mobilize delegate votes at riding level, most of Daniel Johnson's party organization remains in Bertrand's control. And although things have come a long way since Maurice Duplessis's day, says one observer, the N.U. still is "far from being an ideal democratic machine."

Pressures & Pulls. Cardinal's candidacy poses some risk of an enduring party split, though perhaps less than headlines have suggested. Should he be defeated in a bitter party fight, Cardinal might feel compelled to depart, just as Lévesque left the Liberal party in a huff 20 months ago. Cardinal, however, is aware

that Bertrand has confided to friends that he wants to fight only one election —probably this fall. After that, say close associates, the real issue could begin between Cardinal and Mario Beaulieu, the 39-year-old party strategist who became Quebec Immigration Minister in March. At the convention, Beaulieu will be Bertrand's strategy chief, hard at work trying to marshal votes from the swarm of delegates representing 108 ridings.

CARDINAL IN MONTREAL
In nationalist trappings.

He is already being billed as Bertrand's chosen successor.

Such are the pressures and pulls of Quebec politics that Cardinal, should he pull an upset, is not likely to turn out to be any more of a separatist than Bertrand. The votes he attracts will be a measure of the strength of the party's militantly nationalist wing. In what was taken as a gesture to the nationalists, Bertrand last week introduced legislation this fall to allow referendums in Quebec, though he did not state what particular referendum he might have in mind. Then in a gesture to the party federalists, Bertrand joined Ontario's John Roberts in Quebec City for a cordial, red-carpet affair to sign an unusual cultural-educational exchange agreement between the two provinces.

Time Magazine

Article du *Time Magazine* où on voit des photos de Jean-Jacques Bertrand et de Jean-Guy Cardinal flanqué de Luc Beauregard, 13 juin 1969.

que Jean-Guy Cardinal accepta de payer pour rester membre du gouvernement du Québec[7].

Tout en défendant le projet de loi à l'Assemblée nationale, Cardinal espérait que la clameur populaire réussisse à faire battre le premier ministre en retraite. Il encourageait Luc Beauregard à alimenter l'« Opposition circonstancielle » qui s'était formée contre le bill 63 à l'Assemblée nationale : l'ex-libéral devenu indépendant en 1967, René Lévesque, le député libéral Yves Michaud et l'unioniste Jérôme Proulx. L'ultime espoir pour le clan Cardinal était la manifestation monstre prévue devant le parlement à Québec le 30 octobre 1969, le soir même où le ministre prononçait un discours devant la Fédération des commissions scolaires réunies en congrès à l'auberge Saint-Gabriel. Luc Beauregard lui passa des notes tout au long du discours, lui faisant rapport du sérieux grabuge se déroulant devant le parlement. Le lendemain, les dommages étaient considérables, mais pas suffisants pour faire reculer Jean-Jacques Bertrand.

7   La « loi 63 » sera adoptée, mais contrairement à ce que croyait Jean-Jacques Bertrand, elle sonnera la fin de l'Union nationale. Aux élections générales de 1970, Robert Bourassa fera mordre la poussière à l'ancien parti tout-puissant de Maurice Duplessis. Jean-Guy Cardinal sera réélu dans le comté de Bagot le 29 avril 1970, puis défait le 29 octobre 1973. Quant à Jean-Jacques Bertrand, décédé le 23 février 1973, il n'aura jamais été un premier ministre élu. Jean-Guy Cardinal quittera finalement l'Union nationale pour se porter candidat du Parti québécois dans le comté de Prévost et être élu aux élections générales du 15 novembre 1976, qui portera au pouvoir la formation politique fondée par René Lévesque. L'ancien ministre de l'Éducation ayant présenté à son corps défendant une loi jugée infâme, que Jean-Jacques Bertrand lui avait passé en travers de la gorge, occupera le poste de vice-président de l'Assemblée nationale jusqu'à sa mort survenue en 1979. Il avait 54 ans.

Luc Beauregard ne se reconnaissait pas beaucoup dans ce gouvernement. Admirateur et ami de Cardinal, il observait en même temps la chute annoncée d'un parti qui avait vécu ses heures de gloire. Il ne pouvait que se désoler de voir comment les côtés sombres de la politique pouvaient détruire à petits feux ses meilleurs éléments.

Il trancha: le temps était venu pour lui de rentrer pour de bon à Montréal avant la débâcle de l'Union nationale. Il adressa une lettre de démission d'une ligne au ministre pour l'aviser de son départ, à la fin de l'année 1969. Il sentait le besoin de reprendre son souffle et de laisser la poussière retomber dans sa vie professionnelle et personnelle. Il pensa à nouveau au journalisme, mais l'expérience acquise en communication tant à Ottawa qu'à Québec lui permettait d'entrevoir d'autres possibilités.

Ce qu'il ne savait pas toutefois, c'est qu'il n'en avait pas tout à fait fini avec la politique qui devait encore une fois le ramener dans ses rets quelques semaines plus tard, puis au cours du lugubre mois d'octobre 1970.

CHAPITRE 5

LES AMIS
DE PIERRE LAPORTE

« Je viens de faire part au caucus de la grave décision que j'ai prise. J'avais demandé la tenue d'un scrutin secret au congrès d'octobre, et je suis convaincu qu'il m'eût été favorable. Je considère cependant que le degré d'unanimité autour de mon leadership est insuffisant pour donner constamment au parti plus de vigueur. Pour le bien du parti et de la province, je vais demander au Conseil de se réunir vers le 15 septembre pour décider de la tenue d'un congrès de leadership auquel je ne serai pas candidat. »

C'est en ces termes laconiques que Jean Lesage, ancien premier ministre et jusqu'alors chef de l'opposition, annonçait sa démission comme chef du Parti libéral à la sortie d'une réunion de son caucus, le jeudi 28 août 1969. La veille, Jean-Jacques Bertrand, chef élu de l'Union nationale et premier ministre du Québec par intérim, avait déclaré qu'il n'entendait pas déclencher d'élections générales avant la fin de l'année, ce qui donnait plusieurs mois de marge de manœuvre à ses adversaires libéraux. En prenant acte de la contestation qui couvait dans sa députation, Jean Lesage avait jugé que son départ était non seulement inévitable, mais qu'il devait se faire à ce moment-là. Le parti avait amplement le temps de lui trouver un remplaçant avant le prochain rendez-vous électoral. Il était hors de question pour ce leader charismatique et fier député du comté de Louis-Hébert de s'accrocher au pouvoir alors qu'on lui indiquait la porte de son parti.

Celui qui avait lancé la charge contre Jean Lesage, hors de l'Assemblée nationale, était un député d'arrière-ban, Jean-Paul Lefebvre, que certains observateurs percevaient comme le porte-voix du syndicaliste Jean Marchand. Ce dernier aurait manifesté son intérêt de laisser la Chambre de communes, où il siégeait comme ministre du Travail dans le gouvernement Trudeau, au profit de l'Assemblée nationale. Les rumeurs insistantes en ce sens poussèrent un autre député, provincial celui-là, à vouloir court-circuiter le candidat vedette venu d'Ottawa. Claude Wagner, ancien procureur de la Couronne haut en couleur et ancien juge à la Cour des sessions de la paix, puis ministre de la Justice dans le gouvernement Lesage, déclara rapidement ses intentions de lui succéder et de briguer les suffrages au prochain congrès.

Cette éventualité ne souriait pas aux instances du Parti libéral du Québec. Claude Wagner était perçu comme un homme ambitieux et intransigeant, peu enclin à travailler en équipe. Jean Lesage lui-même, qui avait eu maille à partir avec lui au sein de son cabinet, ne le voyait pas comme son successeur. Un an avant la mutinerie appréhendée, un autre candidat valable aurait pu être considéré en la personne de Paul Gérin-Lajoie[1], alors ministre de l'Éducation. Mais las d'attendre son tour devant la popularité jusque-là incontestée de Jean Lesage, il avait

---

[1] Paul Gérin-Lajoie deviendra par la suite président de l'Agence canadienne de développement international (ACDI) de 1970 à 1977. Né à Montréal en 1920, il fit ses études au collège Brébeuf, à l'Université de Montréal et à l'Université d'Oxford en Angleterre à titre de boursier Rhodes. Il y obtint un doctorat en droit en 1948. Après une carrière de conseiller juridique auprès de commissions et organismes gouvernementaux, il est élu député du Parti

laissé son portefeuille de ministre et son siège de député pour tenter sa chance à Ottawa comme vice-président de la Commission du gouvernement fédéral sur les prix et les salaires. Pour bloquer Claude Wagner, il fallait de toute urgence trouver un autre candidat crédible, capable de battre Jean-Jacques Bertrand aux prochaines élections générales.

Dans ces circonstances, Pierre Laporte crut qu'il avait des chances légitimes d'être élu chef. N'avait-il pas été ministre des Affaires municipales et ministre de la Culture sous Jean Lesage et, à titre de leader parlementaire du gouvernement puis leader de l'opposition, n'était-il pas reconnu comme un débatteur efficace et stratégique? Qui plus est, son profil de carrière lui donnait des atouts indéniables. Avocat de formation, il avait auparavant pratiqué le droit pendant quelques années avant de se lancer dans une carrière journalistique au *Devoir* où il se fit connaître en révélant au grand jour ce qui restera connu comme le « Scandale du gaz naturel ».

Le 13 juin 1958, Laporte signait en effet un article-choc dans lequel il affirmait que plusieurs ministres du gouvernement de l'Union nationale, « peut-être le premier ministre lui-même », osa-t-il écrire, auraient profité financièrement d'informations confidentielles lors de la vente du réseau montréalais de distribution du gaz naturel par Hydro-Québec. À l'époque, il était impensable d'attaquer de front l'intouchable Maurice Duplessis, qui nia le tout avec véhémence, mais l'Histoire prouvera que Laporte avait raison. Tenté par la politique active quelques années plus tard, le courageux journaliste d'enquête s'était fait facilement élire sous la bannière libérale en 1961 dans une élection partielle. Sa réélection, en 1962, dans le même comté de Chambly, lui ouvrira grand les portes du cabinet formé par le nouveau premier ministre Jean Lesage.

Laporte n'avait pas de grands moyens pour financer sa campagne à la direction du Parti libéral du Québec, mais il pouvait compter sur quelques solides appuis au sein du parti et sur une poignée d'irréductibles amis de longue date, qui lui offrirent leur aide dans l'élaboration d'une plateforme politique. Dès l'annonce que le congrès se tiendrait cinq mois plus tard sur deux jours, soit les 16 et 17 janvier 1970, ces amis se mirent au travail. Un des meneurs se nommait Pierre Lapointe, un jeune avocat

---

libéral du Québec en 1960. Il fut tour à tour ministre de la Jeunesse, ministre de l'Éducation, vice-président du Conseil des ministres et président du comité des affaires constitutionnelles dans les deux gouvernements de Jean Lesage. Il démissionna de son siège de député le 20 juin 1969. Source : <http://www.assnat.qc.ca>.

de pratique privée, proche des libéraux. À son instigation, un petit groupe se réunit pour élaborer un programme politique qu'il voulait mobilisateur et au goût de l'heure. En plus de Pierre Lapointe, se trouvaient Michel Lemoine, avocat et ingénieur, président de Pellemon experts-conseils ; Jean-Jacques Côté, commerçant ; Jean-René Gagnon, chef de cabinet de Laporte, et un ami de ce dernier.

Pour ce qui était du contenu de la plateforme qu'ils proposeraient à Pierre Laporte, ils ne manquaient pas d'idées. Avec l'assentiment du principal intéressé, ils concentrèrent leur argumentaire autour d'un axe principal : celui du progrès économique, assorti d'une insistance marquée sur la création d'emplois. En revanche, tous convenaient qu'aucun d'entre eux n'avait le temps ou le talent de formuler le tout en une synthèse mobilisatrice, apte à soulever l'enthousiasme chez les délégués et à les convaincre du potentiel électoral de leur poulain. Il leur fallait un rédacteur professionnel capable de traduire leurs idées en mots porteurs.

Collection privée.

Luc Beauregard au début des années 1970.

Pierre Lapointe était un ami d'enfance de Luc Beauregard. Les deux avaient grandi à Notre-Dame-de-Grâce sur la rue Vendôme où leurs familles habitaient l'une en face de l'autre. Pierre Lapointe avait cinq sœurs (dont l'animatrice bien connue Suzanne Lapointe). Ses parents avaient aménagé pour lui le sous-sol de la maison où il avait ses quartiers personnels. Luc Beauregard se rendait souvent dans ce repère. Ils avaient fréquenté les mêmes cercles d'amis et d'amies. Avec les années, leurs chemins s'étaient écartés, mais ils gardaient néanmoins le contact. Pierre Lapointe, Jacques Laurent et Luc Beauregard s'étaient retrouvés par hasard voisins dans un nouveau quartier de Saint-Laurent.

Pierre Lapointe savait que Luc Beauregard venait de démissionner de son poste d'attaché politique de Jean-Guy Cardinal, et qu'il était très disponible. Il fit valoir à ses collègues que, comme attaché de presse, Luc Beauregard avait appris à connaître les arcanes du pouvoir à Québec et que, comme ancien journaliste, il possédait une très belle plume. En outre, ce qui ne gâtait rien, il leur rappela qu'il avait déjà participé activement à une course à la chefferie, en l'occurrence celle de l'Union nationale de juin 1969. Le candidat qu'il avait alors appuyé, Jean-Guy Cardinal, avait certes été défait par Jean-Jacques Bertrand, mais Luc Beauregard y avait acquis l'expérience pratique des rassemblements politiques partisans. Un homme d'un tel profil pourrait sûrement leur être utile pour traduire en mots efficaces la future plateforme que Pierre Laporte voulait présenter au congrès libéral. S'ils étaient d'accord, Pierre Lapointe tenterait de le convaincre de leur donner un coup de main. Michel Lemoine, que Luc Beauregard avait connu au collège Stanislas, où il était son chef de table au réfectoire, approuva immédiatement la suggestion.

En décembre 1969, Luc Beauregard se retrouvait devant rien, sinon un goût amer. Il n'avait pas d'emploi, et au plan journalistique, il était peu envisageable qu'il tentât un retour à *La Presse*, car bien qu'il n'eût jamais été membre de l'Union nationale, il avait en quelque sorte perdu son apparence d'objectivité en s'associant de près, par le truchement de Jean-Guy Cardinal, à un parti politique perçu comme d'une autre époque. De toute façon, il avait définitivement moins le goût du « plomb sur le marbre » et celui des astreignantes heures de tombée. Une possibilité qui se présentait à lui était de s'orienter vers les relations publiques, un domaine connexe relativement nouveau, qui faisait appel à ses talents de rédacteur et à sa double expérience en journalisme et en politique.

Avant même qu'il eût le temps de faire des démarches auprès des firmes qui avaient pignon sur rue à Montréal, il reçut un appel de Pierre Lapointe. Celui-ci lui parla de Pierre Laporte, et de son intention de se présenter à la chefferie du Parti libéral. Il lui proposa d'aider un groupe d'amis à rédiger la plateforme politique qu'il entendait présenter à cette occasion.

Luc Beauregard ne connaissait pas personnellement le député de Chambly. En revanche, il avait beaucoup d'admiration pour cet ancien journaliste du *Devoir* qui avait mis au jour le fameux scandale du gaz naturel. Comme attaché de presse de Cardinal, il avait eu l'occasion de croiser Pierre Laporte à quelques reprises autour de l'Assemblée nationale où ce dernier était député dans l'opposition. Leurs échanges avaient toujours été brefs, mais cordiaux. Disponible, il accepta l'offre de Pierre Lapointe et rencontra les membres du groupe la semaine suivante.

Le travail qu'abattit Luc Beauregard ne dura que quelques semaines, mais il fut déterminant pour lui. À l'issue du congrès, Pierre Laporte échoua dans sa tentative de se faire élire chef du Parti libéral, mais il avait appris à connaître les talents de Luc Beauregard. Malgré sa solide plateforme, intitulée simplement « Québec au travail ! », et en dépit de ses talents d'orateur et de son habileté à contrer les tractations de coulisses, Laporte se classa troisième, derrière le flamboyant Claude Wagner. Ce dernier encaissait une défaite cuisante en se faisant coiffer au final par un candidat que personne ne connaissait ni d'Ève ni d'Adam. L'élu, qui avait réussi à projeter l'image d'un jeune économiste à la fois dynamique et consciencieux, portait le nom de Robert Bourassa.

Le nouveau chef devait sa victoire à nul autre que Paul Desrochers, directeur général du Parti libéral, qui avait jeté son dévolu sur ce jeune député de fraîche date et ancien fonctionnaire des gouvernements fédéral et provincial. Avocat et économiste diplômé des célèbres universités Oxford et Harvard, Robert Bourassa avait fait un séjour à Ottawa comme conseiller fiscal au ministère du Revenu tout en étant professeur en sciences économiques et en fiscalité à l'Université d'Ottawa de 1961 à 1963. Il était rentré à Québec pour faire partie de la Commission Bélanger sur la fiscalité à titre de secrétaire et directeur des recherches, de 1963 à 1965. L'année suivante, il avait été élu député du Parti libéral dans le comté de Mercier. Lui-même d'origine modeste, il était marié depuis 1958 à Andrée Simard, fille d'Édouard Simard, un riche armateur de Sorel.

La course à la chefferie avait été menée de main de maître par Paul Desrochers. Cet ancien colonel de l'Armée canadienne avait étudié aux États-Unis où il avait fait des stages aux partis républicain et démocrate, histoire de voir comment les choses s'y passaient. À l'époque, aux États-Unis, les gourous politiques croyaient à la puissance de l'image comme élément déterminant du vote. Les *King Makers* se vantaient, chiffres à l'appui, d'être capables de modeler des candidats selon les attentes de la population et, ce faisant, de les faire élire quelque fût leur profil de départ. Ils recouraient à des techniques de marketing et de mise en marché appliquées non pas à des produits, comme cela se faisait couramment, mais à des candidats considérés comme tels. De nombreuses maisons de sondage faisaient florès en proposant leurs services aux organisateurs politiques comme consultants en image.

Certains observateurs ont affirmé que pour sa victoire, Robert Bourassa était redevable au cabinet Social Research Inc. de Chicago dont Paul Desrochers[2] aurait retenu les services. Ce dernier leur aurait commandé un sondage portant sur les aspirations politiques des Québécois. Les résultats montrèrent que les citoyens voulaient un candidat jeune et dynamique, possédant une formation en économie. Paul Desrochers regarda autour de lui et remarqua parmi les députés ce jeune homme de 35 ans au fin visage triangulaire, affublé de lunettes épaisses de corne brune, les cheveux noir de jais et prononçant des discours truffés de chiffres, sur un ton monocorde. Il aurait décelé en lui le diamant brut qu'il pouvait modeler en fonction de l'image souhaitée. Robert Bourassa était jeune, il était avocat, il possédait des diplômes en économie des meilleures universités au monde et, par son mariage, il était allié à une riche et puissante famille de Sorel. Paul Desrochers crut qu'avec ces atouts dans son jeu, il pourrait faire de Robert Bourassa le chef du Parti libéral et le premier ministre du Québec aux prochaines élections générales.

Comme on sait, il atteint ses objectifs avec une *maestria* que les organisateurs des autres candidats lui envièrent. L'image concoctée autour du personnage convainquit les délégués et même, au grand étonnement de Luc Beauregard, Claude Ryan[3], qui dirigeait l'influent journal *Le Devoir* où s'était pourtant illustré Pierre Laporte. Manifestement, Ryan éprouvait de la gêne à ne pas appuyer un ex-collègue du *Devoir*. Pour se dédouaner, il écrivit un éditorial dithyrambique sur le programme de Pierre Laporte qu'il décrivit comme le meilleur des programmes

---

[2] Voir Hubert Bauch, « The pendulum always swings back », *The Gazette*, 3 octobre 1996 (reproduit le 5 janvier 2007 sur <http://www.canada.com/montrealgazette/features/park/story.html>).

[3] Né le 25 janvier 1925 à Montréal, Claude Ryan a étudié à l'Université de Montréal en service social. Catholique convaincu, il fait un stage d'études de deux ans à Rome en histoire de l'Église. À 20 ans, il devient secrétaire national de la section française de l'Action catholique canadienne. En 1962, il entre au *Devoir* comme éditorialiste en chef, puis directeur. Il y restera seize ans. Commence ensuite une carrière politique. Il est élu chef du Parti libéral en 1978, en remplacement de Robert Bourassa. Député d'Argenteuil en 1979, il devient chef de l'opposition et dirige les troupes du Non au référendum de 1980. Contesté dans son leadership à la suite de sa défaite contre le Parti québécois en 1981, il démissionne comme chef du Parti libéral en 1982, mais se fait réélire comme député en 1985. Il se verra alors confier plusieurs portefeuilles de ministre lorsque Robert Bourassa reviendra une deuxième fois au pouvoir en 1985 comme chef du Parti libéral et premier ministre du Québec. Il ne se représentera pas en 1994. Il est décédé à Montréal le 9 février 2004.

des trois candidats. Il affirma cependant que si Pierre Laporte avait la meilleure plateforme politique, Robert Bourassa représentait l'avenir. Le 17 janvier 1970, Robert Bourassa fut donc élu haut la main. À l'issue du scrutin, Pierre Laporte prononça, comme il se devait, un discours de ralliement. Amer dans la défaite, Claude Wagner n'imita pas le geste. Il démissionna de son siège de député un mois plus tard[4].

Au printemps 1970, Jean-Jacques Bertrand dissolvait l'Assemblée nationale et conviait la population à un scrutin général pour le 29 avril. Robert Bourassa y connu une victoire éclatante. Il fit élire 72 députés, contre 17 pour l'Union nationale. Le Ralliement créditiste du Québec, dirigé par Camil Samson, obtint 12 députés alors que le Parti québécois, que René Lévesque avait fondé trois ans plus tôt après avoir quitté avec fracas le Parti libéral, comptait 7 élus. Le slogan du Parti libéral s'énonçait comme suit : « 100 000 emplois en 1971 ! », paraphrasant le programme de Pierre Laporte intitulé « Québec au travail ! ». Au grand étonnement de Luc Beauregard, les grandes lignes de la plateforme du Parti libéral reprenaient celles que Pierre Laporte avait défendues durant la course à la chefferie, quelques mois plus tôt, lorsqu'il prononçait les mots que ses amis et Luc Beauregard lui avaient suggérés. Lorsque Robert Bourassa forma son cabinet, il nomma son adversaire à la chefferie, Pierre Laporte, ministre de l'Immigration et ministre du Travail et de la Main-d'œuvre.

À l'automne suivant, l'actualité politique fut marquée par ce qui fut convenu d'appeler les « Événements d'octobre 1970 » déclenchés, le 5, par l'enlèvement d'un attaché commercial britannique, James Richard Cross. La cellule « Libération » du Front de libération du Québec (FLQ) en avait revendiqué la responsabilité. Des « felquistes » s'étaient manifestés auparavant par des coups d'éclat certes dérangeants, mais aux conséquences moins dramatiques, suscitant même dans la population une certaine vague de sympathie. La crise diplomatique provoquée par cet enlèvement monopolisa l'attention des gouvernements provincial et fédéral. Du jour au lendemain, il fallait négocier la libération d'un otage en échange de conditions qu'énumérait le FLQ dans un premier communiqué revendicateur, qui sera suivi par la lecture de son manifeste

---

[4] Le 3 mars 1970, Claude Wagner retourna comme juge à la Cour des sessions de la paix (appelée aujourd'hui Cour du Québec) où il siégea jusqu'en 1972. Il se présenta alors comme candidat du Parti conservateur au fédéral et fut élu député dans le comté de Saint-Hyacinthe. Il se présenta à la course à la chefferie de ce parti en février 1976 contre Brian Mulroney, mais tous deux furent battus par un inconnu du nom de Joe Clark. Il fut nommé sénateur en 1978 et mourut un an plus tard à l'âge de 54 ans.

à la station radiophonique CKAC le 7 octobre, et par le lecteur de nouvelles Gaëtan Montreuil, à la télévision de Radio-Canada le lendemain, dans des circonstances troublées.

Bien qu'il fût préoccupé, comme membre du gouvernement québécois, par la situation extrêmement grave dans laquelle le Québec et le Canada étaient plongés, Pierre Laporte ne se sentait pas directement concerné par les événements. Il continuait de se familiariser avec ses responsabilités de ministre. À cet égard, il lui fallait entre autres combler le poste d'attaché de presse. Se souvenant du travail que Luc Beauregard avait accompli pendant sa course à la chefferie, il le convoqua à son bureau de ministre à Montréal le jeudi 8 octobre 1970 pour lui faire une offre d'emploi.

À ce moment-là, Luc Beauregard vivait une période de transition, autant au plan professionnel que personnel. Ayant quitté une firme de relations publiques où il avait été engagé, il était encore à fignoler le cadre juridique d'une nouvelle société conseil qu'il allait fonder avec deux collègues relationnistes, Roger D. Landry et Roger Nantel. Lorsque Pierre Laporte convoqua Luc Beauregard à son bureau, le jeudi 8 octobre 1970, celui-ci ne se doutait pas que c'était pour lui offrir le poste de directeur des communications du ministère de l'Immigration. Il vivait les moments de questionnements qu'implique la mise sur pied d'une nouvelle entreprise, mais il avait confiance qu'avec ses deux collègues, il réussirait, à plus ou moins long terme, à traverser la période d'incertitude des débuts en affaires. D'un autre côté, il était convaincu que le Parti libéral resterait au pouvoir pendant plusieurs années, et qu'un poste de directeur des communications dans un gouvernement majoritaire présentait pour lui l'occasion d'avoir une rémunération régulière et assurée sur laquelle il pourrait compter.

UN "COMMANDO-SUICIDE" DU FLQ répond à 13 questions de nos reporters

(par Luc BEAUREGARD)

LA PRESSE, MONTREAL, MERCREDI 10 AVRIL 1963

La Presse.

Dès 1963, Luc Beauregard, alors journaliste à *La Presse,* avait couvert les débuts du Front de libération du Québec (FLQ).

Au plan personnel, Luc Beauregard venait de vivre une séparation douloureuse avec sa première femme au mois de juin précédent. Ses séjours prolongés à Ottawa et à Québec avaient refroidi la relation. Moins de trois mois plus tard, en septembre, lui-même en procédure de divorce, il avait rencontré une jeune divorcée, mère de deux garçons, avec qui il se lia le premier jour. La proposition de Pierre Laporte lui assurerait la sécurité financière. Après avoir entendu les détails de l'offre, Luc Beauregard lui dit qu'il prendrait le week-end pour y penser, et qu'il lui donnerait sa réponse le lundi 12 octobre suivant.

Le reste fait partie de l'Histoire[5]. Le samedi 10 octobre 1970, à 18 h 18, Pierre Laporte était enlevé devant chez lui, rue Robitaille à Saint-Lambert, pendant qu'il jouait au ballon avec son neveu Claude Laporte, alors âgé de 17 ans, en attendant que sa femme le rejoigne pour qu'ils se rendent dîner ensemble dans un restaurant de Montréal. Luc Beauregard entendit la nouvelle à la radio en même temps que tout le Québec. Il se souvient exactement des circonstances : il était dans les Laurentides, en route vers un dîner chez des amis. Après un premier réflexe de stupeur, il se dit qu'il n'aurait pas à répondre à l'offre de Pierre Laporte avant quelque temps.

Le lendemain, à 13 h, en renforcement de l'ultimatum lancé par la cellule Libération le matin même, les membres de la cellule Chénier du FLQ avouaient, dans un communiqué, être les auteurs de l'enlèvement de Pierre Laporte. Ils menaçaient de le tuer si le gouvernement n'acceptait pas les conditions exigées plus tôt par la cellule Libération, qui détenait de son côté le Britannique James Richard Cross. Ils y avaient assorti une lettre que Pierre Laporte avait écrite à sa femme.

Un peu plus tard dans la même journée, soit à 17 h 10, la même cellule Chénier émettait un deuxième communiqué, accompagné d'une carte de crédit appartenant à Pierre Laporte et d'une lettre que celui-ci adressait cette fois à Robert Bourassa, l'implorant d'accepter les conditions de ses ravisseurs et d'empêcher la police de faire des recherches pour le retrouver. Le succès d'une telle opération, écrivait-il en *post-scriptum*, signifierait pour lui son « arrêt de mort ».

---

[5]   La séquence des événements rapportés ici est tirée en partie de Jean Cournoyer, *op. cit*, p. 1332-1339.

Dès qu'ils surent que Pierre Laporte avait été enlevé, le même groupe d'amis qui avaient travaillé à sa course à la chefferie, dont Luc Beauregard, se réunirent à nouveau, toujours à l'initiative de Pierre Lapointe, pour suivre les événements et voir ce qu'ils pouvaient faire eux-mêmes dans les circonstances. Cette fois, c'était pour essayer de trouver le plus rapidement possible le lieu de détention de Laporte. Le lendemain de l'enlèvement de James Richard Cross cinq jours plus tôt, le ministre du Travail avait dit à René Gagnon, son chef de cabinet, que la seule façon de retrouver l'attaché commercial était que celui-ci cachât des indices dans les lettres ou les communications que ses ravisseurs lui permettraient d'envoyer. En apprenant que Laporte avait adressé une première lettre à sa femme, et une seconde, à Robert Bourassa, ils étaient convaincus qu'il y avait glissé des messages codés qu'il fallait déchiffrer. Terrés dans une suite de l'hôtel Reine-Élizabeth où s'était établi le gouvernement du Québec, ils analysèrent chaque mot, chaque lettre et chaque chiffre que les deux lettres contenaient.

Dans la première, adressée à sa femme, Laporte répétait souvent le mot « santé ». Dans la seconde, adressée à Robert Bourassa, il avait écrit : « [...] qui mérite de retenir l'attention [...] ». Puis il enlignait des chiffres en parlant du nombre de ses frères, de ses sœurs, de ses enfants et de ses neveux, dont le total d'une « douzaine de personnes » ne correspondait aucunement à la réalité[6]. Pierre Lapointe et René Gagnon y virent une confirmation de leur intuition : les chiffres 1 et 2 repérés ici et là dans les deux lettres signifiaient quelque chose, mais quoi ? En alignant les chiffres un à un, ils arrivèrent à la séquence suivante : 2-2-1-1-1-2-1-2-2-1-1. En y associant le mot « santé », répété à quelques reprises dans la première lettre, ils pensèrent à l'hôpital Charles-LeMoyne, dont l'adresse est le 121, boulevard Taschereau et le numéro de téléphone, le 672-2211. Pierre Laporte, qui était membre du conseil d'administration, connaissait ce numéro par cœur.

Puis, ils remarquèrent une phrase du même paragraphe qui se lisait comme suit : « Ce n'est pas moi qui *es* [...] ». L'ex-journaliste Laporte n'écrit pas : « [...] pas moi qui *suis* [...] ». Ils y virent une faute

---

6 Voir Jacques Lacoursière, *Alarme citoyens! L'affaire Cross – Laporte, du connu à l'inconnu*, Montréal, Les Éditions La Presse, 1972, 438 pages. Plusieurs années plus tard, ces événements ont fait l'objet d'un article dans le *Magazine Maclean*, alors dirigé par Jean Sisto. Le signataire était Jean Lachance, un ancien collègue de Luc Beauregard chez Desroches Jasmin, dont nous traiterons plus loin. Voir aussi Louis Hamelin, « La Crise d'octobre, une histoire de chiffres », *Le Devoir*, 19 septembre 2009.

manifestement intentionnelle venant de quelqu'un qui écrivait parfaitement le français. Les six amis en déduisirent que Laporte tentait ainsi d'indiquer la direction Est. Donc, se dirent-ils, il est détenu à l'est de l'hôpital Charles-LeMoyne, c'est-à-dire en direction de Saint-Hubert. La dernière phrase du même paragraphe se terminait par la phrase «Je crois que tu comprends!», qu'ils lurent comme s'adressant à chacun d'eux personnellement.

Convaincus d'avoir trouvé la clé de l'énigme, les acolytes se rendirent à la police, pour faire part de leur découverte, mais ce fut peine perdue. Aucun enquêteur ou policier ne prit leurs «révélations» au sérieux. En dépit de leur insistance, on leur répondit poliment de rentrer chez eux, que leur piste leur semblait malheureusement non fondée et de ne pas s'inquiéter : la police avait les choses bien en main.

Ils ne se laissèrent pas décourager par cette fin de non-recevoir. Ils passèrent à l'action eux-mêmes le samedi suivant en fin d'après-midi. Ils s'entassèrent tous les six dans la même voiture et se mirent à quadriller les rues de Saint-Hubert. Un observateur attentif, qui serait passé par là, aurait été pour le moins intrigué de voir ces six individus de gros gabarits, entassés dans une puissante cylindrée américaine et sillonnant lentement et inlassablement les rues mornes et monotones de la ville de Saint-Hubert. On sait aujourd'hui que Pierre Laporte était effectivement détenu à Saint-Hubert, à six kilomètres à l'est de l'hôpital Charles-LeMoyne, dans une petite maison de bois de la rue Armstrong de la ville dortoir. Malheureusement, malgré leurs efforts, les amis de Pierre Laporte ne réussirent pas à repérer la maison qu'un des felquistes de la cellule Chénier occupait depuis huit mois, et retournèrent bredouilles au Reine-Élizabeth. Les felquistes n'avaient pas pavoisé la maison.

Robert Bourassa avait déménagé le siège de son gouvernement à l'hôtel Reine-Élizabeth, une mesure d'exception qui en disait long sur la gravité qu'il accordait à la crise. Le soir même de l'enlèvement de son ministre du Travail, il répondit aux ravisseurs sur les ondes de la radio et de la télévision. Les termes qu'il employa étaient à la fois clairs et ambigus, à telle enseigne que la moitié des journalistes croyaient qu'il céderait aux demandes des ravisseurs, alors que l'autre moitié étaient convaincus qu'il y résisterait.

Des pressions s'exercèrent sur le premier ministre, dans les deux sens. Certains, dont le ministre de la Justice et député d'Outremont, Jérôme Choquette, voulaient qu'il résiste au chantage, arguant qu'il ouvrait ainsi la porte à d'autres enlèvements de membres du gouvernement, sinon de sa propre personne. D'autres militaient au contraire pour qu'il accepte les conditions du FLQ afin de sauver la vie du ministre du Travail. Bien sûr, les amis de Pierre Laporte en étaient. Ils appuyaient fermement sa femme, Françoise Laporte, qu'ils incitèrent à ne pas se fier aux pouvoirs fédéral et provincial dont ils craignaient que les intérêts politiques prévaudraient sur la vie de son mari. Pour contrer cette influence qu'il considérait indue, Robert Bourassa restera en contact étroit avec la femme de son ministre. Celle-ci l'implorait sans relâche de faire ce qu'il fallait pour que son mari et père de ses enfants soit libéré le plus vite possible.

Les amis de Pierre Laporte rappliquèrent. Ils demandèrent à Luc Beauregard d'organiser pour elle une conférence de presse sur le perron de la porte de la résidence familiale, rue Robitaille à Saint-Lambert, pour faire un appel à la collaboration des médias en ce sens. Il planifia aussi une autre conférence de presse qui fut très courue. Cette fois, l'événement se déroula en pleine nuit, à l'ancien Hôtel de Provence, situé sur le boulevard Dorchester (aujourd'hui boulevard René-Lévesque). Le journaliste vedette de Radio-Canada, Pierre Nadeau, mit tout son poids médiatique dans la balance pour inviter le gouvernement à céder aux demandes des ravisseurs afin de sauver un ancien collègue journaliste, Pierre Laporte.

Malgré de nombreuses rencontres entre les émissaires des deux camps, les négociations piétinaient. Cinq jours après l'enlèvement de Pierre Laporte, soit le jeudi 15 octobre, Robert Bourassa demanda au premier ministre Trudeau de déployer l'armée canadienne pour protéger les personnages publics et les édifices gouvernementaux. Huit mille soldats armés furent postés à plusieurs endroits de Montréal, de Québec et d'Ottawa. Il émit ensuite un communiqué dans lequel il refusait les demandes du FLQ, tout en leur offrant un sauf-conduit pour Cuba en échange de la libération des deux otages.

À 3 h du matin, Robert Bourassa et le maire de Montréal, Jean Drapeau, rapportaient au gouvernement fédéral qu'il existait au Québec un état d'insurrection appréhendée et lui demandaient de recourir à la *Loi des mesures de guerre*, ce qui fut fait une heure plus tard. Les amis de Pierre Laporte suivirent les péripéties télévisées en pleine nuit à partir de la taverne de J.J. Côté, déserte à cette heure. Dans la journée, la Chambre des communes adopta d'urgence des règlements afférents selon lesquels l'armée canadienne et tous les corps de police du Québec étaient placés sous le commandement du directeur général de la Sûreté du Québec, et les saisies, les perquisitions et les arrestations sans mandat étaient autorisées. Dans les heures et les jours qui ont suivi, plusieurs centaines de personnes furent mises sous arrêt sans raison déclarée.

Le lendemain, soit quelques heures à peine après que les amis de Pierre Laporte eurent sillonné les rues de Saint-Hubert, on découvrait le cadavre de Pierre Laporte dans le coffre d'une voiture garée dans le stationnement de l'aéroport de Saint-Hubert. Une semaine exactement après l'enlèvement, les membres de la cellule Chénier retournaient le corps du ministre. Ils en avaient révélé l'emplacement à des journalistes de CKAC qui alerta un photographe de *La Presse*. Pierre Laporte portait le même chandail qu'au moment de l'enlèvement, sauf qu'on y remarquait de larges taches de sang. Sa barbe était longue et le poignet d'une de ses mains, entouré d'un pansement sommaire. Pierre Lapointe ira identifier le corps de son ami à la morgue de Montréal. Pierre Laporte avait 49 ans.

Madame Françoise Laporte réintégra sa maison de Saint-Lambert avec ses enfants après avoir habité, elle aussi, à l'hôtel Reine-Élizabeth, sous haute protection policière. Elle demanda à ce que les funérailles de son mari soient sobres et entièrement privées. Luc Beauregard tenta de faire valoir son point de vue auprès des pouvoirs publics. Dans une grande salle de l'hôtel Reine-Élizabeth, il eut à affronter une trentaine de représentants des gouvernements fédéral, provincial et municipal, de même que des responsables du protocole et de services de police de tous niveaux. Ces derniers lui firent comprendre, d'une seule voix, qu'il n'en était pas question. L'affaire avait pris des dimensions nationales et même internationales.

Robert Bourassa tenait à ce que le ministre Pierre Laporte reçoive des funérailles d'État, ce qui fut fait malgré les volontés de la veuve, évidemment dépassée par ces événements aussi soudains que tragiques. La raison d'État prévalait. Luc Beauregard obtint qu'aucune photo de Pierre Laporte dans son cercueil ne soit prise ni diffusée. On avait à l'esprit les photos prises de Daniel Johnson père dans son cercueil, dont la diffusion manquait parfois d'élégance. Dans la salle de l'ancien palais de justice[7] où sa dépouille fut exposée en chapelle ardente, l'ordre fut donné et respecté scrupuleusement. Aucun appareil photo ne fut toléré.

---

[7] Œuvre du célèbre architecte canadien Ernest Cormier, l'immeuble construit de 1920 à 1926 abrite aujourd'hui la Cour d'appel du Québec, rue Notre-Dame.

Pourtant, un matin, le journal *The Gazette* afficha en première page un cliché de Robert Bourassa penché sur le cercueil où on apercevait le visage de Pierre Laporte. Après quelques coups de fil, Luc Beauregard apprit que le coupable était un adjoint de Robert Bourassa qui avait caché son appareil photo sous son imperméable et qui avait fait parvenir la photo à la Presse canadienne.

Luc Beauregard s'était senti impuissant devant la tournure des événements, notamment par rapport à madame Françoise Laporte. Il bouillait intérieurement.

CHAPITRE 6

BEAUREGARD LANDRY NANTEL ET ASSOCIÉS INC.

Ainsi, à cause de circonstances purement fortuites, Luc Beauregard se trouvait aux premières loges lorsqu'ont éclaté les tragiques événements d'octobre 1970. À l'instar du Québec lui-même qui, plus de quarante ans plus tard, ne s'en est toujours pas remis, il sortit profondément ébranlé de ce traumatisme collectif. À 29 ans, à l'aube de sa carrière, il n'avait pas de quoi pavoiser. D'aucuns se seraient découragés à moins. Après avoir vécu, à un âge relativement jeune, une série de revers, chacun couronnant, à répétition, de laborieux efforts, il se retrouvait forcé de rebondir. Encore. Après sept ans à *La Presse* et quelques années d'expérimentaions, il devait « se caser ».

En dix ans, il avait choisi le journalisme plutôt que le droit (erreur majeure ?) ; il avait mis fin à une carrière déjà brillante à *La Presse* (impatience coûteuse ?) ; il avait encaissé, coup sur coup, le décès tragique de Jean David, son mentor (peine profonde d'un deuil non assumé ?), la déconfiture de Jean-Guy Cardinal (manque de flair politique ?) et la cuisante défaite de Pierre Laporte à la chefferie du Parti libéral (perte de temps et d'énergie ?), suivie de son bouleversant assassinat (culpabilité de ne pas l'avoir retrouvé à temps ?). Et comme si cela ne suffisait pas, au cours de la dernière année, il avait traversé un divorce (deux enfants), en même temps que les débuts ardus de l'entrepreneur inexpérimenté (toujours à court d'argent). Sans perdre tout à fait ses illusions, il se cabra en s'interrogeant inévitablement sur ce que lui réservait la suite des choses. Il refusa de laisser le doute s'installer. Il irait de l'avant, tête baissée, tout en gardant quelque part dans sa mémoire, dans son cœur et dans ses tripes, des marques indélébiles de ces années de transition en dents de scie.

L'enlèvement de Pierre Laporte avait précipité son choix. Le lundi, il rejoignit à leurs bureaux de la rue Sherbrooke ses deux nouveaux associés, Roger D. Landry et Roger Nantel, avec qui il venait de fonder une petite entreprise de consultants en communication. Les trois nouveaux entrepreneurs venaient de quitter le plus grand cabinet de relations publiques d'alors à Montréal, Desroches Jasmin inc., qui comptait quinze employés.

Lorsqu'un des deux actionnaires, Yves Jasmin, avait annoncé qu'il démissionnait pour devenir vice-président, communication d'Air Canada[1], Roger D. Landry, Roger Nantel et Luc Beauregard, qui y travaillaient depuis quelques mois, avaient offert à l'actionnaire restant, Gilles Desroches, d'acheter les actions du démissionnaire. Ils croyaient devenir ainsi des associés principaux d'un cabinet de communication déjà établi et à qui ils apporteraient la vigueur de la jeunesse.

[1] Voir Jacqueline Cardinal et Laurent Lapierre, *Pierre Jeanniot – Aux commandes du ciel*, Québec, Presses de l'Université du Québec, 2009, 454 pages.

La réaction de Gilles Desroches, seul actionnaire restant, avait été un refus outré, clair et net. Pas question pour ce praticien d'expérience de céder les actions d'Yves Jasmin à des « blancs-becs qui n'avaient pas encore le nombril sec et qui avaient tout à apprendre ». Il s'était empressé de conclure la transaction avec son associé de la première heure et de devenir le seul actionnaire de Desroches Jasmin, dont il garda la raison sociale.

Pourtant, à part Luc Beauregard, ces personnes avaient fait leurs premières armes ensemble à l'Expo 67[2]. Yves Jasmin, qui y était responsable des relations publiques, de l'information et de la publicité pour le compte de la Compagnie canadienne de l'Exposition universelle de 1967 (CCEU)[3], avait pour collaborateur immédiat Gilles Desroches, alors que Roger D. Landry occupait le poste de responsable du service d'accueil fourni par les hôtesses et les guides, et que Roger Nantel assumait les tâches de chef du protocole. Une fois terminée la fête du Centenaire du Canada, les deux premiers, Yves Jasmin et Gilles Desroches, s'étaient associés pour fonder le cabinet de relations publiques qui portait leurs noms. Le succès aidant, ils avaient rapidement recruté des employés, entre autres Antoine DesRoches, ancien directeur de l'information de *La Presse* qui avait succédé à Jean David, puis Roger D. Landry et Roger Nantel, leurs anciens collègues de l'Expo. C'est Antoine DesRoches qui avait aiguillé Luc Beauregard vers Desroches Jasmin à son retour à Montréal, début 1970, après son séjour d'un an à Québec.

Devant la réaction péremptoire de leur patron, Roger D. Landry, Roger Nantel et Luc Beauregard se demandèrent à juste titre comment leur avenir s'annonçait chez Desroches Jasmin. Par leur geste, perçu comme de la bravade par Gilles Desroches, ils s'étaient en quelque sorte expulsés eux-mêmes du plus gros bureau de consultants en communication à Montréal. Ensemble et solidairement, ils se retrouvèrent sur le trottoir, dans tous les sens du terme, et s'attablèrent à la première terrasse venue, soit celle de la Casa Pedro, angle Crescent et De Maisonneuve, par un bel

---

[2] En 1997, Yves Jasmin rapporta de nombreuses anecdotes qui s'étaient produites durant l'événement dans un ouvrage intitulé *La Petite Histoire d'Expo 67*, préface de Jean Drapeau, Montréal, Québec/Amérique, 462 pages. Voir également Jacqueline Cardinal et Laurent Lapierre, *Noblesse oblige. L'histoire d'un couple en affaires. Philippe de Gaspé Beaubien et Nan-b de Gaspé Beaubien*, op. cit.

[3] Le 20 décembre 1962, à cinq ans de la date prévue pour l'ouverture, le Parlement canadien vota la loi créant cette compagnie qui sera responsable de ce qui sera l'événement phare des célébrations entourant le centenaire de la signature de l'Acte de l'Amérique du Nord britannique de 1867. C'était une occasion inespérée, car le gouvernement profitait du désistement de la ville de Moscou, qui avait été choisie deux ans plus tôt par le Comité international des expositions universelles, mais qui s'était retirée devant l'ampleur de la tâche et des coûts prévus.

après-midi du début du mois d'octobre 1970 qui s'annonçait pourtant si doux. Encore sous le choc, les trois acolytes commandèrent une bière et commencèrent à deviser.

Avaient-ils encore un emploi chez Desroches Jasmin ? Que faire à partir de là ? Déterminés à tabler sur leurs acquis et sur leurs propres contacts professionnels, ils décidèrent de tourner les talons et de ne plus se représenter chez Desroches, Jasmin et associés, dont les bureaux se trouvaient sur la rue Cathcart, à Montréal. Au bout de deux heures, ils en vinrent à la conclusion qu'ils pourraient très bien fonder leur propre cabinet de relations publiques, qui s'appellerait simplement Beauregard Landry Nantel inc., dans l'ordre alphabétique.

Comme Roger D. Landry avait plus d'expérience en gestion et plus de contacts dans les milieux d'affaires que les deux autres, ils convinrent que ce serait lui qui porterait le titre de président, mais que tous auraient le même nombre d'actions et un statut égal l'un par rapport aux autres. Luc Beauregard serait vice-président, services clients, et Roger Nantel, vice-président, services créatifs. Dans les jours qui suivirent, ils élaborèrent une convention de société qui prévoyait qu'en cas de départ, l'(ou les) associé(s) restant(s) acquerrai(en)t les actions de celui (ou de ceux) qui quittai(en)t… Ils en étaient là dans leurs pourparlers lorsque Luc Beauregard reçut l'appel de Pierre Laporte. On connaît les détails de l'intermède tragique qu'eut à vivre Luc Beauregard qui n'eut finalement pas à trancher entre deux possibilités. Le destin avait choisi pour lui : il serait donc un des trois actionnaires de Beauregard Landry Nantel inc.

Les débuts d'une entreprise sont toujours difficiles, mais chacun des trois associés arrivait avec des compétences et des expériences de vie complémentaires, tout en ayant en commun d'être en période de transition au plan professionnel.

Roger D. Landry est né à Saint-Henri en 1932. Fils unique, il devient orphelin de père très jeune. À l'école, il se distingue par son énergie et sa combativité dans les sports d'équipe, à telle enseigne

Collection privée.

Luc Beauregard dans son bureau de Beauregard Landry Nantel inc.

qu'à 14 ans, il est recruté par l'organisation du Club de hockey Canadien auquel il restera associé pendant plusieurs années. À 18 ans, alors que sa mère se remarie, il saute sur l'occasion qui lui est offerte d'aller jouer au hockey pour le Canadien Junior en Angleterre. Il en profitera pour s'inscrire à un programme de formation en sciences économiques, études qu'il poursuivra en France, cette fois, en sciences politiques, tout en évoluant au hockey pour les « Volants » de Paris. En tout, il restera deux ans en Europe où il se débrouille tant bien que mal pour voler de ses propres ailes.

À son retour au pays, il décroche un premier emploi d'adjoint en administration chez Bell Canada. Un de ses mandats est l'élaboration d'un système de communication pour la Police provinciale (ancêtre de la Sûreté du Québec), qui comprend un volet formation pour les policiers. De fil en aiguille, il quittera Bell Canada pour se joindre à la Sûreté où on lui donne le titre et les responsabilités d'inspecteur. Sur les entrefaites, Yves Jasmin arrive à l'Expo 67 où, dans le cadre de ses fonctions, il a à traiter de questions de sécurité. C'est ainsi qu'il entrera en contact avec « l'inspecteur » Roger D. Landry. Ce dernier quittera finalement la police pour être nommé responsable des hôtesses et des guides de l'Expo 67, véritable bataillon d'accueil au nombre de 450.

Après l'Expo 67, Roger D. Landry travailla pendant quelques mois à la rédaction d'un important volume dans lequel le Service d'information de l'Expo 67 faisait le bilan chiffré de toutes les activités qui s'étaient déroulées pendant l'événement, y compris les données exhaustives sur la construction du site, la planification et l'administration des activités, les pavillons, les exploitants et les visiteurs[4]. Il occupa ensuite le poste de coordonnateur d'événements et de responsable du personnel de bord à Air Canada. Puis, il voulut lui aussi tenter sa chance en relations publiques, un domaine prometteur qui lui semblait correspondre à ses talents naturels. D'un abord facile, il s'était en effet constitué au fil de ses différents emplois, un riche bassin de contacts dans les secteurs des sports, des communications, des transports, de la sécurité et des affaires.

Avant d'être journaliste à *La Presse*, où il avait d'ailleurs connu Luc Beauregard, Roger Nantel avait été pilote d'avion à réaction dans la Marine canadienne. À titre de secrétaire exécutif, il avait fait ses débuts en journalisme à Radio-Québec, ancêtre de Télé-Québec, où il participa à l'élaboration des politiques d'exploitation et de communication

---

[4] L'imposant document s'intitulait *Manuel d'information – Expo 67*.

de la nouvelle chaîne télé gouvernementale. Durant la fameuse grève de 1964 du quotidien de la rue Saint-Jacques, il avait été embauché par l'homme d'affaires Jean Brillant comme directeur de l'information du nouveau journal *Métro-Express* qui ne survivra qu'un peu plus d'un an[5]. Il se joignit ensuite à Radio-Canada où il était responsable de l'équipe de production de l'émission radiophonique *Présent*. Du côté anglais (CBMT), il fut éditeur du contenu de l'émission télévisuelle d'affaires publiques *Seven-On-Six*. À ses compétences de journaliste bilingue de l'écrit, de la radio et de la télévision, il apportait l'expérience qu'il avait acquise comme responsable du protocole à l'Expo 67, où il avait eu à collaborer à maintes reprises avec Yves Jasmin, Gilles Desroches et particulièrement avec Roger D. Landry, le responsable des hôtesses et des guides.

Quant à Luc Beauregard, il comptait une expérience concrète de sept ans en journalisme et de trois ans au niveau gouvernemental à Ottawa et à Québec, assortie de passages dans le monde politique. Il avait eu à vivre et à résoudre plusieurs crises qui lui avaient laissé un regard grave sur la vie. Avec le recul, Luc Beauregard considère que son passage du journalisme aux relations publiques s'est fait en douceur, ce qui n'est pas toujours le cas. À la faveur de ses séjours à Ottawa et à Québec, il est passé par étape, d'abord du journalisme à la communication gouvernementale, puis à la communication politique. La communication gouvernementale qu'il a analysée à Ottawa poursuivait des fins d'intérêt public. À Québec, son travail l'amena à être confronté à de graves crises sociales, comme celle qui frappa de plein fouet Saint-Léonard. Dans tous les cas, la démarche de communication était liée à l'intérêt public.

En allant chez Desroches Jasmin, il avait opéré une coupure nette et franche. Il devait sortir du terrain public qui lui était familier pour assurer la défense des points de vue et des intérêts d'entreprises du secteur privé. Pour la première fois, il acceptait un emploi de l'autre côté du miroir de la communication, et il devait faire valoir la perspective de ses clients privés. Il avoue avoir eu un « certain choc » lorsqu'il eut à rédiger un communiqué vantant les mérites d'un nouveau modèle de motoneige[6]. À

---

[5]   Voir le chapitre 2.

[6]   Voir Luc Beauregard, « La création et le développement de NATIONAL : une perspective personnelle », *NATIONAL, 25 ans de pratique des relations publiques au Canada*, Montréal, Le Cabinet de relations publiques NATIONAL, 2002, chapitre I, p. 25-73.

la faveur de mandats de plus en plus importants, il apprenait le métier en observant les façons de faire d'Yves Jasmin et aussi de Gilles Desroches, qui étaient tous deux considérés comme les «pères des relations publiques» à Montréal. En outre, en vertu d'une habitude contractée dès Stanislas, et qui ne le quittera jamais, il lut abondamment sur le sujet. Il se construisit peu à peu sa propre conception de la façon dont doivent être et se pratiquer les relations publiques.

Par ailleurs, il apprit peu à peu à apprécier son collègue, Roger D. Landry. Il ne le connaissait pas avant d'entrer chez Desroches Jasmin, mais les deux hommes devinrent rapidement amis, car ils se complétaient sur plusieurs aspects.

Roger D. Landry est gratifié d'un tempérament joyeux. Optimiste de nature, il partage volontiers son enthousiasme devant les défis à relever, si difficiles soient-ils. Se qualifiant lui-même de bon vivant, voilà un homme qui voit les choses résolument du bon côté, alors que Luc Beauregard possède un sens aigu du devoir et des responsabilités qui le porte à prendre la vie très au sérieux. Influencé par son passé journalistique, il voit le monde d'un point de vue critique et austère. À cette époque particulièrement éprouvante, Luc Beauregard trouva en Roger D. Landry l'énergie communicative dont il avait besoin pour se sortir de l'épreuve émotive qu'il venait de vivre avec son divorce de juin 1970 et les événements du mois d'octobre suivant. Il trouva auprès de lui le réconfort pour traverser, sans y laisser trop de plumes, la période de transition professionnelle et personnelle qu'il vivait. Les deux hommes demeurent, encore aujourd'hui, des amis très proches.

Michelle Lafleur, femme de Luc Beauregard, qu'il a rencontrée en 1970.

Collection privée.

Pendant trois ans, Luc Beauregard perfectionna son métier de conseiller en relations publiques, en collaboration étroite avec Roger Nantel et de Roger D. Landry, qui avaient environ sept ans de plus que lui. Le cabinet acceptait des dossiers dans différents domaines qu'ils se partageaient à l'amiable selon les disponibilités et les affinités de chacun. Luc Beauregard se souvient d'une journée où le matin, il eut à rédiger un communiqué dans lequel il dévoilait les noms des premiers gagnants de Loto-Québec, et le soir, à en produire un autre qui annonçait que les fonds sous gestion de la Caisse de dépôt et placement du Québec atteignait le milliard de dollars! Il demeurait un ancien journaliste, mais revêtait de plus en plus le rôle de communicateur au sens générique du terme.

Il éprouva même ce qu'il appelle le «*summum* de la satisfaction du praticien» lorsqu'il s'aperçut, à plusieurs reprises et à son grand étonnement, que certains journalistes de grands journaux reprenaient à leur compte ses communiqués sans les modifier d'aucune façon et sans en indiquer la source, et ce, dans des articles qu'ils n'hésitaient pas à signer de leurs noms. Preuve, à son avis, que le texte de départ «satisfait à la fois aux exigences de l'entreprise et à celles des médias». Il ajoute: «Que des journalistes n'aient pas mauvaise conscience d'ajouter leur *byline* à des communiqués est évidemment une affaire qui relève de leur conscience[7].»

Beauregard Landry Nantel s'adjoignit les services-conseils de l'ancien vice-président de l'agence de publicité Vickers & Benson, Laurent Jodoin, à titre de président du conseil de leur cabinet. L'écrivain et compositeur d'innombrables *gingles* apportait une expertise en production télévisuelle[8], en communication publicitaire et en organisation d'événements, mais surtout, il prêtait à la firme une apparence de profondeur: bien connu dans les milieux de la communication, il fournissait un gage de crédibilité supplémentaire à la nouvelle société en s'y associant.

Le cabinet Beauregard Landry Nantel s'installa dans des locaux inoccupés du bureau montréalais Baker Lovick (BDDO), une agence d'envergure internationale dont il gérait sur place les retombées de contrats et les placements média provenant d'entreprises étrangères, par exemple les constructeurs d'automobiles de Détroit pour qui il fallait gérer les activités promotionnelles au Canada. Comme prévu, les débuts de Beauregard Landry Nantel furent difficiles. Roger D. Landry avait plus de moyens financiers que les deux autres actionnaires, mais pas tellement

---

7 Luc Beauregard, *op. cit.*, p. 33.

8 Laurent Jodoin a produit des émissions cultes des années 1960 comme *La Famille Plouffe*, *Le Survenant*, *La Côte de Sable* et *Jeunesse d'Aujourd'hui*.

plus. À un premier gros client d'envergure, un dirigeant d'ITT Rayonier qui lui demandait de lui donner une raison pour laquelle il devrait faire affaires avec leur cabinet plutôt qu'un autre, Roger D. Landry répondit : « Parce que nous avons faim ! » Il fallut attendre trois mois avant qu'ils se versent un premier chèque de paie, car il avait été entendu qu'ils ne toucheraient aucun revenu qui ne soit d'abord gagné. Luc Beauregard, qui venait de se remettre en ménage le 19 septembre, se souvient que c'était sa nouvelle femme, avec qui il vit depuis plus de quarante ans aujourd'hui, qui lui achetait ses cigarettes. Ils vivaient modestement, mais avaient confiance qu'un jour, la situation financière de la firme se renforcerait.

Comme argument de vente à fournir à leurs prospects, Luc Beauregard collabora à la conception d'un document dans lequel est présentée la façon Beauregard Landry Nantel et Associés – Conseils en communication (BLNA) de faire des relations publiques. Intitulée « Une approche créative aux problèmes de communication dans les années 1970[9] », la brochure annonce déjà les principes auxquels se rattachera Luc Beauregard lorsqu'il bâtira plus tard le cabinet NATIONAL.

Basée sur une approche multidisciplinaire et créative, la « philosophie » de BLNA prône une approche combinée des expertises associées aux relations publiques. Le conseil en management, les relations de presse, le marketing, la publicité et les techniques audio-visuelles sont envisagés comme autant d'outils considérés à la fois individuellement, dans leurs interfaces et dans leur globalité. Chez BLNA, le concept de « Groupe de travail » est à la base de la structure de fonctionnement, laquelle laisse néanmoins la porte largement ouverte à une étroite collaboration avec les effectifs spécialisés des entreprises clientes. Le but est de transcender les départements de l'entreprise afin d'arriver à un système de communication parfaitement intégré pour répondre à l'ensemble des besoins de communication des clients. Les deux principaux avantages de la démarche, conclut la brochure, sont la cohérence des divers produits de communication par rapport aux objectifs généraux de l'entreprise et l'efficience des coûts.

Le style BNLA s'affirmait peu à peu, à telle enseigne que les mandats se succédèrent rapidement. Les trois associés répondaient à tous les appels d'offres qu'ils voyaient passer. Ils en perdaient, mais en

---

[9]   En anglais, « *A Creative Approach to Communications Problems in the 70's* ».

gagnaient aussi. Le coup d'envoi qui leur permit de passer le cap de la rentabilité vint du contact que Roger D. Landry avait chez ITT Rayonier. La société venait d'annoncer un investissement majeur dans la construction d'une usine à Port-Cartier et était à la recherche de conseillers en relations publiques. Beauregard Landry Nantel présenta une soumission qui fut acceptée face à ses concurrents. La nouvelle résonna dans les petits bureaux de la firme, tel le gong de la délivrance. Par contre, Luc Beauregard se souvient du rejet crève-cœur d'une soumission présentée au gouvernement fédéral portant sur les parcs nationaux du Canada, pour laquelle ils avaient travaillé d'arrache-pied, alors qu'à leur grande surprise, ils en obtinrent une autre qui leur avait demandé beaucoup moins de préparation. Comme quoi les *finish* comportent, même en relations publiques, leurs lots d'imprévus.

D'autres mandats viendront, par exemple de Loto Québec, où Luc Beauregard avait ses entrées grâce à un travail datant de l'époque de Desroches Jasmin, et quelques dossiers en provenance du Secrétariat d'État dont Gérard Pelletier, son ancien patron à *La Presse*, était le ministre responsable. De concert avec des collègues de Toronto, il obtint d'abord le contrat de communication du nouvel organisme Perspectives Jeunesse (*Opportunities for Youth* en anglais). Le programme visait à sélectionner et soutenir des projets proposés par des jeunes dans toutes les régions du pays. Il y fit la connaissance du sous-ministre Jules Léger, frère du cardinal Paul-Émile Léger, qui deviendra gouverneur général du Canada de 1974 à 1979, et de son sous-ministre adjoint, Max Yalden, lequel sera éventuellement nommé Commissaire aux langues officielles du Canada.

Toujours comme consultant au Secrétariat d'État, Luc Beauregard se vit confier la direction intérimaire des communications de tout le ministère, conjointement avec un collègue d'un bureau de Toronto en attendant le recrutement d'un directeur permanent pour ce service. Pierre O'Neil[10], un ancien journaliste du *Devoir* et de *La Presse*, sera choisi. Dans le cadre de ce mandat, Luc Beauregard en aura profité

---

[10] Pierre O'Neil a été directeur du journal *La Réforme* de 1960 à 1967, puis attaché de presse de René Lévesque jusqu'en 1969. Il fut ensuite correspondant parlementaire du *Devoir* à Québec jusqu'en 1973. Il a été attaché de presse de Pierre Elliott Trudeau de 1973 à 1975. Il a été directeur de l'information à Radio-Canada. Il retourna ensuite au *Devoir* où il surprit tout le monde en annonçant sa retraite à la fin de son dernier article paru en décembre 2000. Il passa un court temps à NATIONAL avant de se joindre au Conseil pour l'unité canadienne. Il est décédé à Montréal en novembre 2008.

pour prendre connaissance des nouveaux programmes mis en place dans les domaines de la citoyenneté, des arts et de la culture, lesquels sont aujourd'hui regroupés sous le chapeau ministériel de Patrimoine Canada. En prime, il se sera familiarisé encore davantage avec les arcanes du pouvoir, la machine gouvernementale et les fins rouages des réseaux de communication qui avaient été érigés dans la foulée de la création d'Information-Canada. Il faisait la navette deux fois par semaine Montréal – Ottawa, Ottawa – Montréal.

Quelques cartes d'identité et d'affaires au fil des années.

Parmi les autres mandats marquants, Luc Beauregard se souvient de celui que la firme a obtenu de la Commission sur le contrôle des prix et des salaires, que dirigeait l'ancien ministre libéral Paul Gérin-Lajoie, et diverses activités de communication de la Conférence des maires de municipalités de banlieue, qui déjà résistaient aux tentatives centralisatrices de la Ville de Montréal. Il s'occupa personnellement pendant trois ans des communications de la Ville de Saint-Laurent.

À force de travail acharné de la part des trois associés, le succès finit par être au rendez-vous. Il fallut augmenter les effectifs. En premier lieu, ce furent des pigistes qui grossirent les rangs, mais il fallut bientôt engager des employés réguliers pour remplir les mandats de plus en plus nombreux et exigeants, à telle enseigne qu'en 1973, trois ans après sa fondation, avec ses 18 employés réguliers, la firme avait dépassé Desroches Jasmin en effectifs et en envergure des contrats, ce qui enlevait tout regret aux trois associés démissionnaires de ne pas avoir pu acheter les actions d'Yves Jasmin.

Tout allait pour le mieux dans le meilleur des mondes, et Luc Beauregard comptait bien continuer sur son erre d'aller dans sa nouvelle profession de praticien des relations publiques. Il prenait goût au succès en affaires et pouvait de nouveau jouir de bons revenus. Enfin remis de ses déboires antérieurs, il envisageait la vie avec confiance, ayant trouvé des associés avec qui il s'entendait très bien, notamment Roger D. Landry qui était devenu un ami proche. Roger D. Landry et Luc Beauregard étaient moins près personnellement de Roger Nantel, encore étroitement associé aux milieux artistiques et nationalistes. Enfin, il y avait un effet boule de neige, car les clients frappaient à la porte sans qu'ils aient à faire du démarchage et la firme gagnait de plus en plus d'appels d'offres.

Par affinités et par stratégie, Luc Beauregard avait gardé ses contacts dans les milieux journalistiques. Au début d'octobre 1973, il reçut un appel de nul autre que son vieux copain Jean Sisto, qui était retourné à *La Presse* à l'invitation de Roger Lemelin, nouveau président et éditeur du journal, pour occuper le poste d'éditeur adjoint, c'est-à-dire grand patron de la rédaction. Il lui annonçait que les actionnaires de *La Presse* venaient de mettre la main sur un des concurrents du matin, le *Montréal-Matin*. La nouvelle étonna Luc Beauregard, mais il y avait plus. Une corde sensible se mit à vibrer quelque part. Il éprouva un intérêt qui l'interpella lui-même. Il s'entendit poser des questions sur les circonstances de cette acquisition étonnante qui le déstabilisait plus qu'il ne voulait le laisser paraître.

Jean Sisto perçut le trouble. Il ne fit ni une ni deux. Profitant de l'ouverture béante que Luc Beauregard lui offrait, il lui posa la question directement, sans s'embarrasser de remarques préliminaires : « *La Presse* cherche un président et éditeur pour *Montréal-Matin*. Je t'ai recommandé pour le poste. Ils sont enchantés de ma suggestion. Es-tu intéressé ? »

À 32 ans, Luc Beauregard croit que sa voie est tracée à jamais comme praticien des relations publiques. Il possède bien ses dossiers. Il a établi des liens de confiance avec ses clients qui sont plus que satisfaits de ses services. Il est en train de se faire un nom dans le milieu des affaires non seulement comme conseiller en communication, mais comme conseiller stratégique, un défi intellectuel qui le comble. Il a ses entrées dans la classe politique et sait en tirer profit. Il s'entend très bien avec ses associés. Il a une vie familiale stable. Et ce qui est loin d'être négligeable, après une trop longue période de disette, les revenus sont à l'avenant…

Et pourtant, légèrement étourdi par la perspective euphorisante que lui brosse à grands traits Jean Sisto, il se laisse atteindre par ce qu'il voit comme une offre rêvée qu'on lui présente sur un plateau d'argent : on lui demande de devenir le grand patron d'un important journal dont il pourrait redorer le blason journalistique et éditorial. Il aurait carte blanche pour l'orienter à sa guise selon ses convictions, il aurait les coudées franches pour bâtir une équipe de journalistes dignes de ce nom et forger une position éditoriale forte, conforme à ses idéaux de rigueur, d'objectivité et d'intégrité. Bref, il aurait le loisir de jouer, à sa façon, un rôle actif dans l'affirmation de la liberté de presse au Québec et de devenir un leader d'opinion dont les avis comptent sur tous les sujets : sociaux, politiques, culturels, économiques… Et ce qui ne gâte rien, dans un organe d'information rattaché au giron de *La Presse*, son premier employeur pour lequel il garde malgré lui un sentiment de fierté et d'appartenance…

L'occasion est trop belle. « Allons-y », se dit-il. Il bascule. Voilà, c'est fait. Avant même de rencontrer Paul Desmarais et Roger Lemelin, il sait qu'il acceptera avec enthousiasme leur offre de devenir président et éditeur du *Montréal-Matin*… sans exiger plus de précisions sur la situation financière et les relations de travail du populaire tabloïd, fondé en 1930.

7

LA SAGA
DU *MONTRÉAL-MATIN*,
ACTE I

près une brève discussion aux bureaux de Power Corporation, square

Victoria, Paul Desmarais et Roger Lemelin[1] rencontrent le candidat

que leur a chaudement recommandé Jean Sisto, éditeur adjoint de

---

[1] Roger Lemelin est né en 1919 dans une famille nombreuse du quartier ouvrier de Saint-Sauveur, à Québec. Il doit quitter l'école après huit années d'études. À 18 ans, il rêve de participer aux Jeux olympiques, mais il se brise une cheville dans un accident de saut à ski. Cloué à un fauteuil roulant par manque de soins que sa famille ne peut lui payer, il se déplace en béquilles pendant six ans. Il se met à écrire. Un premier roman largement autobiographique, *Au pied de la pente douce*, publié en 1944, devient un *best-seller*. Avec *Les Plouffe*, paru en 1948, c'est la gloire. Le roman sera adapté dans les années 1950 pour la télévision sous le titre *La famille Plouffe*, une série qui sera diffusée pendant six ans et qui deviendra mythique. Après quelques autres romans et essais, il cesse de publier et entreprend une carrière de journaliste comme correspondant des magazines *Time*, *Life* et *Fortune* tout en collaborant à *La Presse* dont il deviendra président et éditeur de 1972 à 1981. En 1982, il écrit une suite aux *Plouffe* sous le titre de *Le crime d'Ovide Plouffe*, inspiré d'un fait divers. Le roman fera l'objet d'une adaptation cinématographique du réalisateur Gilles Carle. Il est décédé à Québec à l'âge de 72 ans en 1992.

La Presse, pour le poste de président et éditeur du *Montréal-Matin* que le Groupe Gesca vient d'acquérir. Jean Sisto leur précise qu'il s'agit de Luc Beauregard, son ancien confrère, collègue et ami, qui a fondé un cabinet conseil en communication il y a trois ans après avoir été journaliste, correspondant à Ottawa et chef de pupitre de *La Presse*. Les deux dirigeants s'entendent rapidement pour lui faire une offre sur-le-champ.

Pour le convaincre d'abandonner sa nouvelle carrière et de faire un retour dans le milieu journalistique, Roger Lemelin use de son *aura* d'écrivain connu et de l'ascendant que lui confère son poste d'éditeur du grand quotidien de la rue Saint-Jacques. Il lui fait valoir l'occasion unique qui lui serait donnée de prendre en main le *Montréal-Matin*. Le mandat du prochain président et éditeur serait en effet de faire du quotidien du matin un journal apte à concurrencer le *Journal de Montréal* sur son propre terrain.

Il aurait carte blanche pour recruter l'équipe de rédaction rêvée qui redonnerait au journal le rayonnement médiatique que visent ses nouveaux propriétaires. Comme gestionnaire, il prendrait les décisions nécessaires pour restructurer ses activités. Sur le plan éditorial, il serait libre d'orienter les positions du journal comme il l'entendrait sur les sujets ou enjeux de l'heure dans le cadre général d'un journal grand public non voué à des causes idéologiques.

La raison pour laquelle le Groupe Gesca avait acheté le *Montréal-Matin* était de diviser le marché des quotidiens du matin de façon à laisser le chemin libre à *La Presse*, quotidien du soir. Le plan était emballant et personne ne s'attardait à discuter des graves difficultés financières du *Montréal-Matin*. En acceptant l'offre ainsi présentée, Luc Beauregard ne se doutait pas que les vues de Roger Lemelin auraient éventuellement une telle préséance sur les siennes quant au développement futur du journal dont il s'apprêtait à prendre la barre. Il allait l'apprendre à la dure, trois ans plus tard, dans un affrontement qui sera fatal pour lui et à terme, pour le journal lui-même.

Le Groupe Gesca, propriétaire de *La Presse* depuis 1967 et maintenant du *Montréal-Matin*, était rattaché au giron de Power Corporation depuis peu. Cinq ans auparavant, soit en 1968, Paul Desmarais, homme d'affaires né à Sudbury en 1927, avait proposé aux dirigeants de la société Power Corporation de Montréal de procéder à un échange d'actions avec la Corporation de Valeurs mobilières Trans-Canada, qu'il avait acquise, en 1965, du financier Jean-Louis Lévesque[2]. Avant de porter la valeur de ce holding à 75 millions de dollars par des acquisitions d'entreprises de différents secteurs, il avait abandonné ses études de droit, en 1947, pour travailler au redressement de la petite entreprise que sa famille possédait en Ontario dans le transport interurbain par autocars[3]. En vertu de cette transaction complexe, Paul Desmarais devenait président et chef de la direction, détenant 30 % des droits de vote de la société Power, dont le président sortant Peter Thomson gardait lui aussi environ 30 %. Ce dernier devenait président délégué du conseil. En 1970, Paul Desmarais racheta les actions privilégiées participantes conférant dix voix que Peter Thomson détenait encore, ce qui faisait de lui l'actionnaire de contrôle de l'entreprise.

Power Corporation, dont Paul Desmarais venait de faire ainsi l'acquisition, avait été créée en 1925 du regroupement, par des hommes d'affaires montréalais, d'entreprises productrices d'électricité (d'où son nom aussi simple que stratégiquement évocateur[4]). Expulsée du secteur de l'énergie électrique à la suite des nationalisations des entreprises qu'elle détenait ici et là au Canada, elle avait utilisé le fruit de ces transactions lucratives pour se diversifier dans les secteurs de la finance, de la distribution du gaz, du transport maritime, dans les mines et dans l'immobilier.

La conjoncture économique difficile des années 1960 amena toutefois ses dirigeants à vaincre leurs résistances d'accepter l'offre de ce jeune homme d'affaires franco-ontarien encore inconnu. La décision s'avéra avantageuse pour l'entreprise, car son portefeuille se trouvait du coup enrichi de celui de la Corporation de valeurs mobilières Trans-Canada.

---

[2] Jean-Louis Lévesque est un important financier et philanthrope canadien né en 1911 à Nouvelle, petit village gaspésien. Après des études au Séminaire de Gaspé et au collège Saint-Dunstan à Charlottetown, il s'installe à Montréal où il entreprend une carrière de courtier en valeurs mobilières. Il acquiert plusieurs entreprises par le biais de son *holding* Le Crédit interprovincial, qu'il fonde en 1941. C'est en 1954 qu'il crée la Corporation de valeurs Trans-Canada qu'il cédera à Paul Desmarais onze ans plus tard. En 1962, il prend le contrôle de la maison de courtage L.G. Beaubien qui, fusionnée avec le Crédit interprovincial déjà propriétaire des compagnies d'assurances L'Industrielle et La Prévoyance, deviendra Lévesque-Beaubien inc. l'année suivante. En 1961, il met sur pied la fondation Jean-Louis Lévesque qui appuie entre autres l'Institut de cardiologie de Montréal et l'Université de Moncton. Il est décédé en 1990.

[3] Pour plus de détails sur l'historique de la société Power Corporation, voir le site de l'entreprise : <http://www.powercorporation.com>.

[4] En anglais, le générique *Power Company* désigne une entreprise qui produit de l'électricité et est normalement apposé après un nom pour former la raison sociale, par exemple la « Shawinigan Power Company », en français la « Compagnie d'électricité Shawinigan ». Le nom commun *power* signifie *pouvoir* en français.

Luc BEAUREGARD

Luc Beauregard est nommé à Montréal-Matin

Comme LA PRESSE, le quotidien "Montréal-Matin" est maintenant dirigé par un "président-éditeur" en la personne de M. Luc Beauregard.

La nouvelle a été annoncée hier après-midi dans la salle de rédaction du journal, à la satisfaction générale des journalistes de la maison, ainsi qu'en a témoigné dans une entrevue le président du syndicat, M. Gérard Cellier.

M. Paul Gros d'Aillon, qui occupait le poste de rédacteur en chef du journal, conserve les fonctions d'éditorialiste en chef. Le poste de directeur de l'information, prévu dans la convention collective, reste libre, la fonction étant assumée pour l'instant par l'adjoint au directeur de l'information, M. Bernard Brisset des Nos.

M. Beauregard siégera au conseil d'administration en compagnie de MM. Réjean Desjardins, président; Robert Dulude, secrétaire; ainsi que Joseph Bourdon, Roland Gagné et Paul Gros d'Aillon.

Âgé de 32 ans, M. Beauregard a été journaliste à LA PRESSE, où il a occupé notamment les postes de correspondant à Ottawa et de chef de pupitre. Le nouveau "président-éditeur" de Montréal-Matin a subséquemment participé aux travaux d'un groupe de travail sur les communications du gouvernement fédéral, après quoi il a rempli les fonctions d'attaché de presse d'un ex-ministre de l'Éducation du Québec, M. Jean-Guy Cardinal.

Depuis 1968, M. Beauregard est membre d'une importante maison de conseillers en communications qu'il quitte en abandonnant ses titres de propriété.

"Nous voulons faire de "Montréal-Matin" un journal à la fois vivant et rentable", a déclaré M. Beauregard dans une entrevue.

Le nouveau président-éditeur du journal prévoit que le contenu de "Montréal-Matin" retiendra son attention au moins autant que les tâches plus administratives, la viabilité d'un journal étant intimement liée, selon lui, à "l'âme de la salle de rédaction".

M. Beauregard entend rompre définitivement, "si ce n'est déjà fait", avec la tradition "unioniste" du quotidien, pour imprimer une "politique rigoureusement non-partisane du journal". Le nouveau patron du "Montréal-Matin" n'écarte pas la possibilité par exemple d'un réaménagement de l'éditorial au terme duquel les journalistes pourraient être amenés à livrer dans ces pages des commentaires ou des analyses.

Plus généralement, M. Beauregard souhaite que "Montréal-Matin" se rapproche des "préoccupations du Québécois contemporain", en trouvant une vocation propre entre LA PRESSE et "Le Devoir".

La Presse.

Annonce de la nomination de Luc Beauregard au *Montréal-Matin*, 21 septembre 1973. La photo utilisée datait de plusieurs années.

La nouvelle brochette comprenait des participations dans des sociétés solides, œuvrant dans des secteurs d'activité variés, à savoir l'immobilier (dont la société se délestera en 1973), le transport (des compagnies de transport interurbain par autocars), les assurances, les fonds communs de placement et un champ de course hippique (Blue Bonnets). Comme suite à cette acquisition, Power Corporation devenait «une entreprise d'exploitation détenant, en plus, un important portefeuille de titres au lieu d'être avant tout une société de portefeuille[5]».

Parmi les entreprises qu'apportait la Corporation de valeurs mobilières Trans-Canada dans sa corbeille de mariage avec Power Corporation, ne figurait pas le Groupe Gesca ltée, détentrice à part entière de *La Presse* et de participations majoritaires dans les trois quotidiens et les dix hebdomadaires que détenait sa société Les Journaux Trans-Canada. Ce n'est qu'en 1970, la même année où Paul Desmarais acheta les actions privilégiées participantes de Peter Thomson, que Gesca passera finalement sous le parapluie de Power Corporation.

En 1973, appuyée par sa nouvelle société mère, le Groupe Gesca fit l'acquisition du *Montréal-Matin* pour un montant divulgué de cinq millions de dollars. Ce faisant, elle mettait en œuvre une stratégie de protection pour *La Presse*, alors journal du soir et considéré comme le vaisseau amiral du secteur communications de Power Corporation. Notamment à la

---

[5] Tiré du rapport annuel de 1968 de la société Power Corporation. Pour répondre aux réticences du CRTC devant le nouveau portefeuille qui constituait à ses yeux une trop grande concentration de la presse et des médias, Paul Desmarais versa les participations que la nouvelle Power Corporation détenait dans les stations de radio (y compris CKAC) vers la société Québec Télémédia, rebaptisée Télémédia, qu'il céda à Philippe de Gaspé Beaubien. En revanche, il garda intactes ses participations dans les journaux. Pour plus de détails sur Télémédia, voir Jacqueline Cardinal et Laurent Lapierre, *Noblesse oblige, Philippe de Gaspé Beaubien et Nan-b de Gaspé Beaubien. L'histoire d'un couple en affaires*, op. cit., p. 128-137.

faveur des grèves de 1964 et de 1969, le *Journal de Montréal* ne cessait en effet de gruger le marché montréalais des journaux du matin, phénomène qui s'était amplifié avec le débauchage du très populaire journaliste sportif Jacques Beauchamp[6] en 1969. Ce dernier avait entraîné avec lui deux collègues, Jean-Pierre Sanche et Marcel Gaudet, ce qui avait fortement drainé le lectorat sportif montréalais, particulièrement les amateurs de hockey et de courses, qui étaient très nombreux à l'époque. Conséquence inévitable de ce coup de force : les annonceurs du secteur avaient évidemment suivi l'exode.

Au moment de l'entrée en poste de Luc Beauregard, le *Journal de Montréal* avait un tirage de 142 000 exemplaires alors que celui du *Montréal-Matin* s'élevait à 128 000. L'objectif était de garder Pierre Péladeau occupé par la concurrence sur le marché du matin, laissant *La Presse* continuer de dominer le soir. Luc Beauregard est tenté par l'aventure qui lui donnera l'occasion de façonner un journal à sa manière, en tenant compte de son expérience comme journaliste, comme attaché de presse d'un ministre et comme cofondateur, actionnaire et gestionnaire d'une firme de relations publiques. C'était une des premières fois – sinon la première – que l'on confiait le rôle de président et éditeur d'un quotidien à un journaliste.

Dans les quelques jours qui suivirent, un contrat fut signé à la satisfaction de toutes les parties. Mais avant, pour Luc Beauregard, la première chose à faire était d'avertir ses associés de Beauregard Landry Nantel de son départ. Il commença par son ami « Roger D. ». À peine avait-il commencé à lui expliquer la situation que ce dernier l'interrompit en lui disant que lui aussi venait de recevoir une offre de leur client ITT Rayonnier. On lui proposait de devenir vice-président à temps plein, dans le projet de construction de son usine sur la Côte-Nord. Il hésitait à accepter, mais vu que son associé quittait, il attendrait un an avant de partir, afin d'assurer la transition et de laisser à leur troisième associé le

---

6 Jacques Beauchamp est né à Montréal en 1927. Il entreprit une carrière de journaliste sportif en 1943 au *Montréal-Matin*, qu'il ne quittera qu'en 1969 pour aller au *Journal de Montréal*. Fort connu pour sa couverture des activités du club de hockey Les Canadiens, il était commentateur à la populaire émission télévisée d'après-match, *La ligue du vieux poêle*. On lui connaissait une passion pour les courses de chevaux. Il fut intronisé au Temple de la renommée du hockey (presse écrite) en 1984. Un trophée nommé en son nom est décerné chaque année depuis 1982 à un joueur de la Ligue nationale de hockey ayant joué un rôle déterminant dans son équipe sans en retirer d'honneur particulier. Il est décédé à Montréal en 1988.

temps de se réorganiser. Luc Beauregard insista pour qu'on lui rachète aussitôt ses actions pour ne pas se trouver en conflit d'intérêts comme patron du *Montréal-Matin*.

Ce fut Yves Jasmin qui, ayant quitté Air Canada, racheta les actions de Luc Beauregard. Puis, un an après, Roger Nantel racheta celles de Roger D. Landry. Pour ne pas nuire à la firme, il fut également convenu que la société pouvait continuer de s'appeler Beauregard Landry Nantel. Il n'y avait aucun inconvénient à cela puisque Luc Beauregard cessait d'œuvrer dans ce domaine.

Le cœur léger, le nouveau président et éditeur du *Montréal-Matin* entrait en fonction en octobre 1973. Pour la première fois d'une longue série, il emprunta en voiture le trajet qui devait le mener de sa résidence vers le siège du journal, sis à l'angle du boulevard Saint-Joseph et de la rue Molson, dans un bel immeuble de style art déco. Il entrait à peine dans le hall lorsqu'il fut accueilli par des employés qui l'attendaient, pancartes à la main et slogans revendicateurs à la bouche. Quatre mots ressortaient : « Parité avec *La Presse* ». Il eut alors le désagréable pressentiment que le ton des relations de travail était donné.

En fait, en prenant connaissance des dossiers les plus urgents qui l'attendaient sur sa table de travail, il s'aperçut vite que la situation financière du journal était catastrophique. Ce fut le choc. Sans avoir de regrets, qu'il affirme aujourd'hui ne jamais éprouver sur le plan professionnel, il se demandait néanmoins ce qu'il était allé faire dans cette galère non annoncée. Dès qu'il mit le pied dans son bureau, le vice-président finances demanda à le voir d'urgence. Il lui dévoila que de deux semaines en deux semaines, il fallait faire des prodiges pour réussir à honorer les feuilles de paye du personnel (journalistes, photographes, typographes, photograveurs, pressiers, livreurs et employés de bureau) dont le nombre total s'élevait à près de 500 personnes. Il venait l'avertir que cette fois le compte de banque était à sec et qu'il n'y avait plus d'argent pour la paye du jeudi suivant.

Il apprit, toujours en cette même première journée en poste, que les employés étaient représentés par 14 syndicats différents, lesquels s'étaient donné pour cri de ralliement d'exiger du nouveau président de leur offrir les mêmes conditions de travail qu'à *La Presse*, appartenant au même propriétaire.

Apparu dans le paysage médiatique montréalais en 1930 sous le titre *L'Illustration*, le journal « Par le peuple et pour le peuple » se voulait résolument moderne dans sa présentation. Comme son vis-à-vis parisien dont il s'inspirait[7], il accompagnait ses articles de nombreuses photos et illustrations. Le premier rédacteur en chef était Fernand Dansereau, fils d'un ancien rédacteur en chef de *La Presse*, et le bailleur de fonds, nul autre qu'Eugène Berthiaume, fils de l'ancien propriétaire de *La Presse* qui s'était vu évincé

Collection privée.

Roger Lemelin en compagnie de Luc Beauregard.

du journal quelques années plus tôt par son beau-frère Pamphile Du Tremblay[8]. En 1936, le journal fit faillite, mais renaquit bientôt de ses cendres sous le titre de *L'Illustration nouvelle*. Son exploitation demeurait toujours déficitaire, de sorte qu'en 1940, Eugène Berthiaume se résigna à fermer définitivement le journal. Le rédacteur en chef Willie Juneau s'y opposa farouchement. Il coupa net dans les dépenses et remercia du personnel plutôt que de fermer boutique. Il fit tant et si bien que le bilan se redressa légèrement. En 1941, le nouveau directeur Jacques Narcisse Cartier apposait pour la première fois le titre *Montréal-Matin* en exergue à *L'Illustration nouvelle*, puis le journal prit officiellement le seul nom de *Montréal-Matin*.

En 1947, le journal passa aux mains de la Société Laviolette, appartenant à l'Union nationale qui en fera son organe officiel jusqu'au début des années 1970. Le parti de Maurice Duplessis tirait d'importants revenus du quotidien, à un point tel qu'au décès de ce dernier, il fera l'objet de convoitise de la part de personnages influents de la formation politique. Le *Montréal-Matin* restera finalement sous contrôle du parti dont les

---

[7] Voir Joseph Bourdon, Montréal-Matin : *son histoire, ses histoires*, Montréal, Éditions La Presse, 1978, 283 pages. Voir également André Beaulieu et Jean Hamelin, *La presse québécoise des origines à nos jours*, Québec, Les Presses de l'Université Laval, 1987, 504 pages.

[8] Voir Jean A. Savard, *Ogilvy Renault : Chronique d'un siècle de droit (1879-1979)*, Montréal, Ogilvy, Montgomery, Renault et associés, 1979, p. 109-113. Voir également le chapitre 2.

chefs successifs se transmettront les titres de propriété de la Société Laviolette comme autant de bijoux de famille. Ce n'est que sous Daniel Johnson père et Jean-Jacques Bertrand que la rédaction amorcera un mouvement d'autonomie dans ses positions éditoriales par rapport au parti qui en était toujours le propriétaire. Mais déjà, suivant l'infortune de l'Union nationale et face à la concurrence de nouveaux quotidiens, le journal commença à éprouver des ennuis.

Le *Montréal-Matin* réussit à se sortir temporairement de ses difficultés financières en profitant d'événements ponctuels qui enflammaient l'opinion. L'évasion du caïd Lucien Rivard, l'affaire Munsinger, la mort du président John Kennedy, les élections fédérales de 1968 et surtout les événements d'octobre de 1970 gonflèrent son tirage (et celui de tous les journaux montréalais) jusqu'à des sommets inégalés.

En 1972, sous Gabriel Loubier[9], dernier chef en titre de l'Union nationale, une brisure se produisit. Les tensions montèrent entre le successeur de Jean-Jacques Bertrand, qui accusait la salle de rédaction de tiédeur envers les positions du parti rebaptisé Unité-Québec. Il se résigna à vendre le journal à la Compagnie du Montréal-Matin, fondée par un groupe d'anciens sympathisants unionistes. Régent Desjardins, Paul Gros d'Aillon, Roland Gagné et Robert Dulude crurent pouvoir relancer le journal, mais la hausse des coûts de production, l'augmentation des coûts du papier, l'acquisition de deux nouvelles presses et la renégociation à la hausse des conventions collectives engendrèrent des problèmes majeurs de liquidités. Désireux de se sortir du cul-de-sac financier, ils s'empressèrent, un an après l'acquisition, d'accepter l'offre inespérée du Groupe Gesca de lui céder l'ancien organe de la défunte Union nationale.

C'est dans ce contexte troublé qu'à 32 ans, Luc Beauregard prenait la barre d'un journal au riche passé, mais à l'avenir incertain. Il saisit rapidement l'état d'urgence dans lequel il était plongé. Son premier réflexe fut d'éteindre les feux les plus menaçants, un à la fois, et son objectif à moyen terme était de restructurer complètement le journal sur de nouvelles bases.

---

[9] Gabriel Loubier est né en 1932 à Black Lake. Élu député de l'Union nationale en 1962, il deviendra ministre du Tourisme, de la Chasse et de la Pêche dans les gouvernements Johnson et Bertrand. En 1971, il succède à Jean-Jacques Bertrand, qui avait été battu par Robert Bourassa en 1970, et devient automatiquement chef de l'Opposition. Aux élections de 1973, le Parti libéral est reporté au pouvoir et c'est le Parti québécois qui forme l'Opposition officielle. Avec cette élection, l'Union nationale, qu'il avait renommée Unité-Québec, est rayée de la carte de la province de Québec.

Il avait devant lui quatorze syndicats, dont celui des photographes qui venait d'être accrédité et qui était impatient de signer sa première convention collective. Mais avant tout, il lui fallait régler le problème criant du manque de liquidités, la marge bancaire de fonctionnement étant épuisée, pour que les employés soient payés à temps et en bonne et due forme.

Il n'hésita pas un instant à téléphoner à Paul Desmarais. « Êtes-vous au courant que les finances du *Montréal-Matin* sont dans un état lamentable et qu'il n'y a pas assez d'argent dans ses coffres pour payer les employés dans dix jours ? », lui demanda-t-il. « Pourquoi crois-tu que nous l'avons acheté ? », répondit à la blague le président de Power Corporation. Après lui avoir demandé quel était le nom de la banque qui s'occupait des affaires du journal, il ajouta : « Téléphone à Louis Hébert et dis-lui que c'est moi qui t'envoie. » Dans l'heure qui suivit, Luc Beauregard prit rendez-vous avec le président au siège de la Banque Canadienne Nationale.

Louis Hébert commença par refuser tout prêt supplémentaire, prétextant que le ministre des Finances du Canada avait la semaine précédente convoqué les présidents de toutes les banques pour leur demander de resserrer le crédit. Luc Beauregard insista : « C'est Paul Desmarais qui m'a demandé de venir vous voir pour que vous me prêtiez de l'argent. » La réponse de Louis Hébert fut laconique : « Quelle est votre succursale bancaire et quel montant voulez-vous ? » « Rue Saint-Denis ; 300 000 $ », répondit Luc Beauregard. Le président l'assura que dès le lendemain, un montant de 300 000 $ serait versé dans le compte du *Montréal-Matin* à sa succursale de la rue Saint-Denis et poursuivit sur le discours que John Turner[10] avait tenu aux présidents de banque. Luc Beauregard venait d'emprunter 300 000 $ sans signer le moindre papier, avec la seule mention des mots magiques « Paul Desmarais ».

Une autre priorité de Luc Beauregard concernait la salle de rédaction qui était dans un état de délabrement désolant. Il s'aperçut, éberlué, que les journalistes travaillaient dans des conditions lamentables. Il y avait si peu de machines à écrire sur place que les rédacteurs commençaient

---

[10]   Né en Angleterre en 1929 d'un père britannique et d'une mère canadienne, John Turner a grandi à Ottawa où sa mère avait déménagé après s'être brièvement installée en Colombie-Britannique en 1932 à la suite du décès de son mari. Élu député en 1962, il a occupé différents ministères sous Lester B. Pearson. Candidat défait à la course à la chefferie de 1968, il fut nommé ministre de la Justice par Pierre Elliott Trudeau de 1968 à 1972, puis ministre des Finances de 1972 à 1975.

à faire la queue à partir de 17 h devant les quelques rares dont ils disposaient pour boucler leurs articles avant de les acheminer au marbre. En effet, contrairement au *Journal de Montréal* qui avait adopté le nouveau mode d'impression *off-set*, le *Montréal-Matin*, par manque de budget, en était toujours à l'ère du plomb. Les différences dans la qualité visuelle des articles des deux journaux se voyaient à l'œil nu, mais Luc Beauregard, qui aimait les éditions, les titrages et les montages les plus parfaits possibles, se promettait d'y voir un jour. En attendant, ses efforts portaient sur la salle de rédaction qu'il voulait digne de ce nom, sur le modèle de celui qu'il avait connu à l'époque à *La Presse*, avec pupitres, machines à écrire et… un abonnement au service de la Presse canadienne, une première à ce journal!

Il vit en même temps à rajeunir le personnel de direction en engageant de nouveaux collaborateurs à l'administration, au marketing, à la distribution et aux abonnements. Après avoir réglé différents problèmes d'intendance du même ordre, il s'attaqua à hausser le niveau professionnel de la salle de rédaction du journal.

Le délicat défi consistait à opérer des changements majeurs sans faire fuir l'important bassin de lecteurs fidèles qui étaient habitués au style bon enfant de la maison, mais qui étaient attirés par les trois «s» du principal concurrent, tels que définis par son propriétaire, Pierre Péladeau. En effet, le *Journal de Montréal* tablait avec succès sur «le *sport*, le *sexe* et le *sang*». Luc Beauregard avait une vision différente, peu s'en fallait, de ce que devait être un journal, si populaire fût-il, mais il prit soin d'opérer une transition progressive qui n'éroderait pas la base de son marché traditionnel, au contraire, et qui attirerait en même temps des lecteurs plus exigeants. En 1974, il donna un coup de barre déterminant en engageant des journalistes connus qui acceptèrent de relever le défi de donner un second souffle au concurrent matinal du *Journal de Montréal*.

Comme éditorialiste en chef, il lui fallait une personnalité publique qui incarnerait le changement. Il cibla Marc Laurendeau, qui animait une émission radiophonique du retour à la maison à CKAC sur un ton mi-sérieux, mi-blagueur. Les deux hommes s'étaient connus à l'Université de Montréal, d'abord à la Faculté de droit, puis à l'époque où Luc Beauregard était chargé de couvrir la vie universitaire pour *La Presse*. Marc Laurendeau avait fondé un groupe d'humoristes, les Cyniques, avec trois confrères de l'Université de Montréal: Serge Grenier, André

Dubois et le regretté Marcel Saint-Germain[11]. Leurs numéros présentaient des revues humoristiques de l'actualité dans un style «politisé, bête et méchant» qui justifiait leur nom. Leurs cibles préférées étaient les politiciens, le clergé, les juges, la police et les Canadiens français, comme on appelait à l'époque les Québécois francophones. Une fois leurs études universitaires terminées, le groupe subsista quelques années, mais il s'était dissous en 1972, chacun des Cyniques prenant des voies professionnelles différentes.

Marc Laurendeau, qui s'était découvert un fort intérêt pour les affaires publiques à la faveur de son expérience de carabin, avait choisi de ne pas s'engager dans la pratique du droit. En revanche, il n'était pas non plus attiré par une carrière d'humoriste solo dans le *show business*, et encore moins comme rédacteur de l'ombre pour de nouveaux ténors de l'humour. Son émission radiophonique se déroulait sur un ton mi-sérieux, mi-drôle, exploitant toujours le même créneau qui l'avait fait connaître en tant que Cynique. Entre les entrevues, les publicités et les chansonnettes de l'heure, il

Collection privée.

Luc Beauregard et Marc Laurendeau au lancement du livre de Joseph Bourdon, Montréal-Matin: *son histoire, ses histoires*, en 1976.

commentait l'actualité avec un regard critique, mais sur un ton léger qui entretenait son image d'ancien humoriste certes politisé, mais que les auditeurs ne prenaient pas vraiment au sérieux.

Luc Beauregard le rencontra. Il avait soigneusement préparé son plaidoyer pour le convaincre de devenir éditorialiste en chef au *Montréal-Matin*. Il était temps, lui dit-il sans envelopper ses propos, d'en finir avec le rôle ambigu qu'il se donnait en jouant sur deux tableaux en même temps : l'humour et le commentaire éditorial. Il lui fit valoir les avantages professionnels à long terme de se délester de son image de cabotin et de s'afficher à l'avenir comme un véritable leader d'opinion. En devenant rien de moins qu'éditorialiste en chef du *Montréal-Matin*, il avait l'occasion de s'engager résolument dans une carrière de journaliste professionnel et d'utiliser une plateforme unique pour exercer une influence réelle, en profondeur, sur l'opinion. En se délestant de ses derniers habits d'amuseur public, il pourrait acquérir une crédibilité digne de ses talents, de sa formation et de ses ambitions. En même temps, il participerait à la reconstruction d'un journal au long passé. Marc Laurendeau prit un temps de réflexion et finit par accepter la proposition de Luc Beauregard. Sa carrière prenait un autre tournant.

La nouvelle de la nomination de Marc Laurendeau au poste d'éditorialiste en chef du *Montréal-Matin* provoqua un effet détonateur qui se répercuta sur les autres démarches que Luc Beauregard avait entreprises dans le même sens. La rumeur se répandait que le nouveau président et éditeur était sérieux dans ses ambitions de redresseur d'entreprise de presse, et mieux, qu'il en avait les moyens. On racontait dans les chaumières journalistiques qu'il avait les coudées franches grâce aux reins solides du nouveau propriétaire, Paul Desmarais, et qu'un nouvel essor s'annonçait pour le vénérable *Montréal-Matin*. D'autres noms prestigieux de collaborateurs s'ajoutèrent à l'éditorial, notamment Daniel Latouche et Lise Payette.

Un certain nombre de journalistes furent désignés pour jouer un rôle de cadre à la rédaction. Luc Beauregard désigna Pierre Gobeil comme directeur des sports, une section particulièrement importante dans un tabloïd du matin. Le poste était convoité et la nomination suscita deux démissions, dont celle de Gerry Trudel. Quelques années après, Trudel exigea de Power Corporation 100 000 $ pour congédiement illégal, mais Luc Beauregard collabora à la défense de l'entreprise en produisant devant le tribunal le communiqué dans lequel Trudel avait démissionné avec fracas! Pierre Gobeil était un habile meneur d'hommes et constitua une équipe dont les membres rayonnèrent plus tard dans tous les autres médias sportifs du Québec. Mentionnons notamment Yvon Pednault, Jean Pagé, Jean-Paul Chartrand, André Trudelle, Louis Wiznitzer, Serge Lamoureux et beaucoup d'autres.

Du côté de l'information générale, Gérard Cellier, un ancien du *Journal de Montréal*, Bernard Brisset et André Beauvais se relayèrent à la direction jusqu'à ce que Pierre Gobeil, qui avait fait ses preuves aux sports, prenne la direction de toute la salle à la veille des Jeux olympiques de 1976.

Luc Beauregard avait demandé à Richard Johnson de prendre en charge les pages économiques pour seconder Maurice Huot qui était au bord de la retraite. Le *Journal de Montréal* constata le bon coup et soumit à Johnson une offre qu'il ne pouvait pas refuser pour passer dans son camp. Pour le remplacer, Luc Beauregard engagea Claude Picher, alors rédacteur en chef du magazine *Bâtiment* édité par Maclean-Hunter. Après avoir poursuivi sa carrière à *La Presse*, Picher fut l'un des chroniqueurs économiques les plus crédibles et les plus appréciés du Québec[12].

Jean-V. Dufresne fut une autre tête d'affiche qui s'ajouta à son tableau de chasse. Alors qu'ils étaient tous deux correspondants à Ottawa, l'un pour *La Presse* et l'autre pour *Le Devoir*, les deux journalistes s'étaient liés d'amitié. Cette fois, Luc Beauregard eut plus à faire pour le convaincre de tenir une chronique dans laquelle il aurait carte blanche pour aborder quelque sujet que ce soit de la façon dont il le jugerait pertinent. Rompu à un rôle de journaliste politique de haut vol, celui que ses admirateurs appelaient affectueusement « Jean-V. » ne croyait pas avoir les aptitudes d'un chroniqueur. Luc Beauregard dut insister pendant quelques semaines avant que cet homme talentueux, mais timide, accepte de passer sous le pavillon du *Montréal-Matin* d'abord, puis d'occuper une tribune populaire. Il accepta finalement la proposition de son ancien compagnon ottavien et il démissionna de son poste de journaliste au quotidien anglophone *The Montreal Star*[13].

---

[12] Claude Picher a pris sa retraite de *La Presse* le 15 octobre 2011 après 45 ans de carrière dans le journalisme, dont 32 ans comme chroniqueur économique à ce quotidien. On peut lire les témoignages élogieux de ses collègues Michèle Boisvert, directrice La Presse Affaires, et des journalistes Rudy Le Cours et Vincent Brousseau-Pouliot dans le numéro du vendredi 14 octobre 2011, cahier La Presse Affaires, p. 1-3. Voir sa dernière chronique dans le numéro du samedi 15 octobre 2011.

[13] Jean-V. Dufresne est né à Montréal en 1930. Il étudia à l'école Notre-Dame-de-Grâce et à l'Académie Querbes d'Outremont. Avant d'entrer au *Montréal-Matin*, il avait été journaliste à *La Patrie*, au *Nouveau Journal*, au magazine *Maclean's*, au *Devoir*, à Radio-Canada et au *Montreal Star*. On a dit de ce journaliste respecté qu'il avait une plume « alerte, habile et originale ». C'est lui qui avait baptisé Trudeau, Marchand et Pelletier « les trois colombes ». Dans un collectif dédié à sa mémoire, on lit : « La diversité des publics auxquels il s'adressait et qui le comprenaient témoigne qu'il adaptait son style sans en altérer la puissance et la beauté. » Lauréat des prix Olivar-Asselin et Athanase-David, il termina sa carrière comme chroniqueur au *Journal de Montréal*. Il est décédé le 16 septembre 2000. Il laissait un fils unique, Alexis, qu'il avait eu avec la chanteuse Louise Forestier. Voir Michel Roy (dir.), *Jean-V. Dufresne, journaliste de métier*, Montréal, Leméac, 2003, 173 pages.

Luc Beauregard s'attribue une bévue à propos des changements qu'il voulait apporter au journal. Le directeur des sports, Pierre Gobeil, était un ami de Pierre Foglia, lequel a d'abord fait carrière dans le domaine du sport lui aussi. Gobeil convainquit Luc Beauregard d'un grand plan : engager le journaliste Pierre Foglia de *La Presse* et le caricaturiste Serge Chapleau, qui s'était fait connaître dans le magazine *Perspective* distribué dans *La Presse*. Les deux concevraient ensemble une chronique illustrée. C'était une proposition qui ne se refusait pas : recruter en même temps un génie de l'écriture et un génie de la caricature ne pouvait être qu'un grand coup !

Malheureusement, la magie des génies n'opéra pas, car leurs premières pages de création se révélèrent peu à leur place dans un quotidien grand public. L'expérience échoua et les deux célébrités repartirent. Les collègues à la direction de *La Presse* n'avaient pas trouvé drôle de se faire damer le pion par leur petit tabloïd du matin.

Sur le plan marketing, la lutte demeurait serrée avec le *Journal de Montréal*. De part et d'autre, on n'hésitait pas à faire de l'espionnage afin de contrer toute tentative de s'accaparer du marché du concurrent. Robert Latulippe était vice-président exécutif, André Bélanger assumait la vice-présidence marketing et Jean-D. Legault dirigeait la promotion. Un jour, un cadre du *Montréal-Matin* entendit « à travers les branches » que le *Journal de Montréal* s'apprêtait à lancer une activité audacieuse de promotion selon laquelle une voiture serait tirée au hasard chaque jour parmi les lecteurs. Sans faire ni une ni deux, Luc Beauregard et son équipe passèrent à l'action. Il fallait couper l'herbe sous le pied de son rival au plus vite. Par courtoisie, Luc Beauregard téléphona d'urgence à Roger Lemelin qui ne prit aucun temps pour se laisser convaincre de prendre l'attaque. Il persuada son vis-à-vis que l'augmentation des ventes qui en découlerait en paierait une bonne partie. Bravo ! Il put dire à ses troupes qu'il avait obtenu le feu vert de l'actionnaire.

Avant que toutes les ficelles ne soient attachées, dès le lendemain du coulage, la nouvelle d'un tirage de voiture fit la une du… *Montréal-Matin*. Sous le chapeau « Une auto chaque matin dans le *Montréal-Matin* », en grosses lettres, une photo demi-page montrait une voiture couverte d'une toile, car on ne savait pas de quelle marque serait le véhicule tiré, étant donné qu'aucune entente n'était encore signée avec un concessionnaire automobile.

Il va sans dire que les détails furent bouclés rapidement. Il a fallu consulter un avocat pour la rédaction des règlements du concours, et se mettre à la recherche d'une technologie pour pouvoir imprimer un numéro différent dans chaque exemplaire du journal. Le contrat fut conclu avec un manufacturier d'automobile, le permis accordé par la Régie des loteries et des courses et les règlements affichés en pleine page du journal. Il était entendu que pendant un mois, tout acheteur d'un exemplaire du journal pouvait gagner une auto. Chaque exemplaire était numéroté. Chaque matin, on procédait au tirage dans le lobby du journal et le nom du gagnant apparaissait dans le numéro du lendemain. Par un hasard étonnant, Luc Beauregard raconte qu'une même personne gagna deux fois une voiture, faute que cette possibilité ait été interdite dans les règlements élaborés dans la précipitation imposée par l'heure de tombée lors de l'annonce. Une autre fois, le gagnant était un failli poursuivi par ses créanciers qui saisirent la voiture tirée. Celle-ci resta dans les locaux du *Montréal-Matin* pendant plusieurs mois. À la fin, elle était devenue le bouc émissaire des employés qui s'amusaient à lui donner des coups de pied et à l'interpeller comme on le ferait d'un collègue embarrassant.

L'incident témoigne du climat de compétitivité, d'effervescence et de solidarité qui régnait au *Montréal-Matin* face à son concurrent du matin. Fort satisfait des nouvelles mesures qu'il avait mises en place et qui se traduisaient avantageusement sur le moral des troupes, Luc Beauregard était prêt à passer à la renégociation des quatorze conventions collectives, une ordalie qu'il redoutait mais qu'il était confiant de traverser.

8

LA SAGA
DU *MONTRÉAL-MATIN,*
ACTES II ET III

Me Brian Mulroney◪ faisait les cent pas dans le bureau de Luc Beauregard.

Tout en discutant des derniers détails de la stratégie de négociation

avec les syndicats, il regardait de temps à autre par la fenêtre pour

---

◪1 Fils d'un électricien d'origine irlandaise travaillant en usine, Brian Mulroney est né à Baie-Comeau en 1939. Il fit
son droit à l'Université Laval. Il pratiqua ensuite chez Ogilvy Renault, un important bureau d'avocats de Montréal
(maintenant Norton Rose Canada), où il se spécialisa en droit du travail. Militant actif au sein du Parti progressiste-
conservateur, il se présenta une première fois à la chefferie en 1976, peu après avoir siégé à la Commission
Cliche. Battu par Joe Clark, il fut nommé premier vice-président de la société Iron Ore du Canada dont il
devint président l'année suivante. Lorsque Joe Clark démissionna comme chef du parti, il participa à nouveau
à la course. Cette fois, il se fit élire au quatrième tour. Aux élections générales de 1984, le chef libéral John
Turner mordit la poussière devant la poussée nationale des progressistes-conservateurs. Brian Mulroney resta

voir si sa bien-aimée était arrivée. Il était entendu que Mila viendrait le
chercher à 17 h et il ne voulait pas la faire attendre. Il avertit son interlocuteur que dès qu'il reconnaîtrait la voiture, il s'en irait. Le couple s'était
marié le 26 mai 1973, soit un peu plus d'un an plus tôt.

Luc Beauregard avait voulu rencontrer son principal conseiller juridique en matière de droit du travail parce que les négociations avec les
quatorze syndicats du *Montréal-Matin* s'annonçaient difficiles. Alors que
les représentants syndicaux s'étaient donné le mot d'ordre d'obtenir la
parité avec *La Presse* pour toutes les catégories de personnels, la direction du tabloïd ripostait que les deux publications n'avaient ni la même
structure financière, ni les mêmes sources de revenus, et que de comparer
les deux, c'était prendre des oranges pour des poires.

La Presse attirait les grands annonceurs nationaux et les grands
magasins. De son côté, le *Montréal-Matin*, comme d'ailleurs son concurrent immédiat le *Journal de Montréal*, s'en remettait davantage aux
annonceurs locaux (et même très locaux), dont les tarifs étaient beaucoup moins lucratifs. Pour reprendre les mots de Luc Beauregard, que
n'aurait pas reniés Pierre Péladeau, «chaque cenne comptait». Pour *La
Presse*, les clients se nommaient Eaton's, Simpson's, Ogilvy's ou Morgan's,
de même que General Motors. Pour le *Montréal-Matin*, c'étaient les
marchands de la rue Saint-Hubert, Roland Gagné, «l'homme qui achète
vos vieux meubles», ou encore les fournisseurs de services de massage
ou «d'escortes»…

À cet égard, un policier se présenta un jour à Luc Beauregard pour
exiger que le *Montréal-Matin* cesse de publier de petites annonces de
salons de massage, d'hôtesses d'un soir ou d'autres commerces appa-
rentés. L'ancien éditeur du journal du matin se rappelle que certaines
clientes aux tenues légères se présentaient en personne et payaient comptant. Luc Beauregard avisa le policier qu'il était bien d'accord pour le
faire, mais à la condition que son concurrent le *Journal de Montréal* le
fasse aussi. Qu'il aille voir Pierre Péladeau, et après, on verrait. Le policier
n'est jamais revenu.

premier ministre du Canada jusqu'en 1993 où il retourna à la pratique du droit chez Ogilvy Renault. On lui doit
l'Accord de libre-échange nord-américain (ALENA), la TPS et le projet d'accord constitutionnel du lac Meech.
Il fut blanchi en 1997 d'accusations de trafic d'influence dans l'affaire Airbus (voir chapitre 12), et en 2009, la
Commission Oliphant a déclaré que rien ne le liait à cette affaire, contrairement à ce qui était allégué par l'homme
d'affaires allemand Karlheinz Schreiber. Il vit à Montréal avec sa femme Mila, née Pivnicki, avec qui il eut quatre
enfants.

Pour les responsables des ventes publicitaires de *La Presse*, le travail ne nécessitait pas beaucoup de démarchage, les clients étant captifs. Pour ceux du *Montréal-Matin*, il fallait beaucoup d'appels téléphoniques ou même de visites sur place pour convaincre les magasins de détail ou les professionnels de l'avantage commercial d'acheter un espace dans le *Montréal-Matin*.

Le *Montréal-Matin* avait beaucoup d'autres problèmes. Sa technologie et ses équipements d'impression étaient désuets et les ventes du journal et la publicité se comptabilisaient à la main. Les salaires, peu élevés, l'étaient encore trop. Une préposée aux petites annonces du *Montréal-Matin* gagnait 78 $ par semaine comparativement à 118 $ par sa collègue de *La Presse*.

Luc Beauregard entreprenait les négociations avec l'idée de sauver les meubles. Comme ancien employé de *La Presse*, et lui-même ancien vice-président du Syndicat des journalistes de *La Presse*, il savait quelles allaient être les demandes des syndicats de *Montréal-Matin*, qui étaient exactement les mêmes que ceux de *La Presse*. Il n'ignorait pas non plus que la situation financière du *Montréal-Matin* ne serait pas un argument quand on savait que l'actionnaire était Power.

Pendant six semaines consécutives, les rencontres se faisaient à un rythme tel que Luc Beauregard n'a jamais pu quitter l'hôtel où avaient lieu les pourparlers. Les syndicats avaient en effet insisté pour que les négociations se déroulent au Quality Inn de la rue Sherbrooke où chacun de leurs porte-parole et négociateurs professionnels avait à sa disposition une chambre ou une suite. Il était entendu que les syndicats décideraient unilatéralement de l'ordre du jour, du choix des points à débattre et de la séquence des groupes de travailleurs à convoquer devant la partie patronale, et ce, au jour le jour. L'employeur voulait négocier et se rendait disponible.

Par exemple, le « *dispatcher* » du front commun syndical CSN – FTQ pouvait établir qu'à minuit, ce serait aux représentants du syndicat des pressiers de négocier pendant trois heures. À quatre heures du matin, il annonçait que c'était au tour de ceux des typographes, et ensuite du personnel de bureau, des journalistes, et le reste. Le résultat concret était que les équipes de négociateurs syndicaux se relayaient plusieurs fois à l'intérieur d'une période de 24 heures, de jour comme de nuit, alors que c'étaient toujours les mêmes équipes de représentants patronaux qui étaient appelés à négocier entre de courts laps de répit. Luc Beauregard garde de pénibles souvenirs de ces six semaines passées à l'hôtel où il attendait qu'on lui fasse rapport de chaque séance.

Dans les années 1970, les syndicats tenaient un discours revendicateur pour tous les secteurs de l'activité économique. Au gouvernement, le front commun de 1972, qui devait mener à une grève générale coûteuse, exigeait que l'État québécois accorde à ses « travailleurs » des salaires et des conditions de travail supérieurs à ceux du secteur privé. La Confédération des syndicats nationaux (CSN), la Centrale des enseignants du Québec (CEQ), la Fédération des travailleurs du Québec (FTQ) et les autres petits syndicats indépendants comme la Confédération des syndicats démocratiques (CSD) se regroupèrent dans cette coalition stratégique. Tous considéraient que les fonctionnaires étaient postés à l'avant-garde de la classe ouvrière dans leur lutte contre le régime bourgeois et capitaliste incarné par l'État, que nourrissaient les entreprises néolibérales du secteur privé.

Montréal-Matin.

L'éditeur de *Montréal-Matin* en compagnie d'André Trudelle, journaliste sportif, et de Pierre Gobeil, directeur des sports, puis de l'information, en juillet 1976.

Après dix jours, le gouvernement de Robert Bourassa brisa la grève par un décret forçant le retour au travail de ses 210 000 fonctionnaires. Parce qu'ils avaient encouragé leurs troupes à défier la loi, les chefs syndicaux Marcel Pepin (CSN), Louis Laberge (FTQ) et Yvon Charbonneau (CEQ) furent arrêtés et emprisonnés. Les combats des syndicats se déroulaient en parallèle sur le front du secteur privé, où les grèves se faisaient de plus en plus nombreuses et coûteuses, menant souvent d'avance à des fermetures stratégiques d'entreprises, tandis que le ton des ténors syndicaux prenait des accents marxistes-léninistes pour défendre les travailleurs exploités par le système capitaliste qu'il fallait briser à tout prix.

Dans le secteur de la construction, les syndicats étaient également très présents, mais il était loin d'y être question de front commun. À la fin des années 1960 et au début des années 1970, on avait vu surgir d'importants chantiers autour d'événements majeurs comme l'Expo 67 et les Jeux olympiques de 1976 à Montréal. Le site de l'Expo, les pavillons et le métro, suivis de la préparation du stade et du village olympique, furent autant de projets qui mobilisèrent les entrepreneurs et les ouvriers de la construction. Ajoutons à ces chantiers de titans, ceux des pavillons de la nouvelle Université du Québec, des hôpitaux, des écoles, des polyvalentes et des cégeps nouvellement constitués. En région, les ouvriers locaux ne suffisaient plus à la demande : ici et là s'ouvraient d'importants sites d'exploitation miniers, notamment à Murdochville, en Gaspésie et surtout sur la Côte-Nord. Dans le Nouveau-Québec, les chantiers d'Hydro-Québec à la Manicouagan, à la rivière La Grande (LG) et à la baie James attiraient les ouvriers qui s'y exilaient temporairement par milliers.

Les syndicats de la construction s'y livraient de chaudes luttes afin d'attirer dans leurs rangs de nouveaux adhérents dont les cotisations représentaient d'importantes entrées de fonds. En période autorisée de maraudage, la CSN, la CSD et la FTQ tentaient de recruter les nouveaux arrivés ou de faire changer d'adhésion les anciens. Pour ce faire, la FTQ Construction, dirigée par André « Dédé » Desjardins, n'hésitait pas à user de manœuvres d'intimidation et de menaces. Tout semblait permis à cet ancien plombier pour imposer le monopole de son local, auquel les autres syndicats ripostaient de plus belle avec les mêmes moyens.

En 1974, les tactiques dépassèrent les bornes. À la suite du saccage du campement du barrage LG-2, qui avait causé d'importants dommages et forcé l'évacuation complète de milliers de travailleurs, le climat de travail était tel que le gouvernement de Robert Bourassa décida d'instituer une « Commission d'enquête sur l'exercice de la liberté syndicale dans l'industrie de la construction ». Il nomma le juge Robert Cliche président. Ce dernier était assisté de Brian Mulroney, avocat au cabinet Ogilvy Renault, et de Guy Chevrette, vice-président de la Centrale de l'enseignement du Québec, qui s'y feront tous deux avantageusement connaître de la population.

Il va sans dire que le « scandale du LG-2 » et les travaux de la Commission Cliche faisaient l'objet de nombreux reportages dans les médias. Le *Montréal-Matin* n'y fit pas exception. En mai 1975, les commissaires déposèrent leur rapport qui comportait pas moins de

134 recommandations et qui condamnait sévèrement la FTQ Construction et nommément son vice-président Dédé Desjardins. Les centrales syndicales, même celles qui avaient été blanchies, dénoncèrent en chœur le rapport et la Commission qu'ils qualifièrent de «vaste opération anti-syndicale». Dans les jours qui ont suivi sa publication, une grande manifestation organisée par la FTQ incita les travailleurs, par la voix de son président Louis Laberge, à soutenir, implicitement par la violence, leurs frères travailleurs de la United Aircraft, engagés dans une grève sans merci. Le rapport de la Commission Cliche n'avait donc rien changé au comportement de la centrale syndicale.

Luc Beauregard, qui s'indignait de l'occurrence de tels événements, décida de reprendre sa plume de journaliste. Le 14 mai 1974, il signait un éditorial intitulé «Qui gouverne ici?». Il y dénonçait en termes non équivoques l'attitude attentiste du gouvernement qu'il accusait de fermer les yeux sur les agissements inacceptables de la FTQ. Pour une rare occasion, il se prévalait de son privilège de président et éditeur du journal pour s'exprimer avec vigueur sur une situation qui le révulsait parce qu'elle mettait en cause le droit des travailleurs de choisir librement les syndicats auxquels ils voulaient adhérer. Il en appelait à l'intervention immédiate du gouvernement de Robert Bourassa pour empêcher que les «caïds de la FTQ Construction utilisent une armée privée de fiers-à-bras pour vider des chantiers selon leurs caprices». Il terminait par une phrase à l'emporte-pièce: «Finies les études, finies les consultations. Qui gouverne ici?» Cette prise de position ferme contre l'inaction du gouvernement et les malversations des syndicats était survenue quelque temps avant que la dernière ronde de négociations ne débute au *Montréal-Matin*.

Comme le secteur public qu'ils avaient investis, les syndicats avaient ciblé les journaux comme tribunes de choix pour faire retentir avec vigueur leurs revendications sur la place publique. Pierre Péladeau, qui connaissait d'expérience les dangers mortels des grèves pour un quotidien, n'hésitait pas à céder devant les exigences et les ultimatums de ses «travailleurs de l'information», qu'il se targuait d'avoir toujours bien traités. Luc Beauregard affirme qu'il les «gâtait». Les règlements successifs, atteints chaque fois à la hausse au *Journal de Montréal*, plaçaient ses vis-à-vis médiatiques dans l'obligation de suivre la cadence, et son concurrent immédiat, le *Montréal-Matin*, en subissait les contrecoups les

2 MONTREAL-MATIN, MARDI 23 AVRIL 1974

Silence, on tourne à Montréal-Matin

Par Johanne Mercier

Montréal-Matin s'est transformé hier en véritable studio cinématographique alors qu'une équipe technique de 24 personnes a pris d'assaut (!) quelques locaux de notre édifice.

L'équipe de "Y a pas de mal à se faire du bien" a emprunté le bureau et la salle de conférence de M. Luc Beauregard, président, éditeur et directeur général de Montréal-Matin pour les convertir en l'agence de publicité BRUNET. Au cours de ces deux jours d'occupation (!), on filme une discussion entre M. Brunet (Jean Lajeunesse) et son employé, M. Charles Lebrun (Jean Lefebvre).

Pour la circonstance, la table de la salle de conférence et l'immense lustre suspendu ont été enlevés pour faire place à des bureaux et un éclairage plus classiques. De nombreux fils jonchaient le sol et un équipage technique considérable donnait une toute autre atmosphère aux bureaux de M. Beauregard. Notons que c'est à la sui-

te de conversations entre André Bélanger, adjoint au président à Montréal-Matin et Carole Mondello, régisseur de "Y a pas de mal à se faire du bien" que des ententes ont été conclues afin d'utiliser ce bureau.

Une production France-Canada

Le film "Y pas de mal à se faire du bien" est une production de Canada-France entre Cinévidéo à Montréal et T. C. Productions, France. Le réalisateur est Claude Mulot qui en est à son quatrième film après "La rose écorchée", "La saignée" et "Profession aventurier". La direction de la photographie a été confiée à Jacques Assuerus qui a toujours travaillé en compagnie de M. Mulot. Le film "Y a pas de mal à se faire du bien" sera tourné à 99 pour cent à Montréal, principalement dans le secteur de Saint-Laurent. Le tournage s'échelonnera sur une période de cinq sema. et emploiera 125 comédiens. Plusieurs noms québécois et français figurent au générique. La distribution québécoise comprend donc Jean Lajeunesse, Gilles Pellerin, Andrée Cousineau, Paul Berval, Réal Béland et Jacques Desrosiers. Chez les Français, on retrouve Jean Lefebvre, Darry Cowl, Nathalie Courval, Michel Dalabu et M. Ceccaldi. On note également la participation de René Caron, Marie-France Beaulieu, Jacques Famery, Catherine Blanche, Jean-Louis Paris, Judith Ouimet, Ernest Guimond ainsi que plusieurs autres.

La production sera sur nos écrans dès l'automne 1974 et verra le jour simultanément en France.

Et on pourra dire que Montréal-Matin y aura été pour quelque chose, non?

De gauche à droite: Jacques Assuerus, directeur de la photo; Luc Beauregard, président de "Montréal-Matin"; Claude **Mulot**, réalisateur; Jean Lefebvre et Jean Lajeunesse. À l'avant-plan: Richard Pronovost, chef-électricien. À l'arrière: toute l'équipe technique, que l'on ignore trop souvent.

Le tournage du film *Y'a pas de mal à se faire du bien*, au *Montréal-Matin*, en 1974.

plus sentis. Si Luc Beauregard ne pouvait suivre *Le Journal de Montréal* sur les dépenses, il se refusait néanmoins à augmenter le prix du journal en kiosque.

Dans les milieux de la presse en général, au Canada comme aux États-Unis, les syndicats des typographes avaient fait des ateliers d'impression leurs véritables chasses gardées pour lesquelles ils maintenaient un contrôle serré sur l'embauche et même sur l'accès physique[2]. Certaines pratiques, comme la cloche avertisseuse, que l'on sonnait avec vigueur pour annoncer l'intrusion de visiteurs indésirables, par exemple les membres de la direction, témoignaient de la forte emprise des syndicats sur les lieux de travail. Les négociateurs professionnels, comme les avocats spécialisés dans le droit de travail, en étaient venus à adopter une attitude pragmatique en conseillant à leurs clients de ne pas se cabrer dans des positions trop fermes vis-à-vis de certains syndicats. L'avocat Brian Mulroney était de cette école. Selon les mots de Luc Beauregard, « il négociait gras », mais il arrivait à obtenir une paix syndicale. C'est ce qui se produisit avec le *Montréal-Matin*.

Une des frustrations dont Luc Beauregard se souvient pendant cette ronde historique de négociations a trait à un règlement hors cadre. Une fois que toutes les parties se furent entendues sur les conditions de travail pour chaque catégorie d'employés et finalement, que les armées d'avocats de part et d'autre, pour les quatorze syndicats, eurent vérifié chaque virgule de chaque clause, les parties étaient prêtes à apposer leurs signatures au bas des quatorze conventions collectives de travail. Sauf qu'au moment où tout semblait baigner dans l'huile, Robert Latulippe, vice-président à l'administration, demanda de le voir en privé, car il savait que sa réaction à la demande qu'on venait de lui transmettre serait tranchante. Il devait avertir le patron que les représentants syndicaux exigeaient que la note de l'hôtel Quality Inn, où avaient eu lieu les négociations et où les représentants et conseillers des quatorze syndicats avaient occupé leurs chambres et leurs suites pendant six semaines, soit absorbée par la partie patronale, y compris les repas et autres « commodités ».

Comme Latulippe s'y attendait, Luc Beauregard était outré. Le montant d'argent n'était pas tellement en cause. Non seulement rien de tel n'avait été convenu à cet effet avant les négociations, mais c'étaient les syndicats eux-mêmes qui avaient demandé que les rencontres se tiennent dans un hôtel plutôt que dans les salles de réunion habituelles. Luc Beauregard ne voulait, sous aucune considération, accéder à cette demande qu'il jugeait inique et malhonnête. On réussit à calmer le jeu et à convaincre Luc Beauregard qu'il n'avait pas le choix. Après six semaines de négociations ardues qui avaient finalement abouti à un règlement

[2] Pour une description du climat des négociations collectives aux États-Unis dans les années 1970, voir Jacqueline Cardinal et Laurent Lapierre, *Katharine Graham et le* Washington Post*, op. cit.* Voir également des mêmes auteurs : *Larry Smith, les Alouettes et* The Gazette, Montréal, Centre de cas HEC Montréal, 2004, 39 pages.

12   MONTREAL-MATIN, MERCREDI 14 MAI 1975

EDITO-MATIN

Qui gouverne ici?

Les événements des derniers jours se sont déroulés suivant le scénario habituel exposé dans le rapport Cliche.

Le gouvernement du Québec a toutes les raisons, s'il en manquait encore, de prendre rapidement des mesures énergiques pour mettre un terme au régime de terreur dans la FTQ-Construction.

Le gouvernement n'a plus à parlementer avec ceux qui servent de façade à des "bandits notoires", selon l'expression de la Commission Cliche, et qui ne méritent plus la confiance de l'État pour diriger leurs syndicats de façon autonome.

Le rapport Cliche a démontré que plusieurs des syndicats de la FTQ-Construction sont contrôlés par des escrocs qui se bourrent les poches à même les fonds ouvriers. Ces criminels d'habitude recourent aux menaces, aux coups, aux voies de fait, aux assauts sur la personne, pour assurer et maintenir leur autorité sur leurs membres. Enfin, ces bandits utilisent le chantage, le sabotage, les incendies criminels et l'extorsion pour tenir les entrepreneurs en échec et imposer leur emprise sur toute l'industrie de la construction.

Le temps n'est plus à la tergiversation, aux atermoiements et aux analyses subtiles. Bien sûr, l'attitude gouvernementale face au régime de terreur n'a pas été sans reproche et les employeurs ont pu se montrer complaisants. On pourra épiloguer encore longtemps sur la complicité du pouvoir et du patronat. **Montréal-Matin** a déjà fait état de cette complicité et il le fera encore. Mais face au crime dénoncé par le rapport Cliche et qui fleurit de plus belle depuis la publication du rapport, le temps n'est plus aux subtilités.

Les événements qui se sont produits depuis la publication

du rapport Cliche viennent confirmer l'urgence d'une action rapide et ferme de la part du gouvernement pour mater le régime de terreur auquel un Louis Laberge se prête volontiers et sert allègrement de façade. Revoyons quelques faits :

— Dans les jours qui suivent la publication du rapport, la semaine dernière, les chantiers sont vidés. Au cours d'une manifestation, devant les caméras de télévision, Louis Laberge prévient ses troupes de ne pas se faire arrêter en manifestant. Ils vont vous arrêter, dit-il, puis après ça ils vont dire que les gars de la FTQ ont des casiers judiciaires ! C'est un cas patent de malhonnêteté et de pollution intellectuelle, un art dans lequel Laberge est passé maître. Comme si tout ce qu'on avait à reprocher aux bandits de la FTQ-Construction était leur participation à de paisibles manifestations.

— Les travailleurs sont convoqués à une assemblée, lundi soir, au Colisée Jean-Béliveau, à Longueuil comme par hasard. A la fin de l'assemblée, Laberge fait inviter les travailleurs de la construction à se joindre aux grévistes de la United Aircraft qui se préparent à marcher vers l'usine de Longueuil. Les manifestants, dont certains sont apparemment munis de masques, de casques militaires, de haches, de chaînes et de tuyaux, renversent les voitures de police, battent les policiers et un gardien, prennent des otages, occupent l'usine, la mettent à sac et se lancent des ultimatums. A l'extérieur, on supplie angéliquement le gouvernement de négocier "pour épargner les otages".

Qui nous fera croire que les ouvriers ont quitté librement les chantiers pour protester contre le rapport Cliche? Ce rapport, qui n'est même pas disponible à l'heure actuelle pour le grand public, explique justement comment les caïds

de la FTQ-Construction utilisent une armée privée de fiers-à-bras pour vider des chantiers selon leurs caprices.

"C'est à sa pleine connaissance (d'André Desjardins) et sans doute sur son ordre, affirme le rapport, que se sont constituées des équipes volantes de fiers-à-bras qui, sautant d'un chantier à l'autre, contraignent les travailleurs à respecter les arrêts de travail décrétés par le roi de la construction."

Qui nous fera croire que la violence de lundi soir n'était pas machinée de toutes pièces par les caïds de la FTQ-Construction et leurs paravents?

Les ouvriers de la construction ont vu leur liberté syndicale brimée par d'authentiques bandits et par d'autres qui continuent d'en bénir la présence. Ces escrocs et leurs paravents invoquent maintenant les libertés syndicales acquises de haute lutte au cours des ans pour dissuader le gouvernement d'agir. Quelle farce !

Le rétablissement des libertés syndicales pour les travailleurs de la construction ne se discute pas avec ceux-là mêmes qui les ont supprimées à l'aide de menaces, de coups, de voies de fait, de chantage et d'extorsion, bref à l'aide d'un système de terrorisme notoire s'inspirant des moeurs et des méthodes de la pègre.

Suivant la Commission Cliche, ce rétablissement ne peut venir des syndiqués eux-mêmes, dont l'opinion est jugulée par les fiers-à-bras. "Il ne faut pas compter sur le jeu de la démocratie syndicale, dit la Commission, elle est au point mort. Reste l'intervention de l'État."

Finies les études, finies les consultations. Qui gouverne ici?

Luc BEAUREGARD

Éditorial de Luc Beauregard sur la terreur syndicale au Québec, 14 mai 1975.

Montréal-Matin.

négocié, le président et éditeur ne pouvait porter l'odieux d'avoir bloqué ultimement le processus par une attitude intransigeante. Il céda. La mort dans l'âme, à la fois furieux et épuisé par ces affrontements, Luc Beauregard se résigna à autoriser le paiement aux syndicats de la note de frais, qu'il trouva amère et salée.

Pour ne pas entraîner des augmentations annuelles indues dans l'avenir, Luc Beauregard inclut dans la convention des journalistes un montant forfaitaire pour l'achat de documentation, une clause qui se répercuta ensuite dans les conventions collectives des autres journaux. Il est fier d'avoir fait accepter l'inclusion dans la convention collective d'une clause stipulant que les employés s'engageraient à prendre les intérêts de leur journal. « Tout le reste a été écrit par d'autres avant nous, disait-il. Puis-je avoir cette clause à moi ? »

Les conventions collectives furent signées sans grève : le journal n'a fait défaut de paraître qu'une journée. Il n'y avait pas de doute cependant que l'entreprise qui avait frôlé la faillite et qui était déficitaire ne serait pas en meilleure posture financière avec les nouvelles échelles salariales et les nouvelles clauses des contrats de travail.

Une réunion fut convoquée aux bureaux de Power pour faire le point. Paul Desmarais présidait. Brian Mulroney y était, de même que Roger Lemelin et des membres du comité de direction de *La Presse*. Le consensus se fit qu'une solution s'imposait pour rentabiliser le *Montréal-Matin* ou, en tout cas, réduire ses pertes : fusionner tous ses services avec ceux de *La Presse* sauf celui de la rédaction qui devait conserver son indépendance. Les dirigeants de *La Presse* affirmèrent qu'ils pouvaient facilement assurer la responsabilité de la vente et de la distribution du journal, ainsi que de la vente des annonces et de l'impression. Luc Beauregard était absolument d'accord pour mettre cette solution en œuvre, aucune entreprise, fût-elle Power, ne pouvant se permettre de perdre de l'argent sans espoir de profit.

La commande était cependant difficile tant pour les cadres de *La Presse* que pour Luc Beauregard. L'annonce d'un tel projet suscita méfiance et inquiétude chez les employés du *Montréal-Matin*. Luc Beauregard était d'accord avec l'objectif, mais il s'interposait souvent sur le comment. Le service des ressources humaines de *La Presse*, qui prendra charge de l'intégration, agissait parfois comme un éléphant dans un magasin de porcelaine. Le service de publicité avait sous-estimé la difficulté et les coûts de la responsabilité de la vente des annonces du *Montréal-Matin* et même de la vente du journal. Bref, la formule ne produisait pas immédiatement les fruits escomptés.

Au comité de direction de *La Presse*, où Roger Lemelin avait invité Luc Beauregard et Paul Desmarais, ce dernier demanda à Luc Beauregard ce qu'il en pensait. Le président du *Montréal-Matin* opta pour la franchise : « Les services de *La Presse* coûtent plus cher et ne produisent pas mieux que les anciens services du *Montréal-Matin* », dit-il de façon honnête et factuelle. Ayant eu l'affreux de confronter la direction de *La Presse* à la réalité, Luc Beauregard sortit de ce *meeting* en sachant que ses jours à la tête du *Montréal-Matin* étaient comptés.

Les effectifs du *Montréal-Matin* se fondant de plus en plus dans ceux de *La Presse*, il fallait penser à un local pour la rédaction du *Montréal-Matin*, le seul service à teneur autonome. La direction du *Montréal-Matin* y travaillait. La direction de *La Presse* arriva avec une suggestion : pourquoi la salle de rédaction, qui serait maintenant la seule entité toujours distincte de *La Presse*, ne déménagerait-elle pas sous le même toit, ou du moins à la porte d'à côté, rue Saint-Antoine ?

Luc Beauregard s'y objecta avec une ferveur d'autant plus véhémente qu'elle était entièrement désintéressée. En effet, conscient que la restructuration ne lui laissait à gérer qu'une coquille administrative vide, il savait qu'il quitterait le bateau à plus ou moins court terme. En 1976, le nombre d'employés à gérer était passé de près de 500 à 250 tout au plus, et se dirigeait rapidement vers 125. Il se préoccupait donc uniquement de la survie du *Montréal-Matin* qu'il avait porté à bout de bras pendant trois longues années. Or, il pensait qu'un tel déménagement était suicidaire pour son journal.

Selon Luc Beauregard, tout employé éprouve un sentiment d'appartenance à l'égard de son lieu physique de travail. Il croyait donc que le climat de solidarité qu'il avait réussi à tisser depuis trois ans s'éroderait en jouxtant les salles de rédaction des deux publications officiellement encore distinctes. Il anticipait surtout les conséquences sur le *Montréal-Matin* d'une grève éventuelle à *La Presse*, que personne ne souhaitait, mais qui pouvait néanmoins se produire à nouveau comme en 1959, en 1964 et en 1969, et qui se répercuterait inévitablement sur le *Montréal-Matin*.

Il ne voulait pas que les employés du *Montréal-Matin* subissent les conséquences d'un conflit qui ne les concernait pas. Comment empêcher que les lignes de piquetage ne soient traversées par des journalistes de l'un ou l'autre journal en cas de conflit ? Le cas échéant, Luc Beauregard était d'avis que s'il était empêché d'être publié à cause d'une grève qui éclaterait soit à *La Presse*, soit chez lui, le *Montréal-Matin* ne pourrait pas, d'une façon ou d'une autre, résister à l'assaut du *Journal de Montréal* appartenant à Pierre Péladeau. Depuis trois ans, les deux quotidiens étaient restés sur leurs positions en termes de tirage. *Le Journal de Montréal* se maintenait à 142 000 exemplaires par jour et le *Montréal-Matin*, à 128 000. Pierre Péladeau avait été contenu. En ne déménageant pas la salle de rédaction du *Montréal-Matin* à proximité de celle de *La Presse*, même si les services d'impression l'étaient, le danger était minimisé, car le journal pourrait plus facilement être imprimé ailleurs. Dans le cas contraire, le *Montréal-Matin* perdrait sa place et le tirage du *Journal de Montréal* s'envolerait.

Luc Beauregard avait visité un local à un coin de rue de *La Presse*, place d'Armes, qui convenait. Un bail avait été préparé qui ne manquait que sa signature. Par une sorte d'intuition de ce qui l'attendait, il demanda 24 heures pour pouvoir relire le bail en entier avant de signer. Il ne le signera jamais.

Alors même qu'il terminait la lecture du bail, il fut convoqué au bureau de Paul Desmarais qui le reçut en compagnie de Roger Lemelin. Les deux lui annoncèrent qu'il ne pouvait y avoir deux directions et qu'il devait quitter. Or,

Le numéro du *Montréal-Matin* du 2 août 1976 rapportant la clôture des jeux olympiques, paraphé par les employés, offert en souvenir à leur président et éditeur sortant. Les pages intérieures sont aussi couvertes de signatures.

ce 4 août 1976 tombait le jour du 35ᵉ anniversaire de Luc Beauregard, deux jours après la cérémonie de clôture des Jeux olympiques et la veille d'une grande réunion de célébration et de planification à laquelle Luc Beauregard avait auparavant convoqué ses journalistes.

En juillet-août 1976, Montréal était l'hôte des Jeux olympiques. Les pages des journaux étaient remplies de reportages accompagnés de multiples photos des exploits des athlètes. La «petite reine des Jeux de Montréal», Nadia Comaneci, faisait la une plus souvent qu'à son tour. Luc Beauregard était particulièrement fier de la couverture que l'équipe des journalistes du *Montréal-Matin* avaient faite de l'événement. Lors de cette réunion *post mortem* qui se tenait dans un hôtel des Laurentides au lendemain des Olympiques pour les féliciter et planifier l'avenir sur cette lancée, il vint plutôt confirmer qu'il n'était plus président et éditeur du journal, ainsi que l'annonçaient les journaux du matin.

En guise de remerciement et d'hommage amical, les journalistes du *Montréal-Matin* lui remirent un exemplaire du journal du 3 août rapportant la clôture des Jeux la veille. L'exemplaire était autographié par des dizaines de journalistes et d'employés. Le titre de la une du journal, en ce lendemain des Jeux, en grosses lettres, avait été : «JE T'AIME», du nom de la chanson thème des Jeux.

Dans les jours qui suivirent, lors d'une réunion seul à seul à son bureau, Paul Desmarais offrit à Luc Beauregard de s'installer aux bureaux de Power pour diriger les relations publiques. Luc Beauregard apprécia le geste, mais considéra l'offre comme un prix de consolation. Il avait déjà d'autres plans en tête. Il n'avait plus le goût d'œuvrer dans une grande entreprise où l'on n'est jamais à l'abri d'une balle perdue. Il voulait désormais être son propre patron. Il se disait qu'un jour il dirigerait sa propre entreprise ayant un chiffre d'affaires aussi gros que celui du *Montréal-Matin* et comptant encore plus d'employés (250). Avec son ami Roger D. Landry, ils rêvèrent même de relancer un *Montréal-Matin* après que celui-ci fut disparu.

On sait en effet ce qui est arrivé par la suite. Après le départ de Luc Beauregard, le déménagement de la salle de rédaction eut lieu comme prévu. *La Presse* logeait au 7, rue Saint-Jacques, et le *Montréal-Matin*, dans l'immeuble adjacent, au 50, de la rue Saint-Antoine. Deux ans plus tard, en octobre 1977, une grève était déclenchée à *La Presse*. Elle dura jusqu'en avril 1978. Malheureusement, il survint ce que Luc Beauregard avait prédit. Le *Montréal-Matin* n'était pas en grève, mais il en subit inévitablement les conséquences. Il était physiquement et moralement difficile pour les journalistes au travail de traverser les lignes de piquetage de leurs confrères de *La Presse*, et ce qui devait arriver arriva.

Le *Montréal-Matin* cessa temporairement d'être publié, même s'il ne vivait aucun conflit de travail interne. Lorsque les grévistes rentrèrent au travail, *La Presse*, qui sortait toujours l'après-midi, retrouva graduellement ses lecteurs. Quant au *Montréal-Matin*, le terrain qu'il occupait le matin avait évidemment été accaparé par le *Journal de Montréal*. Il ne s'en remit jamais. Le 28 décembre 1978, le porte-parole de Power Corporation annonça la fermeture du journal qui avait connu des heures de gloire et des temps durs au cours de ses presque cinquante ans d'histoire[3]. Peu de temps après, le même porte-parole annonçait que *La Presse* serait désormais publiée le matin plutôt qu'en après-midi.

Quelques années plus tard, Luc Beauregard rencontra Paul Desmarais qui figurait parmi une haie d'honneur dans une réception. Ce dernier lui dit qu'il avait eu raison et que le déménagement de la salle de rédaction du *Montréal-Matin* à côté de *La Presse* avait été une erreur. Cet aveu du président de Power Corporation fut une consolation pour l'ancien président et éditeur du journal qui menait déjà une carrière prospère en relations publiques. Mais sans qu'il s'en doute, il allait bientôt connaître une revanche qui serait encore plus douce à son cœur.

---

[3] Le 19 octobre 2010, Claude J. Charron, éditeur du magazine *La Semaine* et président des publications Charron & Cie, confirmait à la journaliste Nathalie Collard de *La Presse* qu'il avait fait l'acquisition du nom *Montréal-Matin*. Il précisait qu'il voulait lancer une version électronique quotidienne, et peut-être un hebdomadaire imprimé dans les prochains mois. Claude J. Charron est un vieux routier de l'édition. Il possédait une maison d'édition de magazines, dont le populaire *Le Lundi*, qu'il a vendue quelques années plus tard à Publicor, propriété de Quebecor. En 1989, à la fin de la période fixée par la clause de non-concurrence lors de la vente de ses magazines, Claude J. Charron fonde Trustar et lance le magazine *7 jours*, qui obtient un énorme succès. Il vend Trustar qui passe aux mains, encore une fois, de Quebecor. Au bout d'une nouvelle période de non-concurrence fixée lors de la vente de Trustar, il lance, avec sa maison d'édition Les publications Charron & Cie, un nouveau magazine, *La Semaine*, semblable au *Lundi* et à *7 jours*. Il publie également le *Samedi Magazine*. Source: <http://fr.wikipedia.org/wiki/TVA_Publications>.

Acte III

Après avoir quitté Beauregard Landry Nantel en 1973, Luc Beauregard conserva des relations étroites avec Roger D. Landry. Lorsque, en 1976, il refonda un nouveau cabinet qui allait devenir NATIONAL, celui-ci avait été son premier client et lui en avait référé son deuxième.

En 1978, Luc Beauregard reçut un appel de son ami « Roger D. » qui voulait le voir de toute urgence parce qu'il avait été invité à dîner par les membres d'un comité exécutif récemment formé par *La Presse*, soit l'ex-président d'Hydro-Québec, Roland Giroux, un autre membre du conseil, l'avocat Lucien Piché et le président et éditeur Roger Lemelin. Au cours du repas, les trois hommes lui apprirent qu'ils étaient à la recherche d'un gestionnaire qui serait responsable de l'administration du journal et qu'ils avaient pensé à lui pour occuper le poste. « J'ai besoin de tes conseils pour négocier avec eux », dit Roger D. à son ami. Quel retour des choses ! En 1973, Luc Beauregard avait été recruté comme président et éditeur du *Montréal-Matin* et voilà que cinq ans plus tard, on recrutait son ami Roger D. Landry à *La Presse* !

Luc Beauregard répondit tout de go que connaissant les deux très bien, il prévoyait une incompatibilité de caractère fondamentale entre les deux Roger. Il expliqua à son ami qu'il aurait beaucoup de difficulté à travailler sous les ordres du président et éditeur de *La Presse*, qui ne connaissait ni la discipline du travail ni les limites d'un budget. Si Roger D. était pour se joindre à *La Presse*, il fallait que ce soit pour le poste de président et éditeur. Il lui suggéra donc de proposer au comité de l'engager comme premier vice-président à l'administration pendant un an tout au plus, avec engagement ferme de le nommer président et éditeur de *La Presse* un an plus tard.

Roger D. Landry jugea la proposition osée, mais il se fia au bon jugement de son ami et la présenta au comité. À sa grande surprise, deux des trois membres l'accueillirent très favorablement. Seul Roger Lemelin, qui ne réussit pas à dissimuler sa surprise, protesta faiblement devant l'enthousiasme de ses deux collègues : « Mais ce n'est pas le poste qu'on avait en tête… », souffla-t-il entre les dents, les yeux écarquillés.

C'est ainsi que Roger D. Landry, qui n'avait aucune expérience en journalisme, précipita le départ de Roger Lemelin et devint président et éditeur de *La Presse* grâce aux conseils de son *alter ego*. Il occupera le poste pendant vingt ans, soit de 1981 jusqu'à sa retraite en 2001. Quant à

Luc Beauregard, il savourait secrètement sa douce vengeance sur Roger Lemelin. Il venait de faire l'agréable expérience d'une forme de pouvoir oblique, un goût acquis dont il ne se départirait plus[4].

---

[4] Luc Beauregard agira comme consultant de Roger D. Landry et de *La Presse* pendant vingt ans. Il a conseillé Roger D. Landry quand ce dernier a négocié son départ de *La Presse* et de Power en 2000.

DEUXIÈME PARTIE

AVEC NATIONAL
1976-2012

9

LUC, JOHN, ROBERT, MICHEL, DANIEL ET LES AUTRES

Installé à sa table fleurie, Roger Nantel feuilletait distraitement le menu du Jardin du Ritz. De temps à autre, il levait les yeux vers l'entrée dans l'attente de son invité du jour. Sans trop se l'avouer, il éprouvait des sentiments partagés devant la possibilité de prendre Luc Beauregard comme associé dans son cabinet. Il n'était pas fermé à l'idée de travailler à nouveau avec lui. Il connaissait ses compétences en la matière, son ardeur à l'ouvrage et sa capacité à clore ses dossiers. Là n'était pas le problème.

En outre, il lui devait indirectement d'avoir obtenu de précieux contacts auprès du Parti conservateur. En effet, lorsqu'il décida, il y avait quelques mois à peine, de se présenter pour la première fois à la chefferie de son parti, Brian Mulroney avait consulté Luc Beauregard, qui était encore son client au *Montréal-Matin*, pour qu'il lui recommande un conseiller en communication. Pensant immédiatement à son ancien associé, Luc Beauregard lui avait donné les coordonnées de Roger Nantel, qui, malgré la défaite de Brian Mulroney dans la course, restera l'un de ses proches conseillers.

Par ailleurs, depuis qu'il avait racheté les parts de ses coassociés, Roger Nantel dirigeait seul les destinées d'une entreprise qui était devenue, en quelque sorte, sa chose. Avec leur accord, il avait gardé intacte la raison sociale Beauregard Landry Nantel, car le cabinet s'était déjà construit une excellente réputation sur laquelle il voulait tabler. Mais c'était le seul vestige qu'il avait gardé de cette époque de pionniers. Bien sûr, il avait bâti sur les acquis : servir les mêmes clients pour mieux aller en chercher de nouveaux, retenir les employés qui avaient prouvé leur valeur et leur loyauté, garder la prestigieuse adresse d'affaires sur la rue Sherbrooke.

Le retour de Luc Beauregard chez Beauregard Landry Nantel soulevait dans sa tête bien des questions qu'il n'avait pas toutes épuisées, même après deux rencontres avec le principal intéressé. Quel titre et responsabilités donnerait-il à son ancien associé ? Où l'insérerait-il dans l'organigramme actuel qui en serait forcément chamboulé ? Combien d'actions lui céderait-il ? Faudrait-il mettre sur pied un comité exécutif ? Un comité de vérification ?

Sur le plan de la gouvernance, il avait aboli le conseil d'administration des débuts, l'estimant superfétatoire après les départs de Luc Beauregard et de Roger D. Landry. Son associé potentiel exigerait-il qu'on y revienne, comme au temps des débuts ? Qui plus est, aux chapitres de la comptabilité et de la gestion des flux de trésorerie, en tant que seul actionnaire-propriétaire, il n'avait de comptes à rendre à personne, et cette situation lui convenait parfaitement. Aurait-il dorénavant à expliquer par le menu ses notes de frais et à justifier les revenus de chacun des employés sur la liste de paye ? Ces questions lui avaient trotté dans la tête lors des deux rencontres qu'il avait déjà eues avec lui, mais le lunch de ce midi s'annonçait marquant pour la suite des choses.

De son côté, Luc Beauregard avait pris quelques semaines de repos après sa sortie hautement médiatisée du *Montréal-Matin*. Il avait émergé de sa retraite à Sainte-Adèle, résolu à observer deux critères cardinaux dans le choix de sa prochaine carrière : ne plus jamais être cadre dans une grande entreprise et ne plus avoir à vivre de confrontations avec des structures syndicales, convaincu qu'étant donné l'esprit qui prévalait à l'époque dans les milieux de gauche, elles ne pouvaient mener qu'à des « luttes stériles et non productives ».

La perspective de retourner là d'où il était venu, trois ans plus tôt, se présenta naturellement à son esprit. Il avait contacté Roger Nantel et l'avait rencontré à deux reprises pour explorer les possibilités de son retour éventuel à son ancien cabinet de relations publiques. Toutefois, après ces deux entretiens, il comprenait que beaucoup de choses avaient changé chez Beauregard Landry Nantel depuis 1973, et qu'aussi bien intentionné que fût Roger Nantel, il lui était difficile d'entrer comme partenaire dans l'entreprise que ce dernier avait façonnée à son image. Le cabinet où il voulait revenir n'était plus celui qu'il avait laissé. La troisième rencontre d'aujourd'hui serait décisive, et il s'y était préparé soigneusement.

Il se présenta au Ritz, comme convenu, à l'heure indiquée. Le maître d'hôtel l'accompagna vers la table de son hôte qui se leva pour l'accueillir. En prenant place en face de lui, Luc Beauregard prit les devants. D'entrée de jeu, il lui annonça sa décision : après mûre réflexion, il ne se joindrait pas à Beauregard Landry Nantel. Il repartirait plutôt à neuf, à son compte, seul. Il comprenait que Roger Nantel avait maintenant structuré l'entreprise comme il l'entendait, ce qui était parfaitement normal. Il avait maintenant abandonné l'idée, « trop compliquée », de revenir dans le cabinet qu'il avait fondé avec lui et Roger D. Landry, quelques années auparavant. Ceci dit, il lui souhaitait bonne chance pour l'avenir[1]. « Laisse tomber, lui dit-il. Je te remercie de tes efforts mais je vais m'arranger tout seul. »

---

[1] Lors de l'élection fédérale de 1984, Roger Nantel fut nommé responsable de la stratégie de communication du Parti conservateur de Brian Mulroney. Quelques années plus tard, son entreprise de communication éprouva de graves difficultés malgré les nombreux mandats que le gouvernement lui confiait. Acculé à la faillite, pris dans les rivalités internes propres aux milieux politiques d'Ottawa, menacé d'accusations de conflits d'intérêts et enlisé dans de cuisants problèmes professionnels, personnels, conjugaux et familiaux dont il ne voyait pas l'issue, il se donna la mort dans sa maison de Brigham d'un coup de fusil qu'il s'était tiré sous le menton.

Roger Nantel protesta pour la forme, mais en réalité, il poussa intérieurement un soupir de soulagement. Après un repas frugal rapidement terminé, les deux anciens associés se quittèrent sur une poignée de main, sans regrets ni rancune : et que le meilleur gagne ! Les deux anciens associés, devenus des concurrents, partirent chacun vers des chemins séparés qui ne devaient plus se croiser, sinon au hasard de mondanités.

Que restait-il à Luc Beauregard ? Comme il l'avait annoncé à Roger Nantel, il n'avait qu'une seule issue : repartir à son compte, seul. Et pourquoi pas ? Avec les contacts qu'il avait tissés ici et là, il pourrait sûrement grappiller assez de mandats pour se lancer en affaires. Déjà, il en avait plein son attaché-case, que Roger D. Landry lui avait confiés. Après tout, il ne visait rien d'autre que de gagner assez d'argent pour faire face à ses responsabilités familiales. Travailler seul ne lui avait jamais fait peur. Le métier de journaliste comporte sa large part de travail solitaire, et il s'en était accommodé pendant dix ans, tout compte fait. Comme patron de presse, il s'était souvent senti isolé, face à des décisions ou des choix difficiles que personne d'autre que lui ne pouvait trancher. À la lumière des pénibles derniers mois qu'il avait passé au *Montréal-Matin*, c'était ce à quoi il aspirait maintenant : travailler seul. Il avait perdu le peu de goût qu'il aurait pu avoir pour les compromis et il abhorrait depuis toujours les compromissions. Oui. Définitivement. Sans aller jusqu'à se qualifier de misanthrope, il se dit qu'il valait mieux, pour la suite de sa vie professionnelle, avoir le bonheur de faire cavalier seul. Il répétera plus tard à la blague que ce plan de carrière fut un échec !

Il restait à trouver un nom à son entreprise solo : son premier choix était simplement « Beauregard et associés inc. ». Malheureusement, le ministère des Institutions financières l'avisa qu'il y avait eu objection et que, comme le nom de Beauregard Landry Nantel et associés inc. existait déjà, cela ne serait pas possible[2]. Ses avocats lui dirent qu'en revanche, personne ne pouvait l'empêcher de se constituer en compagnie sous son propre nom. C'est ainsi que son cabinet prit naissance sous le nom de Luc Beauregard et associés inc.

[2] Ce n'est que vers 1980 que Roger Nantel se rendit à l'évidence et renomma son cabinet Nantel et associés inc. Il devenait pour lui de plus en plus gênant d'utiliser dans sa raison sociale le nom de celui qui était devenu son plus grand concurrent.

C'est Roger D. Landry, qui était toujours chez ITT Rayonier comme vice-président, administration, qui lui donnera ses premiers mandats qui pouvaient l'occuper presque à temps plein. Son deuxième contrat viendra aussi de Landry, indirectement. Il lui présenta une ex-cliente à lui, Jacqueline Ostiguy, qui était directrice exécutive de la Fondation du Québec des maladies du cœur. Il s'agissait cette fois de collaborer aux programmes d'éducation populaire et de communication et aux campagnes annuelles de collecte de fonds pour l'organisme sans but lucratif. Il demeura consultant de cette fondation pendant plusieurs années. Par la suite, Luc Beauregard a siégé bénévolement au conseil d'administration et au comité exécutif de la Fondation. Il élabora même un plan de développement de la Fondation mais, faute de disponibilité, refusa de devenir président du conseil d'administration. Par ailleurs, les contrats s'accumulèrent. Après un an de dur labeur au cours duquel il avait réussi à facturer, seul, pour 100 000 $ d'honoraires, il recommençait, en 1977, à se considérer à nouveau en contrôle de sa vie.

Au début, Luc Beauregard et associés inc. n'avait pas pignon sur rue. Le nouveau consultant se promenait d'un client à l'autre, la mallette sous le bras, travaillant tant bien que mal à partir d'un bureau prêté par Rayonnier Québec ou de la table de la salle à manger de la résidence familiale. Après quelques semaines, Roger D. Landry, qui gardait toujours son jeune ami à l'œil, lui suggéra une adresse d'affaires. Il le présenta à une autre de ses connaissances, Gilles Tremblay, un chasseur de têtes spécialisé dans le recrutement de cadres supérieurs. Ce dernier logeait au troisième étage d'édifice du centre-ville abritant alors le Trust National, mais il avait quelques bureaux libres. Luc Beauregard le rencontra et prit connaissance de son offre : il pouvait sous-louer un bureau, assorti des à-côtés habituels du téléphone, de la photocopieuse et de la machine à café.

Les bureaux étaient bien décorés et l'offre était alléchante. Luc Beauregard l'accepta. Pour faire le travail de bureau, il recruta une secrétaire d'expérience, en congé du chantier de la baie James. Or, il se trouvait que l'édifice en question était sis au 1350 de la rue Sherbrooke Ouest, à l'intersection de la rue Crescent. Par pur hasard, il s'agissait du même édifice qu'avait occupé, et qu'occupait toujours, Beauregard Landry Nantel au 12e étage. Qu'à cela ne tienne, Luc Beauregard accepta l'invitation de Gilles Tremblay. Finalement, il revenait physiquement à son point de départ malgré tout. Peut-être rencontrerait-il Roger Nantel de temps à autre dans l'ascenseur ? Peu lui importait. Consultant solo, il ne se considérait pas vraiment comme un concurrent de son ancienne firme, solidement établie. Il transporta donc ses pénates à son ancienne adresse professionnelle. Il n'en voulait pas plus : il était officiellement en affaires comme président d'un nouveau petit cabinet conseil en relations publiques, avec une adresse professionnelle qui apparaissait sur ses nouvelles cartes d'affaires et sur son papier à lettres gravées grâce aux bons soins de son ami Bernard Grégoire de l'Imprimerie Desmarais. Il s'agissait d'un cabinet boutique, et Luc Beauregard ne visait pas l'expansion.

Bien installé dans son nouveau bureau, il reçut un jour un coup de fil d'un client et ami, en fait un ancien collaborateur de l'époque de Beauregard Landry Nantel. John « Randy » Hutchinson venait de se faire montrer la porte de Canada Steamship Lines, où il occupait le poste de vice-président communications. Le grand patron de cette ex-filiale de Power Corporation, appartenant désormais à Paul Martin, venait de l'inviter à aller « relever de nouveaux défis ailleurs », selon l'expression consacrée. Il se trouvait donc sans emploi. Plaidant qu'il est plus difficile de se faire engager lorsqu'on est chômeur, Luc Beauregard lui offrit de venir occuper le bureau voisin, qui était libre. Il pourrait lui confier quelques petites besognes, en attendant qu'il se trouve un emploi stable.

Lorsque Luc Beauregard avait besoin de faire traduire certains textes en anglais, il faisait affaire à des pigistes et notamment Kerry Ellard, un annonceur de radio qui habitait juste à côté, rue de la Montagne. Avec l'arrivée de John Hutchinson, il cessa la sous-traitance et lui confia tout le travail de traduction et de révision vers l'anglais. Fort satisfait du travail de son nouvel employé, Luc Beauregard offrit à John Hutchinson de devenir associé. Laissant tomber le « Luc », il réussit cette fois à changer le nom du cabinet en celui de Beauregard, Hutchinson et associés inc. John « Randy » Hutchinson accepta avec le sourire. Les deux détenaient un nombre égal d'actions, soit 50–50. John Hutchinson, qui ne devait demeurer que le temps de se trouver un nouvel emploi, y restera plus de dix ans.

Luc Beauregard aimait beaucoup son associé « irlandais ». Il prenait souvent le déjeuner avec John Hutchison. Il ne le questionna jamais sur sa vie personnelle. John vivait avec sa mère, mais il ne s'est jamais ouvert sur son ex-femme qui, selon la rumeur, vivait en Suisse avec leurs deux filles. Si c'était vrai, il y avait eu rupture abrupte. John était fou de la photo et s'était même aménagé une chambre noire dans les bureaux de la firme, où il passait beaucoup de temps. Un jour, il rencontra une éditrice de magazine établie en Californie et démissionna de NATIONAL pour l'épouser et aller vivre avec elle là-bas. Elle devint éditrice d'un magazine torontois et John la suivit. Afin de permettre à son ami de trouver du travail à Toronto, Luc Beauregard le recommanda pour le poste de directeur de l'Association pour la liberté des fumeurs. Il mourut plusieurs années plus tard au chalet qu'il s'était construit dans les Mille-Îles. Ses vieux amis montréalais lui rendirent un hommage ultime dans une petite boîte de la rue Bishop. Luc Beauregard et Roger D. Landry participèrent aux hommages enregistrés sur vidéo. Malheureusement, le caméraman avait oublié d'insérer une cassette et il n'en resta rien.

Peu à peu, les mandats se multiplièrent, par le simple jeu du bouche à oreille. Luc Beauregard affirme encore aujourd'hui que la meilleure publicité pour une entreprise naissante est de bien servir le premier client, qui lui confiera un deuxième mandat et qui en parlera autour de lui, ce qui attirera le deuxième client, et ainsi de suite à un rythme de croissance exponentiel. Le phénomène se produisit effectivement pour Luc Beauregard, qui dut envisager de recruter un autre collaborateur.

Il avait connu Robert McCoy alors que ce dernier était jeune attaché politique du ministre fédéral des Postes[3], André Ouellet[4]. Le jeune homme avait accompagné son ministre lors d'une visite d'information au *Montréal-Matin* pour expliquer aux journalistes un projet de réforme. Il avait fait bonne impression à Luc Beauregard, qui était encore président et éditeur du journal. McCoy, qui avait ensuite été directeur des communications du Parti libéral du Québec, travaillait maintenant au bureau montréalais de PIR (Public and Industrial Relations), un cabinet de relations publiques dont le siège était à Toronto. Robert McCoy, dont la mère était francophone et le père anglophone d'origine irlandaise, était parfaitement bilingue. Luc Beauregard le convainquit de se joindre

---

[3] Ce ministère deviendra un société de la Couronne en 1985 sous le nom de Société canadienne des postes.

[4] André Ouellet est né à Saint-Pascal, dans le Bas-Saint-Laurent, en 1939. Après des études à l'Université d'Ottawa et à l'Université de Sherbrooke, il est élu député à la Chambre des communes en 1968. Sous les gouvernements Trudeau, il occupera plusieurs ministères : Postes (1970-1974, 1980-1981), Consommation et Corporations (1974-1976, 1980-1983), Travaux publics (1983-1984) et Travail (1978, 1983-1984). Après le passage du Parti libéral dans l'opposition de 1984 à 1993, il est nommé ministre des Affaires étrangères dans le gouvernement de Jean Chrétien. Il abandonne la vie politique en 1996 pour devenir président de la Société canadienne des postes qu'il quitta en 2004.

à Beauregard Hutchinson et associés, rebaptisé Beauregard Hutchinson McCoy et associés inc. Lui aussi se vit offrir un nombre égal d'actions avec Luc Beauregard et John Hutchinson.

La venue de Robert McCoy forçait le « président » du cabinet en croissance à quitter son premier locateur, Gilles Tremblay, qui entretemps avait tenté en vain de le convaincre de laisser les relations publiques pour s'associer à lui comme chasseur de têtes. « Luc, lui disait-il, tu travailles plus fort que moi, mais tu ne fais pas autant d'argent. Change de métier ! » Luc Beauregard se laissait poliment courtiser, mais il n'avait aucune intention de quitter le monde de la communication et des relations publiques, où il se sentait dans son élément et dont les aspects stratégiques le fascinaient.

Collection privée.

Luc Beauregard posant fièrement devant l'enseigne de son nouveau cabinet de relations publiques, boulevard Dorchester, en 1979.

Après avoir occupé les bureaux vacants de Gilles Tremblay et associés, Luc Beauregard signa une entente semblable, cette fois chez les avocats à qui il avait confié les mandats juridiques de l'entreprise. Le cabinet Pouliot, Mercure, LeBel et Prud'homme avait ses bureaux dans l'édifice CIBC situé à l'angle de l'avenue Peel et du boulevard Dorchester (aujourd'hui appelé René-Lévesque du nom de l'ancien premier ministre du Québec). Luc Beauregard y avait un ami, Serge Desrochers, qui lui avait trouvé un petit emploi d'été comme clerc alors qu'il était aux études. Luc Beauregard et ses associés y restèrent à peine un an, jusqu'à ce qu'à nouveau, le besoin d'agrandir se fasse sentir. Cette fois, c'était une étape importante parce qu'il s'agissait d'un vrai bail de location d'espaces, qu'en tant que président, Luc Beauregard signait pour la première fois, au nom du cabinet. Le lieu choisi était dans l'ancien édifice de la Northern Electric, devenue Northern Telecom, un édifice de classe B sis un peu plus à l'ouest de la ville, à l'angle de la rue Guy et du boulevard Dorchester. Le cabinet y resta neuf ans, soit de 1979 à 1988, en occupant de plus en plus de pieds carrés dont le prix demeurait abordable à cause de l'éloignement relatif de l'édifice par rapport au cœur du centre-ville.

Le nouvel associé, Robert McCoy, ne tarda pas à faire profiter son nouveau bureau des contacts qu'il avait gardés avec certains fonctionnaires du gouvernement fédéral. C'est ainsi que le cabinet reçut de nombreux mandats, notamment ceux reliés aux lancements successifs des travaux de construction de l'important complexe Guy-Favreau, à Montréal. Les trois révisions majeures apportées aux plans de construction à la suite de consultations publiques nécessitèrent en effet de procéder chaque fois à de nouvelles cérémonies de « premières » pelletées de terre en présence du ministre et, parfois, du premier ministre du Canada… L'édifice fut finalement inauguré en 1984, et c'est Beauregard Hutchinson McCoy et associés qui fut chargé, une fois de plus, de l'organisation de l'important événement.

L'équipe constituée autour de Luc Beauregard fonctionnait en synergie, tout en laissant à chaque associé la latitude nécessaire pour mener ses propres dossiers à sa guise. Pour Luc Beauregard, il s'agissait de professionnels. Il les avait choisis et acceptés en toute connaissance de cause, en fonction de leurs compétences complémentaires, de leur éthique professionnelle, de leur intégrité et de leur désir de participer à la croissance du groupe. Bien sûr, il portait le titre de président, et s'occupait des aspects reliés à la gestion et à l'administration du cabinet, mais il considérait ses associés comme ses égaux, et c'est pourquoi il avait voulu qu'ils participent à égalité dans l'actionnariat, à même hauteur que lui, ni plus ni moins. L'esprit était donc à la coopération, car tous avaient à cœur de contribuer en temps et en énergie à leur cabinet dont ils se sentaient parties prenantes. Ce n'est que beaucoup plus tard, lorsque la croissance des activités du cabinet l'exigera, que la structure de la propriété sera modifiée. Nous y reviendrons.

Le quatrième associé à se joindre au petit cabinet fut Michel Capistran. Ce qui avait séduit Luc Beauregard, c'était qu'en tant que recherchiste à la radio de Radio-Canada, Michel Capistran apportait une expertise en médias électroniques, en radio et en télévision qui complétait celle qu'il avait lui-même en journalisme écrit. À la suite d'une crise politique majeure que Luc Beauregard contribua à résoudre, il y délégua Michel Capistran pour conseiller le maire de Laval, Claude U. Lefebvre. Il y travaillera plusieurs années.

Le succès était maintenant au rendez-vous pour le cabinet Beauregard Hutchinson McCoy Capistran et associés. Luc Beauregard se sentait maintenant bien en selle à la tête de son cabinet d'associés qu'il concevait comme une entreprise de professionnels au service d'une clientèle d'affaires. Ses expériences antérieures en journalisme, en affaires publiques et à la direction d'un grand quotidien lui donnaient un regard particulier sur les enjeux, les problèmes et les crises de communication que lui soumettaient ses clients.

Son approche résolument professionnelle donnait le ton à ses associés qui, sans la nommer explicitement, construisaient une « culture d'entreprise » qui deviendra la marque de commerce de NATIONAL, fondée sur les principes de fonctionnement, le style ouvert et les valeurs prônées par son président-fondateur. En prime, lorsque Luc Beauregard s'adressait à des chefs d'entreprise faisant face à des crises, il comprenait viscéralement ce qu'ils éprouvaient, en ayant vécues lui-même de tous ordres. Il pouvait les conseiller en connaissance de cause, avec une crédibilité, un calme et un jugement sûr qui inspiraient confiance et apaisaient.

Il fut plus difficile pour Luc Beauregard de convaincre son prochain associé de se joindre à son cabinet. Il entreprit les premières démarches alors que Daniel Lamarre, puisqu'il s'agit de lui, venait de fonder le bureau montréalais d'un cabinet international de relations publiques, Burson-Marsteller (B-M) de New York, qui était implanté à travers le monde et qui avait un grand bureau à Toronto. B-M était elle-même propriété de la grande agence de publicité Young & Rubicam (Y&R), présente dans toutes les grandes capitales du monde. Daniel Lamarre n'était pas réceptif à l'appel du pied de Luc Beauregard, car il escomptait que l'important réseau, auquel son bureau était rattaché, lui permettrait de faire rapidement une carrière d'envergure internationale, une ambition dont il ne se cachait pas. Il envisageait de travailler un jour à New York, où avait été fondée Young & Rubicam en 1923, ou à Londres.

Après une course d'obstacles qu'il a chaque fois franchis avec brio, Daniel Lamarre a réalisé son rêve de rayonnement mondial, puisqu'il est aujourd'hui président et chef de la direction du Cirque du Soleil, une entreprise de divertissement qui présente des spectacles partout sur la planète Terre. Mais avant d'en arriver là, il a fait un passage remarqué de treize ans chez NATIONAL, où il est finalement entré, en 1984, et où il a réalisé des mandats de communication spectaculaires, qui hantent toujours le cœur des Montréalais, et que nous évoquerons plus loin[5].

---

[5]   Voir le chapitre 15.

Né à Grand-Mère en 1953, Daniel Lamarre se distingua dès l'école primaire par ses performances sportives, particulièrement au hockey et en athlétisme. À l'adolescence, malgré ses talents d'athlète, il dut renoncer à la carrière dont il rêvait dans la Ligue nationale de hockey à cause de sa petite taille. C'est par défaut qu'il s'orienta en communication et qu'il s'inscrivit à l'Université d'Ottawa. Il débuta dans sa ville natale, Grand-Mère, comme journaliste, ce qui le mena à Trois-Rivières où il fut engagé comme chef de pupitre du journal *Le Nouvelliste*. Délaissant le journalisme, il entra comme directeur des communications au Groupe Cogeco qui avait alors son siège principal dans la capitale mauricienne des pâtes et papiers. En 1977, on le retrouve à Montréal comme directeur de comptes à l'agence de publicité Cockfield Brown, qu'il quitte peu de temps après pour fonder le bureau montréalais de Burson-Marsteller, une firme internationale de relations publiques, filiale, comme on l'a dit, du puissant groupe Young & Rubicam.

En bon stratège, Luc Beauregard a toujours eu pour habitude d'observer ses concurrents, un réflexe qu'il avait aiguisé lors de son passage au *Montréal-Matin*, alors qu'il devait constamment contrer les attaques de Pierre Péladeau et de son *Journal de Montréal*. En relations publiques à Montréal au début des années 1980, il y avait quelques joueurs « locaux », de la même importance que son concurrent immédiat, Beauregard Landry Nantel, mais on comptait aussi un certain nombre d'antennes de firmes torontoises et américaines de relations publiques. Burson-Marsteller était de celles-là. Il avait remarqué le talent de Daniel Lamarre à la tête du bureau montréalais de Burson-Marsteller, et il se fixa comme objectif de recruter cette étoile montante comme associé, le plus vite possible, avant qu'il ne devienne un concurrent plus menaçant.

Collection privée.

Luc Beauregard lors d'un congrès de relations publiques, au cours des années 1980.

Pour convaincre le directeur du bureau local de Burson-Marsteller, Luc Beauregard lui joua la carte de l'autonomie, mais ce fut peine perdue. Daniel Lamarre ne mordit pas à l'hameçon. L'avantage d'être associé-propriétaire d'un cabinet montréalais, plutôt que simple gestionnaire d'une entreprise de plus grande dimension, ne le convainquit pas. Il avait toujours en tête de pouvoir faire un jour une carrière internationale, et la carte du réseau de Young & Rubicam lui paraissait prometteuse.

Luc Beauregard, qui lâche rarement sa proie, décida de s'y prendre autrement. Il laissa des mois passer, puis il demanda à Michel Pauzé, un chasseur de têtes spécialisé en publicité, de faire en son nom une nouvelle tentative auprès de celui dont il espérait de plus en plus pouvoir ajouter le nom sur sa propre enseigne en bronze. Un an après la première approche de Luc Beauregard, c'était chose faite. Grâce à Michel Pauzé, un consultant qui avait la confiance de Daniel Lamarre et qui sut utiliser les bons arguments à titre de tierce personne plus objective, et sans doute pour quelque autre raison interne à Burson-Marsteller que nous ignorons, Daniel Lamarre changea finalement d'avis. Il accepta de quitter son employeur américain et de devenir associé du cabinet qui s'appellerait désormais Beauregard Hutchinson McCoy Capistran Lamarre et associés inc.

Luc Beauregard avait maintenant toutes ses cartes en main pour atteindre son objectif: devenir le plus gros cabinet de relations publiques au Québec d'ici quelques années. Or, en moins de temps qu'il ne le croyait, il y arriva. C'était chose faite dès 1984, huit ans après la fondation de la firme. En 1988, il commençait à voir vraiment grand pour le cabinet qu'il avait fondé seul, douze ans plus tôt. Il repéra un emplacement plus vaste, rue McGill College, un édifice de classe A, situé cette fois au cœur du nouveau quartier des affaires de Montréal. Le cabinet y aménagea quelques mois après. Il y demeura 23 ans, avant de décider au début de 2012 de déménager dans l'édifice Sun Life.

Il procéda ensuite à une fusion avec le petit cabinet Consultants PS, dont le président était Jean-Claude Tremblay, ce qui ajoutait d'un coup, en plus du nouvel associé, six employés. PS, autrefois Publicité Service, avait été un cabinet important, comptant principalement Alcan comme client et offrant des services de traduction aux grandes entreprises de Montréal. Le père de Pierre Boivin, ex-président du Canadien, en fut un des dirigeants. Le cabinet se nomma donc brièvement Beauregard Hutchinson McCoy Capistran Lamarre Tremblay et associés inc. (BHMCLT).

Consultants PS apportait un important mandat de la société Alcan, dont Jean-Claude Tremblay, un natif du Saguenay, était responsable. Ce fut un apport important, mais moins d'un an après la fusion, il ne restait de l'entreprise fusionnée qu'un des six employés parachutés, ainsi que Jean-Claude Tremblay, qui quitta éventuellement le cabinet et la profession pour ouvrir une auberge dans les Cantons-de-l'Est. L'expérience procura à Luc Beauregard des leçons sur les fusions comme moyen de croissance organisationnelle. Des employés de petites firmes ont parfois du mal à se retrouver dans une grande équipe forcément plus disciplinée, avec des conseillers comptant des secteurs de spécialités plus pointues.

En revanche, des mandats de plus en plus nombreux et importants ne cessaient d'entrer. Daniel Lamarre était particulièrement actif et ses efforts portaient leurs fruits au-delà de toutes les prévisions de Luc Beauregard. Son dynamisme, son goût pour les relations publiques marketing et son ambition à contribuer au succès du cabinet ne se démentaient pas. Luc Beauregard se félicitait d'avoir persévéré dans ses efforts pour le recruter. En 1987, Luc Beauregard le nomma premier vice-président, ce qui témoignait non seulement de la reconnaissance tangible de sa contribution à la situation financière et à la notoriété du cabinet, mais le geste trahissait les hautes visées que Luc Beauregard caressait pour l'avenir de celui qui était devenu son protégé. Il le voyait comme son successeur éventuel et l'exposait à des responsabilités de plus en plus grandes en prévision du jour encore lointain où il lui laisserait sa place à la tête du cabinet.

Certains mandats, notamment celui de la société Molson, que Daniel Lamarre était allé chercher grâce à des contacts personnels, comportaient l'obligation d'avoir des conseillers affiliés à Toronto. BHMCLT avait une entente de collaboration réciproque avec un cabinet de Toronto, mais l'arrangement se révélait peu satisfaisant. Daniel Lamarre s'en plaignait et était impatient que le cabinet ait sa propre présence à Toronto. Il devenait en effet pressant d'attaquer sérieusement ce marché prometteur en y ouvrant carrément un bureau. Auquel cas, qui nommer pour le diriger ? Un Montréalais ? Un Torontois ? Avec quelle structure de fonctionnement par rapport à Montréal ? Dans combien de temps le bureau de Toronto pourrait-il être efficace ?

Le vrai coup de pouce pour l'ouverture d'un bureau à Toronto vint de Molson. Vice-président relations publiques de la brasserie, Charles Fremes contrôlait son environnement à Toronto, mais il avait utilisé Daniel Lamarre et BHMCLT pour l'aider dans le marché de Montréal. Heureux de cette collaboration, il était prêt à utiliser cette firme à Toronto.

Quelle structure de fonctionnement adopter ? Qui nommer en charge de cette importante tête de pont ? Et surtout, sous quel nom annoncerait-on l'ouverture d'un satellite torontois de « Beauregard Hutchinson McCoy Capistran Lamarre Tremblay et associés inc. » ? Les clients éventuels de la Ville reine seraient-ils capables d'égrainer cette litanie de noms majoritairement francophones, sauf pour deux à consonance irlandaise, et ce, sans grincer des dents ? La réceptionniste de Montréal avait reçu la permission de répondre Beauregard et associés, mais même là, cela ne sonnait pas très Toronto, même si Luc Beauregard y était connu de la profession, ayant été président de la Société canadienne des relations publiques en 1984.

Luc Beauregard arrivait à un point tournant pour son entreprise et pour lui-même. Le temps des ambitions modestes de survie était révolu. Les succès que le cabinet obtenait auprès de sa clientèle croissante le confortaient dans sa capacité de réussir dans la voie qu'il avait choisie, hors du journalisme. Il était prêt à amener son entreprise de communication au-delà de Montréal, à Toronto pour commencer. Après on verra.

Rendu à ce stade de croissance, et pour la suite des choses, il fallait trouver une appellation qui refléterait l'envergure nationale visée dorénavant, mais un nom qui soit stratégiquement acceptable à la fois aux anglophones de Toronto et aux francophones du Québec. La chose méritait réflexion, car le nouveau nom constituerait le « drapeau » sous lequel rassembler les forces vives d'un cabinet qui s'élançait avec enthousiasme à l'assaut de nouveaux marchés. Il se promit d'en parler à Daniel Lamarre à la première occasion, mais déjà, il avait sa petite idée en tête, car il a la passion des noms.

CHAPITRE 10

LE RÊVE REVISITÉ

L'avion les ramenait à Montréal. Par le hublot, ils devinaient derrière eux la silhouette oblique de la Ville reine qui penchait vers le soir. Ils s'entendaient sur une chose : il fallait trouver un nom, pour le bureau torontois, qui sonne bien. En cette fin d'après-midi de 1984, Luc Beauregard et Daniel Lamarre venaient de quitter Ed Gould, le nouveau directeur du bureau qu'ils s'apprêtaient à ouvrir, rue Berkeley, dans un immeuble patrimonial fraîchement rénové.

Par égard pour son collègue, Luc Beauregard se tourna vers Daniel Lamarre pour lui demander son avis, mais en réalité, sa décision était prise. Pour le bureau torontois, lui expliqua-t-il de sa voix serrée, il songeait à un mot simple, qui correspondait exactement aux nouvelles visées qu'ils avaient pour la suite des choses. Il avait vérifié dans les listes des firmes canadiennes et américaines, et n'avait vu aucune d'elles utilisant un nom pourtant très simple. Il lâcha le mot : NATIONAL. Il attendit quelques secondes, puis reprit : NATIONAL Public Relations. Qu'en pensait-il ? Sans surprise, Daniel Lamarre accueillit l'idée avec enthousiasme, car pour lui aussi, l'appellation correspondait tout à fait à l'objectif dont les associés s'entretenaient de plus en plus souvent entre eux, à savoir devenir une firme nationale, et qui plus est, la première firme nationale établie à Montréal.

Cette perspective d'envergure enthousiasmait l'ancien transfuge du cabinet international Burson-Marstreller. Maintenant que le cabinet de relations publiques était devenu le plus important au Québec, Toronto devenait l'étape obligée.

En accord avec les autres associés de Montréal rencontrés quelques jours plus tard, il fut établi que pour des raisons linguistiques incontournables, à Toronto, le nom désignant le cabinet serait donc NATIONAL Public Relations, tandis qu'à Montréal, on conserverait la brochette complète de noms, en ajoutant simplement en exergue, sur le papier à lettres et les cartes d'affaires, la mention « Relations publiques nationales ».

Au fil des mois, Luc Beauregard finit par se faire à l'idée de sabrer, pour Montréal aussi, l'encombrante litanie. Les collègues de Toronto estimaient qu'en maintenant une double identité, le cabinet ne profitait pas pleinement de la charge véhiculée par le nouveau nom NATIONAL. Luc Beauregard se rendit à leurs arguments, lesquels tombaient, faut-il le dire, en terreau fertile. Certes, le changement de nom avait été en quelque sorte

Luc Beauregard posant fièrement devant la première enseigne de NATIONAL, en 1988.

Collection privée.

provoqué par l'ouverture du bureau de Toronto, mais à l'usage, l'idée de rassembler sous une appellation mobilisatrice les effectifs de deux importants pôles canadiens présentait des avantages indéniables.

Le problème était qu'en anglais, l'adjectif NATIONAL est invariable, alors qu'en français, le même mot, apposé à « relations publiques », devient un adjectif à accorder au féminin pluriel. Pour l'ancien journaliste pointilleux sur la langue française, il était impensable de laisser passer « Relations publiques NATIONAL ». Une solution aussi simple que facile jaillit : celle de recourir au mot masculin singulier « cabinet » et de l'apposer à la locution « de relations publiques ». La raison sociale serait désormais, pour Montréal et pour toutes les communications en français, « Le Cabinet de relations publiques NATIONAL », avec le mot *national* en romain haut de casse, comme en anglais. C'est ainsi que par ricochet, pour des raisons linguistiques devenues stratégiques, le bureau de Toronto donna son nom au cabinet montréalais qui l'avait fait naître. L'objectif était que le nom NATIONAL tout court l'emporte, dans les deux langues, et au niveau… national.

L'annonce officielle fut faite à la fin de l'année 1988. Les clients de Beauregard Hutchinson McCoy Capistran Lamarre Tremblay et associés apprirent alors qu'à compter du 1er janvier 1989, ils feraient affaire avec « Le Cabinet de relations publiques NATIONAL », dont on dévoila le nouveau logo conçu par Gilles Robert[1], un graphiste de renom que Luc Beauregard avait côtoyé à *La Presse*, créateur de beaucoup de logos connus comme celui de la Communauté urbaine de Montréal et de la Place des Arts. Gilles Robert avait fermé son bureau de graphisme du Vieux-Montréal pour travailler à temps plein pour NATIONAL.

---

[1] Considéré comme le père du graphisme québécois moderne, Gilles Robert est né à Montréal en 1929. Il obtient, en 1950, son diplôme de l'École des arts graphiques où il est marqué par les enseignements du maître typographe Arthur Gladu, du peintre Albert Dumouchel et du graphiste Roger Cabana. Après une brève carrière de pigiste, il entre à *La Presse* comme directeur artistique. En 1966, il fonde sa propre agence, Gilles Robert et associés. Il entre chez NATIONAL en 1988 comme directeur de l'atelier de graphisme. Très impliqué dans son milieu professionnel, il a enseigné notamment à l'Institut des arts graphiques et à l'École des arts appliqués et fut président de la Société des graphistes du Québec. Sa carrière a été ponctuée de nombreux prix dont, en 2004, le prix Carrière BRP Sam-Lapointe décerné par l'Institut de design Montréal (IDM) pour l'ensemble de sa carrière. Il est l'auteur de nombreux articles dans des revues spécialisées. Il est membre de l'Académie royale des arts du Canada et de l'American Institute of Graphic Arts. Voir Léo Guimont, « Prix Carrière BRP Sam-Lapointe – Établir une signature », *Le Devoir*, Cahier Science et technologie, 19 mai 2007.

Le nouveau logo présentait des barres entre chaque lettre du mot NATIONAL, évoquant les provinces et les fuseaux horaires du Canada. Une ère nouvelle débutait.

Luc Beauregard craignait la réaction du marché montréalais, mais il comprit rapidement qu'au lieu de nuire, la décision marquait concrètement une étape dans la croissance non seulement du cabinet lui-même, mais de ses relations personnelles avec les clients, lesquels concevaient maintenant que ce ne serait pas nécessairement Luc Beauregard qui s'occuperait personnellement de leurs dossiers. C'était comme s'ils prenaient soudainement acte que le regroupement des associés était devenu, en soi, une entité distincte de la somme de ses membres. Bien qu'il gardât un œil vigilant sur plusieurs des comptes entrants et sortants, Luc Beauregard se sentait en quelque sorte dédouané pour s'occuper davantage des questions de croissance, de représentation et d'administration.

La structure corporative du bureau de Toronto prit la forme d'une société en commandite dont tous les associés du bureau de Montréal, de même qu'Ed Gould, étaient les commanditaires et la compagnie du bureau de Toronto était la commanditée.

En effet, l'ouverture du bureau de Toronto amenait *ipso facto* une redéfinition des secteurs organisationnels et des lignes de responsabilités, alors que le nombre croissant des effectifs forçait un réaménagement de la formule de propriété : toutes les recrues torontoises et montréalaises ne pouvaient devenir automatiquement les associés égaux de l'époque des petits bureaux sous-loués. Comme il arrive souvent dans une PME en croissance, ce fut une occasion d'affaires, à saisir ou non, qui déclenchait, au niveau de la haute direction, une sortie de la zone de confort, et partant, une réflexion stratégique à plus ou moins long terme sur l'avenir d'une petite entreprise devenue moyenne.

Comment procéder ? Comment protéger les arrières en cas d'échec ? Quelle formule adopter ? Sur quel financement s'appuyer afin d'encourir un moindre risque ? Si l'expérience était concluante, comment absorber la croissance ? Du point de vue des ressources humaines, dimension fondamentale dans une entreprise de services professionnels, devrait-on énoncer et officialiser des politiques d'embauche ? De rétention du personnel ? Si oui, lesquelles ? Faudrait-il prévoir un cadre organisationnel dans l'éventualité où d'autres percées, ailleurs au Canada ou au Québec, nécessiteraient l'ouverture de bureaux satellites ? De quel modèle de développement s'inspirer sans risquer de tuer dans l'œuf d'autres implantations possibles ailleurs ? l'année prochaine peut-être ? dans deux ans ? à Ottawa ? à Québec ? à Calgary ? à Vancouver ? Il est bien connu qu'en affaires, on peut toujours rêver, mais à condition de s'y préparer soigneusement.

Pour Luc Beauregard, homme de réflexion et d'écriture, cette déstabilisation fut l'occasion d'une prise de conscience qui l'amena à entrevoir, à la faveur des succès indéniables que le cabinet connaissait, un avenir mieux défini pour l'entreprise qu'il avait mise sur pied seul, dix ans plus tôt, pour se donner un gagne-pain. Le rêve du bâtisseur, qu'il avait abandonné en 1976, en même temps que son titre de président et éditeur du *Montréal-Matin*, se redessinait sous une nouvelle forme. La chance lui était redonnée de saisir cette occasion d'affaires pour en faire le point d'appui stratégique d'une entreprise de communication qui se positionnerait dorénavant à l'échelle d'un pays, sous sa direction, à ses conditions, à sa manière. Sentant poindre à nouveau, en son for intérieur, le désir d'imprimer sa trace dans l'univers de la communication, au Canada, et ce, en n'ayant de comptes à rendre qu'à lui-même et à des associés choisis par lui-même, il prit pied dans ce rêve qu'il décida fermement de faire advenir. Désormais, il y consacrerait une énergie tenace, en suivant quotidiennement, étroitement et scrupuleusement chaque étape de sa réalisation. Un jour, se promit-il à lui-même, NATIONAL imposera le respect au Canada par son professionnalisme, son intégrité et sa forte culture d'entreprise.

Pour Toronto, Ed Gould avait trouvé grâce à ses yeux comme directeur du bureau parce qu'il avait été engagé sur la chaude recommandation de Daniel Lamarre, qui l'avait connu comme ancien collègue chez Burson-Marsteller. Les deux hommes avaient découvert alors qu'ils partageaient la même approche proactive dans les dossiers de relations publiques marketing et la même ambition pugnace de faire arriver les choses. Étant donné l'importance pour NATIONAL du compte de Molson à relayer hors Québec, le choix d'un spécialiste de la communication liée à des produits était un must pour Toronto. En outre, pour faciliter les relations futures avec le bureau de Montréal, il convenait que le directeur de Toronto ait un interlocuteur en qui il avait entièrement confiance, ce qui était le cas avec Daniel Lamarre. Ce choix s'est avéré le bon puisque Ed Gould est demeuré l'associé directeur de cet important bureau de NATIONAL pendant plus de vingt ans.

Pendant la première année d'existence du bureau de Toronto, le compte Molson, que Daniel Lamarre suivait de près depuis Montréal, représenta près de la moitié des revenus, mais rapidement, Ed Gould prit le relais du démarchage.

En plus de s'occuper des mandats d'Apple au Canada, Ed Gould fut amené à rédiger des discours pour John Sculley, alors président et chef de la direction d'Apple dont le siège est à Cupertino, en Californie. Il prenait souvent l'avion pour la célèbre Silicone Valley afin de recevoir un breffage et rédiger les discours sur place. La relation étroite qu'Ed Gould parvint à établir avec la société technologique américaine est à l'origine de la mise sur pied du groupe Technologies chez NATIONAL, qui est devenu pour un bon moment un secteur de pratique important.

Ed Gould récupéra éventuellement, d'un concurrent américain écarté, un mandat de l'important détaillant Walmart, qui avait connu des ratés avec l'ouverture de ses premiers établissements au Canada en diffusant au Québec des circulaires destinées au Nord-Est américain. Par la suite, Ed Gould a été pendant plusieurs années le porte-parole officiel de Walmart pour le Canada.

Un jour, le président de La Baie téléphona à Luc Beauregard pour lui demander de venir le rencontrer à son bureau, à Toronto. Il confia alors à Luc Beauregard qu'il en avait assez de lire les propos de ce Gould tous les jours dans le journal au nom de Walmart. Il demandait comment NATIONAL pouvait résoudre ce problème. Luc Beauregard dut lui annoncer que ce Ed Gould était l'associé directeur de NATIONAL à Toronto!

Pour augmenter ses effectifs, Ed Gould engagea rapidement David Weiner, issu lui aussi de la pépinière torontoise de Burson-Marsteller. Né au Québec et ayant étudié aux universités McGill et Western, le nouveau conseiller, parfaitement bilingue, avait une expertise en communication corporative et financière. Il s'occupa notamment de la société Whirlpool Canada, puis du compte de la compagnie d'assurances Sun Life qu'il représenta aussi bien au pays qu'à l'étranger, dans le cadre d'un important enjeu de la société dans le monde.

Titulaire d'un MBA, David Weiner est un penseur et un rédacteur de talent. Il exercera un leadership intellectuel non seulement au bureau de Toronto, mais dans tout le réseau de NATIONAL. Il s'intéresse au marché asiatique et a été invité à enseigner dans une grande école en

Chine. Au cours des années 2000, le gouvernement de l'Ontario a engagé trois fois NATIONAL et David Weiner pour collaborer aux missions du premier ministre en Chine et en Inde. David Weiner a pris sa retraite à la fin de 2011.

D'autres conseillers se sont joints à NATIONAL-Toronto dans d'autres secteurs. Il y eut d'abord une spécialiste des relations publiques marketing, Lina Ko, appelée pour faire équipe avec Ed Gould, puis deux conseillers experts de la communication dans la pharmaceutique et la santé, Colin Buchanan et John Crean. Comme Ed Gould, David Weiner et Daniel Lamarre, Lina Ko venait elle aussi de Burson-Marsteller, où elle avait travaillé auparavant au bureau de Hong-Kong, sa ville d'origine, puis à New York.

Quant à Colin Buchanan et John Crean, ils avaient quitté un concurrent pour pouvoir constituer un groupe de pratique distinct chez NATIONAL dans leur domaine de prédilection. Avec la bénédiction de Luc Beauregard, qui leur laissait les coudées franches, ils se choisirent un *branding* et adoptèrent, au sein du cabinet, le nom qu'il leur suggérait : NATIONAL *PharmaCom*. De concert avec leur vis-à-vis de NATIONAL *PharmaCom* à Montréal, dirigé par Robert McCoy, associé principal de la première heure, ce groupe de pratique a rapidement occupé une place importante dans les revenus du cabinet. Colin Buchanan et Robert McCoy ne sont plus là, mais avec les bureaux des filiales à Londres et à New York, la pratique mondiale de NATIONAL dans le secteur de la santé représente aujourd'hui à elle seule plus du quart des revenus de l'entreprise, celle de l'énergie et des ressources naturelles, active en Alberta, en Colombie-Britannique et au Québec venant en deuxième, avec près de 20 %.

Le deuxième bureau à voir le jour hors Montréal fut celui de Québec, en 1987, peu de temps après l'ouverture de celui de Toronto. Pour NATIONAL, les choses se bousculaient et la conduite de dossiers importants, assortis d'enjeux publics, nécessitait une présence auprès des représentants des différents ministères du gouvernement du Québec. Sauf pour d'importantes compagnies d'assurances, le marché de la capitale est en effet dominé par les activités gouvernementales, et comporte indéniablement peu de sièges d'entreprises. Pour un cabinet de relations publiques, l'environnement économique cède le pas à l'importance stratégique de représenter les clients sur place.

Collection privée.

Daniel Lamarre, Claude Brochu et Luc Beauregard, en 1997.

Le succès à Québec prit plus de temps à arriver, mais il est aujourd'hui spectaculaire. Après des choix plus ou moins concluants, NATIONAL eut la main plus heureuse avec deux «codirecteurs»: François Houle et Marie-Claire Ouellet. Le premier avait été attaché de presse auprès de Bernard Landry, lorsqu'il était ministre, de Jean Charest, alors qu'il était ministre conservateur à Ottawa, et de Lucien Bouchard comme chef du Bloc québécois. La deuxième avait été attachée de presse du ministre libéral Marc-Yvan Côté à Québec avant de se faire avantageusement connaître du public comme nouvelliste et présentatrice pour une chaîne de télévision locale. La variété des expériences des deux codirecteurs indique que NATIONAL se tient loin de la partisanerie politique, ses seuls critères d'embauche reposant sur la compétence et l'adhésion aux valeurs de NATIONAL, notamment l'intégrité, le respect et l'esprit d'équipe[2].

Aujourd'hui, le bureau NATIONAL-Québec, maintenant dirigé par Luc Ouellet[3], connaît beaucoup de succès, représentant un grand nombre d'entreprises ayant des enjeux avec le gouvernement de la province. Encore là, la priorité est à la compétence et non aux allégeances politiques. Un des conseillers principaux est Yvan Loubier, ex-député du Bloc québécois à Ottawa pendant plusieurs années au cours desquelles il a été critique financier de son parti. Un incident survenu à Québec au début des années 2000 permet toutefois d'illustrer la priorité absolue que

---

[2]   NATIONAL se dotera plus tard d'un code d'éthique et déterminera les valeurs qui «servent de balises et de lignes directrices pour [nous] guider dans le développement de notre Firme». La dernière mise à jour énonce les valeurs suivantes: la qualité, l'innovation, l'engagement, le respect, la collaboration, l'intégrité et la responsabilité. Nous y reviendrons plus en détail au chapitre 16.

[3]   Avant d'entrer à NATIONAL comme conseiller, Luc Ouellet travaillait pour Marcel Aubut à la Fondation des Nordiques où il s'est fait avantageusement connaître auprès de différents organismes de la ville de Québec. Il est aujourd'hui associé directeur du bureau de NATIONAL à Québec.

Luc Beauregard accorde à la crédibilité du cabinet et simultanément au maintien du moral de ses troupes, non seulement au niveau local, mais dans ses répercussions sur l'ensemble des bureaux de NATIONAL.

Le 17 décembre 2002, à quelques jours de Noël, le Service de police de la Ville de Québec procédait à l'arrestation de neuf individus soupçonnés de diriger un réseau de prostitution juvénile. Dans la même « Opération Scorpion » furent appréhendés onze clients parmi lesquels on comptait des figures connues de la capitale, notamment un populaire animateur radiophonique, qu'on accusait de pédophilie. Celui-ci subira l'année suivante un retentissant procès qu'on avait déplacé à Montréal pour éviter les assauts de parents et sympathisants des victimes en colère. En mai 2003, l'Opération Scorpion se soldait par le démantèlement de la gang de rue « Wolf Pack » qui dirigeait le réseau vendant les services sexuels de jeunes filles âgées de 14 à 17 ans. Parmi les onze individus accusés de pédophilie se trouvait François Houle, le directeur de NATIONAL à Québec. Or, il était aussi président bénévole du conseil d'administration de l'édition 2003 du Festival d'été de Québec, un événement très important pour les habitants de la capitale.

Luc Beauregard apprit la nouvelle de son arrestation par téléphone. Alors qu'il était en réunion à Montréal, il vit le nom de FRANÇOIS HOULE sur l'écran de son cellulaire. Il décrocha. Celui-ci alla droit au but : il y avait urgence pour NATIONAL. Il lui expliqua rapidement que le soir même, il devait se rendre au poste de police dans le cadre de l'opération Scorpion parce qu'il venait d'être arrêté, soupçonné d'avoir eu une relation sexuelle avec une mineure.

Luc Beauregard dut réagir rapidement. Il demeura calme et enjoignit l'associé directeur d'en faire autant. La première chose à faire était de retenir les services d'un bon avocat criminaliste, ce qui était déjà fait. Il s'occuperait de son côté de prévenir les dommages à l'interne. Mais la nouvelle le rattrapa. À peine quelques minutes après qu'il eut raccroché, on l'informa que Jean Lapierre, l'animateur à la chaîne de télévision TQS, lui demandait de participer à son émission du soir, en direct, pour commenter l'arrestation de son associé directeur du bureau de Québec.

C'était un pensez-y bien, mais en accord avec ses associés principaux, Luc Beauregard réagit sur le coup : il accepta l'invitation. Il s'attendait à ce que l'attitude de Jean Lapierre, au cours de l'émission, soit relativement agressive. Le président de NATIONAL avait devant lui un échotier combatif à l'affût de révélations spectaculaires, et qui plus est, qui s'était fait un nom comme intervieweur insistant et curieux. Luc Beauregard était sur ses gardes, d'autant plus qu'à l'époque, tout en étant animateur d'émissions d'affaires publiques, Jean Lapierre agissait comme conseiller auprès de certaines entreprises. Pendant trois ans à CKAC, avec son coanimateur Jean Cournoyer, Jean Lapierre n'avait cessé d'attaquer NATIONAL. Luc Beauregard laissait porter, pensant que l'heure de diffusion de Lapierre – Cournoyer, le midi, n'avait pas réellement d'impact sur l'opinion publique.

Ces considérations n'empêchèrent pas Luc Beauregard de monter au front médiatique pour défendre son conseiller et par ricochet, le nom de NATIONAL. Son but était d'abord de dédramatiser l'événement du point de vue du cabinet, qui ne devait pas avoir l'air de se cacher face à l'adversité. Jean Lapierre ne pourrait pas dire que Luc Beauregard se défilait. Le feu roulant des questions de l'intervieweur était entrecoupé de séquences où l'on voyait François Houle sortir du palais de justice, avec comme sous-titre : *Directeur de NATIONAL à Québec.* Toujours imperturbable, Luc Beauregard répondait calmement, une question à la fois. Il convenait que le fait qu'un tel événement survienne dans la vie d'un individu est toujours dommage, que lui-même s'en trouvait profondément attristé, mais que François Houle était un excellent conseiller, parmi les plus compétents que NATIONAL ait recrutés. Jusqu'à preuve du contraire, soutenait-il, il fallait respecter la présomption d'innocence qui est en vigueur dans le système judiciaire canadien, et après, on verrait.

Cette attitude désarçonna Jean Lapierre qui orienta la discussion sur ce sujet plus général. Comment un individu faussement accusé et traîné dans la boue d'avance peut-il s'en sortir par la suite ? Luc Beauregard renchérissait dans ce sens. Quelle est la responsabilité des journalistes dans de tels cas ? Quels sont les enjeux pour le milieu juridique ? Et autres… L'entrevue se termina sur une poignée de main.

Dans les médias, les choses en restèrent donc là pour NATIONAL, car lorsqu'on y citait François Houle, on le présentait non plus comme un conseiller de NATIONAL, mais comme le président du Festival d'été de Québec. En revanche, à l'interne, Luc Beauregard ne laissa pas l'affaire demeurer lettre morte. Immédiatement après avoir reçu l'appel d'urgence de François Houle, il avait fait le nécessaire pour avertir ses troupes de ce qui se passait à Québec afin d'éviter que les employés ne soient pris de court en l'apprenant de la bouche de tierces personnes. Dès l'après-midi, une note de service fut envoyée et le lendemain matin, la vidéo de l'entrevue de Luc Beauregard avec Jean Lapierre à TQS fut diffusée aux employés de Montréal et de Québec.

Tôt le lendemain matin toujours, une conférence téléphonique d'urgence fut organisée afin de discuter de la parution d'un article sur l'affaire dans le *Globe and Mail*, livré le matin même au domicile de Luc Beauregard, qui est un abonné, et au bureau de Montréal. On y voyait une grande photo de François Houle, identifié comme « *A NATIONAL PUBLIC RELATIONS manager from Quebec* ». Le journaliste faisait état de son arrestation et de la nature des accusations dans le cadre de l'Opération Scorpion. Aucun détail ne manquait, y compris le nom de NATIONAL, répété en toutes lettres dans l'article.

Luc Beauregard s'adressa en premier lieu à Ed Gould pour connaître sa réaction à l'article. Ce dernier était interloqué. De quoi parlait son patron ? Bien qu'il ait lu le *Globe and Mail* du matin d'un couvert à l'autre, selon sa bonne habitude, il n'y avait rien vu de cette affaire concernant NATIONAL-Québec. On se rendit compte alors que l'édition de Toronto n'était pas tout à fait la même que celle qui était destinée à la « région » de l'est du Canada, dont la frontière s'arrêtait aux limites ouest du Grand Ottawa. On en conclut que Toronto n'était pas touchée par la déferlante et que l'affaire mourrait de sa belle mort dans le feu roulant des nouvelles du lendemain. Luc Beauregard, qui avait été responsable de l'édition provinciale de *La Presse* dans sa vie antérieure de journaliste, fut ravi de constater que la nouvelle n'avait pas circulé à l'ouest d'Ottawa et n'avait donc pas touché les bureaux de Toronto, Calgary et Vancouver.

François Houle fut acquitté des accusations de pédophilie le 3 juin 2004 après trois semaines de procès devant jury et trois jours de délibération. Il était le premier des présumés clients à être blanchis dans cette scabreuse affaire. Après avoir salué de la tête les jurés qui l'avaient acquitté, il quitta aussitôt le palais de justice de Montréal sans s'occuper des journalistes qui se pressaient sur son passage. Pour Luc Beauregard, l'incident était clos, mais dans sa gestion ouverte de la crise, il avait démontré à tous les employés et associés de NATIONAL qu'il était prêt à monter au créneau pour les défendre, visière levée, quelles que soient les circonstances et la gravité de l'affaire. Par ailleurs, en pensant d'abord aux communications internes avant de se préoccuper des effets sur la clientèle, il leur avait aussi prouvé, que même dans le feu de l'action, ils représentaient sa priorité, à même hauteur que la réputation et la crédibilité du cabinet.

Après Toronto et Québec, Ottawa devint, en 1988, avant Calgary et Vancouver, le prochain lieu d'implantation de NATIONAL. C'est là que Luc Beauregard rencontra son futur associé, un dénommé Luc Lavoie, dont le passage chez NATIONAL sera lui aussi remarqué, mais pour des raisons d'une tout autre nature.

CHAPITRE 11

LUC LAVOIE :
« *A DEAL IS A DEAL !* »

Roger D. Landry était débordant d'enthousiasme. À l'entendre, il fallait absolument que Luc Beauregard rencontre ce jeune homme qui lui avait fait
une excellente impression lors de son passage à l'Exposition universelle de Séville où il avait passé une partie de ses dernières vacances.
Il insistait. Quelle bonne affaire ce pourrait être pour NATIONAL !
Roger D. Landry, qui n'avait jamais cessé de s'intéresser aux activités
professionnelles de Luc Beauregard, ni d'ailleurs à la croissance de

NATIONAL, voyait dans le commissaire canadien à Séville un associé potentiel, ou du moins un conseiller brillant, qui pourrait apporter une forte contribution au bureau d'Ottawa. Son nom était Luc Lavoie.

Luc Beauregard avait déjà entendu parler de ce natif de Rimouski qui avait débuté comme journaliste en 1976 à titre de correspondant à Ottawa pour la Presse canadienne d'abord, puis pour le réseau télévisuel TVA. Doté d'une personnalité forte et d'une voix grasse et grave, Luc Lavoie s'était fait remarquer par ses interventions insistantes dans les audiences publiques, les conférences de presse et les *scrums* de journalistes assaillant les députés et ministres à leur sortie de la Chambre des communes. Son audace et sa compétence avaient été reconnues par ses pairs journalistes, puisqu'ils l'avaient élu à deux reprises président de la tribune de la presse parlementaire nationale. Très à l'aise en français, en anglais et en espagnol, il avait collaboré comme pigiste dans de nombreux médias d'information canadiens et états-uniens, comme *L'actualité*, CTV, Global et CNN. Luc Beauregard ne fut pas difficile à convaincre, car il avait suivi de loin la carrière que Luc Lavoie avait entreprise par la suite dans les milieux politiques de la capitale.

Après l'élection générale de 1984, Luc Lavoie s'était en effet éloigné temporairement, croyait-il, du journalisme en acceptant le poste de directeur de cabinet du ministre de l'Énergie, des Mines et des Ressources dans le gouvernement progressiste-conservateur. Il accéda ensuite au poste de directeur adjoint du cabinet de Brian Mulroney, qu'il apprit à connaître de plus près. Il eut alors l'occasion d'accompagner des délégations canadiennes à l'étranger à plusieurs reprises. Lorsque le premier ministre recruta son ami et confrère de classe Lucien Bouchard comme candidat de son parti dans le comté de Lac-Saint-Jean pour le scrutin de 1988, il demanda à Luc Lavoie de lui donner un coup de main. Une fois élu, Lucien Bouchard demanda à Luc Lavoie de devenir son chef de cabinet lorsqu'il fut nommé secrétaire d'État, puis ministre de l'Environnement.

En mai 1990, coup de théâtre à Ottawa. Lucien Bouchard démissionne à la fois de son poste de ministre de l'Environnement et du Parti progressiste-conservateur pour protester contre l'échec de l'Accord du lac Meech[1]. Il siégera comme député indépendant pendant un an,

---

[1] L'Accord du lac Meech était un projet de réforme constitutionnelle proposé par le gouvernement Mulroney. Il visait à convaincre le Québec de signer la Loi constitutionnelle de 1982 qui avait été adoptée, à l'insu du Québec, dans le cadre du rapatriement de la Constitution de 1867 par le gouvernement Trudeau. Conclu entre les

avant de devenir chef du Bloc québécois, un nouveau parti fédéral qui rassemblait des députés nationalistes du Québec partageant son point de vue. Ces gestes furent perçus par Brian Mulroney comme autant de trahisons personnelles de la part de celui en qui il avait mis toutes ses complaisances au point de l'avoir nommé ambassadeur du Canada à Paris, de 1985 à 1988[2].

Dans la foulée de ces événements, Luc Lavoie, qui était resté fidèle au premier ministre, fut nommé, en 1992, commissaire général du pavillon canadien à l'Exposition universelle de Séville, en Espagne, où son efficacité lui valut d'être nommé « Personnalité de la semaine » du journal *La Presse*. C'est dans cette ville espagnole que Roger D. Landry le rencontra. L'année suivante, lorsque le gouvernement conservateur fut défait par les libéraux dirigés par leur nouveau chef Jean Chrétien, Luc Lavoie devenait disponible. C'est alors qu'à la suggestion pressante de Roger D. Landry, Luc Beauregard saisit l'occasion de lui offrir de se joindre à NATIONAL comme directeur du bureau d'Ottawa.

En tant qu'ancien journaliste, Luc Lavoie éprouvait les mêmes réticences que celles qui avaient assailli Luc Beauregard, dix-sept ans plus tôt. Celui-ci pouvait donc comprendre ses hésitations et trouver en même temps les bons arguments pour le convaincre de ne pas retourner au journalisme, mais d'embrasser plutôt la profession de conseiller en relations publiques dont il lui vanta les mérites. Lui-même n'avait-il pas suivi un parcours semblable ?, lui confia-t-il : journaliste à *La Presse*,

---

premiers ministres de toutes les autres provinces et du Canada en 1987, l'accord comprenait cinq modifications constitutionnelles visant à répondre aux demandes minimales du Québec. Les modifications exigeaient la ratification unanime des 11 gouvernements du Canada (10 provinces et le fédéral) dans un délai de trois ans (1987-1990) pour entrer en vigueur. Toutes les législatures provinciales signèrent l'accord avant le délai prévu, sauf le Manitoba et Terre-Neuve, qui furent ainsi responsables de l'échec de l'accord.

[2] Aux élections suivantes de 1993, le Parti libéral dirigé par Jean Chrétien forma un gouvernement majoritaire, avec Lucien Bouchard comme chef de l'Opposition officielle, puisqu'il avait fait élire 54 députés souverainistes du Québec, soit deux sièges de plus que le Reform Party représenté majoritairement dans l'Ouest du pays. Pour le Parti progressiste-conservateur, dirigé par l'ancienne ministre de la Justice Kim Campbell, ce fut l'hécatombe puisqu'il ne fit élire que deux députés à travers le Canada, soit le candidat défait par Kim Campbell à la chefferie, Jean Charest, dans le comté de Sherbrooke, et Elsie Wayne, dans le comté néo-brunswickois de Saint-Jean. Au référendum de 1995, Lucien Bouchard quitta le Bloc québécois pour prendre la tête du clan du OUI qui battait de l'aile. Lorsque le premier ministre du Québec Jacques Parizeau démissionna avec fracas le soir du référendum où le NON avait obtenu 50,6 % des suffrages, Lucien Bouchard prit la relève. En janvier 1996, il devint officiellement président du Parti québécois et premier ministre. L'élection de novembre 1998 le confirma dans ses fonctions de chef d'un gouvernement majoritaire au Québec. Il démissionna de son poste de premier ministre et de chef du Parti québécois en 2001 pour retourner à la vie privée.

correspondant parlementaire à Ottawa, conseiller en matière de services d'information à Ottawa, attaché de presse d'un ministre à Québec, éditeur d'un quotidien montréalais, puis consultant en relations publiques.

Luc Beauregard lui fit valoir que les relations publiques offrent des défis intellectuels aussi stimulants, peu ou prou, que ceux du journalisme, à la différence près qu'il s'agit d'un travail autrement plus rémunérateur, auquel s'ajoute une dimension stratégique non négligeable. Se remémorant son passage graduel du journalisme aux relations publiques, Luc Beauregard aime comparer le secteur des communications à un match de hockey où les journalistes sont dans les estrades à décrire et commenter les stratégies, alors que les conseillers en relations publiques sont derrière le banc où ils conçoivent les stratégies et les traduisent en action avec leurs partenaires de jeu, leurs clients.

Généralement, Luc Beauregard préfère rester dans l'ombre et laisser le client représenter lui-même son entreprise. On ne peut être au téléjournal trois soirs de file représentant des clients différents dans des industries différentes, sans voir s'émousser sa crédibilité. Luc Beauregard était bien conscient que cette contrainte n'allait pas comme un gant à Luc Lavoie qui, à l'instar de Daniel Lamarre, ne craint manifestement pas l'aveuglement des projecteurs. Mais comme pour Daniel Lamarre, vedette à sa façon de NATIONAL, il se dit que le jeu en valait la chandelle, et que Luc Lavoie pourrait même s'en faire une spécialité au sein du cabinet où les compétences complémentaires de l'un et l'autre conseillers pourraient être propices à l'émulation.

Tout en étant conscient qu'il recrutait, pour le meilleur et pour le pire, un véritable pur-sang, capable de gagner des courses de haut niveau avec un panache qui risquait d'être trop ostentatoire à l'occasion, Luc Beauregard réussit à retenir les services de Luc Lavoie. Quelques mois plus tard, le nouveau venu prenait la tête du bureau de NATIONAL-Ottawa qu'il dirigera avec succès avec l'aide de John Wildgust, un conseiller de NATIONAL à Montréal qui avait demandé d'être muté à Ottawa où il avait été journaliste. John Wildgust œuvra plus tard dans l'Ouest du pays, notamment à Calgary et à Vancouver, avant d'être recruté comme directeur des communications de l'importante cigarettière JTI[3].

---

[3] Guy Côté, un autre ancien de NATIONAL, est actuellement vice-président, affaires publiques de la même entreprise. Après avoir été journaliste à Radio-Canada, il a été conseiller du premier ministre de l'Ontario David Peterson. À NATIONAL, il se spécialisa dans la formation de porte-parole avant d'être recruté par JTI. Depuis, il est en poste à Genève. Aujourd'hui, c'est Gary Arpin qui s'occupe de la formation de porte-parole de NATIONAL à Montréal.

L'ouverture du bureau d'Ottawa cinq ans plus tôt, soit en 1988, n'avait pas été le fruit d'une fusion, ni d'une entente de réciprocité, mais plutôt le résultat d'un échange de bons procédés. Luc Beauregard avait rencontré Jon Johnson, président de la firme de lobbyistes Government Policy Consultants (GPC) d'Ottawa la même année, dans la salle du conseil de Power Corporation, à l'occasion de la vente du Montréal Trust, filiale de Power Corporation, à la société Bell Canada Entreprises (BCE). Les deux consultants avaient été appelés à travailler sur cet important dossier sous des angles différents et s'étaient promis de garder le contact.

La nécessité se fit sentir d'assurer un relais assidu à Ottawa pour les clients du cabinet. NATIONAL avait recruté une employée pour servir d'antenne dans la capitale du pays, mais il fallait lui trouver un local. Luc Beauregard contacta Jon Johnson qui, de son côté, se rendait souvent à Toronto par affaires. Il lui fit une proposition pragmatique, à savoir que NATIONAL lui «prêterait» des locaux dans son bureau de Toronto, en échange de quoi GPC ferait de même à ses bureaux d'Ottawa pour NATIONAL. L'offre convenait aux deux parties, et Jon Johnson accepta d'emblée.

La première employée de NATIONAL sur place se nommait Margaret Pearcy. Après quelques mois d'activités de plus en plus intenses, elle céda la place à John Wildgust que Luc Beauregard avait engagé pour Montréal en tant que spécialiste des réseaux électroniques. Il avait été pendant quelques années le directeur des communications du Centre national de recherche, situé à Ottawa, et avait manifesté le désir de retourner dans la capitale fédérale. GPC et NATIONAL cohabitèrent quelque temps dans les mêmes locaux d'Ottawa et de Toronto, mais une croissance parallèle, quoique de nature différente, entraîna une séparation à l'amiable: Jon Johnson ouvrit son propre bureau à Toronto, tandis que NATIONAL s'implanta officiellement dans la capitale.

L'arrivée de Luc Lavoie pour diriger, à compter de 1993, le bureau d'Ottawa apporta d'importants mandats à NATIONAL, notamment celui de la Société des postes[4], celui de l'ensemble des communications de la Croix Rouge canadienne, au moment où la Société subissait la pire crise de son histoire, liée au sang contaminé, et celui, plus problématique, relié à l'important «projet SM-5», qui se solda en d'heureuses répercussions

---

[4]   Avec le concours de la filiale publicitaire pdg stratégie concept, NATIONAL proposa à la nouvelle Société le thème qui allait devenir son leitmotiv: «*In business to serve*».

marquantes pour l'ensemble de la population canadienne[5]. Une brève description des différentes composantes de ce dossier complexe permet de mieux comprendre en quoi consiste, pour un cabinet de communication, un mandat de gestion d'enjeux en affaires publiques, et comment NATIONAL l'aborde à sa façon.

Au Canada, les producteurs agricoles sont assujettis aux règles du système canadien de gestion des approvisionnements selon lequel la vente de produits effectuée par des fermiers doit être cautionnée par un office de commercialisation qui réglemente les quotas de productions. Le but est de répondre aux besoins des exploitants situés en aval dans le système agroalimentaire, soit l'industrie de la transformation, les épiceries et autres intervenants, et de viser en même temps la production d'aliments de haute qualité et une meilleure planification des activités pour les producteurs du pays. Comme résultat corollaire, le système entend protéger la souveraineté alimentaire canadienne contre l'envahissement de produits souvent non réglementés provenant de producteurs étrangers. Cette façon « canadienne » de procéder diffère de celle des États-Unis qui prônent le libre jeu du marché.

Avec l'Accord du libre-échange nord-américain, appelé aussi l'ALENA, signé en 1995, les Américains alléguèrent que le système canadien de gestion des approvisionnements allait à l'encontre de ce qui avait été négocié. Sans aller jusqu'à exiger son abolition, ils réclamaient le droit d'envahir le marché canadien sans avoir à subir l'imposition de tarifs à l'entrée, ce qui se traduirait, soutenaient-ils, en des prix à la baisse pour les consommateurs canadiens.

Le groupe SM-5 réunissait les cinq organismes agricoles suivants : les Producteurs laitiers du Canada, les Producteurs de poulet du Canada, l'Office canadien de commercialisation des œufs, l'Office canadien de commercialisation du dindon et l'Office canadien de commercialisation des œufs d'incubation de poulet à chair. En faisant appel à NATIONAL, SM-5 voulait faire valoir les points de vue de ses membres afin d'étayer la position du gouvernement canadien auprès d'un tribunal appelé Groupe spécial de règlement des différends de l'ALENA. Mis sur pied en regard des prétentions de représentants du gouvernement américain, à savoir que les tarifs appliqués sur les produits américains allaient à l'encontre d'un article de l'ALENA, le Groupe spécial devait entendre toutes les

[5] Source : *NATIONAL, 25 ans de pratique des relations publiques au Canada*, chapitre V, p. 182-190.

parties concernées, soit les représentants des deux gouvernements (américains et canadiens), les membres du groupe SM-5, de même que les représentants des producteurs de blé, d'orge et de margarine ainsi que des éleveurs de bœufs.

Du point de vue du groupe SM-5, client de NATIONAL, les enjeux allaient de la satisfaction des besoins spécifiques des consommateurs canadiens et du respect des façons de faire canadiennes, et ce, dans un secteur agroalimentaire névralgique, jusqu'à la survie des producteurs agricoles et donc la défense de la souveraineté alimentaire du Canada. Ils soutenaient que ces quatre acquis nationaux étaient fragilisés par l'offensive américaine. Une bataille s'annonçait sur deux terrains : celui de l'opinion publique canadienne, qu'il fallait rallier à la cause de SM-5, et celui de la sphère politique où devait être élaborée la position du gouvernement sur la question.

La représentation du Canada s'appuyait sur les accords négociés lors du cycle de l'Uruguay, en 1994, qui avait en quelque sorte pris le relais de l'Accord général sur les tarifs douaniers et le commerce, mieux connu sous son sigle anglais de GATT. Adopté en 1948, le GATT avait été une première tentative de réglementer le système commercial mondial. Au cours des décennies, les ententes avaient évolué à la faveur de plusieurs cycles de négociation, dont celui de l'Uruguay (appelé en anglais *Uruguay Round*) qui s'est déroulé de 1986 à 1994, et qui s'est conclu avec la signature de 125 pays, y compris le Canada et les États-Unis. Ce cycle de négociation a conduit, l'année suivante, à la création de l'Organisation mondiale du commerce (OMC), reconnue comme une organisation juridique internationale mettant en vigueur les ententes négociées entre pays lors du cycle de l'Uruguay. Or, les accords de l'OMC reconnaissaient le système canadien de gestion des approvisionnements.

Avec l'ALENA, particulièrement les articles portant sur les échanges entre le Canada et son voisin du sud, les États-Unis trouvèrent une possibilité d'attaquer le système de gestion des approvisionnements pour se soustraire aux tarifs établis lors du cycle de l'Uruguay et envahir le marché canadien sans être assujettis à l'OMC.

Luc Lavoie réunit une équipe composée de lui-même, de Gord Garner, spécialiste des échanges commerciaux, et de John Wildgust, dont on mit à contribution les talents de stratège en communication et de rédacteur hors pair. Le triumvirat élabora un plan d'action articulé autour de deux axes : 1) faire bon usage de faits peu connus et 2) procurer un appui au gouvernement fédéral. Dans un premier temps, il fallait faire prendre conscience des avantages méconnus du système de gestion des approvisionnements aux Canadiens qui tenaient pour acquis l'accès à des produits agroalimentaires de qualité à prix abordables. Quant au gouvernement, il était naturellement du côté des fermiers, mais il devait en même temps affronter de puissants lobbys américains et certains manufacturiers canadiens favorables à une ouverture des frontières entre les deux marchés. Le but ultime, pour NATIONAL, était d'aider le gouvernement canadien à élaborer une argumentation qui prenne en compte les points de vue du groupe SM-5 qu'il représentait.

Dans un premier temps, Luc Lavoie fit appel à l'équipe de recherche de NATIONAL, dirigée par Doris Juergens. Son travail consistait à analyser la couverture faite par les médias durant les dernières négociations du cycle de l'Uruguay et de la création de l'OMC, deux ensembles de mesures entérinés par les États-Unis. L'autre période visée par le groupe de recherche de NATIONAL couvrait la récente offensive commerciale des Américains au Canada, soit en février et mars 1995. NATIONAL voulait évaluer l'influence des médias sur l'opinion publique canadienne pendant ces deux périodes afin de moduler les futures campagnes de communication en conséquence.

Les résultats révélèrent que les médias avaient manifesté un intérêt pour les échanges commerciaux, mais qu'ils n'avaient relayé le point de vue des industries soumises au système canadien d'approvisionnement que dans 8 % des communications. Il fut également démontré qu'ils faisaient abondamment état des messages provenant du secteur de la restauration et de certains groupes de défense des consommateurs selon lesquels les produits soumis à la réglementation canadienne étaient plus coûteux.

D'autres recherches, menées sous forme de sondages d'opinion par Baromètre[6], alors une filiale de NATIONAL, donnèrent le pouls de l'opinion publique canadienne sur ces questions pendant la même fourchette de temps. L'équipe de Luc Lavoie avait en main les données nécessaires pour développer une stratégie de communication ciblée.

---

[6] Nous décrirons dans un chapitre ultérieur les circonstances de la fondation de Baromètre.

Il serait trop long de ventiler ici les vastes résultats de l'enquête de Baromètre. En gros, ils indiquèrent que la plupart des Canadiens croyaient les États-Unis moins équitables dans leur approche des enjeux commerciaux que le Canada, que l'industrie agricole contribue au sentiment d'appartenance au Canada, et ce, aussi bien en Ontario et au Québec que dans les Prairies, et qu'en majorité, les consommateurs jugent essentielle la souveraineté agricole, particulièrement pour les produits laitiers, la volaille et les œufs, étant prêts à payer davantage pour des aliments canadiens.

La compilation des données indiqua également que la perception des Canadiens était largement favorable aux fermiers, considérés comme des gens honnêtes, travailleurs et dignes de confiance. Autre donnée pertinente au dossier : une vaste majorité des Canadiens exprimèrent leur confiance dans le système d'inspection des aliments, alors qu'une faible majorité entretenait des réticences sur l'efficacité des organismes américains équivalents. Une analyse plus poussée révéla par ailleurs que l'argument le plus puissant en faveur du système d'approvisionnement canadien était la perte éventuelle d'emplois, tandis que le plus faible était la baisse potentielle des prix provenant d'une libéralisation des échanges commerciaux.

Concurremment à l'analyse médiatique et aux sondages d'opinion, l'équipe de Luc Lavoie procéda à des sessions de breffage avec les différentes associations du groupe SM-5 afin de dégager avec plus de précisions les préoccupations de ses membres. En amalgamant les résultats de ces trois formes d'enquête, il a été convenu que les plans de communication à élaborer devaient faire valoir les principales forces du système de gestion des approvisionnements en ciblant les gouvernements provinciaux et leurs ministres de l'Agriculture d'une part et, par l'entremise des médias, les consommateurs canadiens d'autre part. Une fois cette stratégie établie, l'étape suivante consistait à concevoir des messages appropriés qui seraient portés efficacement sur des tribunes pertinentes par des représentants de SM-5.

Dans le style incisif qu'on lui connaît, Luc Lavoie eut l'idée d'un slogan unificateur percutant, à brandir devant les adversaires pugnaces que le groupe SM-5 avait devant lui. Il suggéra une expression souvent utilisée par les Américains eux-mêmes dans les cas de litiges, soit «*A deal is a deal!*», un aphorisme que l'on serait tenté de traduire librement par l'expression suivante : « Un marché conclu est un marché conclu ! »

L'argument sous-jacent consistait à rappeler aux Américains leurs appuis antérieurs, en bonne et due forme, aux accords du cycle de l'Uruguay et à l'OMC. En exigeant de ne pas subir les équivalents de tarifs prévus dans l'ALENA en conformité avec les règles de l'OMC, qui reconnaissaient dans les faits le bien-fondé du système de gestion des approvisionnements canadien, ils trahissaient l'esprit d'un accord international, qu'ils avaient signé, et qui était placé sous la juridiction de l'Organisation mondiale du commerce, dont ils avaient entériné les prérogatives.

Pour étoffer l'argumentation, d'autres études approfondies sur les répercussions sociales et économiques d'un affaiblissement éventuel du système d'approvisionnement canadien furent confiées à des spécialistes recrutés au sein de SM-5, mais également auprès d'une firme d'analyse quantitative indépendante, afin de conférer plus de crédibilité aux résultats escomptés. Informetrica, une firme privée d'analyse et de compilation de données socioéconomiques, fournit à NATIONAL des preuves chiffrées indubitables qui confirmaient, noir sur blanc, la concordance entre les points de vue de SM-5 et les intérêts du gouvernement et des consommateurs canadiens.

Entre autres résultats, dans l'éventualité d'un affaiblissement du système canadien des approvisionnements, l'analyse statistique pointue des répercussions sur l'indice des prix à la consommation montra que les consommateurs ne bénéficieraient que d'une diminution de 1,30 $ sur des achats moyens de 100 $ pour l'achat des produits touchés. Quant à l'économie canadienne, elle subirait une perte de l'ordre de 27 000 emplois dans les secteurs de l'agriculture et de la transformation des aliments dans la première année suivant une victoire du point de vue défendu par les États-Unis. Il s'ensuivrait une perte, pour le gouvernement canadien, de revenus de l'ordre de 18 milliards sur cinq ans. La dernière partie de l'étude économétrique indiquait que le Canada devrait en outre recourir massivement à l'importation pour répondre aux besoins alimentaires de ses citoyens.

Ces faits irréfutables confirmaient le bien-fondé des arguments de SM-5, mais encore fallait-il les faire connaître de façon convaincante aux intervenants concernés.

NATIONAL organisa des séances de formation et de breffage à l'intention des porte-parole de SM-5 qui apprirent à se concentrer sur les messages porteurs et à mettre de l'avant l'intérêt public canadien. Le contenu du rapport d'Informetrica fut transmis aux médias qui y trouvèrent un contenu structuré, concis et clair, facilement utilisable dans leurs communications. Une tournée fut organisée à l'échelle du pays afin de permettre à SM-5 de rencontrer les ministres provinciaux et autres politiciens influents. Pour chaque constituante, un rapport fut produit indiquant les enjeux locaux, les répercussions sur l'emploi et les conséquences sur les budgets gouvernementaux. Pour attirer l'attention des médias nationaux, une manifestation spectaculaire de producteurs laitiers de l'ouest se tint devant le parlement d'Ottawa, vaches à l'appui.

D'autres activités médiatiques comme la production de fiches techniques, la présentation d'images d'archives vidéo et la rédaction de communiqués sur le sujet venaient en renforcement à la campagne de communication. Deux émissions d'affaires publiques, une en français et l'autre en anglais, d'une durée d'une demi-heure, résumaient les éléments clés à la faveur de reportages sur les fermes et d'une table ronde réunissant, sous la conduite d'un animateur chevronné, des représentants de chacun des organismes de SM-5. Par ailleurs, des émissions d'affaires publiques produites par des professionnels de la télévision furent proposées aux télédiffuseurs. Deux d'entre eux, un anglais et un français, acceptèrent de les diffuser en obtenant, ce faisant, des crédits pour le contenu canadien.

La bataille se termina le 2 décembre 1996. Le groupe spécial de règlement des différends de l'ALENA, composé de deux représentants de chaque pays et présidé par un membre venant d'un pays tiers (proposé par les États-Unis et approuvé par le Canada), rendit une décision unanime en faveur de la position canadienne. Le rapport final déclarait conformes à l'ALENA les équivalents tarifaires que le Canada avait appliqués, conformément aux droits que lui conférait l'OMC, sur les produits laitiers, la volaille, les œufs, l'orge et la margarine importés des États-Unis. Pour NATIONAL, c'était mission accomplie !

Ce combat d'affaires publiques mené sur plusieurs fronts dans une séquence soigneusement planifiée est révélateur des différentes dimensions dont un grand cabinet de relations publiques doit tenir compte pour faire valoir le point de vue de ses clients dans un dossier complexe. Il illustre également la façon polyvalente et périphérique de faire, propre à NATIONAL, et sa conformité avec la culture d'entreprise guidée par le grand principe des relations publiques cher à Luc Beauregard : « *Do it right, and let it be known* ». Cette maxime, qui remonte au début du xxe siècle, alors que les relations publiques n'en étaient qu'à leurs premiers balbutiements, demeure, pour Luc Beauregard, une règle d'or qui tient toujours malgré les dérives médiatiques qu'il ne craint pas de dénoncer publiquement. Pour lui, la « forme ne l'emporte pas sur le fond[7] », et chaque dossier est pour lui l'occasion de faire le pari de la vérité, qui lui tient à cœur.

Par ses aspects stratégiques, la gestion du dossier SM-5 porte indéniablement la marque du tandem Luc Lavoie – Luc Beauregard qui engagera bientôt la firme dans un autre dossier, aussi épineux mais plus délicat, car il s'agissait de défendre, à l'échelle internationale, la réputation de l'ancien premier ministre du Canada, Brian Mulroney, durement mise à mal par le gouvernement Chrétien. L'affaire Airbus, qui fera jurisprudence en accordant des lettres de noblesse juridiques à la profession de conseiller en relations publiques, est sur le point d'éclater.

---

[7] Voir Luc Beauregard, « Leadership et communication – La forme ne l'emporte pas sur le fond », *Gestion*, numéro spécial sur le leadership, automne 2008, vol. 33, n° 3, p. 45-47. Se reporter *infra*, p. 335-336.

12

SUR LES AILES D'AIRBUS
(1995-1997)

L e scoop du *Financial Post* est une bombe. L'article à la une de son numéro
du samedi 18 novembre 1995 révèle, sous la plume du journaliste Philip Mathias, que la Gendarmerie royale du Canada (GRC)
considère l'ancien premier ministre du Canada Brian Mulroney
comme un suspect dans l'enquête criminelle qu'elle a rouvert
sur des allégations de commissions secrètes versées à la suite
de l'achat, par Air Canada, de 34 Airbus A-320 en juillet 1988.

À l'époque, l'avionneur Boeing, qui s'était fait coiffer au final par son concurrent de toujours[1], avait laissé entendre que des irrégularités s'étaient produites dans l'octroi du contrat. Ces accusations, portées alors que les signatures officielles étaient à peine séchées au bas des pages, amenèrent la GRC à ouvrir pour la première fois une enquête qui sera suspendue, faute de preuves.

Sept ans plus tard, en mars 1995, l'émission *The Fifth Estate* du réseau anglais de Radio-Canada relance l'affaire dans un reportage intitulé « Sealed in silence[2] », en reprenant à son compte et avec plus de précisions les anciennes allégations de Boeing. On cite les noms de l'homme d'affaires germano-canadien Karlheinz Schreiber et de l'ancien premier ministre de Terre-Neuve Frank Moores qui auraient ouvert des comptes bancaires à cet effet en Suisse. On évoque l'implication d'un autre homme politique important, sans le nommer. Le journal allemand *Der Spiegel* avait déjà fait un reportage semblable au début du mois dans un article intitulé : « Le Magnat de l'Alberta[3] », titre faisant référence à Karlheinz Schreiber qui menait d'importantes activités d'affaires dans l'Ouest canadien. Sur la base de ces allégations journalistiques, la GRC rouvre l'enquête qu'elle avait laissée en plan en 1988.

Est-ce un hasard ? Stevie Cameron, une journaliste ayant travaillé au début des années 1990 comme animatrice à la même émission *The Fifth Estate*, publiait, en 1994, un livre qui deviendra un *best-seller* au Canada deux années de suite : *On the Take : Crime, Corruption and Greed in the Mulroney Years*[4]. Le livre soulevait de nombreuses questions sur l'éthique de l'ancien Parti progressiste-conservateur et du premier ministre Brian Mulroney qui avait été au pouvoir de 1984 à 1993.

---

[1] Pour le détail de l'attribution de ce contrat du point de vue de Pierre Jeanniot, alors président d'Air Canada, voir J. Cardinal et L. Lapierre, « Boeing ou Airbus ? », chapitre 26, dans *Pierre Jeanniot – Aux commandes du ciel*, Québec, Presses de l'Université du Québec, 2009, p. 277-294.

[2] Titre que l'on pourrait traduire par : « Emmuré dans le silence ».

[3] On sut par la suite que c'est un ancien associé frustré de Karlheinz Schreiber, Giorgio Pelossi, qui avait contacté les journalistes de *Fifth Estate* et de *Der Spiegel* pour leur faire ces révélations.

[4] S. Cameron, *On the Take : Crime, Corruption and Greed in the Mulroney Years*, New York, Seal Books, 1994, 576 pages. En français : « Dessous de table : la criminalité, la corruption et la cupidité dans les années Mulroney ».

En quelques mois, la nouvelle enquête de la GRC progressait au point où le 29 septembre 1995, le ministère de la Justice faisait parvenir une lettre de 13 pages, signée par son avocate principale, Me Kimberley Prost, au gouvernement suisse pour lui demander son aide dans une enquête décrite textuellement comme «d'une importance spéciale pour le gouvernement canadien parce qu'elle implique les activités criminelles de l'ancien premier ministre du Canada».

Comme suite à cette lettre, un magistrat suisse de Berne fit geler les comptes reliés à l'enquête de la GRC. Alors que normalement les banques suisses considèrent le secret bancaire comme sacré et respectent intégralement la confidentialité des comptes détenus par des étrangers, une politique d'assouplissement avait été adoptée quelques années plus tôt par le gouvernement suisse dans des cas de blanchiment d'argent par des cartels de la drogue ou de tentatives de corruption de politiciens. Les renseignements transmis aux autorités américaines au sujet d'un compte ayant appartenu à l'ancien dictateur des Philippines Ferdinand Marcos, qui avait déposé pour plus de 500 millions de dollars américains en Suisse, avaient créé un précédent sur lequel le ministère de la Justice canadien s'était appuyé pour faire sa demande d'aide.

Environ un mois plus tard, soit vers la fin d'octobre, Brian Mulroney apprenait par la bande que son nom apparaissait dans la lettre incriminante. Il contacta aussitôt Luc Lavoie, son ancien chef de cabinet, pour le mettre au courant des faits. Luc Lavoie en parla à son tour immédiatement à Luc Beauregard, qui connaissait fort bien l'ancien premier ministre, du temps où il était son conseiller juridique à *Montréal-Matin*. Les deux Luc s'entendirent sur le fait qu'il fallait non pas attendre mais plutôt prendre les devants pour dénoncer l'attitude outrancière du gouvernement canadien. Il fallait riposter immédiatement avec la plus grande vigueur à ces accusations invraisemblables, le but ultime étant de faire reculer le gouvernement et d'arriver à un règlement rapide et satisfaisant du litige.

Face à un environnement médiatique qui serait de toute évidence très hostile, NATIONAL se donna pour stratégie de créer sans délai au sein de l'opinion publique canadienne et internationale une perception positive à l'endroit de l'ancien premier ministre traité de criminel par le gouvernement libéral. Il fallait à la fois prouver que cette lettre causait d'importants dommages à sa réputation, et en contrer l'impact le plus vite possible afin d'en stopper les préjudices à sa vie professionnelle en tant qu'avocat. Depuis 1993, Brian Mulroney était en effet retourné à la pratique du droit au sein du grand cabinet Ogilvy Renault[5] où il menait d'importantes activités d'affaires au niveau international. NATIONAL créa des groupes de relations de presse dans ses bureaux de Montréal, Ottawa et Toronto. Luc Lavoie, qui coordonnait le travail des équipes, établit ce que les journalistes appelèrent «son poste de commandement» à l'hôtel Reine-Élizabeth, prêt à attaquer et à réagir rapidement à chaque rebondissement de l'affaire. La première salve ne tarda pas.

Brian Mulroney téléphona d'abord à Me Roger Tassé, un ancien haut fonctionnaire de carrière qui avait travaillé pour le gouvernement du Canada dans l'élaboration de l'Accord du lac Meech, pour qu'il écrive une lettre au ministre de la Justice du Canada et au commissaire de la GRC dans laquelle il protestait vivement contre la formulation de la requête du ministère. Il demandait à la GRC de procéder à l'enquête de façon à respecter les droits fondamentaux de l'ancien premier ministre.

Roger Tassé, un juriste respecté qui connaissait bien les rouages de la fonction publique fédérale pour avoir été sous-ministre à la Justice et sous-procureur général du Canada de 1977 à 1985, insista pour dire que Brian Mulroney n'avait aucune intention d'interférer avec le travail des enquêteurs et qu'au contraire, il leur offrait son entière collaboration, en toute transparence, comme il l'avait fait dans leur première enquête de 1988. L'avocat s'étonnait que la GRC n'ait pas entendu Brian Mulroney avant de lancer d'aussi graves accusations. Il demandait au ministre de la Justice Allan Roch de s'excuser, mais ce dernier refusa, alléguant qu'il n'était pas au courant de l'affaire et qu'il était inconvenant qu'un ministre s'immisce dans une enquête en cours à la GRC.

Le jeudi 16 novembre, le magazine *Maclean's*, auquel Stevie Cameron s'était jointe entretemps comme journaliste d'enquête, envoyait à Brian Mulroney une télécopie à son bureau d'Ogilvy Renault, pour lui demander ses commentaires au sujet de la lettre dont elle avait eu vent, on ne savait trop comment. Le surlendemain, soit le samedi 18 novembre, le *Financial Post* larguait sa bombe dans l'univers médiatique en révélant explicitement que Brian Mulroney avait été nommé comme suspect dans l'enquête criminelle menée par la GRC. On pouvait y lire de longs extraits

---

[5] Aujourd'hui connu sous le nom de Norton Rose Canada.

de la lettre rogatoire envoyée aux autorités suisses. On soupçonna après coup que le journal avait bénéficié de la fuite délibérée d'un employé de la GRC.

Luc Lavoie et Luc Beauregard convinrent de lancer rapidement l'offensive afin de maintenir l'initiative de l'action dans leur camp. Prendre les devants est en effet un des principes fondamentaux d'une gestion de crise efficace, à la manière de Luc Beauregard. Il estime que c'est la meilleure façon de s'assurer que l'action se déroule en terrain connu et de garder ainsi l'avantage stratégique.

Dès qu'il eut vent de la fameuse lettre du gouvernement fédéral, Brian Mulroney contacta son associé, président du conseil d'Ogilvy Renault et ami, Yves Fortier[6], qui vint le rejoindre d'urgence à sa résidence de Westmount. Ils retinrent les noms de trois avocats principaux qu'ils considéraient comme les mieux placés pour défendre les intérêts de l'ancien premier ministre, soit Mes Gérald R. Tremblay[7], Harvey Yarosky et Frank Kaufman. Yves Fortier demanda à Gérald Tremblay, par téléphone, de venir les rejoindre le plus vite possible. Une heure plus tard, Gérald Tremblay se trouva en présence d'un Brian Mulroney pâle, abattu et visiblement en état de choc, qui ne cessait de répéter : « Le gouvernement du Canada m'accuse d'avoir accepté des pots-de-vin. Comment peut-on dire de pareilles choses sur moi ? », confia plus tard Gérald Tremblay à un journaliste.

Les conseillers en communication et les avocats de Brian Mulroney étaient d'accord : il fallait bouger vite et prendre les devants. Dès le samedi après-midi, NATIONAL organisa une conférence de presse pour dénoncer le geste du gouvernement fédéral et annoncer une poursuite en diffamation. Le lundi 20 novembre 1995 au matin, les trois avocats principaux de Brian Mulroney, auxquels s'étaient ajoutés Mes Roger Tassé et Jacques Jeansonne, associé de Me Gérald Tremblay, déposaient une poursuite au palais de justice de Montréal au nom de leur célèbre client. L'ancien premier ministre intentait une poursuite de 50 millions de dollars contre le gouvernement du Canada, contre J.P.R. Murray, commissaire de la GRC, contre Kimberly Prost, l'avocate du ministère

---

6 Yves Fortier a été ambassadeur du Canada auprès de l'Organisation des Nations unies de 1988 à 1992, dont deux ans au Conseil de sécurité. Il œuvre maintenant à son compte et s'occupe d'arbitrages internationaux.

7 Me Gérald R. Tremblay est un associé principal du cabinet d'avocats McCarthy Tétrault. À ne pas confondre avec Me Gérald Tremblay, maire de Montréal.

de la Justice qui avait signé la lettre au gouvernement suisse, et contre le sergent Fraser Fiegenwald, l'enquêteur de la GRC chargé de l'enquête. Le communiqué de NATIONAL remis aux journalistes se terminait sur ces mots : « *The false and reckless allegations made by the Department of Justice have the effect not only of damaging my reputation and hurting my family, but also of besmirching and distorting the good name of Canada*[8]. » Du côté du gouvernement du Canada, le procureur principal en chef était Me Claude-Armand Sheppard.

À NATIONAL, ce fut le branle-bas de combat. La stratégie était de démontrer les dommages que le gouvernement du Canada et la GRC avaient infligés à l'ancien premier ministre tant dans sa vie profession-nelle, au moment où il était engagé dans une carrière d'avocat d'affaires à l'échelle internationale, que dans sa vie personnelle et familiale. On mit immédiatement à contribution l'équipe de recherche dont le rôle était de faire un relevé historique, une analyse de presse et une veille de la couverture médiatique concernant l'affaire. Doris Juergens, directrice de la recherche, devait y jouer un rôle déterminant, comme elle l'avait fait précédemment dans le dossier SM-5[9].

Dans cette affaire aux nombreuses ramifications juridiques, l'équipe de NATIONAL devait faire preuve d'extrême prudence, car contrai-rement aux cabinets d'avocats qui peuvent se prévaloir de l'inviolabilité du secret professionnel, les conseillers en relations publiques, comme les journalistes, ne jouissent pas de la même protection. Luc Beauregard était parfaitement conscient que lui-même, Luc Lavoie, Doris Juergens ou tout autre employé de NATIONAL travaillant au dossier pouvaient être cités à témoigner et tenus de révéler ce que Brian Mulroney leur avait confié sous le sceau du secret ou qu'ils pouvaient être forcés de déposer des courriels considérés comme étant confidentiels.

C'était d'ailleurs pour de telles raisons que plusieurs associés de NATIONAL, ailleurs au pays, se demandaient s'il avait été sage pour Luc Beauregard d'accepter ce mandat. Mais celui-ci considérait qu'il s'agis-sait d'un beau défi à relever et, hormis son envergure financière, il était confiant que la firme en retirerait d'importants bénéfices à long terme.

---

[8] En français : « Les allégations fausses et imprudentes faites par le ministère de la Justice ont pour conséquence non seulement de ternir ma réputation et de blesser ma famille, mais aussi d'entacher et de dénaturer l'image du Canada. » (Traduction libre)

[9] Voir le chapitre 11.

En cas de contestation du secret professionnel, il était prêt à prendre le risque d'avoir à monter aux créneaux bien qu'il fût parfaitement conscient de la fragilité de sa position et de la possibilité que les avocats de la partie adverse fussent tentés, à juste titre, de la démolir en cour.

Pour pallier sa vulnérabilité dans ce dossier délicat, comme dans tout autre mandat aux importantes ramifications juridiques, il fut établi au départ que les services de NATIONAL ne seraient pas retenus par le client lui-même, mais plutôt par le cabinet d'avocats du client, qui prendrait ainsi sous le sceau de son secret professionnel le travail fait par la firme de relations publiques dans son dossier. Il s'agit pour Luc Beauregard, comme dans tout cas semblable, d'une protection minimale. Pour la même raison, il privilégie l'oral à l'écrit lorsqu'il s'agit de données sensibles, et bien qu'il adore écrire, il se fie beaucoup à sa mémoire, qui est devenue, par la force des choses, exceptionnelle. Il prévient d'ailleurs ses conseillers de ne jamais coucher sur papier un texte qu'ils ne voudraient pas voir apparaître en première page de *La Presse*. C'est même devenu un critère de base. On peut dire qu'à NATIONAL, l'extrême prudence en la matière est de mise.

Dans le mandat Mulroney – Airbus, un «comité conjoint de gestion des enjeux» fut créé afin d'assurer une coordination optimale entre l'équipe de NATIONAL et celle des avocats. Le mot d'ordre était d'arriver le plus souvent possible à un consensus stratégique dans les deux approches qu'il fallait mener de front ou en écho.

Le travail de recherche de NATIONAL consistait à faire des analyses de presse à partir de bases de données commerciales couvrant les journaux du Canada et de l'étranger, ainsi que la consultation des rapports de firmes traditionnelles de monitorage des médias à travers le monde. L'exercice avait pour but de permettre au noyau de stratèges en communication, de même qu'à l'équipe d'avocats triés sur le volet, de travailler de concert afin de maintenir l'offensive médiatique et de se tenir constamment au courant des rebondissements qui survenaient en saccades sans prévenir.

Ainsi, dans la période de sept mois allant du 18 novembre 1995, date où NATIONAL obtenait le mandat de Brian Mulroney, au 18 juin 1996, NATIONAL a relevé et analysé exactement 2352 reportages au Canada et à l'étranger (y compris aux États-Unis où Brian Mulroney était particulièrement actif) en preuve des dommages à la réputation de l'ancien premier ministre[10]. Il fut ainsi prouvé qu'à peine 1 % des reportages étaient favorables et 67 % étaient défavorables alors que 32 % demeuraient neutres. De ce nombre, 1559 associaient Brian Mulroney à des pots-de-vin ou à des commissions ou paiements illégaux ou illégitimes.

La principale source d'associations négatives provenait du ministère de la Justice, de la GRC et du gouvernement canadien dans 79 % des cas. Les variables de l'analyse allaient du ton de la couverture, de la nature et de la provenance des remarques jusqu'à des associations défavorables concernant Brian Mulroney. Dans une perspective d'ensemble, les nombreux reportages démontrèrent clairement que l'ancien premier ministre avait été dépeint de façon hostile dans les médias, et ce, en raison des allégations que la GRC avait portées contre lui.

Pendant ce temps, Luc Lavoie demeurait extrêmement visible sur toutes les tribunes. Selon les rebondissements, il lui est arrivé d'avoir à répondre à plus de soixante demandes d'entrevues téléphoniques en une journée sur des sujets présentant souvent des impacts juridiques complexes. Il n'hésitait pas à poser le pied en terrain ennemi. On le soupçonnait même d'y prendre plaisir. Ainsi, il participa à une autre émission de *The Fifth Estate*, en prenant le risque d'un montage ultérieur défavorable, pour aller défendre son client et ancien patron avec la fougue qu'on lui connaît. Il adoptait toujours un ton direct et ferme, affirmant parler en toute transparence des événements et des accusations qu'il affirmait colportées à tort par les médias.

Les efforts de NATIONAL finirent par porter leurs fruits. Après cinq mois, l'analyse de presse révéla un fléchissement de la tendance. Les reportages devenaient moins négatifs à l'égard de Brian Mulroney, certains étant même ouvertement favorables. À la fin de décembre 1996, devant l'impossibilité de prouver que l'ancien premier ministre avait reçu des pots-de-vin provenant de la vente des avions Airbus, le gouvernement du Canada recula. À quelques jours d'aller en procès en Cour supérieure, Me Claude-Armand Sheppard, qui représentait le gouvernement et la GRC, contacta l'équipe d'avocats adverse pour leur proposer un règlement à l'amiable.

---

[10]   Les chiffres donnés dans cette section viennent de l'ouvrage suivant : *NATIONAL, 25 ans de pratique des relations publiques*, 2002, p. 113-115 et p. 277-280.

Le dimanche 2 janvier 1997, Luc Beauregard posait ses bagages dans le hall d'entrée de sa résidence à son retour de Floride lorsqu'il entendit le téléphone sonner. Le procès devait commencer le lendemain. C'était Luc Lavoie qui lui annonçait, triomphant, que le gouvernement du Canada acceptait de régler à l'amiable. Des télécopies avaient été échangées tout le week-end pour mettre au point l'entente, le premier ministre Chrétien étant encore en vacances dans le Sud. Il restait à fixer le montant sur lequel les parties s'entendraient. Il lui demandait de traduire d'urgence en français le libellé de l'entente en prévision de l'importante conférence de presse qui aurait lieu le lendemain à Ottawa, au cours de laquelle le ministre de la Justice annoncerait le recul du gouvernement fédéral. Luc Beauregard s'attela à la tâche dans les minutes qui suivirent. Douce victoire pour l'équipe de NATIONAL, pour celle des avocats et bien sûr pour le principal intéressé : le gouvernement du Canada, le ministre de la Justice et la GRC présentèrent leurs excuses à l'ancien premier ministre.

Pour régler la question du montant compensatoire, les deux parties s'entendirent pour nommer l'ancien juge à la retraite Alan B. Gold comme arbitre. Luc Beauregard comptait bien que l'arbitre opte pour le remboursement des honoraires dus à NATIONAL. Il avait observé qu'aux États-Unis les polices d'assurance couvraient désormais les honoraires que les assurés devaient dépenser pour défendre leur réputation, et de telles clauses pouvaient servir de précédent. Après avoir pris connaissance des tenants et aboutissants, y compris le travail de l'équipe d'avocats et de NATIONAL, l'arbitre rendit sa décision le 6 octobre 1997. Il établit à 2,1 millions de dollars la somme que le gouvernement du Canada devait rembourser à Brian Mulroney pour payer les frais engagés. La somme se réduisait aux honoraires des avocats, soit 1,5 million de dollars et, ô surprise, aux honoraires de la firme de relations publiques qui avait travaillé au dossier, en l'occurrence NATIONAL, soit près de 600 000 $. Le juge Gold créait ainsi un précédent historique en reconnaissant que le travail que la firme avait fait dans cette affaire avait été déterminant. Citons des passages marquants de cette décision[11] :

> La preuve irréfutable repose sur le fait que les services offerts par NATIONAL étaient nécessaires afin que le réclamant puisse obtenir justice pour sa cause, laquelle évoluait au fur et à mesure que de nouvelles informations étaient diffusées et étaient transmises par ses propres sources. Plus particulièrement, la cueillette, la comparaison et l'analyse d'énoncés

---

11 Tirés de *NATIONAL, op. cit.*, p. 279.

adressés aux médias ou ailleurs par des personnes directement, indirectement ou potentiellement impliquées dans le procès en tant que témoins, adverses ou favorables, étaient de grande importance pour l'ensemble de la stratégie et les tactiques quotidiennes de l'avocat dans la cause du réclamant.

L'arbitre conclut en disant:

Je suis convaincu que si le réclamant n'avait pas reçu les services de NATIONAL ou d'une personne détenant les habiletés pour le faire, il aurait été grandement désavantagé dans la poursuite de sa cause et aurait été dans l'incapacité d'égaler le plaidoyer de la partie défenderesse au sujet de plusieurs points du litige, dont les dommages.

L'équipe d'avocats dirigée par Me Gérald Tremblay jubilait. On raconte que lorsque l'avocat s'est présenté à son restaurant habituel de la rue Bishop à Montréal, largement fréquenté par d'autres gens de robe, il y fut accueilli sous les applaudissements nourris de confrères et consœurs qui avaient suivi de près les péripéties de cette cause célèbre. Quant à Luc Beauregard, il se réjouit plus discrètement, mais avec autant d'intensité puisque non seulement il éprouvait la satisfaction d'avoir fait une contribution cardinale à l'issue heureuse du dossier, mais il avait la certitude d'avoir fait l'histoire et pour NATIONAL et pour le milieu des relations publiques. En effet, pour la première fois, un juge nommé comme arbitre reconnaissait à une firme de relations publiques le droit d'être pleinement remboursée de ses honoraires et de ses dépenses, au même titre qu'un cabinet d'avocats. Une première au Canada.

Quelques mois après que l'affaire Airbus fut close et la poussière retombée, Luc Lavoie fut involontairement replongé dans la tourmente. Il n'agissait plus dans le cadre d'un mandat, mais bénévolement pour son ami Brian Mulroney. Il eut l'occasion de s'entretenir à bâtons rompus avec un journaliste qui tentait à nouveau de faire rebondir l'affaire à la lumière de nouvelles révélations incriminant encore une fois Brian Mulroney dans une autre affaire de commissions supposément secrètes. Il avait passé près d'une heure à tenter de convaincre un reporter de CBC de suspendre la publication d'allégations qu'il considérait non vérifiées. Dans le cours de la conversation, en parlant de Karlheinz Schreiber, Luc Lavoie laissa tomber: « *Schreiber is a f… liar !* » Ayant pris soin de convenir avec le journaliste, au début, qu'il s'agissait d'un entretien strictement privé, « *off the record* », selon l'expression consacrée, il s'exprimait sans retenue.

Quelques jours plus tard, un autre journaliste, qui avait mis la main sur le même *scoop*, mais d'une autre source, sortit la nouvelle. Ne se sentant plus lié par l'accord qu'il avait établi avec Luc Lavoie, ou peut-être par simple vengeance envers le conseiller de NATIONAL qui, croyait-il, l'avait trahi, le reporter de la CBC rendit public l'enregistrement de sa conversation téléphonique. C'est en rentrant au bureau un matin qu'un Luc Beauregard étonné entendit à la radio de sa voiture la voix de Luc Lavoie disant : « *Schreiber is a f... liar*[12]. » Il fut très surpris et déçu d'entendre son collègue user de propos si peu élégants en public... jusqu'à ce que Luc Lavoie lui explique le contexte. À la suite de ces événements, Karlheinz Schreiber intenta une poursuite en libelle diffamatoire de un million de dollars contre NATIONAL.

La plupart des entreprises offrant des services de conseil se dotent d'assurance responsabilité pour se prémunir contre de semblables poursuites. NATIONAL possédait une telle assurance dont la franchise s'élevait à 50 000 $. Refusant de reconnaître toute erreur professionnelle de la part de Luc Lavoie ou de NATIONAL, même si Luc Lavoie n'agissait pas dans le cadre d'un mandat mais bénévolement pour son ami Mulroney, Luc Beauregard versa ce montant aux assureurs qui, selon l'entente, poursuivirent à leur compte les pourparlers avec Karlheinz Schreiber. Luc Beauregard, qui avait donné instructions aux assureurs de ne jamais reconnaître une erreur de NATIONAL, n'en entendit plus parler. Il présume que les assureurs ont réglé à l'amiable pour une somme non divulguée. Avec le regard pragmatique qui le caractérise, il en conclut que l'affaire Airbus aura coûté à NATIONAL 50 000 $, mais lui en aura rapporté près de 600 000 $. L'extradition de Karlheinz Schreiber des années plus tard allait ultimement conforter Luc Lavoie dans son évaluation sévère de l'individu.

En 2000, Luc Lavoie décidait de quitter NATIONAL pour se joindre à son client Quebecor et devenir premier vice-président de Quebecor Média. Brian Mulroney était un mentor de Pierre Karl Péladeau, président de l'entreprise, et était alors président du conseil de Quebecor World Inc. À ce titre, il eut à nouveau à traiter de nouvelles allégations de journalistes d'enquête qui ramenèrent encore une fois l'ancien premier ministre dans l'actualité judiciaire. Quelques mois plus tard, le premier ministre Stephen Harper institua la « Commission concernant

---

[12] En français : « Karlheinz Schreiber est un m... menteur ! »

les allégations financières et commerciales entre Karlheinz Schreiber et le très honorable Brian Mulroney», ou Commission Oliphant, du nom de son président, l'ancien juge Jeffrey J. Oliphant. Mais NATIONAL n'était plus dans le dossier.

Dans son rapport de 819 pages déposé le 31 mai 2010, le juge Oliphant refusa de faire des liens entre les activités de Brian Mulroney et la vente d'avions Airbus à Air Canada. Même si l'affaire Airbus ne faisait pas partie du mandat de la Commission, il affirma : « Je conclus que rien de malséant ne s'est produit pendant les rencontres entre M. Schreiber et M. Mulroney pendant le mandat de M. Mulroney comme premier ministre[13]. » En lisant ces mots, Luc Beauregard se trouva rétroactivement conforté dans sa décision d'avoir accepté le mandat au sujet d'Airbus, plusieurs années plus tôt. Certes, le juge Oliphant y allait de remontrances sur la conduite ultérieure de Brian Mulroney[14], mais cela n'altéra en rien sa satisfaction du devoir accompli.

Aurait-il accepté le mandat de défendre Brian Mulroney s'il avait su que ce dernier avait accepté de Schreiber des honoraires versés au comptant, après son départ de la politique ? « On ne peut réécrire l'histoire, répond Luc Beauregard. Chose certaine, l'ancien premier ministre est sûrement le premier à regretter d'avoir accepté cette forme de paiement. »

Au lendemain de la décision de l'arbitre Gold, rendue le 6 octobre 1997, Luc Beauregard était prêt à passer à autre chose de moins controversé et de plus calme… pensait-il. Le mandat Cinar, qu'allait lui confier sa flamboyante et coriace présidente Micheline Charest, en était à ses premiers soubresauts.

---

[13] *Rapport de la commission concernant les allégations financières et commerciales entre Karlheinz Schreiber et le très honorable Brian Mulroney*, vol. 1, p. 58. Voir <http://dsp-psd.tpsgc.gc.ca/collections/collection_2010/bcp-pco/CP32-92-3-2010-fra.pdf>.

[14] Le juge Oliphant a conclu qu'il n'y avait pas lieu d'imputer à l'ancien premier ministre de responsabilité criminelle ou civile dans ses relations avec Karlheinz Schreiber. Il reprocha cependant à Brian Mulroney d'avoir agi de manière inappropriée et d'avoir manqué de jugement.

CHAPITRE 13

CINAR
(1999-2004)

Luc Beauregard tire sur sa manche pour regarder l'heure : 23 h 12. Il allonge le cou, et d'un geste leste, il desserre légèrement son nœud de cravate et déboutonne son col de chemise. Voilà exactement quatre heures et douze minutes qu'il fait le pied de grue dans la salle d'attente du cabinet d'avocats Phillips Vineberg[1] en ce dimanche 5 mars 2000. Plus tôt, il a reçu un appel lui demandant de se présenter à 19 heures à leur bureau de la rue McGill College à

---

[1] Aujourd'hui connu sous le nom de Davies Ward Phillips & Vineberg.

Montréal. On aurait besoin de ses services au cours de la soirée. On ne savait pas exactement à quelle heure il serait convoqué dans la salle de conférence, mais il fallait qu'il se tienne disponible. Mieux valait pour lui de s'apporter du travail, car l'attente pouvait être longue. Le conseil d'administration de la société Cinar, sa cliente depuis quelques mois, vit une crise sans précédent.

Micheline Charest et Ronald Weinberg, les deux fondateurs de Cinar, s'étaient rencontrés à la Nouvelle-Orléans en 1976 à un petit festival de films dont il était l'organisateur alors qu'il achevait ses études à l'université louisianaise de Tulane[2]. Née à Londres, mais ayant grandi à Québec, la jeune diplômée de la London International Film School s'y était rendue par curiosité et par goût de voir du pays et… des films. Ce fut le coup de foudre professionnel. Rapidement, ils eurent l'idée de fonder ensemble une entreprise cinématographique sans trop savoir quelle forme elle prendrait.

Ils s'installèrent à New York, dont Ronald Weinberg était originaire, et ils s'y marièrent en 1979. Ils commencèrent par importer des films d'art de réalisateurs étrangers qu'ils distribuaient dans les cinémas de répertoire, aux États-Unis. La société Cinar Films était née.

Comme ils ne parvenaient pas à vivre de ce mince marché, ils s'orientèrent par défaut vers les films étrangers d'animation qu'ils doublaient en anglais et distribuaient aux États-Unis dans les réseaux de cinémas populaires, qu'ils apprirent à connaître. Ni l'un ni l'autre n'avait d'expérience ni de goût particulier pour les dessins animés, ni pour les films pour enfants, mais leurs nouvelles activités de doublage et de distribution leur permettaient de vivre au jour le jour. Sept ans plus tard, ils se rendirent à l'évidence : malgré leurs efforts, les revenus de Cinar Films ne leur permettaient toujours pas d'être financièrement à l'aise.

En 1984, avec la naissance de leur premier enfant[3], un coup de barre s'imposa. Ils décidèrent de déménager à Montréal où le coût de la vie était plus abordable pour une jeune famille. Ils espéraient que le milieu du cinéma pour enfants offrirait à leur entreprise plus de possibilités de croissance qu'à New York où la concurrence était féroce.

---

[2] Pour les aspects personnels de la vie de Micheline Charest et Ronald Weinberg dont cette partie s'inspire, voir <http://www.answers.com/topic/cinar-corporation>.

[3] Eric Charest-Weinberg est né en 1984 et son frère Alexandre Charest-Weinberg, un peu plus d'un an plus tard.

Une surprise agréable les attendait. Ils apprirent que le gouvernement canadien encourageait l'émergence d'une industrie cinématographique nationale pour contrer l'envahissement des *majors* américaines. De généreuses subventions étaient à portée de main des entreprises cinématographiques canadiennes qui se donnaient la peine de pointer les bonnes portes et de s'astreindre aux contraintes administratives et bureaucratiques obligées[4]. En même temps, la télévision connaissait des bouleversements sans précédent avec l'apparition de la câblodistribution. Les nouvelles chaînes, qui se multipliaient rapidement, étaient désespérément à la recherche de contenus d'horaires pour alimenter leurs abonnés de tous âges. Mettant ensemble ces deux occasions d'affaires, ils crurent à juste titre que la table était mise pour une croissance exponentielle de Cinar Films. Micheline Charest et Ronald Weinberg n'allaient pas s'en priver.

D'abord confinée au doublage et à la distribution de dessins animés, surtout européens et japonais, Cinar Films se lança dans un nouveau créneau : la production de séries télévisuelles au contenu « pro-social » et non violent pour enfants, destinées tant au marché américain que canadien. Grâce à des séries comme *Animal Crakers*, *Emily of New Moon* et surtout les populaires productions *Arthur*, entreprise en 1994 (qui remporta deux fois le Daytime Emmy Award), et le bien-aimé *Caillou*, Cinar devint peu à peu un joueur incontournable de l'industrie mondiale du cinéma pour enfants. Aux États-Unis et au Canada, on en parlait comme du Walt Disney canadien. La renommée de l'entreprise et la fortune de ses fondateurs étaient désormais assurées.

En 1998, soit quatorze ans après l'arrivée du couple Charest-Weinberg au Canada, Cinar comptait 429 employés à temps plein, auxquels pouvaient s'ajouter jusqu'à 600 contractuels en période de pointe. Ses productions, traduites en plus de 40 langues, étaient distribuées dans environ 150 pays. Le chiffre d'affaires de l'entreprise, qui était devenue une société ouverte en 1993, dépassait le cap des 100 millions de dollars.

En plus d'une participation importante dans la nouvelle chaîne canadienne Teletoon, des ententes avec Viacom, Sony, Time Warner et Polygram avaient permis au couple Charest-Weinberg d'atteindre une

---

[4] À cet égard, voir Jacqueline Cardinal et Laurent Lapierre, *Monique Simard – À hauteur de femme*, Montréal, Centre de cas HEC Montréal, 2004, 54 pages.

valeur nette personnelle estimée à 150 millions de dollars. Dans les milieux d'affaires montréalais, Micheline Charest et Ronald Weinberg formaient un couple *glamour* avec qui il était bon d'être vu. Même l'opinion publique québécoise, toujours méfiante vis-à-vis des gens d'affaires prospères, les considérait comme des vedettes dont on pouvait admirer le succès financier sans culpabilité et sans partage puisqu'il se déployait dans les prestigieux domaines de la culture et de la créativité.

Sans s'arrêter en si bon chemin, les deux coprésidents et cochefs de la direction de Cinar convinrent que le temps était venu de pousser encore plus loin en diversifiant l'entreprise. Le secteur éducatif leur sembla prometteur. Ils confièrent à Hasanain Panju, leur vice-président finances, de procéder à des acquisitions qu'il jugerait à la fois complémentaires à leur activité de base, soit le cinéma animé pour enfants, et porteuses de croissance pour l'entreprise. En 1997, Hasanain Panju pilota l'acquisition de la société Carson-Dellosa Publishing Co. Inc., suivie l'année suivante de celle de HighReach Learning Inc. Ces deux investissements totalisaient plus de 90 millions de dollars. Il fut décidé de faire un appel public à l'épargne, puis de constituer un poste budgétaire provisionnel pour des acquisitions futures.

Cette diversification des activités nécessitait une restructuration organisationnelle. En 1998, la société Cinar Films devint Cinar Corporation dorénavant constituée de deux divisions distinctes : Cinar Entertainment et Cinar Education. Avec l'achat de la société israélienne Edusoft, Cinar établit ensuite une jonction fertile entre des filiales de ces deux divisions, car il lui permettait de publier des logiciels multimédias éducatifs comprenant les personnages de ses séries télévisées. Les observateurs de l'industrie vantaient les mérites de cette stratégie de diversification en synergie, qui promettait de générer encore plus de profits. Les investisseurs privés et institutionnels voyaient d'un bon œil ces transactions. En 1999, l'action de Cinar Corporation se transigeait à 30,25 $.

Pour le couple Charest-Weinberg, les jours de disette new-yorkaise n'étaient plus qu'un mauvais souvenir, mais leur appétit de richesse n'était pas pour autant rassasié. Ils demeuraient toujours aussi avides de faire croître leur entreprise dont ils détenaient 63 % des droits de votes par le biais de leurs actions à droits de vote multiples. Ils étaient par ailleurs parfaitement conscients que leur carte maîtresse consistait à aller chercher le plus de subventions gouvernementales possible, afin de combler l'incessant besoin d'argent frais qui se creusait au rythme effréné des nouvelles productions que réclamaient leurs nouveaux marchés.

À l'automne 1999, les astres semblaient plus que jamais alignés pour faire de Cinar Corporation une entreprise d'envergure internationale, pour ne pas dire planétaire. Pour Micheline Charest et Ronald Weinberg, leurs rêves les plus fous se réalisaient et rien ne pouvait bloquer leur ascension fulgurante... jusqu'au jour où des journaux publièrent une lettre ouverte dans laquelle 71 scénaristes canadiens dénonçaient le fait avéré, soutenaient-ils, que Cinar affirmait utiliser des scénaristes canadiens alors qu'en réalité, elle engageait des scénaristes américains dans beaucoup de ses productions. Ils dénonçaient son recours à des prête-noms, une façon illégale et malhonnête de faire. Ils réclamaient une enquête exhaustive sur les comportements douteux de Cinar.

Si ces révélations d'usage de prête-noms se révélaient fondées, il en aurait résulté des conséquences néfastes pour Cinar. Au-delà des allégations de fraudes, qui étaient en soi très graves, elles remettaient en cause l'admissibilité rétroactive de Cinar aux subventions gouvernementales qui comptaient, à l'époque, pour quelque 20 % des crédits d'impôt de ses budgets de production. On estimait en outre à deux millions de dollars par année les subventions versées à ce «producteur canadien» par Téléfilm Canada, l'organisme subventionnaire du gouvernement fédéral. Les états financiers des exercices antérieurs se trouveraient par le fait même remis en question.

En octobre 1999, l'affaire trouva écho à la Chambre des communes et le gouvernement ordonna bientôt une enquête de la Gendarmerie royale du Canada. En même temps, Luc Dionne[5], président du Comité des auteurs de la Société des auteurs et des compositeurs dramatiques (SACD), fit connaître sa version des faits: Cinar, accusa-t-il explicitement, avait reçu des crédits d'impôt parce qu'elle avait attribué la composante écrite de certaines de ses productions à Hélène Charest, qui se révélait être courtière en valeurs mobilières de la firme de courtage Merrill Lynch à Québec, sans aucune expérience du travail de scénariste. Son seul mérite était d'être la sœur de Micheline Charest. Selon lui, c'était elle qui se cachait sous le pseudonyme d'Érika Alexandre[6].

---

[5] Après avoir été attaché politique à Québec dans les années 1990, Luc Dionne entreprend une carrière de scénariste pour la télévision. En 1996, il écrit la série *Omerta, la loi du silence*, qui le fera connaître du jour au lendemain, et dont il écrira deux suites. Au cinéma, il adaptera pour l'écran le livre *Monica la Mitraille* en 2004. On lui doit aussi le film *Aurore*, qu'il écrit et réalise en 2005, et plus récemment *L'enfant prodige* portant sur la vie du compositeur André Mathieu.

[6] On notera que les deux fils du couple s'appellent Eric et Alexandre Charest-Weinberg.

La nouvelle fit l'effet d'une bombe, mais Micheline Charest et Ronald Weinberg ne se laisseraient pas faire. Ils convinrent qu'en tant que francophone parfaitement bilingue, ce serait elle qui monterait aux créneaux des tribunes populaires. Menacée par ces attaques qui venaient de toutes parts, elle se débattrait avec la dernière énergie, telle une diablesse dans l'eau bénite, pour défendre leur réputation et la crédibilité de leur entreprise.

Refusant *mordicus* de reconnaître quelque culpabilité que ce soit, Micheline Charest songeait à engager un consultant pour l'aider dans cette tâche afin de réfuter sur la place publique ces allégations mensongères, affirmait-elle sans vergogne. Ignorant encore le fin fond de l'affaire, Luc Beauregard la contacta pour lui offrir les services de NATIONAL. Elle accepta avec hésitation, peu sûre qu'un « *outsider* » puisse l'aider. Le dossier était extrêmement complexe. Il fallait composer avec le tempérament vif de Micheline Charest et les avocats de l'entreprise.

Parmi les activités de communication que NATIONAL proposa, il y eut un déjeuner-causerie organisé le 17 novembre 1999 devant l'Association des MBA du Québec, une tribune prestigieuse et bien disposée à l'égard de la jeune dirigeante au cœur d'une crise. Avec l'aide de sa collègue Nathalie Bourque[7], MBA elle-même, Luc Beauregard rassembla une table d'honneur comprenant des leaders du milieu montréalais des affaires, afin d'ajouter à la crédibilité de la conférencière. Étant donné le capital de sympathie dont jouissaient toujours Micheline Charest et Ronald Weinberg, il réussit à convaincre des fleurons de « Québec inc. » à s'associer au vu et au su de tous à une réussite d'affaires spectaculaire.

NATIONAL avait préparé un discours visant à calmer le jeu, mais au cours du week-end précédant la conférence, le couple Charest-Weinberg avait changé le texte. Dans son discours, qui sera relayé dans tous les médias[8], Micheline Charest voulut rectifier les faits, disait-elle, afin de tuer dans l'œuf cette atteinte à la réputation de Cinar. Elle décrivit à grands traits le contexte de l'industrie cinématographique mondiale. Il était temps, arguait-elle, que le Canada change les règles d'attribution des subventions afin de tenir compte du marché de plus en plus international et concurrentiel dans lequel les milieux du cinéma évoluaient

---

[7] Nathalie Bourque est aujourd'hui vice-présidente affaires publiques et communications mondiales de CAE.

[8] Depuis, les reportages télévisés sur le couple Charest-Weinberg reprennent souvent des extraits visuels de la conférence.

à l'aube du XXIe siècle. Il y allait de la survie de l'industrie cinématographique canadienne, plaida-t-elle sous les applaudissements. Cloué au lit par une mauvaise grippe, Luc Beauregard n'avait pu assister à la conférence et restait un peu vexé que le discours ait été changé du tout au tout sans consultation. Loin de calmer le jeu, le couple faisait des leçons. Les événements s'enchaînaient, requérant des conférences téléphoniques sans fin avec les avocats pour gérer les réponses aux allégations.

Il arrive dans la vie d'un conseiller de s'interroger sur l'honnêteté intellectuelle de son client et sur l'opportunité de continuer de s'associer à un tel client. Luc Beauregard s'interrogeait de plus en plus. Il gardait foi parce que la vice-présidente communication de Cinar, Louise Sansregret, était une femme extrêmement dévouée à l'entreprise et lucide.

Sous la menace de recours collectifs d'investisseurs américains, Cinar se vit éventuellement forcée de demander un audit en profondeur. Le 10 mars 2000, Cinar émettait un communiqué indiquant qu'après examen interne et discussion avec son comité de vérification et ses vérificateurs, il était « recommandé de ne pas s'appuyer sur les états financiers de la Société qui ont été précédemment publiés pour les exercices clos les 30 novembre 1997 et 1998 et pour les premiers, deuxième et troisième trimestres de 1999[9]... ». Or, non seulement l'audit du cabinet PricewaterhouseCoopers qui s'ensuivit confirma la nécessité de redressements comptables reliés à des incitatifs fiscaux et à la présentation d'opérations apparentées, mais les vérificateurs découvrirent un véritable pot aux roses inattendu. Les accusations d'usage de prête-noms n'étaient rien à côté de ce qui s'annonçait, et les vrais problèmes ne faisaient que commencer pour Cinar. En effet, les vérificateurs constatèrent qu'une ponction de 122 millions de dollars avait été faite dans le poste de provisions pour acquisitions futures, sans que le conseil d'administration ne l'ait autorisée ou n'en ait même entendu parler.

Une enquête approfondie avait révélé que les fonds soustraits avaient servi à faire un placement dans un paradis fiscal, dans des obligations à court terme présumément très lucratives. La société qui avait monté l'opération était Norshield International Ltd de Montréal dont le président était John Xanthoudakis, aidé de son complice Lino Matteo, président de la société Mount Real[10]. Les fonds prélevés avaient

---

9 Tiré de Danielle Morin, « Corporation Cinar – Partie II – La débâcle », *Revue internationale de cas en gestion*, vol. 1, n° 1, février 2003, p. 2.

10 Tous deux font face à des poursuites de l'AMF pour avoir fraudé d'autres investisseurs.

transité par le truchement d'une entreprise écran des Bahamas, Globe-X Management Ltd. Ces révélations troublantes choquèrent les membres du conseil d'administration qui décrétèrent une réunion d'urgence à laquelle fut convoquée la haute direction de l'entreprise en ce dimanche soir du 5 mars 2000. Parfaitement conscients qu'en tant que société ouverte, Cinar était tenue de rendre publiques ces révélations et les mesures draconiennes qu'ils s'apprêteraient à prendre en conséquence, les administrateurs avaient décidé de faire appel à Luc Beauregard, déjà au dossier depuis quelques mois.

Pendant que ce dernier attendait toujours dans la salle d'à côté, des pourparlers et des négociations serrées se déroulèrent dans un climat extrêmement tendu entre Micheline Charest, Ronald Weinberg, Hasanain Panju, les membres du conseil d'administration et les avocats de ces différentes parties. À minuit, l'avocat du conseil fit entrer Luc Beauregard afin de lui confier le délicat mandat d'annoncer, pour le lendemain, les mesures sur lesquelles les parties en étaient finalement venues à une entente, après cinq heures de discussions ininterrompues.

Le règlement auquel les parties en étaient arrivées était le suivant : la responsabilité de l'opération controversée fut imputée à Hasanain Panju, qui affirma néanmoins qu'il avait agi « dans l'intérêt de Cinar Corporation », le but étant de doper le bilan grâce à un rendement rapide escompté à 15 %, que l'on aurait rapatrié par la suite dans les états financiers de Cinar en même temps que le capital investi. Malgré les déclarations de leur premier vice-président finances, Micheline Charest et Ronald Weinberg réussirent à convaincre les administrateurs que l'opération avait été conçue et faite à leur insu, et ils ne se reconnaissaient aucune responsabilité dans l'affaire.

Luc Beauregard avait le mandat d'annoncer le lendemain matin que le premier vice-président finances de Cinar, Hasanain Panju, avait été congédié, et que Micheline Charest et Ronald Weinberg avaient démissionné de leurs postes respectifs de présidente du conseil et cochef de la direction, et de président et cochef de la direction, mais qu'ils continuaient à siéger comme administrateurs. Il fallait également communiquer les noms du nouveau président du conseil, soit Lawrence Yelin, un administrateur de longue date, et celui du nouveau président et chef de la direction avec qui le conseil avait négocié ce soir-là par conférence téléphonique. Il s'appelait Barrie Usher, un ancien président de la compagnie d'assurances New York Life Insurance Co. of Canada, qui agirait comme président de transition et porte-parole de l'entreprise.

En réponse à une question, Luc Beauregard dit au conseil d'administration que le titre de Cinar risquait fort d'être radié des marchés boursiers, ce que l'avocat torontois du couple Charest-Weinberg, l'impétueux Joseph Groia, contesta avec véhémence. Devant l'urgence de la situation, les administrateurs convinrent qu'ils n'avaient d'autre choix que de rendre publics les derniers développements. Une équipe d'urgence de NATIONAL fut constituée pendant la nuit. Elle besogna à rédiger un communiqué et à organiser la conférence de presse pour le lendemain matin. On devait préparer Barrie Usher à s'y présenter à titre de nouveau président et chef de la direction de Cinar Corporation et à être en mesure de répondre à la salve prévisible des questions des journalistes. Quelques heures après l'annonce-choc, le cours de l'action de Cinar chutait de 70 % pour s'établir à 5,56 $. Le 7 mars 2000, la Bourse de Toronto décréta une suspension des transactions sur le titre[11].

Quant aux allégations de fraude pour avoir obtenu illégalement des crédits d'impôt au fédéral, elles furent reléguées au second plan, sans toutefois que les procédures en fussent interrompues. En 2001, elles aboutirent à un règlement en vertu duquel Cinar s'engageait à rembourser les gouvernements fédéral et provincial une somme de 17,8 millions de dollars, plus une tranche de 2,6 millions à Téléfilm Canada.

Pendant ce temps, la vie continuait sous la direction du nouveau président Barrie Usher qui composait non seulement avec la gestion des affaires courantes, mais avec les attaques en sous-main du couple expulsé contre son gré. Micheline Charest et Ronald Weinberg n'acceptaient pas d'avoir été exclus de la direction de l'entreprise qu'ils avaient fondée et qu'ils considéraient toujours comme leur chose. En outre, ils étaient frustrés de voir leur important capital d'abord déprécié, puis gelé par la suspension des transactions boursières des actions de Cinar.

En 2002, après des tentatives avortées de déstabiliser la nouvelle direction par toutes sortes de moyens, ils contactèrent un administrateur chevronné de la ville de Québec, un homme au-dessus de tout soupçon, qui avait bâti sa longue vie d'homme d'affaires sur une crédibilité sans tache. Ils le convainquirent qu'ils avaient été les victimes innocentes de la vindicte des administrateurs en place et lui demandèrent d'être leur fiduciaire à la prochaine assemblée annuelle des actionnaires. Ils lui

---

[11] Le titre sera radié de la Bourse de Toronto le 21 avril 2000 et du Nasdaq le 2 août suivant. Voir Danielle Morin, *op. cit.*

proposèrent de devenir président du conseil et de constituer une liste présélectionnée d'administrateurs qui remplaceraient ceux qui avaient procédé à leur éviction de la direction de Cinar dans la nuit fatidique du 6 mars 2000. Comme ils possédaient 63 % des droits de vote, la résolution serait adoptée.

Robert Després[12] accepta, et la Commission de valeurs mobilières du Québec[13] (CVMQ) entérina sa nomination, à condition qu'il exerce ses fonctions dans l'intérêt de tous les actionnaires, et pas seulement des deux actionnaires de contrôle. L'organisme imposa par ailleurs à Micheline Charest et Ronald Weinberg une amende de un million de dollars chacun, en plus de leur interdire d'agir comme haut dirigeant ou comme administrateur de quelque société canadienne ouverte que ce soit, et ce, pour une période de cinq ans. Il exigea également que ni l'une ni l'autre n'aient leur mot à dire dans les décisions du président du conseil pendant toute la durée de son mandat, soit cinq ans. Maints observateurs ont considéré la mesure faible.

La voie était ouverte pour le grand coup. La liste d'administrateurs de Robert Després comprenait des noms prestigieux, notamment ceux de Normand Beauchamp, Pierre Desjardins, Fernand Delisle et Marcel Aubut, ancien président des Nordiques de Québec et avocat vedette du cabinet Heenan Blaikie que Luc Beauregard connaissait bien. Au lendemain de l'assemblée des actionnaires qui avait sanctionné la nomination du nouveau président du conseil et l'élection des nouveaux administrateurs, tout laissait croire que le mandataire du couple Charest-Weinberg évincerait tout aussi bien NATIONAL du dossier. Luc Beauregard prit son courage à deux mains et téléphona à Marcel Aubut pour qu'il lui fasse rencontrer en privé Robert Després. La rencontre eut lieu quelques jours plus tard dans les bureaux de Heenan Blaikie.

L'objectif principal de Luc Beauregard était que NATIONAL continue de servir Cinar et son nouveau conseil d'administration dans les dossiers de relations publiques, mais il choisit de le faire cartes sur table.

[12] Détenteur d'une maîtrise en administration des affaires, Robert Després était membre de l'Ordre des comptables en management accrédités et de la Corporation professionnelle des comptables généraux licenciés du Québec. Il a été sous-ministre du Revenu du Québec, président de l'Université du Québec, président du conseil d'Énergie atomique du Canada et de Produits forestiers Alliance. Au cours de sa carrière, il avait été administrateur de plusieurs sociétés.

[13] Aujourd'hui désignée sous le nom d'Autorité des marchés financiers (AMF).

Après avoir félicité Robert Després de sa nomination, il se mit en frais de lui confier son point de vue personnel sur Micheline Charest et Ronald Weinberg, ainsi que sur la façon dont ils agissaient en coulisses pour saborder le travail du président Barrie Usher et de ses collaborateurs. Il considérait que ce comportement nuisait grandement à l'entreprise elle-même et que les pires ennemis de l'entreprise étaient ceux qui l'avaient élu à la présidence du conseil.

Robert Després tomba des nues. Il se sentait floué par les deux actionnaires de Cinar qui voulaient l'utiliser à leurs fins personnelles, contre l'intérêt de l'entreprise. Ce fut pour lui un changement radical de perspective. Il affirma à Luc Beauregard que s'il avait su ce qu'il lui révélait, il n'aurait jamais accepté d'agir comme fiduciaire du couple et ne serait donc pas maintenant président du conseil de Cinar. Il se trouvait toutefois plongé dans cette situation, et il était de sa responsabilité et de son devoir d'agir avant tout dans l'intérêt de l'entreprise et des autres actionnaires. Il garda NATIONAL comme firme de communication du conseil et de Cinar. Luc Beauregard voua une très grande admiration à Robert Després qui assurera la direction de l'entreprise avec courage et détermination contre ceux-là mêmes qui l'avaient nommé.

Robert Després eut tôt fait de connaître le même sort que Barry Usher. Micheline Charest et Ronald Weinberg donnaient des entrevues pour se plaindre des mauvaises décisions de la direction qui, disaient-ils, plombait la valeur de Cinar pour les actionnaires. Les médias accouraient. Éventuellement, le couple s'y prit autrement pour miner l'équipe de Robert Després. Ils s'entendirent avec un gestionnaire d'un fonds spéculatif californien, l'Américain Robert Chapman, pour attaquer la crédibilité financière de Cinar dans les journaux. Des annonces pleine page furent publiées dans le *Globe and Mail* où l'on voyait la photo de Robert Després décrit comme un incompétent dépassé par les événements et entouré d'administrateurs ineptes qui menaient tous ensemble l'entreprise à sa perte.

La nouvelle direction de Cinar avait beau réagir, ces coups sournois portaient. En même temps, l'entreprise avait à faire face à plusieurs poursuites en recours collectif intentées par des investisseurs canadiens et américains qui lui reprochaient de les avoir mal informés sur l'utilisation de prête-noms canadiens et d'avoir ainsi fait gonfler artificiellement les résultats financiers de l'entreprise. Une entente hors cours fut éventuellement signée en vertu de laquelle Cinar dut verser 25 millions de dollars aux plaignants. La situation financière de l'entreprise se détériorait. Pour renflouer ses coffres, elle se vit forcée de vendre certains de ses actifs aux plus offrants, entre autres une entreprise de livres scolaires et une autre de bandes dessinées éducatives. En fait, les pires ennemis de Cinar, laquelle tentait envers et contre tous de se sortir de la tourmente, étaient ses fondateurs et anciens dirigeants qui, après l'avoir placée dans des situations scandaleuses ne voulaient pas lâcher le morceau et lui mettaient constamment des bâtons dans les roues.

Même si les actions de Cinar étaient radiées des marchés boursiers, l'entreprise devait continuer à fonctionner le plus normalement possible et à publier des rapports financiers dont la communication faisait partie du mandat de NATIONAL. Nathalie Bourque, directrice du groupe de pratique Relations investisseurs à NATIONAL, consacrait pratiquement tout son temps au dossier. Il fallait rebâtir la crédibilité de l'entreprise auprès du public et des organismes subventionnaires. En faisant valoir son potentiel de rentabilité inexploité, il fallait également convaincre les investisseurs que Cinar pouvait être éventuellement vendue à un prix plus élevé que celui qui était alors évalué dans les circonstances. Mais d'autres bouleversements étaient encore à venir.

En septembre 2002, considérant qu'il avait rempli ses tâches de transition, Barrie Usher, le président nommé d'urgence dans la nuit du 6 mars 2000, annonçait sa démission. Il sera remplacé par intérim par le premier vice-président et chef de la direction financière George Rossi, le successeur de Hasanain Panju. Il fallait donc trouver un nouveau président. Cinq mois s'écouleront avant que le candidat ne soit choisi. Stuart Snyder entrera en poste en février 2003.

En juillet 2003, Micheline Charest et Ronald Weinberg récidivèrent. Ils présentèrent une requête auprès de la CVMQ demandant de remplacer Robert Després par un nouveau fiduciaire de leur choix en la personne de Noubar Boyadjian, un comptable expert en faillites de Montréal. Certains journaux affirmèrent qu'ils agissaient encore de concert avec Robert Chapman, le financier américain détenant 8 % des actions, dans le but de vendre l'entreprise le plus tôt possible aux plus offrants. Robert Després, qui avait affirmé dès le départ vouloir s'en tenir au mandat que la CVMQ lui avait confié, c'est-à-dire agir dans l'intérêt de tous les actionnaires, et non exclusivement de ceux du couple Charest-Weinberg, ne faisait plus l'affaire de ce dernier, d'autant plus qu'il avait maintes fois exprimé son intention de redresser les finances de l'entreprise à des niveaux acceptables avant d'envisager de la mettre en vente. La CVMQ rejeta la requête du couple. Entretemps, Cinar s'était qualifiée à nouveau pour le Programme de droits de diffusion du Fonds canadien de télévision dont elle avait été bannie pendant plus de deux ans pour les raisons que l'on sait. Mais Micheline Charest et Ronald Weinberg étaient pressés de toucher ce qui restait de leurs capitaux gelés.

En plus de la coordination de la publication des rapports financiers trimestriels et annuel, le mandat de NATIONAL comprenait l'organisation de conférences de presse *ad hoc*, convoquées au gré des crises, la tenue de l'assemblée annuelle, des conseils stratégiques dans les relations et les communications avec les investisseurs, ainsi que l'annonce des règlements reliés aux nombreuses poursuites, de la sortie de nouvelles productions et de l'augmentation des indices de rentabilité de l'entreprise.

En mars 2004, on annonçait que Cinar Corporation avait été vendue à un groupe d'investisseurs majoritairement canadiens pour la somme de 140 millions de dollars américains, soit 3,60 $ US par action, plus les frais de litige équivalant à 1 $ l'action. Micheline Charest et Ronald Weinberg auraient touché dans cette transaction 18 millions de dollars américains. Afin de bien marquer que l'entreprise entrait dans un temps nouveau, les nouveaux propriétaires ontariens changèrent le nom de Cinar Corporation pour Cookie Jar Group.

Étant donné que peu de temps avant, les actions étaient évaluées 2 $ tout au plus, Luc Beauregard considère que NATIONAL a très bien rempli son mandat à la fois complexe et délicat, qui consistait à défendre l'entreprise contre ses fondateurs, tout en aidant à projeter de l'entreprise et de son équipe de direction une image conforme à la réalité – et sanctionnée par le marché –, soit celle d'administrateurs et de gestionnaires compétents, ayant réussi dans des circonstances extrêmement difficiles, à créer de la valeur pour l'entreprise et pour les actionnaires. Il souligne avec fierté que pendant ces temps troublés, NATIONAL a été retenu pour continuer de servir l'entreprise sous quatre présidences (le couple Charest-Weinberg, Barrie Usher, George Rossi et Stuart Snyder) et quatre présidents du conseil, à savoir Micheline Charest, Lawrence Yelin et Robert Després, ainsi que Raymond McManus[14], un administrateur de longue date qui occupera brièvement le poste.

---

[14] Raymond McManus sera nommé en 2002 président et chef de la direction de la Banque Laurentienne où il siégeait comme administrateur depuis 1988. Il remplaçait Henri-Paul Rousseau nommé président de la Caisse de dépôt et placement du Québec. Il occupera le poste jusqu'à sa retraite, en novembre 2006.

Le 14 avril 2004, soit à peine un mois après la vente de Cinar, on annonçait que Micheline Charest était morte, dans la nuit, à l'hôpital Notre-Dame de Montréal, à l'âge de 51 ans. Lors de ses funérailles, ses derniers amis vantèrent la détermination de cette battante qui avait trouvé la mort à la suite d'une opération de chirurgie esthétique. Elle avait insisté auprès de son chirurgien d'une clinique privée pour qu'il procède à trois opérations en même temps, une procédure très rare (*face lift*, réduction mammaire et exérèse d'un grain de beauté sur l'abdomen), parce qu'elle voulait tout faire d'un coup pour ne pas perdre de temps. La triple opération s'était bien déroulée, mais au moment du réveil, Micheline Charest était tombée dans le coma et transportée d'urgence à Notre-Dame, où l'on ne réussit pas à la ranimer. En 2007, la journaliste Francine Pelletier lançait un documentaire aux Productions Virage sur ce destin troublant et tragique. Le titre était évocateur : *Micheline Charest : la femme qui ne se voyait plus aller*.

Luc Beauregard raconte que quelques mois plus tard, il reçut la visite d'un collaborateur de John Xanthoudakis alors lui-même en pleine crise, lui demandant de s'occuper de son dossier de communication. Le président de NATIONAL manifesta de l'intérêt, mais il posait ses conditions. Il était prêt à accepter le mandat, mais le président de Norshield devait venir le voir et prendre tout le temps qu'il faudrait pour lui raconter le fin mot de toute l'histoire de cette autre entreprise dont les activités se sont révélées frauduleuses. Il voulait entendre les faits – la vérité – de sa bouche, sinon, il ne pouvait pas travailler pour lui. Selon toute vraisemblance, le collaborateur transmit le message mot à mot, mais Luc Beauregard n'en entendit jamais parler.

Après plusieurs années d'enquête, les quatre complices Ronald Weinberg, Hasanain Panju, John Xanthoudakis et Lino Matteo[15] furent finalement arrêtés en mars 2011 sous 36 chefs d'accusations de fraudes, d'usage de faux et de production de prospectus erronés. Au moment de publier ces pages, ils n'ont pas encore été déclarés coupables, mais leur saga se poursuit… sans NATIONAL.

---

[15] Ils sont aussi poursuivis pour d'autres fraudes et leurs entreprises ont fermé boutique.

CHAPITRE 14

UN CHOIX STRATÉGIQUE :
UN SEUL MÉTIER,
LES RELATIONS PUBLIQUES

La même table fleurie. Le service toujours impeccable du Jardin du Ritz. Les cygnes blancs dans l'étang, les lilas bleu pervenche. L'odeur de printemps. Un souvenir désagréable. Une porte qui se ferme… Sauf qu'aujourd'hui, les rôles sont inversés.

En cette journée de célébration d'avril 1995, Luc Beauregard ne peut s'empêcher d'avoir une pensée pour Roger Nantel, dont l'aventure en affaires avait si mal tourné[1]. En 1976, soit dix-neuf ans plus tôt, le même repas s'était terminé sur une séparation définitive d'avec son ancien associé. Seul, forcé de repartir à zéro, il ne pouvait compter que sur sa propre détermination, sa courte pratique en relations publiques et ses expériences passées de journaliste, de conseiller spécial auprès d'un ministre et de patron de journal. Tandis que là, au même endroit, l'invitation à dîner était en quelque sorte la confirmation joyeuse de la réussite éclatante qui s'en était suivie, pour lui. En plus, il éprouvait la douce impression que ce n'était qu'un début.

Cette rencontre festive était l'aboutissement de négociations entreprises cinq mois plus tôt. À quelques jours de Noël 1994, Luc Beauregard avait reçu un appel en provenance de New York. Marc Bromberg, chef de la direction financière de la société mère américaine Burson-Marsteller, voulait le rencontrer d'urgence à Montréal, le plus tôt possible. Perplexe, le président de NATIONAL se perdait en conjectures.

Que pouvait bien lui vouloir le dirigeant américain de ce qui avait été dix ans plus tôt le plus grand bureau de relations publiques au Canada ? Bien sûr, il pouvait avoir pris ombrage du fait que NATIONAL ait puisé, au fil des ans, dans ce bouillant bassin de conseillers aguerris ou prometteurs pour garnir ses effectifs. Il songeait à Daniel Lamarre, venu du bureau de Montréal, à Ed Gould et David Weiner de celui de Toronto, et à Lina Ko en provenance de Hong-Kong et de New York : tous sortaient du giron de cette puissante firme aux ramifications internationales.

Mais qu'aurait-il pu y faire ? C'était le jeu du marché et des affaires ! Comme les États-Unis, le Canada est un pays libre. Après tout, chacun peut quitter son emploi si l'herbe devient plus verte ailleurs. Voulait-il le rencontrer pour lui reprocher des ponctions dans son trésor de guerre ? Pour se plaindre de maraudage indu ? Pour ouvrir les hostilités ? Puisque NATIONAL l'avait doublée au point que le bureau canadien de Burson-Marsteller se retrouvait maintenant moins florissant, la société mère voulait-elle acheter NATIONAL pour récupérer, par la bande, le terrain perdu ? Auquel cas, nul doute qu'il se braquerait. Pour Luc Beauregard, il était hors de question de s'amputer de son entreprise à ce moment-ci de sa croissance, quel que fût le tribut qu'il en recueillerait.

---

[1] Voir le chapitre 9.

Ce midi-là, la chaleureuse poignée de main et le ton engageant des civilités échangées de part et d'autre le convainquirent d'emblée qu'au contraire, la rencontre serait fertile. En fait, ce que le chef des opérations financières de Burson-Marsteller voulait lui proposer, c'était non pas de faire main basse sur NATIONAL, mais à l'inverse, de lui céder ses propres opérations canadiennes, qui battaient de l'aile, en échange d'une participation minoritaire dans NATIONAL.

Pour Luc Beauregard, ce fut une surprise à couper le souffle. Jamais il n'aurait imaginé, dix ans plus tôt, un tel scénario. À l'époque, Burson-Marsteller comptait deux fois plus d'employés que NATIONAL et dominait le marché canadien ! Une telle offre méritait réflexion, mais selon son réflexe habituel, il ne perdit pas de temps à tergiverser. Une entente de principe fut signée à la fin de février 1995 et NATIONAL absorberait les opérations de Burson-Marsteller au Canada dès le mois d'avril suivant. C'est donc ce que Marc Bromberg et Luc Beauregard célébraient ensemble au champagne, autour d'une bonne et belle table, en cette douce journée de printemps hâtif de 1995.

Sur les cinquante employés en poste au Canada, NATIONAL avait le choix de trier sur le volet ceux qu'il voulait engager. Il fut décidé d'en garder une bonne trentaine, dont deux à Montréal, quatre à Ottawa et une vingtaine à Toronto. Ce fut une merveilleuse opération, se souvient Luc Beauregard, que de grossir tout d'un coup l'entreprise de trente professionnels, tous occupés à plein temps avec des clients. Un petit nombre d'entre eux refusèrent de se joindre à NATIONAL. Ce fut notamment le cas à Vancouver où les dirigeants claquèrent la porte et partirent à leur compte en protestation, soutenaient-ils, pour un bris d'engagements de Burson-Marsteller à leur égard. C'était l'occasion d'ouvrir à Vancouver un bureau de NATIONAL, qui n'y était pas encore, à partir du petit noyau restant, composé, pour l'essentiel, de quelques employés de soutien. Le recrutement fut relativement facile grâce à une recommandation d'un cadre supérieur de Burson-Marsteller, ce qui permit d'engager rapidement Gary Ley comme associé directeur, qui était bien au fait de la mentalité « *laid back* » des Vancouverois, puisqu'il en était un lui-même.

À cause du décalage horaire, la synchronisation des activités pose un problème de communication puisque lorsque le bureau de Montréal ouvre, celui de Vancouver est encore plongé dans la nuit, et quand midi sonne, annonçant l'heure du lunch pour Québec, Montréal, Ottawa et Toronto, à Vancouver, les employés entreprennent leur journée, l'interrompant à l'heure du midi, juste au moment où leurs vis-à-vis de l'Est rentrent chez eux. L'été, l'appel du large à quinze heures de l'après-midi, surtout le vendredi, se fait silencieusement strident par beau temps dans la rade étale des voiliers de Vancouver, alors que le week-end est déjà commencé dans les bureaux de l'Est du pays.

La vie du bureau de Vancouver a été marquée par l'acquisition de Labrador Communications en 2001, ce qui a eu pour effet de doubler les effectifs d'un coup. À cette occasion, les deux cofondateurs de ce cabinet local, Marcia Smith et Randy Wood, ont remplacé Gary Ley, qui avait entre-temps réorienté sa carrière vers le recrutement de cadres. À titre respectif d'associée directrice et de vice-président principal, ils ont eu à gérer l'intégration des équipes. Sous la direction de Marcia Smith, le bureau de Vancouver a été appelé à jouer un rôle de premier plan dans le cadre de l'ALENA, lors de l'important contentieux Canada – États-Unis dans le dossier du bois d'œuvre qui dura plusieurs années. Marcia Smith était de tous les meetings des sociétés forestières et associations canadiennes de fabricants, assurant la coordination des communications tant au Canada qu'aux États-Unis, souvent avec la collaboration de collègues américains de Burson-Marsteller.

Plus récemment, ce sont les Jeux olympiques d'hiver de 2010 qui ont accaparé les conseillers de Vancouver dont les clients étaient nombreux à vouloir profiter des occasions reliées à l'événement international.

Par ailleurs, la capitale de la province étant située sur l'île de Vancouver, NATIONAL-Vancouver ouvrit un petit bureau à Victoria en 2002. À l'instar des villes capitales Québec et Ottawa, il devenait opportun de faire des représentations de clients sur place, auprès du gouvernement de la Colombie-Britannique. En 2010, Maria Smith fut recrutée par un client, la grande société minière Teck Resources, de Vancouver, qui possède des exploitations à travers la planète. Une collègue de longue date, Zdenka Buric, prit la relève à la direction du bureau.

En plus du droit d'utiliser son affiliation à Burson-Marsteller, l'entente comprenait une participation à 50 % dans la firme de recherche Compas d'Ottawa, dont NATIONAL se défera assez rapidement. Mais elle comprenait surtout la propriété complète de la filiale canadienne de la firme américaine Cohn & Wolfe.

NATIONAL obtenait ainsi l'accès à un autre important réseau international dans le domaine des relations publiques[2]. Il faut savoir que la société américaine Cohn & Wolfe est elle-même une importante firme de relations publiques appartenant, comme sa société sœur Burson-Marsteller, à l'agence de publicité Young & Rubicam. Comptant une quinzaine de bureaux aux États-Unis et ailleurs dans le monde, Cohn & Wolfe a aussi son siège à New York. Grâce à la transaction, NATIONAL acquérait le bureau de Toronto de Cohn & Wolfe qui comptait une dizaine d'employés, une opération qui se révéla très profitable pour NATIONAL. Comme NATIONAL comptait désormais un puissant affilié américain et international en Burson-Marsteller, son nouveau bureau de Cohn & Wolfe|Toronto était affilié au réseau Cohn & Wolfe Worldwide.

Il fut décidé non seulement d'acquérir le bureau de Cohn & Wolfe à Toronto, mais de préserver son caractère d'entité administrative complètement indépendante de celui de NATIONAL, à telle enseigne qu'il arrive souvent que les deux firmes, qui se toisent parfois telles des rivales, s'affrontent dans des appels d'offres. La formule s'est révélée gagnante, puisque ensemble, le bureau de NATIONAL à Toronto et le bureau de Cohn & Wolfe à Toronto dominent le marché de la Ville reine.

Constatant les avantages, dans la métropole ontarienne, d'avoir deux réseaux indépendants l'un de l'autre, Luc Beauregard fit de même à Montréal. Il mit sur pied le pendant montréalais de Cohn & Wolfe, dont la direction fut confiée à un associé de NATIONAL, André Bouthillier, qui se cherchait alors un nouveau défi. Ce dernier préférait appeler cette nouvelle firme Pyramide mais, après son départ, on opta pour le nom de Cohn & Wolfe|Montreal. À l'instar de ce qui se produit à Toronto, les deux filiales sont gérées de façon complètement indépendante. Avantage non négligeable : lorsque de nouveaux mandats présentent des possibilités de conflits d'intérêts, il devient possible de les référer à l'un et l'autre réciproquement, évitant ainsi de devoir abandonner le client à une entreprise concurrente. À l'occasion, il arrive aux deux firmes de s'échanger des employés selon les besoins des entreprises et le désir des employés de relever de nouveaux défis.

---

[2] Comme pour les cabinets de comptables, de consultants et d'avocats, la tendance est à l'internationalisation des activités. En 2000, la société Y & R, devenue cotée en Bourse, fut acquise par le géant mondial des communications WPP, lequel est aujourd'hui l'actionnaire minoritaire de NATIONAL.

Après Vancouver, c'est la ville de Calgary qui fut la cible de NATIONAL en 1997. Centre majeur d'activité pétrolière, la ville est faite d'entreprises dont la rentabilité dépend étroitement du prix du pétrole. Au début, il fut difficile pour NATIONAL de recruter du personnel à cause de l'instabilité des cours de l'or noir dans ces années de volatilité provoquée par la guerre du Golfe de 1990-1991 et ses conséquences sur l'économie mondiale et l'approvisionnement pétrolier. Luc Beauregard raconte que le matin où il devait signer le bail des locaux qu'il avait visités la veille, le courtier en immeubles se désista à quelques minutes d'avis parce qu'il avait trouvé un client prêt à payer 1 $ de plus le pied carré, car le prix du pétrole avait connu en 24 heures une hausse appréciable.

C'est dans un tel contexte que, faute pour NATIONAL de trouver un associé directeur pour Calgary, David Weiner du bureau de Toronto présenta à Luc Beauregard la propriétaire d'un petit bureau de relations publiques de cette ville. Beth Diamond avait fondé sa firme éponyme quelques années auparavant. Les pourparlers aboutirent à une partici- pation minoritaire dans ce qui s'appela un temps NATIONAL-Diamond, noyau de base de ce qui deviendra NATIONAL-Calgary à la faveur d'une prise de participation majoritaire quelques années plus tard. Le bureau de NATIONAL à Calgary se spécialise, il va de soi, dans le secteur du pétrole et du gaz, ce qui comprend les consultations publiques pour l'exploitation de sites pétroliers, les relations avec les investisseurs et une abondante production de rapports annuels. Tout le monde connaît Beth Diamond à Calgary, reine de la communication dans le secteur de l'énergie et directrice nationale de la pratique Énergie et Ressources naturelles de NATIONAL.

NATIONAL compte également une solide présence dans l'Atlantique grâce à sa participation croissante dans le capital de la firme MT&L qui a ses bureaux à Halifax, en Nouvelle-Écosse, et à Saint John, au Nouveau-Brunswick. Tout récemment, MT&L/NATIONAL a ouvert un bureau à St. John's, Terre-Neuve. Quant au premier petit bureau de NATIONAL à New York, il se spécialise dans les relations avec les investisseurs. L'objectif premier de ce satellite est notamment d'appuyer les démarches des clients canadiens de NATIONAL désireux de percer le marché financier à New York, en plus de servir des entre- prises américaines.

Collection privée.

Les employés de NATIONAL lors d'une réunion d'employés à l'occasion
du 15ᵉ anniversaire de fondation, au Ritz-Carlton.

À Londres, NATIONAL a fait comme à Toronto vingt ans plus tôt et a recruté un dirigeant pour bâtir un bureau à partir de zéro. Appelée AXON Communications et spécialisée dans le domaine de la santé, la firme offre des services de relations publiques, de communication médicale et de services-conseils en recherche clinique[3]. L'associé directeur du bureau d'AXON à Londres, Ralph Sutton, était auparavant directeur général de la division européenne des soins de santé de Burson-Marsteller, après avoir été le directeur général de B.-M. à Sydney, en Australie. Étant donné l'importance de Londres dans le secteur de la santé, le bureau AXON U.K. obtient des mandats d'envergure internationale, servant beaucoup de sociétés basées sur le continent européen. AXON U.K. a maintenant un pendant aux États-Unis avec le bureau appelé AXON U.S. qui vient d'inaugurer de nouveaux bureaux dans Westchester County, au nord de la ville de New York. Tout récemment, AXON a engagé une employée permanente à Copenhague, au Danemark, pour collaborer au service de ses clients danois et européens.

---

[3] Nous en reparlerons au chapitre 17 portant sur la société BioChem Pharma.

Au chapitre du fonctionnement interne, à l'instar de nombreuses firmes de communication, NATIONAL avait mis sur pied, en 1987, son propre service de design graphique pour des raisons pratiques. On avait estimé plus facile d'avoir une expertise sur place répondant aux besoins des clients. En y greffant des activités de publicité corporative, il fut décidé de créer une agence séparée de NATIONAL qu'on baptisa *pdg stratégie concept*. Dirigée par Francis Armstrong, un publicitaire connu, ex-client de Daniel Lamarre et neveu de Luc Beauregard, *pdg* compta à terme une quinzaine d'employés spécialisés en design graphique et en création publicitaire. En 2001, l'occasion s'est présentée d'intégrer *pdg* à l'agence de publicité Bleu Blanc Rouge, dans laquelle NATIONAL détiendra une participation minoritaire avant de céder toutes ses actions à Francis Armstrong et à l'agence, en 2006, pour permettre à du sang neuf d'assurer une relance de Bleu Blanc Rouge.

En plus des approches professionnelles fondamentalement différentes entre les relations publiques et la publicité, la rupture découlait en fait d'une décision stratégique de Luc Beauregard de recentrer les activités exclusivement sur les relations publiques.

La même perspective fut appliquée à deux autres filiales qui s'étaient ajoutées successivement au fil des années, au hasard d'occasions d'affaires. Il s'agit des sociétés Verbatim et Baromètre.

La première avait été fondée en 1988. À la suite d'une tentative avortée de prise de participation dans la société Caisse Chartier, spécialisée dans l'enregistrement et les transcriptions de nouvelles radio et télé, Luc Beauregard se tourna vers sa rivale, Bowdens, dirigée par Henri Comte. Cette filiale de Maclean-Hunter venait de s'installer à Montréal pour offrir le même service que Caisse Chartier. Constatant le potentiel prometteur du marché de la transcription de nouvelles, Luc Beauregard proposa à Henri Comte, un entrepreneur dans l'âme, de devenir partenaire dans la création d'une troisième entreprise de transcription. Celui-ci accepta et Luc Beauregard baptisa la société du nom de Verbatim (mot latin signifiant mot à mot), qui vit le jour dans le paysage montréalais aux côtés de Caisse Chartier et Bowdens.

Le chiffre d'affaires de Verbatim, que NATIONAL recommandait systématiquement à ses clients, augmenta rapidement au point où Maclean-Hunter proposa à Luc Beauregard de fusionner Bowdens à Verbatim, regroupant ainsi sous un même parapluie les quatre-vingts employés répartis dans les deux entreprises à Montréal et à Québec.

Les affaires allaient très bien pour Verbatim, et Luc Beauregard voyait d'un bon œil cette croissance, jusqu'au jour où il apprit que les employés avaient entrepris de se syndiquer et que leur négociateur syndical serait nul autre que… Paul Rose.

Ce seul nom suffit à ramener Luc Beauregard vingt-cinq ans en arrière, à l'époque de l'enlèvement, par les membres du FLQ, de Pierre Laporte, dont Paul Rose avait reconnu être un des ravisseurs et meurtriers[4]. Arrêté le 29 décembre 1970 dans le village de Saint-Luc où il s'était caché avec d'autres membres du FLQ, il fut condamné à perpétuité le 31 mars 1971. Onze ans plus tard, le 20 décembre 1982, il sortait de prison après s'être vu accorder une libération conditionnelle. Il reprit alors ses activités de militant souverainiste et de syndicaliste. Il se joignit à la CSN, participant de près à la fondation du journal de combat *L'aut'journal*, en 1984.

Lorsque Luc Beauregard sut que les employés de Verbatim voulaient se syndiquer et que Paul Rose était leur représentant syndical, il fut extrêmement déçu. Voilà toute la récompense, se dit-il, que lui valait le fait d'avoir créé 80 emplois, souvent occupés par du personnel très instruit mais sans travail malgré leurs diplômes. L'avocat Guy Tremblay, devenu associé directeur de Heenan Blaikie, lui arriva avec une proposition : le cabinet d'avocats avait des clients qui cherchaient à faire l'acquisition d'une entreprise. Luc Beauregard n'avait oublié ni les pénibles événements d'octobre 1970 ni ses durs pourparlers avec les quatorze syndicats des employés du *Montréal-Matin*, quelques années après[5]. Il ne voulait qu'une chose : sortir NATIONAL de l'affaire. Il sauta sur l'offre de Guy Tremblay. C'est ainsi que Verbatim fut vendue en 1996, à perte. Il n'y avait pas de prix pour se sortir de là. Éventuellement, la technologie changea radicalement ce type de métier et Verbatim fut revendue.

Quant à BAROMÈTRE, elle a été fondée l'année même de la vente de Verbatim comme prolongement du service interne de recherche dont NATIONAL s'était doté en 1990. L'objectif était de fournir au cabinet les données nécessaires pour mieux cibler les attentes et les publics visés par ses clients, et mesurer à postériori l'impact de campagnes de communication au moyen de sondages et de veilles médiatiques. Luc Beauregard

---

4   Voir le chapitre 5.

5   Voir le chapitre 8.

s'enorgueillit d'ailleurs que NATIONAL ait été la première firme de relations publiques à se doter d'un tel service interne. Il affirme que Doris Juergens, documentaliste récupérée lors de la fermeture par Quebecor du quotidien *Montreal Daily*, a ni plus ni moins inventé la fonction de directrice de la recherche au service d'une firme de relations publiques au Canada[6].

Pour fonder BAROMÈTRE, NATIONAL s'est associé à René Pelletier, un professionnel du domaine qui avait été l'un des dirigeants de SORECOM, une grande maison de sondage qui avait connu ses heures de gloire. Comme pour Cohn & Wolfe, il s'agissait d'une entité indépendante de NATIONAL, qui continuait de servir les clients de Pelletier.

Peu à peu, en comparant d'une part, les apports directs de BAROMÈTRE et de la société de recherche Compas d'Ottawa greffée à l'entente avec Burson-Marsteller, et d'autre part, la nature périphérique des activités des filiales Verbatim, *pdg stratégie concept* et éventuellement Bleu Blanc Rouge, Luc Beauregard arriva à un constat irréfragable : il fallait recentrer la mission du cabinet autour de son métier de base, les relations publiques, en fait la seule activité de communication où l'entreprise avait une offre réellement distincte, apportant une valeur ajoutée aux clients. Il s'imposait en revanche de maintenir les liens privilégiés avec BAROMÈTRE et d'autres firmes de recherche. Il considérait en effet comme un avantage imparable, pour un cabinet de relations publiques, de pouvoir dresser rapidement un portrait précis des points de vue des parties prenantes concernées dans les mandats. Aujourd'hui, NATIONAL compte dans ses rangs Bruce Anderson, un des grands noms de la recherche au Canada, ancien patron d'Earnscliffe et de Decima Research.

---

[6] Doris Juergens est aujourd'hui présidente de l'Équipe de leadership numérique de NATIONAL après avoir été directrice de la recherche, et a été présidente du Comité des politiques nationales et des ressources humaines en remplacement de Francine La Haye. Son rôle est maintenant d'intégrer les communications numériques aux activités de développement des affaires à l'aide de webinaires et de pages intranet conçus à l'intention des employés qu'on encourage à «penser numérique». L'accent est également mis sur les communications externes, notamment par le biais de webinaires offerts aux clients et de blogues figurant sur le site Web de NATIONAL de même que sur les pages Twitter et Facebook de la firme. Le recrutement comme directeur, Communication numérique, du réputé journaliste Bruno Guglielminetti, spécialiste des nouvelles technologies, illustre l'importance que NATIONAL accorde à l'utilisation des réseaux et médias sociaux pour ses clients, y compris le monitorage et l'analyse des conversations qui s'y tiennent concernant les relations investisseurs, sans oublier les campagnes intégrées de communication médias.

Dans des dossiers de gestion d'enjeux, qui est une spécialité de NATIONAL, les sondages sont une étape préliminaire obligée. Il faut évaluer rapidement l'opinion des publics touchés avant d'élaborer un plan d'intervention efficace dont les différents volets seront ensuite monitorés en continu. Ce suivi étroit permet alors de confirmer le plan d'intervention ou d'ajuster rapidement le tir si nécessaire. Le projet SM-5, en 1995, avait fait clairement ressortir cet avantage stratégique[7].

Au fur et à mesure que se succédaient ces expériences éclairantes pour la suite des choses, Luc Beauregard se construisait une vision nette de ce que devait être NATIONAL. Contrairement à d'autres grandes firmes de communications qui misent sur la « convergence » en faisant cohabiter en leur sein des services de relations publiques, de publicité, de design, de production audiovisuelle, de graphisme, de commandites et autres services afférents, NATIONAL creuserait délibérément un seul sillon, plus étroit mais plus profond. À l'avenir, NATIONAL se définirait comme un cabinet de relations publiques. Point à la ligne. Et non de « communications » qui, de l'avis du fondateur de NATIONAL, sont des outils de la discipline des relations publiques.

En 1996, Luc Beauregard en était venu à la conclusion que la stratégie de la « convergence » embrassée par une agence comme Cossette ne convenait pas à NATIONAL. Il faisait le pari que les dirigeants des grandes entreprises, qui constituent le gros de sa clientèle cible, préfèrent faire affaire avec des spécialistes du domaine dans lequel ils œuvrent. En confiant leurs dossiers de relations publiques à un conseiller, ils s'attendent à ce qu'il connaisse parfaitement l'état des lieux dans les pratiques, les connaissances et les développements de leurs secteurs d'activité. Ils veulent qu'il puisse saisir et prendre en compte rapidement les enjeux liés aux mandats qu'ils lui confient, sans perdre de temps à expliquer le contexte au préalable. Luc Beauregard fait le parallèle avec le malade qui s'oriente rapidement vers un spécialiste si son état de santé devient le moindrement complexe ou urgent. Il compare également les services de relations publiques à ceux offerts par les grandes firmes d'avocats conseils qui ne font que du droit tout en étant spécialisées par champ de pratique afin de mieux répondre aux besoins pointus de leurs clients.

---

7 Ce rôle a été décrit au chapitre 11 dans le dossier SM-5.

NATIONAL, tel que son président-fondateur le conçoit, fait ainsi bande à part parmi les autres firmes de « communications », un terme que Luc Beauregard choisit de ne pas utiliser, préférant parler de « relations publiques », même si l'expression n'a pas la cote. Ce refus de la convergence représente pour sa firme un choix délibéré, éclairé et assumé envers une profession que lui et ses conseillers sont fiers de pratiquer et qui s'affichent résolument comme tels. Désormais, NATIONAL ne se laisserait pas distraire par des aventures périphériques, si courtes et rentables fussent-elles, et se concentrerait uniquement sur ce qu'elle fait de mieux : les relations publiques.

Il restait à faire valoir aux associés principaux du cabinet les avantages de cette nouvelle stratégie allant à contre-courant. Le repositionnement aurait des répercussions sur plusieurs dimensions de l'entreprise et notamment sur là où les énergies seraient mises à l'avenir.

Le terreau était fertile au changement puisque les conséquences de l'entente Burson-Marsteller, ajoutée à l'ouverture de nouveaux bureaux partout au Canada, présentaient de nouveaux défis au niveau de la cohésion des processus et marches à suivre au sein des bureaux et d'un bureau à l'autre. En priorité, il fallait raffermir le code d'éthique qui mettrait le nom et la crédibilité de NATIONAL à l'abri de toute attaque éventuelle.

À l'aube du XXIe siècle, un grand chantier de réflexion fut donc enclenché chez NATIONAL dont le réseau s'étendait maintenant de l'Atlantique au Pacifique, en passant par New York et bientôt Londres. Or, la Terre n'arrêtait pas de tourner pour autant, et les mandats devenaient de plus en plus complexes, intéressants et confidentiels…

CHAPITRE 15

OUVERTURE, FERMETURES...

Au lendemain de Pâques 1997, Daniel Lamarre attend fébrilement Luc Beauregard à son bureau, en fin de journée. C'est congé ce jour-là, et il n'y a personne d'autre au bureau. Dans sa main moite, il tient un bout de papier sur lequel il a griffonné une série de notes qu'il repasse en boucle dans sa tête en se tortillant sur sa chaise. Après quelques minutes qui lui semblent interminables, Luc Beauregard arrive. Voilà maintenant dix ans que Luc Beauregard a nommé Daniel Lamarre vice-président exécutif de NATIONAL, une décision qui en dit long sur les ambitions qu'il entretient pour celui qui est devenu, au gré des mandats, son dauphin.

D'entrée de jeu, Daniel Lamarre vide son sac : « Luc, le groupe TVA m'a fait une offre et… » Luc Beauregard, qui avait déjà perçu le trouble dans l'attitude de son collègue, devine aussitôt le reste de la phrase. Il l'interrompt : « Je comprends. Je te félicite et te souhaite bonne chance. » Cette réaction rapide interloque Daniel Lamarre qui en reste tout interdit : « Je n'en reviens pas, s'exclame-t-il. J'ai passé tout le week-end de Pâques à aligner les raisons pour t'expliquer ma décision. Je les ai ici, sur papier. » Son interlocuteur le rassure : « J'ai quitté un jour une firme de relations publiques dont j'étais un des fondateurs parce que je n'avais pas su résister à l'appel du job rêvé. »

Luc Beauregard avait le cœur brisé du départ de Daniel Lamarre, mais comme capitaine du navire, il devait affronter la tempête et être celui qui rassure et console ses collègues. Même s'il ne le montrait pas, il était très déçu, mais, se disait-il, la roue doit tourner. Aujourd'hui, il perçoit les départs non annoncés de ses conseillers de NATIONAL avec plus de recul et de philosophie qu'à l'époque de celui de Daniel Lamarre, qui l'avait laissé quelque peu déstabilisé. Il les considère comme un phénomène certes parfois déplorable, mais fondamentalement naturel et souvent souhaitable. La formation adéquate d'un conseiller, sur le terrain, peut prendre plusieurs années, ce qui représente un investissement important pour la firme, dont il faut bien sûr cueillir un jour les fruits, mais lorsque les conditions de travail ne correspondent plus aux compétences et aux affinités des principaux intéressés, le tri se fait sans qu'on le force. La plupart du temps, les moins motivés, souvent conscients de leurs limites par rapport à leurs collègues qu'ils voient agir, partent d'eux-mêmes, sans entretenir de regrets ni faire de vague et encore moins de quartier. C'est du moins ce qui arrive chez NATIONAL, affirme fièrement Luc Beauregard. « Et il en est bien ainsi », insiste-t-il. Et la firme reprend souvent les meilleurs, qui souhaitent revenir au bercail.

Dans le cas de Daniel Lamarre, la séparation a été difficile parce qu'il était plus qu'un conseiller : il était le dauphin. Le transfuge de Burson-Marsteller, que Luc Beauregard avait pris un an à recruter, a fait un passage marquant chez NATIONAL notamment comme responsable de comptes comme celui de Molson. Dès son arrivée à la firme en 1984, il avait piloté quelques-uns des plus importants dossiers à Montréal, puis au nouveau bureau de Toronto où le compte Molson représenta une partie importante du chiffre d'affaires des premières années.

Son style flamboyant de communicateur-né se retrouve dans une de ses réalisations les plus médiatisées, soit l'organisation des activités entourant la construction et l'ouverture du Centre Bell, appelé alors Centre Molson, et le déménagement du club de hockey Canadien depuis l'ancien Forum jusqu'au nouvel amphithéâtre.

Le tout commença au début des années 1990, lorsque Luc Beauregard reçut un appel de Ronald Corey[1] qui lui annonçait que la société Molson avait l'intention de se départir du Forum et de construire un nouvel amphithéâtre pour loger le club de hockey Canadien. La Compagnie Molson était alors propriétaire du Club après que la famille l'eut été des décennies plus tôt[2]. Le président du Club voulait préparer le long processus de relations publiques entourant ces événements dans un important mandat visant à faire accepter le projet à tous les publics, une opération qui devait s'étaler sur plusieurs années. Luc Beauregard pensa spontanément à Daniel Lamarre pour piloter le dossier communication de Ronald Corey. Daniel Lamarre adorait le sport, les célébrités sportives et les vedettes en général.

Le premier volet consistait à franchir les étapes de consultation auprès des instances et des groupes concernées par le choix du nouveau site du centre-ville de Montréal, soit un terrain appartenant au CP, jouxtant la gare Windsor. La décision ne faisait pas l'unanimité et des démarches devaient être entreprises pour recueillir d'importants appuis du milieu.

Une fois passées ces étapes obligées aussi importantes que complexes, il s'agissait de planifier toutes les opérations entourant le départ du Forum et l'arrivée au Centre Molson de l'équipe des « Glorieux ». Daniel Lamarre et une armée de vingt conseillers de NATIONAL concoctèrent une série d'événements qui frappent encore aujourd'hui l'imaginaire des Montréalais amoureux de leur club de hockey.

Dans un crescendo devant mener à la semaine d'inauguration, la firme organisa trois conférences de presse : l'une à la première pelletée de terre (1993) ; la deuxième à la présentation de la maquette (1994) ; et la troisième annonçant les activités d'inauguration et le dévoilement du

[1] Ronald Corey est un membre du Club des Quinze dont nous parlerons plus loin.

[2] Les frères Thomas (père d'Eric Molson) et Hartland Molson avaient acquis l'équipe du sénateur Donat Raymond en 1957.

nom du nouveau complexe (1995). En 1996, année de la fin des travaux, une vingtaine d'événements spéciaux se sont déroulés, entre autres la vente de sièges du vieux Forum[3]; des visites destinées aux employés et aux commanditaires; la cérémonie de fermeture du Forum; le grand défilé du déménagement dans les rues de la ville; une soirée de préouverture; l'inauguration officielle un samedi soir de hockey; et finalement la journée portes ouvertes au public le lendemain de l'inauguration officielle.

Les Montréalais ont répondu nombreux à la vente annoncée des sièges du Forum visant à autofinancer les activités. L'événement a connu un succès spectaculaire et l'objectif a été atteint à 150 %. En effet, les 12 000 sièges ont tous été vendus et l'encan bénéfice d'objets symboliques de ce qu'on appelait le «Temple du hockey» a rapporté 400 000 $, soit le double des projections les plus optimistes, ce qui a permis à Centraide du Grand Montréal et à l'Association des anciens joueurs du Canadien de recevoir respectivement les sommes de 300 000 $ et de 100 000 $. Quelque 500 personnes ont acheté des objets lors de l'encan, qui avait attiré plus de 5000 curieux. On évalue en outre à 50 000 le nombre de personnes ayant assisté au défilé du déménagement. Quant à la journée portes ouvertes, elle a attiré 150 000 visiteurs, soit trois fois plus que prévu.

L'inauguration officielle du Centre Molson s'est faite en présence de milliers de personnages influents et autres VIP provenant du milieu des affaires et des différents ordres de gouvernements. Daniel Lamarre avait invité le capitaine de l'équipe Pierre Turgeon à présenter, au centre de la glace, le flambeau transmis de capitaine en capitaine lors de la cérémonie de fermeture du Forum, le 11 mars 1996. Ce soir-là, la foule a offert à Maurice «Rocket» Richard une ovation debout qui dura 16 minutes. Quatre jours plus tard, soit le 15 mars, Maurice Richard se présentait à nouveau à la foule lors du match d'inauguration au Centre Molson. Encore une fois, la magie opéra et ce fut un autre délire, au grand plaisir de Daniel Lamarre.

[3] Ouvert le 29 novembre 1924, le Forum avait été construit au coût de 1,5 million de dollars par la Canadian Arena Company Limited afin de loger l'équipe de hockey anglophone Montreal Professional Hockey Club, dont le surnom sera les Maroons. C'est toutefois le club Canadien, constitué exclusivement de joueurs canadiens-français désignés sous le nom d'Habitants, qui inaugura l'édifice parce que la restauration de la patinoire intérieure de leur domicile, l'aréna Mont-Royal, n'avait pas été terminée à temps pour leur permettre d'inaugurer la saison. En 1926, le Canadien délaissa l'aréna Mont-Royal et devint colocataire du Forum avec les Maroons. La rivalité entre les deux équipes durera jusqu'à la disparition de l'équipe anglophone en 1939. L'édifice subit des rénovations au fil des décennies, notamment en 1949 et en 1968, augmentant chaque fois sa capacité d'accueil.

La construction du Centre Molson avait débuté le 22 juin 1993 pour se terminer à la fin de la saison 1995-1996 au coût de 230 millions de dollars, un budget de départ constitué exclusivement de fonds privés, que Ronald Corey s'enorgueillit sur toutes les tribunes de ne pas avoir dépassé. La décision s'inscrivait dans une tendance nord-américaine caractérisée par l'ouverture d'autres amphithéâtres, souvent beaucoup plus luxueux, dans des villes américaines et canadiennes possédant des clubs de hockey dans la ligue nationale. L'expansion de la ligue, amorcée en 1967, et la hausse des salaires des joueurs désormais regroupés en syndicat forçaient les propriétaires de clubs à augmenter substantiellement leurs revenus. La solution la plus simple, appuyée par les dirigeants de la Ligue nationale de hockey (LNH), consistait à accroître la capacité des amphithéâtres ou à en construire de nouveaux plus modernes, mieux équipés, plus vastes, plus conviviaux et dotés d'un plus grand nombre de loges corporatives.

Alors que le Forum pouvait contenir une foule d'au plus 16 200 places assises, on prévoyait que le Centre Molson accueillerait exactement 21 273 spectateurs assis. Les constructeurs y incluaient 135 loges privées toutes dotées de luxueux salons attenants. Considéré comme le plus grand amphithéâtre de hockey de la Ligue nationale, l'amphithéâtre, renommé Centre Bell en 2002[4], s'est doté en 2008 d'un tableau indicateur central cinq fois plus gros que l'ancien. En 2012, il est toujours l'un des plus grands et des plus perfectionnés de la LNH.

Ce fut un des derniers importants mandats que dirigea Daniel Lamarre, qui quitta NATIONAL pour le groupe TVA dès l'année suivante[5]. Il amena avec lui son adjointe, Louise Raymond, qui avait travaillé avec Luc Beauregard plus d'une quinzaine d'années au début de NATIONAL. Elle l'a ensuite suivi au Cirque du Soleil, où elle est toujours.

---

[4] Lors de la saison 2001-2002, on apprenait que George Gillett achetait de la famille Molson l'équipe de hockey Le Canadien de Montréal de même que l'amphithéâtre connu sous le nom de Centre Molson. Peu de temps après, la Compagnie Molson décida de vendre également les droits du nom de l'édifice qui furent transférés à la société Bell Canada pour la somme de 64 millions de dollars, étalée sur 20 ans. À compter du 1er septembre 2002, le Centre Molson est donc devenu le Centre Bell. En juin 2009 survient un autre coup de théâtre. Appuyés par les Entreprises BCE, le Groupe Thomson, le Fonds de solidarité FTQ, la Banque Nationale, le Groupe Andlauer, Luc Bertrand et les frères Molson (Geoffrey, Andrew et Justin) deviennent actionnaires gestionnaires de l'équipe, de l'édifice et du Groupe de spectacles Gillett pour une somme évaluée à plus de 500 millions de dollars. NATIONAL et Luc Beauregard jouèrent un rôle majeur dans cette importante transaction. Nous en parlerons plus en détail plus loin.

[5] Luc Beauregard, Jean-Pierre Vasseur et Francine La Haye ont alors acheté ses actions de NATIONAL.

L'équipe de recherche de NATIONAL dénombra 333 articles parus sur le sujet entre le 9 et le 18 mars 1996 dans la presse écrite canadienne et américaine, et près de 900 mentions dans les médias électroniques. Ronald Corey a été nommé « Personnalité de la semaine » dans *La Presse*. Ajoutons que le programme des festivités a reçu le prix Équinoxe de la Société des relationnistes du Québec et le Prix d'excellence de la Société canadienne des relations publiques.

Quant au Forum, dont le nom avait été vendu à fort prix en même temps que la vieille bâtisse, il a été entièrement repensé et rénové. Il est devenu en 2001 un centre de divertissements comprenant 22 salles de cinéma. Renommé Forum Pepsi, l'histoire ne dit pas si les fantômes des anciens Canadiens le hantent toujours…

En plus des joyeuses cérémonies d'ouverture et d'inauguration, NATIONAL s'est fait une spécialité dans la planification d'événements plus douloureux, mais souvent inéluctables, c'est-à-dire les fermetures d'usines.

Un des premiers mandats d'annonce de fermeture d'usine qu'a reçus Luc Beauregard remonte à l'époque de la société Nabisco Brands, issue de la fusion de Nabisco et de Standard Brands, la première étant une filiale canadienne de la société américaine Nabisco Corporation et la deuxième, une entreprise canadienne. Avec les années, la multiplication des produits devenait moins rentable et le besoin de revoir et de reconfigurer la production de biscuits, de gâteaux et d'aliments pour animaux de compagnie s'était fait sentir. Il fut finalement décidé de fermer une série d'usines au Québec et c'est à Luc Beauregard qu'on fit appel pour l'aspect communication à chaque fois.

Depuis, Luc Beauregard pense avoir réalisé pas moins d'une trentaine de ces mandats difficiles. Il a ainsi participé à des fermetures pour les aspirateurs Electrolux à Pointe-Claire, Gillette à Ville Mont-Royal, les biscuits Viau, Harnois à Joliette, une usine de nourriture d'animaux à Bécancour, un bureau d'Allergan dans une banlieue de Toronto, la fameuse fermeture de la Gaspésia, Kimberley Clark à Saint-Hyacinthe, etc. Avec l'expérience, il a élaboré une procédure précise qui tente de minimiser les aspects négatifs d'une décision qui comporte son lot d'émotivité. Au fil des ans, sa priorité a été de mitiger le plus possible l'impact humain de telles décisions.

Il y a souvent incompréhension au départ puisque l'usine semble faire ses frais. Mais on ne compte pas les coûts du siège de l'entreprise, les coûts de marketing, des réseaux de distribution et de ventes, du service du contentieux, etc. Pour qu'une usine soit vraiment rentable, il faut qu'elle ait une contribution nette importante, une fois toutes les dépenses comptabilisées, pas juste celles de l'usine.

Du point de vue de la direction, ce n'est jamais de gaieté de cœur qu'on en arrive à devoir annoncer à des employés qu'ils vont perdre leurs emplois, surtout lorsque les raisons ne relèvent pas de facteurs locaux. Il arrive souvent que l'usine sacrifiée soit rentable en soi, ou que la productivité et la qualité du travail soient irréprochables, mais des facteurs exogènes peuvent jouer, comme la conjoncture économique mondiale, des changements dans les goûts des consommateurs, rendant désuet tel ou tel produit autrefois populaire, ou encore l'acquisition d'une autre usine fabriquant le même type de produits avec de l'équipement plus moderne.

Selon Luc Beauregard, quand on sait avec certitude, au départ, que la décision est irrévocable, il faut tuer dans l'œuf tout espoir qui ne ferait qu'étirer la période difficile en entretenant d'amères illusions chez les personnes et les groupes concernés. Malheureusement, en voulant bien faire et se montrer attentionnés, les politiciens font souvent plus de mal que de bien.

La première étape consiste à bien identifier les parties prenantes de la décision et les publics qui seront touchés par la fermeture. On pense aux employés et à leurs syndicats au premier chef, aux familles, à la communauté locale et aux gouvernements souvent perçus comme des sauveurs potentiels. Tous cherchent spontanément à garder l'usine ouverte en essayant de trouver une solution que la direction n'aurait pas envisagée ou une subvention, trouvée *in extremis*, qui permettrait de reculer dans le temps et d'empêcher l'irréparable. À ces publics directement touchés, il faut ajouter les actionnaires, les fournisseurs et les sous-traitants, sans compter les clients ou consommateurs immédiats qui risquent de boycotter les produits.

Un effort particulier sera fait pour établir un calendrier pour l'annonce de la nouvelle, à un jour J et une heure H, et pour ce qui va se produire avant et après ce moment précis, le but étant de rejoindre le plus de publics possible simultanément, sauf pour les employés qui devront être les premiers informés. Ce dernier aspect, pour Luc Beauregard, est primordial; il serait inconvenant que les employés apprennent la nouvelle par des tiers, des journalistes, à la radio, à la télévision, dans leur journal ou sur Internet. Ce principe suppose que tous les autres publics, à savoir les autorités, le ministre du Travail, le député du comté et les gens influents de la région seront avisés à un moment qui ne permettra pas de nuire à la priorité absolue qui est d'aviser les employés en premier, en respectant bien sûr, le cas échéant, les délais de préavis imposés par la loi.

Luc Beauregard raconte comment il en est arrivé à convaincre les dirigeants d'une chaîne de détail à verser *in extremis* des indemnités de départ non prévues lors de la fermeture de leur vingtaine de magasins du Québec, alors que les autres demeuraient ouverts dans le reste du Canada. En dépit de l'opinion des conseillers juridiques de l'entreprise, Luc Beauregard a fait valoir qu'au Québec, il faut donner un préavis aux employés licenciés, sinon les employeurs versent une indemnité représentant au moins l'équivalent de la période normale d'un préavis. Ce changement impliquait un coût supplémentaire de 1,5 million de dollars. Il fallait donc soumettre la proposition au conseil d'administration aux États-Unis qui, après s'être réuni à nouveau d'urgence, s'est rendu aux arguments de Luc Beauregard pour donner le feu vert.

Pour mieux convaincre les dirigeants, Luc Beauregard avait avancé que l'entreprise se ferait une réputation de mauvais employeur en procédant à une fermeture sauvage des magasins sans compensations pécuniaires. Les journaux du reste du Canada auraient sans doute relayé cette image peu flatteuse pendant des années, bref les conséquences médiatiques pouvaient être dévastatrices. Était-ce à cause de sa lointaine formation en droit, de son souci fondamental pour le sort d'employés licenciés, de sa capacité de trouver les arguments aptes à toucher une corde sensible chez ses interlocuteurs, ou un mélange de tout cela ? Il demeure que ces employés qui avaient été laissés pour compte ne surent jamais que c'était à Luc Beauregard qu'ils devaient de recevoir un montant d'argent substantiel dont ils n'auraient normalement pas vu la couleur sans son intervention efficace.

Voilà une autre démonstration du rôle du conseiller en relations publiques qui va bien au-delà de la distribution d'un communiqué.

Quant aux représentants des gouvernements, ils devront en être avisés en temps opportun pour ne pas être pris au dépourvu par exemple à la sortie de l'Assemblée nationale face à des journalistes qui l'auraient appris avant eux. Il s'agit donc de communiquer la nouvelle pertinente aux bonnes personnes au bon moment, c'est-à-dire pas avant et pas après.

À cet égard, Luc Beauregard conseille de faire en sorte de « fermer la porte à double tour » dès l'annonce de la fermeture, sur des possibilités de révision de la décision. Il ne faut laisser aucune marge de manœuvre en ce sens, aucune lueur d'espoir. Car quand on sait pertinemment que la décision est irrévocable, toute fausse illusion dessert les intérêts des parties intéressées : les employés, la communauté locale, les fournisseurs, les détaillants, les acheteurs, les clients, les pouvoirs publics et les actionnaires. En même temps, le communiqué remis aux représentants des gouvernements sera accompagné de pistes crédibles de réponses pour eux, de messages-clés qui les aideront à affronter les médias en mettant de l'avant les causes de la fermeture.

Une des étapes-clés est justement l'élaboration d'un argumentaire compréhensible pour tous ces publics. Pourquoi faut-il fermer l'usine ? Pourquoi la décision est-elle irrévocable ? Quand sera-t-elle mise en œuvre ? Qu'est-il prévu pour les employés ?…

La formulation du communiqué devra se faire en termes clairs et directs, toujours pour éviter la confusion et les interprétations qui ouvriraient la porte à des remises en question. Il s'agit en même temps de préparer les porte-parole de l'entreprise qui seront appelés à commenter la décision devant les employés et les médias. Il leur faudra répéter sans cesse les raisons ayant conduit à une telle décision et les mesures prises par l'entreprise à l'égard des employés : l'échéancier de fermeture, les modalités de licenciement, les possibilités de mise à la retraite, les services de réorientation de carrières, les indemnités de départ prévues et autres considérations du même ordre.

Selon Luc Beauregard, il est également primordial de fournir aux employés des moyens tangibles de communication leur permettant d'annoncer avec le moins d'embarras possible la nouvelle à leurs proches lorsqu'ils rentreront à la maison. On leur fournira par exemple un document écrit dans lequel les raisons économiques de la fermeture annoncée seront clairement énoncées en précisant bien, le cas échéant, qu'il ne s'agit pas de lacune dans la qualité ou la productivité au travail, mais bien de facteurs extérieurs à l'usine.

Aussi important pour lui : si possible, ce sont les dirigeants eux-mêmes qui doivent en faire l'annonce aux employés. Normalement, il ne s'agit pas d'une contrainte. Mais lorsque la décision a été prise à l'extérieur du pays, au niveau du siège de la société mère qui serait par exemple américaine, et donc anglophone, le choix du porte-parole de la direction devient plus problématique, non seulement par considération pour les employés visés, mais à l'égard de l'autre public à qui s'adresse l'annonce, c'est-à-dire les médias. C'est un jeu de perdant-perdant. Si le vrai patron de l'extérieur du pays ne peut s'adresser aux employés en français, on déplore que la réunion se soit déroulée en anglais. Si c'est un porte-parole francophone qui représente la direction, on dit que cette dernière n'a pas eu le courage d'affronter l'auditoire. Des conseillers de NATIONAL ont fait preuve de bravoure en prenant le micro devant des salles extrêmement hostiles. À cet égard, les directeurs des usines ne sont pas toujours utiles pour jouer ce rôle, car comme les employés, ils sont émotivement impliqués et ne sont pas toujours au fait des détails motivant la décision du siège de l'entreprise, ou encore, ils ne sont pas toujours d'accord avec les motifs de la décision.

Malheureusement, les journalistes québécois en font un plat, dit Luc Beauregard, comme si le français était la langue officielle de la planète. Le vrai journaliste, poursuit-il, est la personne qui écoute les divers arguments et qui rapporte le fait et les avis qui peuvent être divergents sur tel ou tel sujet, de sorte que le lecteur puisse se faire son propre jugement. Dans ses articles, il « soupèse » ce qu'il voit et ce qu'on lui dit en ne privilégiant ni un côté ni l'autre. Aujourd'hui, constate Luc Beauregard, la profession a été métamorphosée en journalisme de commentaires à sensation, plus que de jugement. Le *buzz* a remplacé l'analyse, et le souci d'objectivité a fait place au compte rendu livré à froid, souvent motivé par le sensationnalisme ou biaisé par un penchant envers les syndicats et vers la gauche de l'horizon politique, particulièrement au Québec. Le journaliste ne se borne pas à annoncer la nouvelle, mais pour se mettre lui-même en valeur, il cherche à mettre les pouvoirs publics dans l'embarras et à provoquer une crise[6].

Dans un tel contexte médiatique, la teneur des communiqués porteurs de mauvaises nouvelles économiques, comme les fermetures d'usines dans le cas qui nous occupe, doit tenir compte de cette évolution de la profession journalistique (sans compter les téléphones portables qui servent également d'appareils-photos et de caméras-vidéos pour les employés qui se transforment en journalistes-citoyens). Le choix du véhicule et du porte-parole, la fixation de l'heure et du lien ou la formulation

[6] Voir à cet égard les exemples marquants des journalistes Carl Bernstein et Robert Woodward présentés dans l'étude de cas produite par Jacqueline Cardinal et Laurent Lapierre, *Katharine Graham et le* Washington Post, *op. cit.* Voir aussi dans l'épilogue du présent ouvrage, en page 337, le discours prononcé par Luc Beauregard le 1er décembre 2010.

de l'annonce comme telle font partie de la stratégie de communication comme autant de contraintes que les conseillers en relations publiques doivent prendre en compte pour leurs clients.

Luc Beauregard en vient même à considérer que la conférence de presse traditionnelle est dépassée parce qu'elle ne sert plus les intérêts de ceux et celles pour qui elle est organisée, que ce soient notamment les gens d'affaires ou les représentants des gouvernements. Il préfère par exemple proposer des entrevues exclusives à tel ou tel média, au cours desquelles les nouvelles importantes seront communiquées directement à la population et non les réactions de groupes d'intérêt particuliers. Dans le cas de conférences de presse traditionnelles, les journalistes s'empressent, aussitôt les micros fermés dans la salle de presse ou, plus rapidement encore par le truchement de l'Internet, d'aller chercher des entrevues d'opposants ou de détracteurs dont ils passeront les images en boucle dans les émissions télévisées de nouvelles continues diffusées sur toutes les plateformes médiatiques. Ils relèguent ainsi au second rang l'annonce initiale et, encore plus, toutes les modalités de l'annonce.

Luc Beauregard a ainsi été amené à fixer avec précision l'heure et le jour optimaux pour communiquer aux journaux la nouvelle d'une fermeture d'usine, soit à 16 heures le jeudi après-midi. Il considère que lorsque les journalistes prennent connaissance du communiqué à ce moment-là, la journée est déjà bien entamée. Le temps qu'ils fassent leurs vérifications, il est déjà 16 h 30. Le porte-parole de l'entreprise est disponible pour aider les journalistes à lire le communiqué mais ces derniers auront plus de mal à obtenir des commentaires d'autres sources qui auront sans doute quitté leurs postes de travail à ce moment-là. Et il est trop tard pour expédier caméraman et journaliste à l'usine, à l'autre bout de la ville. En constatant qu'ils ne pourront respecter l'heure de tombée pour le numéro du lendemain matin ou le téléjournal du soir, les médias s'en tiendront au communiqué ou presque. L'entreprise pourra avoir sa journée à elle devant le tribunal de l'opinion publique.

Le lendemain matin, qui est un vendredi, le chef de pupitre décidera peut-être d'envoyer un reporter et un caméraman à la sortie d'usine pour interviewer les employés et préparer des reportages de «*human interest*». Mais ceux-ci auront déjà été avisés la veille des raisons de la fermeture et de la nature des compensations offertes. Ce sera le tour des employés et des syndicats devant le tribunal de l'opinion publique. La nouvelle passera sans doute aux informations du vendredi soir, mais il ne s'agit pas d'un grand soir d'écoute. Quant aux journaux du samedi, ils sont composés de grands « *features* », d'articles de style « art de vivre » ou ils mettent l'accent sur les activités culturelles, les voyages ou les loisirs. Les réactions à la fermeture ne feront pas nécessairement les premières pages. Après le week-end, les milieux de l'information entament un autre cycle de nouvelles économiques, et quand on sait qu'une nouvelle en chasse une autre, le triste événement aura sans doute été mis entre-temps sous le boisseau médiatique.

Tout ce scénario d'annonce, Luc Beauregard l'a pratiqué maintes fois et il le recommande toujours, mais à une condition : que l'entreprise dévoile de façon complète et honnête les raisons de la fermeture et les mesures, de préférence généreuses, qu'elle entend prendre pour aider les employés touchés.

Quant à NATIONAL, en 1997, il n'était nullement question de fermeture, bien au contraire. Le départ de Daniel Lamarre a été un choc, mais la Terre a continué de tourner. Luc Beauregard a repris seul les choses en main avec l'aide de Jean-Pierre Vasseur, de Francine La Haye et de Valérie Beauregard, notamment.

Valérie Beauregard était bien heureuse de son poste de journaliste à la section Affaires de *La Presse* lorsque Luc Beauregard demanda à sa fille de changer de métier et de se joindre à lui « sur la patinoire ». Elle a été vite happée dans ses fonctions de gestion et elle est aujourd'hui un des trois dirigeants de la firme à titre de première vice-présidente, affaires corporatives.

Francine La Haye était entrée chez NATIONAL en 1991, riche d'une connaissance intime du fonctionnement des institutions gouvernementales et d'une solide expertise dans la conception des programmes de communication. Attachée politique au cabinet du premier ministre René Lévesque, de 1979 à 1984, puis directrice de cabinet au ministère du Revenu et au Secrétariat à l'Emploi et à la Concertation de 1984 à 1985, Francine La Haye a présidé, de 1985 à 1991, le Groupe Stratège dont elle était cofondatrice. Après avoir œuvré pendant plus de quinze ans chez NATIONAL, dont quatre ans comme associée directrice du bureau de Montréal, puis vice-présidente principale de RES PUBLICA, elle prit sa retraite en 2008, mais six mois plus tard, elle manifesta le désir de reprendre du service au sein de la firme, ce qui fut fait. Aujourd'hui, Francine La Haye est vice-présidente principale de NATIONAL. Très active dans la société québécoise, elle siège aux conseils d'administration de Relations publiques sans frontières[7], du Collège de l'immobilier du Québec, qu'elle préside, et des Filles électriques, autre organisme sans but lucratif voué à la création, la diffusion et l'archivage d'œuvres interdisciplinaires liées au texte performé.

Quant à Jean-Pierre Vasseur, il s'est joint à NATIONAL en 1989 à titre de directeur financier, puis de chef de la direction financière. Comptable agréé de formation et jouissant de la confiance absolue de Luc Beauregard, il a fait preuve d'une rigueur et d'une constance sans faille au fil des années, ce qui lui a permis de gravir patiemment tous les échelons jusqu'au poste de vice-président exécutif, puis de président. Depuis 2009, il est en effet président et chef de la direction de RES PUBLICA, société mère de NATIONAL et, à ce titre, grand patron de NATIONAL et de Cohn & Wolfe. Royal Poulin, qui réside à Toronto, mais qui a des bureaux à Montréal comme à Toronto, a succédé à Jean-Pierre Vasseur comme chef de la direction financière.

En 2004, devant la croissance que la firme continuait de connaître, Luc Beauregard a décidé d'entreprendre une révision majeure d'un domaine devenu capital pour lui : la gestion des ressources humaines. Il avait précédemment revu en profondeur la formule de propriété.

---

[7] Relations publiques sans frontières est une organisation non gouvernementale sans but lucratif fondée par Luc Beauregard en 2006. Nous en reparlerons plus loin.

CHAPITRE 16

ABOLITION DE SILOS ET DÉVELOPPEMENT ORGANISATIONNEL CONTINU

Un des dangers qui guettent les entreprises de services professionnels comportant divers secteurs de pratique est l'apparition, à plus ou moins brève échéance, de «silos de fonctionnement». Cela est encore plus vrai pour des firmes possédant plusieurs bureaux à travers le pays ou dans le monde. Ce phénomène se constate lorsqu'une unité en vient progressivement à perdre de vue qu'elle fait partie d'un réseau recelant un bassin de connaissances, de savoir-faire et de ressources complémentaires où puiser pour mieux servir ses clients. Ce phénomène doit faire l'objet d'une lutte constante.

Avec la croissance remarquable que le cabinet connaissait à l'aube du XXIe siècle, Luc Beauregard était bien conscient que NATIONAL prêtait flanc à cette menace.

Petite société ne comptant qu'un actionnaire en 1976, on a vu que Luc Beauregard et associés a changé de nom plusieurs fois au fil des ans, reflétant chaque fois l'addition de nouveaux partenaires, tous égaux. Elle s'appelait ainsi Beauregard, Hutchinson, McCoy, Capistran, Lamarre, Tremblay et associés inc. lorsque le 1er janvier 1988, l'entreprise changea de nom pour celui de Cabinet de relations publiques NATIONAL, calqué sur le nom de NATIONAL Public Relations qui avait été donné plus tôt au bureau de Toronto[1].

Le changement de nom fut suivi d'un important changement de structure, dicté par les contraintes de la croissance. Jusque-là, les associés pouvaient partir à leur guise et l'entreprise devait racheter leurs actions. Peu à peu, l'entreprise se trouva à l'étroit dans les bureaux qu'elle occupait, et Luc Beauregard choisit avec soin un emplacement plus vaste. Lorsqu'il eut, pour la première fois, à apposer sa signature au bas d'un bail de plus de deux millions de dollars, il se rendit brusquement compte qu'il fallait revoir cette structure pour protéger l'entreprise contre des départs soudains laissant les autres associés avec les obligations contractuelles. Il estimait que pour assurer la pérennité de la firme, une réforme s'imposait.

Une nouvelle convention fut signée le 1er janvier 1990 pour établir de nouveaux rapports entre les actionnaires. Un premier volet du contrat était l'obligation faite à chaque actionnaire de donner un préavis de son départ, sous peine de pénalité dans le rachat de ses actions. Par exemple, un associé qui quittait sans donner de préavis de deux ans voyait ses actions rachetées à 50 % de leur valeur comptable. En outre, il ne pouvait y avoir de rachat d'un autre actionnaire si le départ précédent remontait à moins de deux ans. Il fallait assurer la stabilité de l'entreprise et se donner le temps de remplacer les associés qui partaient.

Un deuxième volet touchait l'actionnariat : les associés allaient désormais avoir une quantité d'actions reflétant leurs apports respectifs à l'entreprise. Voilà qui n'était pas un changement aisé à faire prévaloir ! Luc Beauregard avait deux atouts pour y arriver. Premièrement, la nouvelle répartition des actions entre chacun n'était pas aléatoire : on connaissait la productivité annuelle de chacun des individus depuis plusieurs années déjà et personne ne pouvait s'estimer floué par la répartition. En plus, Luc Beauregard et Daniel Lamarre représentaient à eux deux plus de la moitié de la productivité de l'entreprise.

Une autre modification de structure organisationnelle fut apportée en 1993. Jusqu'alors, l'entité centrale qui possédait des filiales ailleurs au pays était le bureau de Montréal. Désormais le bureau de Montréal devenait, comme les autres bureaux, une filiale d'une nouvelle société mère de tous les bureaux.

Le Cabinet de relations publiques NATIONAL (Canada)/ NATIONAL Public Relations (Canada) devenait ainsi la société mère du Cabinet de relations publiques NATIONAL (Montréal), de NATIONAL Public Relations (Toronto) et ainsi de suite. Dans la vie courante, on abrégea pour NATIONAL-Canada, NATIONAL-Montréal[2], NATIONAL-Toronto, etc. Les dirigeants des bureaux locaux se voyaient octroyer des actions au sein de la filiale qu'ils dirigeaient. Au moment de sa transaction avec Young & Rubicam, en 1995, NATIONAL-Canada devint également la société mère de Cohn & Wolfe | Toronto, puis plus tard, de Cohn & Wolfe | Montréal, d'abord créée sous le nom de Pyramide Relations publiques[3].

Pour des raisons stratégiques, l'entreprise a décidé de maintenir le réseau Cohn & Wolfe comme entité distincte de celui de NATIONAL, considérant que cette saine concurrence entre les deux cabinets serait stratégiquement profitable puisqu'elle permettait d'accroître l'emprise de la société mère sur le marché. Une « *conflict agency* » permettait aussi de référer le client à l'autre en cas de conflit entre clients. Il arriva fréquemment par la suite que des représentants de deux firmes s'opposent lors de la présentation d'offres de service, communément désignés par l'expression anglaise *pitch*, auprès de mêmes prospects.

Il devint cependant de plus en plus embarrassant pour Cohn & Wolfe d'affronter, sur le terrain de la concurrence, un bureau de NATIONAL alors qu'ils étaient tous deux la propriété d'un même holding portant le

---

[2] NATIONAL-Montréal est aujourd'hui dirigé par Serge Paquette, fondateur de la firme Communications et Stratégies dont NATIONAL a fait l'acquisition en 2005. D'abord directeur du groupe Affaires publiques au bureau de NATIONAL à Montréal, il est ensuite devenu directeur du bureau de Cohn & Wolfe | Montreal avant de revenir à NATIONAL-Montréal à titre d'associé directeur.

[3] Voir le chapitre 14.

nom de NATIONAL-Canada. Il fallait trouver une appellation neutre pour la société mère. Luc Beauregard avait en tête depuis longtemps le nom de RES PUBLICA, expression latine signifiant «Chose publique» qui est à l'origine du mot République. Les détenteurs du nom ne l'utilisaient plus mais ils ne voulaient pas lui en céder la propriété. Des années s'étant écoulées sans qu'il soit utilisé, le nom était devenu disponible et NATIONAL-Canada s'en empara et le mit en réserve en l'utilisant pour désigner une petite entité dans sa nébuleuse corporative. On décida finalement à la fin de 2006 de le récupérer et de changer le nom de NATIONAL-Canada par celui de Groupe conseil RES PUBLICA.

Au fil des ans, NATIONAL a officialisé l'existence de divers champs de pratique : communication corporative, communication financière et relations avec les investisseurs, affaires publiques et relations gouvernementales, relations publiques marketing, communication dans le secteur de la santé, communication dans le secteur de l'énergie et des ressources naturelles, et communication dans le secteur de la technologie.

La communication corporative, ou communication d'entreprise, touche toutes les annonces que doit faire chaque société dans le cadre de ses obligations de divulgation, de même que le positionnement de son chef de la direction, la gestion de la réputation, les nominations, les nouveaux projets de fusions ou d'acquisitions, la gestion d'enjeux, la mobilisation des employés, la responsabilité sociale, etc. La communication financière en est une composante et touche plus particulièrement les rapports financiers trimestriels ou annuels, les relations de l'entreprise avec les médias d'affaires ou les analystes financiers, les investisseurs institutionnels et les actionnaires en général. Les affaires publiques sont une autre composante de la communication corporative qui touche plus particulièrement les rapports entre l'entreprise et sa communauté, les pouvoirs publics locaux, provinciaux ou fédéraux, en relation par exemple avec des dossiers d'ordre industriel, commercial, financier ou environnemental.

Les relations publiques marketing proposent des outils ou des activités de relations publiques élaborés et mis en œuvre pour le soutien d'une démarche de marketing : création ou repositionnement de marques, lancement d'un nouveau produit, d'une nouvelle bannière ou d'une nouvelle marque, dévoilement d'une nouvelle campagne publicitaire, ouverture de nouveaux magasins, etc.

Certains secteurs industriels d'activité étaient si importants qu'ils imposaient la création au sein de la firme de secteurs de pratique en soi. Il en fut ainsi de la communication dans le secteur de la santé et de la communication dans le secteur de l'énergie et des ressources naturelles. Les clients œuvrant dans ces deux secteurs représentent aujourd'hui près de la moitié des revenus de NATIONAL.

Pour chacun de ces champs de pratique, les bureaux offrent les divers services propres aux relations publiques : recherche, élaboration de plans de communication, conseil stratégique, relations avec la presse et les médias sociaux, gestion de crises et d'enjeux, organisation de conférences de presse ou d'événements, rédaction de discours ou de communiqué de presse, formation de porte-parole d'entreprise, consultations publiques etc.

Pour obvier aux silos géographiques et aux silos des secteurs de pratique, la prochaine opération touchant la structure corporative de NATIONAL en 2007 comporta tout autant de défis que la redistribution de l'actionnariat entre les associés en 1990. Le projet était cette fois de faire des divers bureaux du réseau de NATIONAL, toujours filiale de RES PUBLICA, une seule entité corporative. Les bureaux de NATIONAL dans chaque ville ne seraient plus des filiales indépendantes. Tous les associés dans ces bureaux, quels que soient leurs champs de pratique, deviendraient actionnaires d'une seule et même entreprise : NATIONAL.

Collection privée.

Luc Beauregard célébrant les 25 ans de NATIONAL en compagnie de Lina Ko et d'Ed Gould du bureau de Toronto.

Ce qui facilita cette fois la tâche de Luc Beauregard dans cette restructuration, c'est que la majorité des employés étaient d'avis qu'il s'agissait de la bonne réforme à apporter. Ses clients prenant de plus en plus d'envergure, la firme devait mettre à contribution plusieurs bureaux et des conseillers de groupes de pratique divers. Il fallait donc que les intérêts individuels soient tous alignés dans le même sens. Bien sûr, Luc Beauregard convient que la discipline des relations publiques exigera toujours des expertises locales. En revanche, les grands mandats, comme le lancement de nouveaux produits pharmaceutiques, la gestion d'enjeux comme l'exploitation des sables bitumineux ou la fusion ou l'acquisition de grandes entreprises, requièrent que le cabinet mette toutes ses énergies et ses meilleurs talents à contribution, quels que soient les bureaux ou les secteurs de pratique où ils œuvrent. C'est la stratégie qui guida Luc Beauregard dans cette restructuration majeure de l'entreprise qu'il avait fondée seul, trente ans plus tôt.

Aujourd'hui, le Groupe conseil RES PUBLICA est toujours l'actionnaire de contrôle de NATIONAL, mais le cabinet NATIONAL unifié compte aussi comme actionnaires une vingtaine d'employés dirigeant les activités des divers bureaux de la firme à travers le pays et ailleurs. NATIONAL a désormais son propre conseil d'administration composé de douze personnes : six dirigeants de la société mère RES PUBLICA et six associés directeurs de bureaux de NATIONAL. Ces douze personnes, de même que les autres associés siègent à l'un ou l'autre des comités du conseil. Le Comité vert est un comité inter-bureaux s'intéressant à la responsabilité sociale et à la durabilité, et qui publie un rapport annuellement.

L'unification vint d'autant plus naturellement que Luc Beauregard avait doté l'entreprise de comités nationaux depuis quelques années. L'unification des filiales fut le couronnement des efforts de ces comités qui avaient donné lieu à un programme de développement organisationnel sans précédent. En particulier, la création du Comité des politiques nationales et des ressources humaines joua un rôle majeur dans cette vaste initiative qui dura plusieurs années et qui constitue désormais un processus de développement organisationnel continu où structure corporative et ressources humaines constituent les deux pôles d'une même démarche en écho.

Déjà au cours des années 1990, un Comité des normes déontologiques avait été créé au bureau de Montréal dans le but d'élaborer des règles de conduite pour les conseillers et veiller à la protection de la marque NATIONAL. Comment gérer la situation quand les conseillers recrutent de nouveaux clients en concurrence avec des clients existants ?

Comment ne pas poser de gestes qui risquent de mettre la firme ou le client dans l'embarras ? Comment ne pas commettre d'impair dans l'empressement à servir des clients ?

Cette fois, en ce début des années 2000, il s'agissait d'aller au-delà des normes déontologiques et d'attaquer des projets encore plus considérables. La normalisation des pratiques à travers le réseau donnera lieu à une vaste réflexion pour la création du Guide de l'employé, du Guide de la gestion des mandats et des relations clients et du Guide de gestion à l'intention des cadres. Depuis, ces guides sont révisés et mis à jour chaque année. Luc Beauregard confia ce travail d'envergure à Francine La Haye, présidente du Comité, et à Valérie Beauregard, vice-présidente principale, Affaires corporatives de RES PUBLICA, qui s'acquittèrent de leur tâche avec beaucoup de détermination afin de livrer, avec la collaboration de collègues de tout le pays, des documents extrêmement détaillés et complets pour la gouverne du personnel.

Le Comité mena des sondages internes pour connaître l'opinion du personnel dans les divers bureaux, qui permirent de discerner les attentes des employés concernant leur cheminement professionnel au sein de la firme. Doris Juergens prit le relais à la présidence du Comité pour mener des travaux que Luc Beauregard qualifie de « titanesques », avec la collaboration de Valérie Beauregard toujours et avec l'aide de consultants de Deloitte. L'objectif était d'unifier les titres à travers les bureaux et de définir les modèles de compétence pour les divers postes au sein de l'entreprise, aidant les employés à identifier les habiletés à acquérir pour poursuivre leur cheminement d'un palier à l'autre. On révisa la méthode d'évaluation du personnel pour se conformer à la nouvelle définition des postes et aux nouveaux modèles de compétence.

Pour Luc Beauregard, il y va de la responsabilité de l'employé de procéder à sa propre évaluation, de se prévaloir des outils qui lui sont fournis au quotidien et de mettre en valeur, dans son autoévaluation, sa facturation et ses activités de développement des affaires, y compris sa participation sociale à telle ou telle cause ou activité. Libre à lui d'utiliser des moyens technologiques comme des présentations PowerPoint ou même des vidéos qui témoigneront éloquemment de la plus-value qu'il croit apporter à NATIONAL et qui annonceront ses prochains projets ou attentes. Les ambitieux sont les bienvenus. « J'ai toujours souhaité engager des gens qui voulaient éventuellement mon poste », de dire Luc Beauregard. « Mais pas trop vite », s'empresse-t-il d'ajouter…

Enfin, le Comité a entamé un programme pour favoriser le leadership en s'inspirant des meilleures pratiques utilisées par d'autres firmes de services professionnels.

Il faut convenir que peu d'entreprises de relations publiques ont poussé aussi loin le souci de se doter de structures et d'outils pour définir leur méthodologie, protéger leur marque et tenter de répondre aux besoins de développement personnel de leurs employés. Luc Beauregard qualifie tous ces guides de « somme agglomérée de la sagesse de l'entreprise ».

En matière de ressources humaines, Luc Beauregard avoue aujourd'hui être passé d'incroyant à croyant. « Lorsqu'une entreprise est en phase de démarrage, dit-il, tout l'accent est mis sur le développement des affaires et la recherche de clients. » On va au plus pressé, comme on peut. En revanche, lorsque l'entreprise grandit et se complexifie, on se rend compte de l'importance d'avoir des ressources humaines de qualité, bien formées, qui travaillent en équipe. Dans une entreprise de services professionnels, ce n'est pas vrai que la priorité numéro 1 est le client. « La priorité des priorités, soutient-il, est la qualité des conseillers qui sont délégués pour servir les clients. »

D'où l'importance que NATIONAL a accordée à la formation professionnelle des employés. Citons le programme d'accueil pour les nouveaux employés, les présentations de conférenciers de l'extérieur, des sessions de formation pendant le repas de midi, des week-ends d'initiation, baptisés NATIONAL 101 et donnés à Montréal ou Toronto, rassemblant les nouveaux employés de NATIONAL à travers le pays. En plus du volet formation, ces rencontres ont pour but de mettre en contact les conseillers des différents bureaux afin qu'ils nouent des liens personnels qui faciliteront par la suite les échanges entre bureaux et entre champs de pratique. Sessions de formation pour les futurs leaders, webinaires[4], mise à jour constante de tous les outils sur l'intranet (l'intraNATIONAL), délégation de cadres à l'étranger pour des séminaires de formation de Burson-Marsteller ou de WPP[5], programme de mentorat, tout est mis

---

[4] Contraction des termes Web et séminaire, le terme webinaire désigne une conférence en ligne interactive qui se tient à travers les réseaux informatiques Internet ou intranet.

[5] WPP est la plus grande firme de communication au monde avec 146 000 employés répartis dans 2400 bureaux de 107 pays. En 2000, elle a fait l'acquisition de Young & Rubicam Group, qui comprenait entre autres la société Burson-Marsteller, devenant ainsi un des actionnaires de NATIONAL. Voir le chapitre 14.

en œuvre pour offrir aux employés des moyens de perfectionnement. Les programmes de développement professionnels sont offerts sous l'égide de l'Institut NATIONAL que dirige le service des Affaires corporatives de RES PUBLICA.

L'aspect informatique n'est pas en reste puisqu'un sous-comité a été formé pour élaborer deux nouvelles politiques nationales, l'une concernant le comportement à adopter sur le Web (incluse dans le Guide de l'employé) et l'autre sur la conservation des données.

Le service des Affaires corporatives dirige aujourd'hui le Comité du branding, comprenant des représentants des divers bureaux. Le Comité est responsable de la visibilité de NATIONAL, notamment dans les publications ou les conférences du domaine des relations publiques. Il est responsable également du site Web (national.ca) qui vise à susciter l'intérêt non seulement de clients potentiels mais bien de professionnels des relations publiques pouvant poser leur candidature pour se joindre à la firme. Enfin, il est responsable de la mise à jour de l'intranet (l'intra-NATIONAL) qui énonce l'expérience de tous les conseillers et offre toute une gamme d'outils, notamment une grande variété de fiches sur l'expertise de la firme dans les divers secteurs de pratique et, dans chaque cas, des exemples de mandats réalisés pour des clients. Tout est à portée de la main pour préparer des offres de service.

Enfin, le Comité de la responsabilité sociale et de la durabilité, le «Comité vert» dirigé par Laurent Pepin, a élaboré et mesuré une série d'indicateurs en matière de responsabilité sociale et a cherché à améliorer la performance de la firme en matière de durabilité. Le Comité publie un rapport annuel.

Le volet ressources humaines compte enfin le Programme des Prix d'excellence NATIONAL mené dans chaque bureau et comportant cinq catégories: engagement et collaboration, gestion et développement des affaires, soutien à l'équipe conseil, modèle de leadership visionnaire (MLV) et innovation. En plus, deux prix nationaux sont octroyés pour l'ensemble de la firme: le Prix effet NATIONAL décerné à un employé incarnant au mieux les valeurs de NATIONAL et, enfin, le Prix du président-fondateur couronnant un gagnant national parmi les gagnants des Prix d'excellence des divers bureaux.

Le fonctionnement d'une firme de services professionnels comme NATIONAL requiert toute une structure vouée au soutien de la visibilité de la firme et de son offre de service et, en parallèle, une ingénierie interne pour le recrutement, le développement et la rétention de talents. Ces initiatives exigent des investissements considérables de la firme et la collaboration bénévole d'un grand nombre de ses artisans.

Sur le plan de la gestion des ressources humaines, Luc Beauregard reconnaît donc avoir opéré un virage à 180°. Sceptique à ses débuts par rapport aux théories et aux activités structurées de gestion des ressources humaines, il se dit aujourd'hui un apôtre d'une vision selon laquelle diriger une entreprise, c'est d'abord bien choisir et bien diriger des hommes et des femmes. Il en est venu à accepter la nécessité absolue d'une approche professionnelle, et c'est pourquoi les ressources humaines sont devenues chez NATIONAL une constituante aussi stratégique que primordiale.

Comme on l'a vu, Luc Beauregard n'adhère pas aveuglément au principe courant selon lequel en affaires, le client a toujours raison et doit venir en premier. Fidèle à sa logique, il affirme avec conviction que si l'on veut que le client soit bien servi, non seulement c'est l'employé qui doit passer avant le client mais même le nom NATIONAL.

Le postulat de départ stipule que le bien le plus précieux à protéger est l'enseigne, le « drapeau », selon le mot de Luc Beauregard, sous lequel militent employés, conseillers et associés directeurs. Sans une réputation sans tache et une crédibilité sans faille du cabinet, tout s'écroule, et plus personne n'a de gagne-pain. Il faut protéger le nom NATIONAL envers et contre tous et faire en sorte que la « marque » demeure garante de crédibilité et de succès. « Aucun client ne mérite de mettre à risque le nom de NATIONAL ! », prévient-il.

De toutes les décisions que les conseillers doivent prendre, c'est la première considération qu'ils doivent envisager, comme Luc Beauregard lui-même l'a fait depuis les tout premiers débuts de son entreprise alors que ses seuls atouts étaient justement sa crédibilité professionnelle de journaliste impartial, de conseiller politique loyal et de chef de presse intègre, prêt à aller au front, jusqu'au bout de ses potentialités, pour sauver éventuellement le journal dont on lui avait confié la responsabilité. Les conseillers de NATIONAL connaissent ce principe cardinal, ce fondement de la culture de l'entreprise, qui a toujours été au cœur de l'action de l'entreprise parce qu'il correspond aux visées de son fondateur.

Les autres pivots sont les valeurs, qui ont été révisées en détail, simplifiées et officiellement adoptées dans la foulée de ce grand remue-méninges en vue de favoriser les principes de fonctionnement «nationaux». Ces valeurs s'énumèrent comme suit: 1) la qualité; 2) l'innovation; 3) l'engagement; 4) le respect; 5) la collaboration; 6) l'intégrité; et 7) la responsabilité.

Elles s'inscrivent également dans une politique de responsabilité corporative comprenant quatre champs d'action clés: les comportements éthiques, l'investissement social, la performance environnementale et le développement du capital humain.

Le choix, la définition et le soutien du développement de ces valeurs furent assumés par le comité *branding*, responsable du *branding* aussi bien interne qu'externe, qui y voyait le fondement de ses actions. Le processus s'est étalé sur deux années et a rejoint tous les bureaux. Les valeurs ont été consignées dans un document intitulé «Les principes qui nous guident» s'adressant aussi bien aux nouveaux employés qu'aux nouveaux clients.

Ce même comité du *branding* a procédé, toujours en 2009, à une révision d'un nouvel énoncé relatif au positionnement de la marque NATIONAL, synthétisée dans la signature (ou *tagline* comme on dit volontiers dans les milieux français des affaires) qui se lit ainsi: «Partenaire sûr. Regard neuf.[MC]», en anglais «Trusted Partner. Bold Thinking.[TM]».

Une mise à jour exhaustive a été faite, en même temps, des sites Web et intranet de NATIONAL afin d'affirmer une cohérence de fonctionnement à la fine pointe des nouvelles technologies. Notons qu'y apparaît un volet «Gestion de crises et d'enjeux» assorti d'un numéro d'urgence.

De son côté, le comité de l'innovation et du développement des affaires s'est attaqué à l'encadrement de la prestation de services et de produits, de même qu'à une uniformatisation des processus, toujours dans le but de favoriser l'établissement de collaborations interbureaux. L'exercice supposait de mettre en place de nouveaux outils informatisés facilement utilisables et accessibles à tous en ligne. C'est ainsi que des fiches d'information et des documents de renseignement téléchargeables ont été placés sur le réseau intranet de l'entreprise. Citons par exemple une fiche intitulée un «Plan de communication en temps de crises».

Une autre initiative majeure pour favoriser l'information de toutes les troupes et la cohésion de l'entreprise est la publication d'une « Revue annuelle », un document interne produit par RES PUBLICA au terme de chaque exercice à l'intention des employés de NATIONAL, de Cohn & Wolfe, d'AXON, de Sonic Boom et de RES PUBLICA. Tous les bureaux sont appelés à fournir leurs textes et photos sur l'année écoulée et l'ex-journaliste chef de pupitre Luc Beauregard en assure l'édition avec beaucoup de soin. La Revue annuelle est publiée en versions séparées, en français et en anglais. Depuis 2008, elles font plus d'une soixantaine de pages chacune.

Au terme de cette révision progressive de la structure corporative, de l'élaboration de politiques intégrées de ressources humaines et de la mise en place d'un développement organisationnel sans précédent, Luc Beauregard n'est pas peu fier d'affirmer qu'en tant que plus important cabinet de relations publiques au Canada, NATIONAL trace la voie dans ce qui se fait et ne se fait pas dans le domaine. « Depuis sa fondation, NATIONAL écrit le livre des relations publiques au Canada », clame-t-il sans fausse modestie.

Ces mesures complexes, menées de front, soulignons-le, ont porté leurs fruits. Par exemple, dans la revue annuelle de 2010, on fait état d'importants mandats internationaux, notamment dans le secteur-clé de l'énergie, qui ont nécessité la contribution concertée non seulement de plusieurs bureaux canadiens, mais également celle de Burson-Marsteller, un partenaire de NATIONAL qui rayonne aux États-Unis et dans le monde à partir de New York.

Un autre vaste secteur aux ramifications mondiales a été le théâtre heureux de la croissance de NATIONAL. Il s'agit de celui de la santé. NATIONAL a une pratique de classe mondiale en santé, solidement implantée au Canada et en Europe à partir de Londres, et qui s'étend maintenant aux États-Unis.

Dans ce secteur, Luc Beauregard s'enorgueillit, à juste titre, que le cabinet ait fait une contribution historique en accompagnant pas à pas un de ses clients du secteur pharmaceutique dans toutes les étapes devant aboutir à la mise en marché mondiale d'une thérapie révolution-naire, et ce, depuis les premiers essais cliniques jusqu'à la diffusion des résultats aux différentes instances de réglementation et aux importants investisseurs mondiaux intéressés par la recherche pharmacologique.

À cause de ses dimensions humanitaires internationales, l'histoire de cette étroite collaboration entre deux entreprises canadiennes mérite d'être racontée, car non seulement elle a contribué à sauver des millions de vie, mais elle a mis fin à la propagation auparavant inexorable du sida dans le monde grâce à la découverte, à la mise au point, à l'homologation, à l'obtention de financements colossaux et à la distribution massive de la tant attendue trithérapie.

CHAPITRE 17

LA MOLÉCULE
DE BIOCHEM PHARMA

Luc Beauregard considère que l'aventure de BioChem Pharma est l'un des plus beaux dossiers auxquels il a été associé personnellement durant sa carrière.

Le 5 juin 1981, le virus de l'immunodéficience acquise (VIH) était détecté pour la première fois aux États-Unis. Huit ans et des milliers de morts plus tard, lors de la Cinquième conférence internationale sur le sida tenue à Montréal, le Dr Bernard Belleau faisait part de sa découverte, avec son équipe de chercheurs, de la lamivudine, une nouvelle molécule apte, non pas à guérir les patients atteints, mais à freiner la propagation du virus VIH dans le corps humain. Compte tenu qu'en recherche, une molécule sur 10 000 trouve son aboutissement, la nouvelle suscita d'immenses espoirs dans les milieux médicaux jusqu'alors démunis contre la terrible maladie.

Lorsque le laboratoire de Mark Wainberg de l'Université McGill, puis le National Cancer Institute américain corroborèrent la puissance du composé, les chercheurs qui avaient œuvré sur la molécule miracle se sentirent dépassés par le potentiel d'une telle avancée scientifique. Alors qu'ils recevaient des offres de partenariats plus alléchantes les unes que les autres de la part de grands groupes pharmaceutiques, ils en vinrent à la conclusion qu'il leur fallait de l'aide professionnelle s'ils voulaient entrer dans les ligues majeures de cette industrie mondiale sous peine de se voir dépouiller de leur autonomie de chercheurs. Francesco Bellini prit la tête de ce projet.

Né en 1947 à Ascoli Piceno, une ville de l'est de l'Italie située dans les Marches, Francesco Bellini est arrivé à Montréal à l'âge de vingt ans muni d'un diplôme d'études secondaires en chimie[1]. En 1972, il obtiendra un baccalauréat en science du Collège Loyola (ancêtre de l'Université Concordia) qu'il compléta d'un doctorat en chimie organique à l'Université du Nouveau-Brunswick en 1977. Après ses études, il revint à Montréal où il fut engagé dans la filiale canadienne de la société Ayerst, une multinationale américaine de produits pharmaceutiques. En 1984, l'entreprise décida de concentrer ses activités de recherche aux États-Unis. Francesco Bellini refusa une offre avantageuse d'être muté à Princeton. Il préférait rester à Montréal où était sa famille et il accepta l'offre de l'Institut Armand-Frappier de devenir directeur de son laboratoire biochimique.

En 1986, l'Institut Armand-Frappier (IAF), une constituante de l'Université du Québec, voulut aller chercher une source de financement supplémentaire en recourant à ce que l'on appelait l'«essaimage[2]» de son laboratoire de recherche en biochimie. La formule était populaire dans les milieux universitaires à court d'argent pour poursuivre des

[1] Les détails qui suivent sont inspirés de l'article suivant : Marie Quinty, « La coqueluche de la bourse », *Commerce*, janvier 1991, p. 18-26. Voir également *Commerce*, numéro spécial «Les Bâtisseurs du siècle, 1899-1999», automne 1999, p. 100.

[2] En anglais *«spin-off»*. Voir Louis Jacques Filion, Danielle Luc et Paul-Arthur Fortin, *L'essaimage d'entreprises. Vers de nouvelles pratiques entrepreneuriales*, Montréal, Éditions Transcontinental, 2003, 317 pages.

recherches scientifiques prometteuses, mais de plus en plus coûteuses. À l'époque, l'idée de privatiser par essaimage une partie de l'IAF était venue du Dr Aurèle Beaulne, directeur de l'Institut, de son secrétaire général, M. Marcel Préfontaine, et du Dr Francesco Bellini, chercheur et directeur du laboratoire de biochimie.

Le Dr Bellini convainquit un collègue chercheur de l'IAF, Dr Gervais Dionne, et le découvreur de la molécule lamivudine, Dr Bernard Belleau, de s'associer à lui pour faire du laboratoire une essaimée de l'Institut, qu'ils nommèrent IAF-BioChem, et dans laquelle l'IAF détenait 47 % des actions. Cette formule inventive de privatisation partielle de l'établissement universitaire enlevait tout risque normalement inhérent à la fondation d'une nouvelle entreprise de recherche scientifique. En prime, l'entente prévoyait qu'IAF-BioChem détenait le droit de préemption sur les découvertes futures de l'Institut. Le reste du financement vint d'un appel public à l'épargne lancé en vertu du Régime d'épargne actions (REA) mis sur pied par le gouvernement du Québec en 1979 pour encourager l'épargne et stimuler l'économie. La nouvelle société, qui était admissible au REA en tant qu'essaimée universitaire, réunit ainsi la somme de 13,5 millions de dollars sur une capitalisation de 25 millions. Les trois chercheurs pouvaient donc voler de leurs propres ailes et s'adonner librement à leurs travaux tout en étant à l'abri de soucis de financement.

Au cours des trois années qui ont suivi, les succès scientifiques s'accumulèrent pour IAF-BioChem. Outre les recherches courantes sur la molécule lamivudine, le président de l'entreprise Francesco Bellini poursuivait activement ses propres travaux de recherche, découvrant notamment une autre molécule pour guérir les effets secondaires du diabète, ce qui représentait en soi un autre immense potentiel de croissance pour l'entreprise. En revanche, des divergences apparurent peu à peu entre lui et les dirigeants de l'IAF dont des représentants siégeaient en majorité au conseil d'administration de l'essaimée.

Francesco Bellini manifesta de l'intérêt lorsque l'IAF voulut recourir cette fois à la privatisation de sa division des diagnostics dont les travaux étaient prometteurs. L'IAF lui contesta toutefois le droit de préemption dont IAF-BioChem voulait se prévaloir, prétextant que l'entente signée à cet égard lors de la fondation de l'essaimée s'appliquait uniquement aux activités biochimiques de l'IAF. Francesco Bellini porta l'affaire devant les tribunaux où il eut gain de cause, et IAF-BioChem eut la voie libre pour acquérir la division de diagnostics de l'IAF. Ces démêlés juridiques achevèrent toutefois d'envenimer les relations entre Francesco Bellini et le directeur de l'IAF.

Michelle Beauregard, Francesco Bellini et Luc Beauregard.

Collection privée.

Quelque temps plus tard, lorsque l'IAF voulut privatiser cette fois sa division des vaccins, la filiale canadienne de la société américaine Pasteur Mérieux Connaught, qui exploitait une usine de vaccins à Toronto, prit les devants sur IAF-BioChem pour présenter une offre que l'IAF s'empressa d'accepter avec l'assentiment des membres de son conseil d'administration. Francesco Bellini réagit aussitôt en alertant des investisseurs institutionnels québécois qu'il croyait intéressés à bloquer le départ, en des mains américaines et par surcroît vers l'Ontario, de ce qu'il considérait comme un joyau de la recherche au Québec.

Il s'adressa d'abord au Fonds de solidarité de la Fédération des travailleurs du Québec (FTQ), puis à la Caisse de dépôt et placement du Québec (CDPQ), et finalement à Bernard Lemaire, président de la société Cascade. Sa proposition reçut un accueil plus que favorable de chacun de ces partenaires financiers potentiels. L'entente stipulait qu'IAF-BioChem acquerrait la division des vaccins de l'IAF et que les trois nouveaux partenaires financiers (Fonds de la FTQ, la CDPQ et Cascade) rachèteraient le bloc de 47 % des actions détenues par l'IAF dans IAF-BioChem.

Comme prévu, l'IAF s'opposa avec la plus grande énergie à cette prise de contrôle hostile, mais Francesco Bellini tenait une carte secrète dans ses mains. Un vice-président de son entreprise était Lawrence Wilson, un avocat d'affaires et ami de Luc Beauregard. À titre d'ancien président du Parti libéral du Québec, « Larry » Wilson avait ses entrées auprès de Claude Ryan, ministre de l'Enseignement supérieur, de la Science et de la Technologie dans le gouvernement de Robert Bourassa. En décembre 1989, le gouvernement du Québec vota, dans la nuit, une loi spéciale pour démettre le conseil d'administration d'IAF dont le directeur était loin de s'attendre à un tel coup de force. Ensuite, les négociations s'accélérèrent de telle sorte que le 27 décembre suivant, Francesco Bellini fondait une filiale d'IAF-BioChem sous le nom d'IAF-Biovac, qui serait responsable de la production et de l'élaboration de vaccins contre la grippe et d'autres types d'infections.

En même temps, le Fonds de solidarité FTQ, la CDPQ et Cascade mettaient la main, avec l'assentiment du nouveau conseil d'administration d'IAF, sur le bloc d'actions que l'organisme détenait dans IAF-BioChem. La filiale IAF-Biovac prit éventuellement le nom de BioChem Vaccins, lorsque IAF-BioChem se restructura quelques années plus tard en tant que holding sous la raison sociale de BioChem Pharma, nom qui sera suggéré par Luc Beauregard. Le cordon était définitivement coupé avec l'IAF. À la suggestion de Larry Wilson[3], Francesco Bellini avait retenu les services de Luc Beauregard et de NATIONAL pour son entreprise qui prenait de l'ampleur et qui avait besoin de soutien dans ses relations avec les investisseurs et avec les médias.

Dans la première moitié des années 1990, Francesco Bellini voulut construire une usine de vaccins à Montréal pour sa filiale BioChem Vaccins. Lorsque la première guerre du Golfe se déclara en 1990, les États-Unis avaient réquisitionné la production totale de vaccins anti-grippaux de l'usine torontoise de la société américaine Pasteur Mérieux Connaught pour fournir son armée en priorité. Pour Francesco Bellini, cette décision illustrait la vulnérabilité du Canada et du Québec en approvisionnement de vaccins en cas d'épidémie. Il fit des demandes de financement auprès d'un organisme montréalais d'aide aux petites entre-prises pharmaceutiques, la société Innovatech du Grand Montréal, mais il se buta à un refus formel de la part de son directeur, Bernard Coupal.

Il fit part de son problème à Luc Beauregard. Francesco Bellini lui confia qu'il avait mis sa crédibilité en jeu au conseil d'administration et que la fin de non-recevoir de l'organisme le plaçait en mauvaise situa-tion. Luc Beauregard lui suggéra de soumettre la même demande au pendant de l'organisme dans la ville de Québec, Innovatech Québec. Il le mit immédiatement en contact avec le ministre de la Santé et des

---

[3] Lawrence Wilson et Luc Beauregard sont membres du Club des Quinze dont il sera question plus loin. Avant de se joindre à IAF BioChem, Larry Wilson a été conseiller juridique de l'AMARC dont Luc Beauregard était le président du conseil d'administration. Voir le chapitre 20.

Services sociaux du Québec, Marc-Yvan Côté, que NATIONAL avait aidé à présenter sa réforme de la santé dans le cadre d'une mise en scène qui fut remarquée. Luc Beauregard se disait que les pouvoirs publics de Québec et le ministère de la Santé ne seraient que trop heureux de voir s'installer chez eux, à Québec, une usine de vaccins. Ce qui tomba en plein dans le mille.

Le ministre n'hésita pas longtemps en effet à encourager Francesco Bellini à construire son usine à Québec en lui fournissant une aide financière appréciable que le gouvernement fédéral accepta de combler. Marcel Aubut, président du Parc technologique du Québec métropolitain, était heureux de son coup. C'est ainsi qu'en 1995, BioChem Vaccins inaugurait son usine dans la vieille capitale en présence de la ministre fédérale du Travail, Lucienne Robillard, et de Daniel Paillé, ministre de l'Industrie, du Commerce, de la Science et de la Technologie dans le gouvernement péquiste nouvellement élu de Jacques Parizeau. Comme l'avait plaidé avec vigueur et conviction Francesco Bellini, le Canada et le Québec s'assuraient ainsi d'un approvisionnement sûr en cas d'épidémie de grippe. Luc Beauregard se souvient très bien de l'événement qui avait donné lieu à des querelles de protocole entre les représentants du gouvernement fédéral et ceux du gouvernement du Québec lors de la cérémonie officielle d'inauguration, organisée par NATIONAL. L'usine, plus tard revendue à Glaxo, se révéla très précieuse pour la production de vaccins contre la grippe H1N1 en 2010. Encore une fois, le conseiller en relations publiques était allé beaucoup plus loin que la pure communication. Il avait permis la construction d'une usine de vaccins.

Entre-temps, BioChem Pharma analysait les offres pour l'exploitation future de ses produits reliés au cancer et aux maladies virales, notamment une trousse diagnostique du sida élaborée dans la foulée de la découverte par le Dr Belleau de la molécule lamivudine. Les ventes de la trousse représentaient déjà, en 1991, 52 % des revenus de l'entreprise qui employait alors une soixantaine de chercheurs de haut niveau, dont pas moins de quarante étaient détenteurs de doctorat. Le chiffre d'affaires annuel s'élevait à 40 millions de dollars. Malheureusement, le Dr Bernard Belleau décéda alors que BioChem Pharma commençait à toucher les fruits de sa découverte, mais Francesco Bellini était bien déterminé à poursuivre l'œuvre de son collègue. La même année, Francesco Bellini inaugurait un édifice tout neuf, cette fois à Laval, construit au coût de 40 millions de dollars, abritant les bureaux et les laboratoires de BioChem Pharma.

Le principal travail de Luc Beauregard et NATIONAL était lié au positionnement du produit vedette dérivé de la lamivudine, désigné sous le nom de 3TC, à travers les diverses étapes de son approbation par le Food and Drug Administration (FDA) aux États-Unis et Santé Canada. Avant d'être autorisé, un produit doit être soumis à trois phases d'essais cliniques, des étapes rigoureuses et coûteuses dont l'issue reste incertaine, donnant lieu à des hauts et des bas jusqu'à la fin.

Grâce à une entente que Francesco Bellini avait finalement signée en 1990 avec la grande entreprise pharmaceutique Glaxo, le financement des travaux de recherche était assuré. Glaxo s'était engagée à verser 25 millions de dollars la première année et une autre tranche de 31,2 millions de dollars pour les deux années suivantes, en échange de redevances sur les ventes futures du produit, une fois qu'il serait élaboré. Glaxo se réservait la commercialisation mondiale et BioChem Pharma, la commercialisation au Canada.

En fait, il s'agissait d'un partenariat selon lequel BioChem Pharma conservait le rôle de maître d'œuvre dans le développement du produit, ce qui garantissait aux yeux de Francesco Bellini la précieuse indépendance de l'entreprise vis-à-vis des grandes sociétés pharmaceutiques de niveau mondial[4]. Les protocoles de recherche pouvaient se poursuivre sur le médicament qui sera éventuellement commercialisé sous le nom d'Epidir, aujourd'hui utilisé pour le traitement du sida et, comme on le constata plus tard, aussi dans des cas d'hépatite B. Francesco Bellini espérait beaucoup de ce produit, mais il était encore loin d'être au bout de ses peines. Pour mener éventuellement à terme ses importants travaux de recherche, le président de BioChem Pharma faisait face à des problèmes de relations publiques de deux ordres, à savoir scientifique et financier.

Sur le plan scientifique, à terme, le défi consistait à recruter des patients en grand nombre, au pays et à travers le monde, et à convaincre des cohortes de médecins accaparés par leur pratique quotidienne, de s'engager dans des protocoles de recherche astreignants. Il fallait également soutenir les travaux de pointe de nombreux chercheurs en communiquant régulièrement le résultat de leurs recherches aux publics concernés. Il fallait soumettre aux autorités réglementaires les résultats de chaque étape des programmes cliniques en s'assurant que tout soit bien documenté sur le plan scientifique. À cet égard, les contraintes bureaucratiques

---

[4] Francesco Bellini déclarera plus tard qu'il en avait trop cédé à la multinationale.

obligées se succédaient à un rythme accéléré étant donné que le produit était sur une liste prioritaire en raison de l'urgence mondiale de trouver un médicament contre le sida. Dans ce combat continu, NATIONAL veillait aux relations de la firme avec les médias.

Un aspect primordial du programme de communication portait sur la diffusion des résultats des recherches auprès des journalistes scientifiques et financiers au pays et à travers le monde. Étrangement, c'est sur la place financière de Toronto que le message passait le moins bien, notamment auprès des journaux torontois qui percevaient le dirigeant de la petite société de Laval au Québec, l'exubérant Francesco Bellini, à la limite comme un exalté, un «*hyper*», qui ne faisait que jeter de la poudre aux yeux.

À Toronto, une analyste financière d'une grande maison de courtage avait pris BioChem en grippe, dénigrant et déconseillant le titre. La sceptique fut éventuellement confondue mais ne s'en excusa jamais. Les spéculateurs «*shortaient*» le titre, c'est-à-dire qu'ils pariaient sur la déconfiture de BioChem. Selon Luc Beauregard, le 3TC n'aurait jamais franchi toutes les étapes sans la persévérance, le courage et le front de Francesco Bellini.

Le financement continu constituait un achoppement majeur, car de fil en aiguille, les travaux prenaient de plus en plus d'ampleur. Il s'avéra bientôt que l'aide initiale de Glaxo ne suffirait pas. NATIONAL continua d'appuyer BioChem Pharma dans ses démarches pour convaincre les institutions financières et les gestionnaires de fonds spécialisés en santé d'investir dans son entreprise. Pour ce faire, il fallait inspirer confiance au moyen de communications scientifiques bien documentées et hautement crédibles, tout en faisant miroiter l'immense potentiel de commercialisation en cas de réussite. Les journalistes financiers des grands journaux spécialisés et de masse étaient ciblés. Partout dans le monde où se tenaient les grandes conférences scientifiques, BioChem était là.

Luc Beauregard évalue à plus de 500 millions de dollars le financement total que cette vaste recherche, étalée sur plusieurs années, a nécessité avant que soit finalement approuvé le médicament.

Curieusement, le gouvernement du Québec se fit tirer l'oreille avant d'inscrire le produit à son formulaire de médicaments autorisés pour remboursement. Un communiqué de presse rappelant que ce produit révolutionnaire a été inventé et développé au Québec, suffit à provoquer un rapide changement d'attitude à Québec.

En 2000, la grande société pharmaceutique britannique Shire a offert pas moins de cinq milliards de dollars pour acquérir BioChem Pharma. L'importance des sommes en jeu s'explique par le potentiel énorme que représentait un traitement efficace contre le sida et par la jeunesse des brevets déposés sur le produit. Francesco Bellini, qui était un des principaux actionnaires de l'entreprise, et ses partenaires financiers acceptèrent l'offre. On évalue à environ 500 millions de dollars la somme que Francesco Bellini aurait retirée personnellement de cette importante transaction[5]. Ce fut probablement le meilleur investissement du Fonds de solidarité FTQ, qui lui permit d'afficher un bon rendement moyen au fil des années.

Durant ce long processus, qui comporte une part non négligeable de risques à chaque étape, NATIONAL collabora à toutes les opérations de relations publiques de l'entreprise, à partir de 1989 jusqu'à l'élaboration définitive et à l'homologation du médicament par Santé Canada et la Food and Drug Administration américaine (FDA). Deux employés de NATIONAL ont aussi joué un rôle majeur dans ce dossier : Michelle Roy, qui devint éventuellement une employée de BioChem, puis Ken Cavanagh, directeur du groupe Communication financière et relations investisseurs. Ce dernier est décédé en 2008. Aujourd'hui le produit fait partie d'une trithérapie : associé à deux autres produits, le traitement ne guérit pas de la maladie, mais il en arrête ou freine la progression au point d'avoir sauvé d'une mort pénible, à petit feu, des millions de malades dont la qualité de vie s'en trouva améliorée de façon notoire.

Rappelons que dans les années 1980, NATIONAL avait déjà commencé à avoir comme clients des fabricants de produits pharmaceutiques, des établissements de soins hospitaliers de même que des associations de patients et de professionnels de la santé, notamment dans des dossiers d'affaires publiques et de relations avec les gouvernements et de lancements de produits. L'expertise dans le secteur pharmaceutique se développa particulièrement dans le bureau de Toronto à la suite

---

[5] Francesco Bellini a alors cofondé le holding Picchio International qui a repris en 2004, sous le nom de Virochem Pharma, la division de virologie de BioChem Pharma dont Shire voulait se départir. L'entreprise a depuis été revendue. Picchio a également investi dans d'autres entreprises du secteur de la santé, comme Innodia, Neuro Pharm, Pronomix, Adaltis, cette dernière étant présente en Chine, et principalement Neurochem. La FDA refusa de donner son approbation après la dernière phase d'essais cliniques du produit vedette de Neurochem qui se restructura et est devenue Bellus Santé, toujours cliente de NATIONAL.

du recrutement de conseillers spécialisés. En fait, la firme avait été aux premières loges lorsque le contexte de la pratique des relations publiques dans le domaine pharmaceutique changea brusquement au Canada.

En 1987, le gouvernement Mulroney décida de revoir les lois sur les brevets pour renforcer la protection de la propriété intellectuelle sur les découvertes pharmaceutiques. La «loi C-91», en faveur de laquelle le Québec milita activement pour favoriser l'industrie des médicaments d'origine, concentrée sur son territoire, faisait passer la durée de la protection des brevets de 17 à 20 ans. La nouvelle législation changea complètement la donne en faveur des fabricants de médicaments d'origine que NATIONAL comptait parmi ses clients.

En 1992, le temps était venu de regrouper les conseillers spécialisés en santé et en pharmaceutique de la firme à Toronto et à Montréal sous une division distincte qui devint NATIONAL *PharmaCom*. Luc Beauregard demanda à un collaborateur de la première heure, Robert McCoy, déjà initié au secteur de la santé, d'en devenir le directeur à Montréal pour compléter l'équipe grandissante à Toronto. Pendant plus d'une décennie, le secteur santé de NATIONAL alla de succès en succès alors que les grandes firmes pharmaceutiques lançaient de nouveaux «*blockbusters*».

Cette décision stratégique s'est aussi révélée visionnaire à la lumière des autres bouleversements qu'a connus par la suite le secteur de la santé au Québec et au Canada, et qui ont eu des incidences majeures sur la pratique des relations publiques dans ce secteur. D'abord, contrairement aux États-Unis, la publicité vantant directement les vertus de médicaments d'ordonnance n'est pas admise au Canada. De plus, alors qu'autrefois le patient remettait rarement en question l'ordonnance de son médecin, aujourd'hui, il veut s'informer, souvent sur Internet, sur la nature de sa maladie, sur les traitements disponibles et sur la médication offerte, y compris sur les produits naturels qui ont connu une croissance phénoménale, envahissant même les rayons de pharmacies conventionnelles[6].

---

[6] Pour voir l'évolution des mentalités à l'égard des produits naturels, voir l'étude de cas de Jacqueline Cardinal et Laurent Lapierre, *Jean-Marc Brunet ou la volonté absolue d'être un gagnant*, Montréal, Centre de cas HEC Montréal, 1994, 25 pages.

Au niveau mondial, des entreprises pharmaceutiques déjà importantes se sont fusionnées et se réduisent maintenant à une poignée de joueurs qui se livrent une concurrence féroce pour le contrôle des lieux de recherche, l'obtention de brevets et la distribution des médicaments où les frontières nationales s'aplatissent. Par ailleurs, les fabricants de médicaments génériques multiplient les interventions, faisant valoir que leurs produits entraînent une baisse des coûts pour les consommateurs, les assureurs privés et publics de même que pour les organismes subventionnaires. Le secteur pharmaceutique est en fait divisé en deux camps ennemis : celui des entreprises innovatrices, qui font de la recherche et créent des médicaments, et celui des génériques, qui copient les produits une fois les brevets écoulés. NATIONAL a choisi le camp des sociétés innovatrices.

Pour les praticiens des relations publiques, le domaine médical et pharmaceutique est devenu une spécialité par la force des choses, car il nécessite une interprétation rigoureuse des enjeux, une communication précise de données scientifiques et une prise en compte pointue des impacts sur les populations qui sont de plus en plus informées et préoccupées de leur santé. En plus, les publics auxquels les entreprises du secteur s'adressent sont multiples, distincts et segmentés. Pour chacun, les enjeux et les intervenants diffèrent, ce qui complexifie d'autant l'élaboration et la coordination des programmes de communication. Dans ce contexte, les relations publiques revêtent des dimensions hautement stratégiques alors que les organismes de réglementation et de livraison de brevets multiplient les contrôles et les critères d'homologation à chaque étape des protocoles de recherche clinique.

En trois décennies, du seul point de vue du financement de la recherche médicale et pharmaceutique, les coûts ont explosé. Les entreprises de recherche se voient dans l'obligation de renouveler constamment leurs sources de financement auprès d'investisseurs bien au fait de l'état des connaissances en matières scientifique et médicale. Avant de mettre leurs billes dans des protocoles de recherche clinique, les analystes financiers et les gestionnaires de fonds spécialisés doivent être convaincus que les rendements sur investissements seront à la hauteur des promesses. Là encore, le travail du conseiller en relations publiques prend une dimension stratégique dans une perspective de croissance pour les entreprises de recherche médicale et pharmaceutique.

Pour leur part, face à des électeurs de plus en plus avertis, les gouvernements veulent ménager la chèvre et le chou en adoptant des positions d'équilibre instable. Ils sont sensibles aux arguments pécuniaires des fabricants de produits génériques, mais ils doivent en même temps protéger une industrie de pointe dotée d'une main-d'œuvre spécialisée et jalouse du développement et du respect de ses brevets durement et chèrement acquis.

On le voit, le domaine de la santé et de la pharmaceutique est devenu un champ de pratique immense pour les conseillers en relations publiques. NATIONAL, qui a été parmi les premiers au pays à s'y être engagé à fond, se classe au premier rang au Canada dans ce secteur. Sa pratique dans le secteur de la santé offre même une gamme complète de services à l'échelle mondiale, à tel point qu'elle représente près de 30 % de son chiffre d'affaires. Cet état de fait n'est pas le fruit du hasard, mais bien le résultat d'une stratégie planifiée.

En effet, encouragé par la tournure des événements, NATIONAL décida de pousser plus loin l'aventure en ouvrant un bureau à Londres, un chef-lieu mondial des secteurs pharmaceutique et financier. Ainsi, en 2004, NATIONAL inaugurait sa place d'affaires dans la capitale anglaise sous la raison sociale d'AXON[7], nom déjà utilisé par NATIONAL à Toronto pour son secteur spécialisé en communication médicale et en recherche clinique. Pour des considérations juridiques, de toute façon, il lui était impossible d'utiliser le nom de NATIONAL au Royaume-Uni.

Contrairement aux autres bureaux de NATIONAL, celui d'AXON U.K. de Londres est presque exclusivement axé sur la communication dans le domaine de la santé. Il est devenu en quelque sorte la tête de pont de NATIONAL dans ce secteur aux ramifications internationales, offrant des services de relations publiques, des services de communication à l'intention de la communauté médicale et des services-conseils en recherche clinique.

Là comme ailleurs, le succès attire le succès, car les mandats sont accordés sur la crédibilité d'une firme et sur la brochette de clients qu'elle affiche. Le secteur pharmaceutique est un cercle d'initiés où tous se connaissent. Il y est bien vu pour un consultant de faire du travail

---

7   L'axone (en anglais *axon*) est un long prolongement fibreux du neurone, qui conduit l'influx nerveux transmettant les messages de notre organisme (une douleur, un mouvement) sous forme de signaux de nature électrique.

pour plusieurs entreprises du secteur. Les conflits d'intérêts surviennent lorsque les produits sont concurrents, mais on peut faire du travail sur un produit cardio-vasculaire pour une entreprise, et sur un produit anti-cancer pour une autre. Comme le confie Luc Beauregard, « il faut faire partie du club et si vous avez déjà comme client Merck, Glaxo, Pfizer ou Roche, vous faites partie de la famille », ce qui est le cas pour NATIONAL. Des partenariats sont parfois possibles entre firmes. Ainsi, en 2010, AXON s'est associé à Marina Maher Communications, une firme de New York très proche des publics féminins, pour décrocher un important contrat d'envergure mondiale ayant trait à la santé des femmes en matière de fertilité et de contraception.

Au cours de la même année, NATIONAL a ouvert à New York un autre bureau d'AXON spécialisé en santé et en pharmaceutique. NATIONAL y avait déjà pignon sur rue, comptant un employé dans le secteur des communications financières œuvrant à partir des bureaux de Burson-Marsteller. AXON U.S. vient compléter l'équipe d'AXON U.K. et d'AXON Canada. Les dossiers d'AXON au Canada sont gérés depuis Toronto, qui s'enorgueillit d'obtenir des mandats internationaux de formation pour ses clients du secteur pharmaceutique en Pologne, Argentine, Italie, Malaisie, Danemark et Espagne, en plus de ceux réalisés aux États-Unis et au Royaume-Uni. AXON U.K., AXON U.S., le groupe AXON au Canada et la pratique de relations publiques de NATIONAL à Montréal et à Toronto forment un grand groupe sollicité aussi bien en Europe qu'en Amérique. Les bureaux locaux de NATIONAL à Vancouver/Victoria, Calgary, Québec et dans les provinces atlantiques, appuient les opérations de Toronto et de Montréal en santé.

La direction de NATIONAL tient à ce que tous les bureaux d'AXON et de NATIONAL partagent ouvertement leurs expertises et compétences dans le domaine afin de se maintenir au niveau mondial dans un champ de pratique aussi concurrentiel que complexe. Cette culture de mise en commun des ressources en santé, en technologie ou dans tout autre domaine, illustre avec éclat la pertinence des politiques de ressources humaines, qui s'attachent à abolir les silos fonctionnels par la structure organisationnelle de développement continu, en vigueur depuis 2007, et dont nous avons également traité plus haut[8].

---

[8] Voir le chapitre 16.

Une nouvelle identité visuelle de la marque AXON et un site Web dédié ont été lancés en 2010. Le recours aux outils informatiques est d'ailleurs devenu un atout pour AXON, qui a construit par exemple un site Web personnalisé, en collaboration avec la nouvelle filiale Sonic Boom, à l'intention exclusive des 15 863 patients recrutés dans 33 pays participant à un programme d'essais cliniques afin de répondre en ligne à leurs questions et préoccupations. Ralph Sutton, d'abord associé directeur du bureau de Londres et maintenant associé directeur du développement international de NATIONAL, dirige aussi le Comité mondial du secteur de la santé, qui se réunit tous les mois par téléconférence. D'autres mesures favorisent la collaboration inter-bureaux dont AXON U.S. est devenu le catalyseur. Citons le programme CREATE (pour Cross Office Activity Team) qui réunit des conseillers de chaque bureau et partage les comptes rendus de leurs expériences auprès de leurs principaux clients.

Grâce à ces initiatives, NATIONAL/AXON est un joueur de ce club mondial sélect. La preuve en est qu'il lui arrive à l'occasion d'obtenir des mandats mondiaux en agissant comme firme de coordination des activités de communication pour un produit commercialisé à l'échelle de la planète. Dans ce cas, NATIONAL coordonne les activités d'autres firmes de communication ayant des antennes aux niveaux locaux ciblés.

Luc Beauregard et sa femme Michelle ont développé une amitié avec Francesco Bellini et sa femme Marisa. Il a même recommandé à Eric Molson la nomination du Dr Bellini, un entrepreneur dans le vrai sens du terme, au conseil d'administration de Molson. Aujourd'hui encore, le Dr Bellini siège au conseil de Molson Coors[9]. Les Beauregard, les Bellini et Eric et Jane Molson sont des amis.

BioChem Pharma, NATIONAL : deux PME devenues internationales. Francesco Bellini, Luc Beauregard : deux entrepreneurs déterminés à réussir dans leurs domaines respectifs. Deux leaders dont les expériences professionnelles se sont nourries mutuellement. Deux amis ayant goûté ensemble à la douceur de la réussite en affaires parce que le premier avait quelque chose d'important, de vrai et de valable à dire, et que le second l'a aidé à le faire de façon retentissante. Deux travailleurs acharnés ayant mis le temps, les efforts et leurs talents au service d'une

---

[9] Nous aborderons plus loin le rôle que Luc Beauregard a joué dans cette fusion hautement médiatisée.

cause qui en valait la peine. Tout cela à partir de la découverte d'une molécule microscopique qui a changé la face de l'univers médical mondial et sauvé des millions de vie.

À partir de ces exemples et d'autres, Luc Beauregard aime à dire que peu soupçonnent l'éventail des services de NATIONAL et l'étendue de ses activités, désormais de loin plus importantes à l'extérieur qu'à l'intérieur du Québec.

CHAPITRE 18

METRO, PROVIGO, RONA, WALMART, MCDONALD'S, BANQUE NATIONALE...

P endant qu'il bâtissait et gérait son entreprise de relations publiques, Luc Beauregard a agi personnellement comme conseiller auprès de plusieurs clients de renom, dont les parcours se croisaient parfois sous ses yeux.

Il a ainsi travaillé pour la chaîne d'alimentation Metro inc., qui a notamment requis ses services à deux reprises, à quelques années d'intervalle, pour annoncer le renvoi des présidents et chefs de la direction. Puis, une crise à Provigo l'amena à s'impliquer auprès d'un client de la firme. Le poissonnier Waldman, que Provigo venait d'acheter, avait vendu du vivaneau avarié, une histoire dont même l'Assemblée nationale traita.

Un jour, Luc Beauregard reçut un appel de Bertin Nadeau, président et chef de la direction d'Unigesco et propriétaire des facteurs d'orgues Casavant et des boissons Kiri. Bertin Nadeau voulait lui annoncer qu'il avait acquis un pour cent des actions de Provigo, avec l'intention d'en acheter davantage avec l'appui de la Caisse de dépôt et placement du Québec. Luc Beauregard rédigea le communiqué d'annonce et accompagna Bertin Nadeau au bureau de Jean Campeau, président de la Caisse de dépôt, pour faire approuver le texte du communiqué. Luc Beauregard raconte que Jean Campeau l'approuva, mais qu'il insista pour modifier un mot. Alors que le communiqué parlait de Provigo comme d'une société « montréalaise », dans le sens où son siège était établi à Montréal, Jean Campeau, à qui on attribuait un fort penchant nationaliste, insista pour y substituer le mot « québécoise ». Luc Beauregard fit la modification demandée, mais ne l'oubliera pas.

Provigo occupait la première place dans les investissements d'Unigesco et Bertin Nadeau s'attribua éventuellement le poste de président du conseil et chef de la direction. Luc Beauregard aimait bien travailler avec Bertin Nadeau, un homme qu'il décrit comme toujours posé, réfléchi et élégant. Bertin Nadeau constata que l'entreprise, autrefois dirigée par Antoine Turmel, avait été très généreuse à l'égard de ses marchands indépendants. Or, il considérait qu'il fallait plutôt s'orienter vers des magasins gérés en franchise. Il se frotta à l'opposition des marchands indépendants qui, sans surprise, répugnaient à cette idée. Ils manifestèrent d'ailleurs plus d'une fois leur mécontentement à l'assemblée annuelle. Le rôle de Luc Beauregard s'en trouvera accru.

Entre-temps, un collègue de NATIONAL vint voir Luc Beauregard avec une demande inusitée. Le premier ministre Robert Bourassa avait invité un petit groupe de militants de sa garde rapprochée à un week-end de ressourcement et avait demandé à chacun d'arriver avec une idée. Ce collègue demandait l'avis de Luc Beauregard sur des idées à proposer au premier ministre. La proposition lui vint spontanément. Il y avait déjà quelques années que le gouvernement libéral était au pouvoir. Or, Jean Campeau était toujours en poste et certains membres de la communauté des affaires se demandaient pourquoi le premier ministre tardait tant à apporter du sang neuf à la Caisse de dépôt. Quelques mois plus tard, le premier ministre Robert Bourassa, faisait sienne cette suggestion et annonçait les nominations de Jean-Claude Delorme comme président du conseil d'administration et de Guy Savard comme président de la Caisse de dépôt.

Par ailleurs, Bertin Nadeau cherchait des moyens pour créer de la valeur pour ses actionnaires, dont lui-même au premier chef. Sur ses instructions, Luc Beauregard convoqua une conférence de presse pour annoncer l'offre d'achat reçue du groupe d'investissement privé Blackstone. Le président Stephen Schwarzman était là en personne. Guy Savard était toutefois réticent à l'idée de laisser Provigo filer entre des mains non québécoises et il opposa finalement le veto de la Caisse de dépôt, qui était l'actionnaire principal.

Sur les entrefaites, Michel Gaucher, qui lui aussi avait été choisi par Jean Campeau de la Caisse de dépôt pour acquérir et diriger la vénérable chaîne d'alimentation Steinberg, dut se résoudre à fermer les portes du célèbre établissement. C'est alors que Bertin Nadeau de Provigo et Pierre Lessard de Metro se partagèrent les magasins à racheter, ce dernier disposant de plus de ressources pour acquérir les meilleurs.

À son tour, Bertin Nadeau dut céder les rênes de Provigo, et la Caisse de dépôt en confia la présidence du conseil à Pierre Michaud, président de la chaîne de quincaillerie Val Royal, puis créateur de la chaîne Brico et ultimement créateur de Réno-Dépôt, qu'il revendra éventuellement à Rona. Pierre Michaud était membre du Club des Quinze[1] et donc un ami de Luc Beauregard. Après avoir servi Provigo sous Pierre Lortie puis sous Bertin Nadeau, NATIONAL pouvait demeurer la firme conseil de l'importante chaîne d'alimentation.

Peu de temps après ce rapprochement professionnel de Luc Beauregard avec Pierre Michaud, devenu président du conseil de Provigo tout en demeurant président de la quincaillerie Val Royal, la relation d'une dizaine d'années que NATIONAL entretenait avec un concurrent, le quincailler Rona, cessa abruptement, ce que Luc Beauregard déplora vivement, ayant travaillé plusieurs années corps et âme pour Rona pendant l'ère d'André Dion.

[1] Voir le chapitre 22.

Pierre Michaud engagea Pierre Mignault comme président et chef de la direction de Provigo. Fondateur de Club Price au Canada (connu aujourd'hui sous le nom de Costco), Pierre Mignault avait une réputation de maître dans l'art de couper les coûts. La direction de Provigo ferma son siège du 1250, boulevard René-Lévesque pour déménager au centre administratif de l'entreprise, boulevard Métropolitain. L'expansion tous azimuts dans laquelle Provigo s'était lancée auparavant avait connu ses années de gloire. Il fallait se rendre à l'évidence : l'acquisition de Distribution aux consommateurs n'avait pas porté ses fruits. L'entreprise avait besoin de liquidités et finit par vendre Provi-Soir à Alain Bouchard de Couche-Tard. Puis il fallut brader une filiale californienne, une chaîne d'alimentation éloignée qui était davantage une distraction qu'un actif. Luc Beauregard participa à toutes ces péripéties, aidé par Laurent Pepin. NATIONAL avait recruté cet ancien journaliste du *Devoir* et directeur de la revue *Commerce* et l'avait imparti à Provigo en compagnie de deux autres employés de la firme, qui constituèrent pendant quelques années le service des communications de Provigo.

Constatant qu'il y avait trop de joueurs dans le marché de l'alimentation au Québec, Pierre Michaud sentait qu'il se dirigeait vers une impasse. Son ami Pierre Lessard, autrefois de Provigo, faisait florès à Metro tandis que Hudon & Daudelin/IGA affichait un bilan reluisant et que, de son côté, l'ontarienne Loblaws préparait son installation au Québec. Pour Pierre Michaud, le temps était venu de monétiser la valeur qui restait dans Provigo. Il donna le mandat à Guy Savard, maintenant revenu dans le secteur privé à la tête de Merrill Lynch Canada, de négocier la vente à Loblaws.

À coup sûr, il s'agissait d'une transaction ambitieuse. Comment convaincre la Caisse de dépôt de laisser aller Provigo ? Pierre Michaud tira toutes les ficelles qu'il pouvait et il mit de la pression sur Luc Beauregard pour que les médias – et la Caisse – comprennent bien que la transaction était dans l'intérêt de tous. D'autant plus que la famille Weston, actionnaire de contrôle de Loblaws, était un acquéreur responsable et respectable, ce qu'elle a toujours démontré avec son grand magasin Holt Renfrew au Québec et ce qu'elle démontra par la suite à Provigo. Loblaws s'engagea à maintenir tel quel le niveau d'achats de produits québécois et à l'annoncer publiquement chaque année, engagement qu'elle respecta entièrement.

Luc Beauregard travailla à élaborer les messages clés, c'est-à-dire les raisons pour lesquelles la transaction était opportune. Le nouveau président de la Caisse de dépôt, Jean-Claude Scraire, fut amené à accepter de monnayer l'investissement de la Caisse dans Provigo, et la nouvelle de la vente à Loblaws fut annoncée le jour même de la réélection du Parti québécois, avec cette fois à sa tête Lucien Bouchard. La stratégie était évidemment d'annoncer la transaction à un moment où aucun gouvernement n'en aurait la paternité – la journée des élections constituant une sorte de *no man's land* politique. Lucien Bouchard n'en fut pas ravi, mais n'eut d'autre choix que de faire valoir, le soir de son élection, les raisons justifiant la transaction. Cette dernière se révéla bonne pour tout le monde… sauf pour l'acquéreur. Pourtant, Loblaws n'avait rien ménagé pour faire fructifier son investissement. L'Ontarien construisit un superbe nouveau siège de Provigo à Saint-Laurent. Mais d'un chef de la direction à l'autre, les choses n'allèrent pas beaucoup mieux. La bannière Provigo comptait des magasins de tailles et d'aménagements hétéroclites. Seule la bannière Maxi, se vantant d'offrir le panier le moins cher, connaissait du succès. Loblaws radia éventuellement le coût de son investissement initial.

Entre-temps, un autre client de NATIONAL, Walmart, commençait à ouvrir des supercentres en Ontario, soit des Walmart traditionnels accompagnés de supermarchés d'alimentation. Les délimitations entre les secteurs du détail se confondaient de plus en plus, provoquant des conflits d'intérêt inattendus pour les consultants. Le phénomène s'est amplifié depuis : les pharmacies s'apparentent de plus en plus à des magasins généraux, alors que les chaînes d'alimentation ont maintenant des comptoirs de pharmacie, des restaurants et même des succursales bancaires.

Une année, NATIONAL inaugura trois supercentres Walmart dans la cour de Loblaws à Toronto et l'entreprise menaçait de venir en ouvrir à Montréal. Provigo demanda à NATIONAL de choisir entre elle et Walmart, sachant bien que le choix ne serait pas difficile à faire. À ses moments les plus intenses, le compte de Provigo comportait la collaboration aux annonces des ventes ou d'acquisitions, à la divulgation des résultats trimestriels et annuels, à la préparation des assemblées annuelles, à l'ouverture ou à la fermeture d'établissements, bref à tout l'éventail des communications stratégiques d'une entreprise. Par contre, Provigo, devenue filiale de Loblaws, n'offrait plus de telles opportunités. Ainsi se termina plus de vingt ans de collaboration entre NATIONAL et Provigo.

Les Restaurants McDonald du Canada est un autre client de longue date de NATIONAL. Leur relation remonte à plus de 25 ans. C'est un client qui relève normalement du groupe marketing de la firme, dont les besoins sont entre autres l'ouverture de nouveaux magasins, le lancement de produits ou de nouveaux concepts comme le McCafé et l'appui aux franchisés ou encore aux multiples œuvres de McDo comme le Grand McDon ou encore les Manoirs Ronald McDonald, qui hébergent les parents d'enfants malades venant des régions éloignées.

Luc Beauregard fut appelé à prêter main-forte à ce client à diverses occasions, notamment lors de tentatives de syndicalisation d'employés, d'abord de la FTQ, puis de la CSN. Les deux échouèrent. Avec un taux exceptionnel de syndicalisation de 40 % au Québec, de loin plus important qu'aux États-Unis ou en Europe, Luc Beauregard est catégorique : « Les Québécois semblent croire que la présence d'un syndicat dans une entreprise est la norme et que toute entreprise dont les employés ne sont pas syndiqués est suspecte, pour ne pas dire en marge de la légalité. » Il poursuit : « Quand une entreprise résiste à la syndicalisation, comme ce fut le cas de Walmart et de McDonald's – et maintenant de Couche-Tard –, elles font l'objet de couverture négative des médias québécois dont les journalistes sont syndiqués. »

Il tombe sous le sens pour lui que la rentabilité de ce type d'entreprises dépend entièrement de ses bas coûts d'approvisionnement, de logistique, d'exploitation et de main-d'œuvre. Syndiquer ce genre de commerce, lui imposer des rémunérations et des modes d'opération typiques aux entreprises syndiquées, c'est le vouer à la mort certaine. Tout le secret des McDo tient à leur offre de nourriture populaire bien apprêtée et de bonne qualité, à leur service rapide et à leurs bas prix, soutient-il. À tous les dix jours, trente millions de personnes – l'équivalent de la population du Canada – franchissent les portes des McDo au pays. Luc Beauregard renchérit : « Les journalistes syndiqués ont beau faire la fine bouche avec leurs conditions de travail blindées et leurs produits bio, qui peut nier que ce type d'établissement réponde à un besoin de la population, et notamment des moins fortunés ? »

Il en veut pour preuve que le seul McDo qui fut syndiqué pendant quelques semaines fut celui dont les employés faisaient le moins d'argent. « Après la ponction de la cotisation syndicale, le *take-home pay* des employés était sous le salaire minimum ! », précise-t-il. Plus grand restaurateur dans le monde, McDo a encore obtenu des revenus record en 2011 et ses actions ont atteint un niveau sans précédent. «Quoi qu'on dise et quoi qu'on fasse, les McDo ont toujours la cote à l'échelle de la planète!», conclut Luc Beauregard.

Un autre client auquel il a été associé de près est la Banque Nationale du Canada. Membre du conseil d'administration du Musée d'art contemporain, il y avait fait la connaissance de Léon Courville, alors président de la Banque Nationale. Ce dernier lui mentionna en passant qu'il était en appel d'offres pour recruter une firme de communication. Luc Beauregard lui exprima son intérêt pour participer au concours, que NATIONAL remportera quelques semaines plus tard. La relation entre NATIONAL et la Banque Nationale date de ce moment, en 1990, et dure toujours.

André Bérard venait de succéder à Michel Bélanger comme président du conseil et chef de la direction de la Banque. Il héritait de graves problèmes. La Banque avait fait au financier Robert Campeau et à la société immobilière Olympia & York des prêts excédant de loin sa norme de risques raisonnables. Élevé dans le milieu bancaire, toujours impatient d'aider les entrepreneurs à faire des *deals*, enthousiaste, doté d'un fort pouvoir de séduction et d'un sens de l'humour peu commun, André Bérard affronta courageusement les tempêtes.

Les malheurs n'arrivant jamais seuls, les crises se succédèrent. À un moment, la Banque en fut réduite à déclarer un bénéfice annuel d'un maigre un million de dollars! Elle mit alors de l'ordre dans ses politiques. On ne la reprendra plus à prêter des centaines de millions à des entreprises avec lesquelles elle n'est pas familière! Graduellement, trimestre après trimestre, la Banque renoua avec la rentabilité et les résultats furent au beau fixe pendant le reste du mandat d'André Bérard. Il maîtrisait sa banque. Le seul caillou dans son soulier sera un certain Yves Michaud.

Luc Beauregard reçut un jour l'appel du président du Trust Général qui l'invita à dîner dans le plus grand secret au Club Mont-Royal pour lui confier que le Trust aurait besoin de ses services parce que l'exercice financier se solderait par un déficit de huit millions de dollars. À chaque rencontre subséquente, la perte grimpait. Ce furent 20, puis 40, puis rapidement 60 millions de dollars de déficit. Comme les autres sociétés de fiducie, le Trust Général s'était aventuré trop loin dans l'immobilier et les débiteurs rapportaient les clés de leurs immeubles.

À l'insistance de l'Inspecteur général des institutions financières du Québec et avec son appui financier, la Banque Nationale accepta d'acheter le Trust et de reprendre ses activités, protégeant ainsi les déposants. Mais les actionnaires du Trust, bien sûr, voyaient la valeur de leurs actions réduite à zéro. Yves Michaud était de ce nombre et il n'acceptait pas son sort. Il voulait être remboursé. Coriace, il transporta sa cause devant l'assemblée annuelle de la Banque Nationale où il se fit la mouche du coche pendant des années. Sa création, le MÉDAC (Mouvement d'éducation et de défense des actionnaires), poursuivit son action. Malgré leur bonne volonté évidente, ses nouveaux porte-parole n'ont cependant ni la faconde et ni la pugnacité d'un Yves Michaud. Luc Beauregard a collaboré depuis le début des années 1990 à la préparation des assemblées annuelles de la Banque.

Le successeur choisi par André Bérard fut Réal Raymond, un homme du sérail comme lui, mais titulaire d'un MBA. Il avait auparavant apprivoisé le marché des capitaux et la banque d'affaires en passant quelques années à la Financière Banque Nationale. Il a hérité d'une banque en bonne santé et l'a relaissée cinq ans plus tard en excellent état. À 57 ans, Réal Raymond, né d'une famille où il y avait eu des décès précoces, décida de mettre fin au stress venant avec la fonction de PDG et de prendre sa retraite pendant que tout allait bien pour lui.

Peu après son arrivée à la tête de la Banque, son successeur, Louis Vachon, eut toutefois à affronter une tempête semblable à celle qu'André Bérard avait dû gérer dix-huit ans plus tôt. Le nouveau président et chef de la direction de la Banque s'investit corps et âme pour gérer un fléau qui avait gagné toute l'Amérique du Nord, et même au-delà, soit la crise du papier commercial adossé à des actifs (PCAA). Les radiations majeures et néfastes émanant de cette perturbation profonde minèrent les résultats des deux premières années de son règne. Ceux des années subséquentes furent toutefois spectaculaires, la Banque Nationale montrant un rendement supérieur aux autres banques canadiennes et méritant de Bloomberg Markets le titre de la banque la plus solide en Amérique du Nord. Selon les mots de Luc Beauregard, Louis Vachon est un dirigeant très *hands-on*, comme on dit dans le jargon du management. Il sait s'entourer et déléguer mais en même temps, il n'hésite pas à monter aux barricades lorsque la situation l'exige.

Luc Beauregard est très fier de son association avec la Banque Nationale. Il a apprécié ses relations avec André Bérard et Réal Raymond, avec lesquels il maintient des relations d'amitié. Il apprécie la relation avec Louis Vachon qui s'est soudée dès le départ au moment de la crise du PCAA. Agissant comme conseiller en communication, il considère avoir beaucoup appris lui-même, au fil des ans, au contact des cadres de la Banque, que ce soit au service des finances, au service des ressources humaines ou au secrétariat corporatif de l'institution. Il a aussi beaucoup appris au contact des membres du conseil d'administration et, en particulier, des membres président des comités du conseil – révision et gouvernance, audit et gestion des risques, ressources humaines. L'époque des conseils d'administration pépères est bien révolue. Les administrateurs travaillent fort et ont de lourdes responsabilités, particulièrement dans un grand établissement financier. Les investisseurs institutionnels sont en effet impitoyables pour les conseils et les directions qui ne performent pas mais, en même temps, les pouvoirs publics sont impitoyables pour ceux qui ne suivent pas les règles.

On ne soupçonne pas la complexité de la gestion d'une telle institution au-delà de l'objectif premier qui est d'obtenir et de retenir des clients et de faire un profit en bout de piste. Les règles de gouvernance, le monitorage constant de la conformité des opérations par rapport à ces règles et aux lignes directrices de l'entreprise, de même qu'aux lois et règlements en vigueur, la vérification des états financiers et la gestion des risques, les rapports aux organismes de règlementation comme le Surintendant des institutions financières au niveau fédéral, l'Autorité des marchés financiers au niveau provincial, les autorités canadiennes de valeurs mobilières, la production d'un rapport annuel et d'une circulaire de la direction en vue de l'assemblée annuelle, l'Office de protection du consommateur – voilà autant de balises qui encadrent le fonctionnement d'une telle entreprise et qui rendent sa gestion d'une complexité inouïe. Pas étonnant que la durée de vie moyenne des grands chefs d'entreprises soit en moyenne seulement de quatre ans.

CHAPITRE 19

L'ÉCUEIL DE CHURCHILL FALLS

« Il n'est pas confortable de se retrouver au milieu du champ de tir dans les débats échauffés d'une fin de session. Mais lorsque des demi-vérités commencent à se répandre, il y a lieu pour nous de présenter notre perspective, en décrivant le mandat qui nous a été confié et le genre d'entreprise que nous dirigeons. »

C'est en ces termes que Luc Beauregard commençait sa diatribe dans un article publié dans la page éditoriale de *La Presse* du 23 juin 1998[1]. Il avait décidé de monter aux créneaux afin de défendre la réputation de NATIONAL durement mise à mal durant les périodes de questions de l'Assemblée nationale au sujet des contrats octroyés par le gouvernement à la «firme amie» de relations publiques qui avait, disait-on, outrageusement obtenu la part du lion des contrats gouvernementaux, et ce, la plupart du temps sans appel d'offres.

L'élément déclencheur des hostilités entre le gouvernement au pouvoir du Parti québécois et l'Opposition officielle du Parti libéral au sujet de NATIONAL avait été une conférence de presse organisée au Labrador, plus précisément à Churchill Falls, par NATIONAL quelques mois plus tôt[2]. Les premiers ministres Lucien Bouchard du Québec et Brian Tobin de Terre-Neuve devaient lancer officiellement les travaux de construction, au coût de près de 12 milliards de dollars, de la centrale de Lower Churchill en vertu d'une entente «historique» entre Hydro-Québec et la Newfoundland and Labrador Hydro. L'événement avait été perturbé par l'arrivée fracassante et impromptu de membres du peuple innu. L'entente, protestaient-ils bruyamment, avait été signée sans consultation auprès d'eux et surtout sans leur accord, alors qu'ils se considéraient comme les détenteurs de droits ancestraux sur cette partie du territoire du Labrador. Leur intervention avait fait déraper la cérémonie et les manchettes du lendemain avaient mis l'accent sur les protestations des Innus. À cause de la tournure des événements, la conférence de presse avait été donnée dans des locaux de fortune où les premiers ministres avaient dû se rabattre.

Les journalistes avaient renchéri en affirmant que l'organisation par NATIONAL de cette conférence de presse ratée avait coûté aux contribuables québécois la rondelette somme de 1,6 million de dollars. Certains se vantaient d'avoir découvert un véritable pot aux roses révélé à la faveur de l'esclandre non prévu des Innus. Ce que les médias ne disaient pas, c'était qu'en réalité, l'événement n'était qu'une partie des différents volets d'un mandat qui couvrait un éventail d'activités devant

---

1 Luc Beauregard, «Churchill Falls : National explique son rôle», *La Presse*, section Opinions, 23 juin 1998, p. B-2.

2 Situation étrange, Luc Beauregard étant un fédéraliste reconnu et ayant été longtemps un militant libéral du NON aux référendums de 1980 et de 1995. Avant et après cet incident particulier, le Parti québécois, une fois dans l'opposition, a souvent accusé le Parti libéral de favoriser NATIONAL.

mener à cette entente historique. C'est ce que Luc Beauregard voulait rectifier dans sa réplique à *La Presse*. L'annonce, sur place, du début des travaux de construction représentait l'aboutissement de longs pourparlers et préparatifs, auxquels NATIONAL avait participé de près. Les négociations avaient été d'autant plus ardues que les négociateurs de part et d'autre représentaient deux gouvernements qui étaient ni plus ni moins que des ennemis jurés depuis 1969, et pour cause.

Dans les années 1950, la société Brinco[3], dont la Shawinigan Engineering Corporation détenait 20 % du capital-actions, lança l'idée de la construction d'une centrale hydroélectrique au Labrador, plus précisément à Hamilton Falls, qui sera renommée Churchill Falls en 1965 en mémoire de l'ancien premier ministre britannique décédé cette année-là. Comme la production prévue dépassait largement les besoins de la Shawinigan Water & Power dont sa principale partenaire Shawinigan Engineering était une filiale, Brinco cherchait des partenaires potentiels pour vendre la production. Des démarches auprès de la Consolidated Edison de New York avaient échoué, le distributeur américain préférant s'associer à la construction de centrales nucléaires, qui représentaient des coûts moindres. Il en avait été de même dans leur approche auprès de l'Ontario Hydro. En même temps, Brinco tentait en vain de convaincre le gouvernement québécois d'alors de s'associer au projet en lui proposant un contrat ferme de distribution d'électricité par l'entremise de sa société Hydro-Québec[4].

Après plusieurs pourparlers infructueux en ce sens avec les gouvernements successifs du Québec, une entente de principe fut finalement signée avec le premier ministre Daniel Johnson père, en 1966, sur l'acquisition éventuelle d'une grande partie de la production de la centrale de Churchill Falls à un tarif et pour une période fixés d'avance. Notons que lorsque le gouvernement québécois avait procédé à la nationalisation de la Shawinigan Water & Power en 1963, les intérêts que sa filiale

[3] Pour British Newfoundland Corporation Limited, un consortium de banques et d'industriels britanniques mis sur pied à la demande de Joey Smallwood, alors premier ministre de Terre-Neuve. La chronologie des événements décrits ci-dessous est indiquée dans J. Cournoyer, *op. cit.*, p. 663-665.

[4] Hydro-Québec a été fondée en 1944 à la suite de la nationalisation, par le premier ministre Adélard Godbout, de la Montreal Light Heat & Power et de la Beauharnois Light Heat & Power qui exerçaient ensemble un monopole sur la grande région de Montréal en imposant des tarifs exorbitants à la population. La nationalisation de la Shawinigan Water & Power et d'autres entreprises privées d'électricité, qui contrôlaient le reste du marché québécois, surviendra en 1963.

Churchill Falls : National explique son rôle

LUC BEAUREGARD
L'auteur est président et chef de la direction du cabinet de relations publiques National.

Il n'est pas confortable de se retrouver au milieu du champ de tir dans les débats échauffés d'une fin de session. Mais lorsque les demi-vérités commencent à se répandre, il y a lieu pour nous de présenter notre perspective, en décrivant le mandat qui nous a été confié et le genre d'entreprise que nous dirigeons.

■■■

Tout d'abord, il faut dire que notre collaboration au projet de Churchill Falls s'est faite dans le cadre d'une entente écrite avec Hydro-Québec et, pour les événements de presse à Churchill Falls, sur la base d'estimations budgétaires présentées à notre cliente.

L'organisation d'une conférence de presse n'était qu'une partie du mandat qui nous avait été confié, qui était beaucoup plus large et qui s'est étendu sur une période beaucoup plus longue. En fait, notre firme a agi comme conseiller stratégique et participant à part entière à la table des négociations des deux gouvernements en vue de la conclusion de leur entente historique et même après cette entente.

Nous avons d'autre part œuvré après l'annonce du 9 mars comme un véritable bureau d'information sur le projet. Parmi les activités réalisées par ce bureau d'information depuis l'annonce du 9 mars, mentionnons :

□ la conception d'un plan de communication pour les phases subséquentes du projet ;

□ l'organisation de présentations du projet auprès de la communauté d'affaires, de certains groupes œuvrant dans le secteur de l'environnement et d'intervenants régionaux ;

□ l'organisation d'une tournée des éditorialistes des principaux quotidiens de Montréal et Québec ;

□ l'organisation de rencontres d'information à caractère économique avec des journalistes couvrant l'actualité financière ;

□ l'organisation de rencontres avec des économistes pour expliquer la teneur du projet et présenter les arguments démontrant sa rentabilité ;

□ l'organisation de rencontres avec des associations dans le domaine de l'énergie, de la construction et du développement économique régional ;

□ la coordination avec des associations d'affaires et la fourniture de textes leur permettant de communiquer l'information à leurs membres et, s'ils le souhaitaient, de la diffuser ;

□ la rédaction de projets de lettres pour les dirigeants d'Hydro-Québec ;

□ la finalisation des contenus et de la structure du site Internet dédié au projet ;

□ l'élaboration et la création de 13 présentations multimédias en français et en anglais, modifiées plusieurs fois en fonction des besoins pour des rencontres avec différents groupes et associations d'affaires, incluant des analystes financiers et des agences d'évaluation de crédit ;

□ la participation à de nombreuses réunions à la table de négociation avec Terre-Neuve concernant les enjeux de communication relativement aux di-

Luc Beauregard

mensions économiques et environnementales et aux relations avec les communautés locales ;

□ l'élaboration du concept et la rédaction des textes pour une brochure d'information qui devait paraître en juin ; les textes ont été préparés en trois langues : français, anglais et innu ;

□ la réflexion et les démarches préliminaires en vue de la création d'un comité aviseur international ;

□ le « monitorage » constant et l'analyse détaillée de l'information publiée dans les médias et sur Internet touchant le projet ;

□ l'élaboration d'une stratégie pour la communication sur Internet dans ce dossier, avec proposition d'une approche et d'une nouvelle architecture pour le site dédié au projet ;

□ la liaison constante avec la direction d'Hydro-Québec, les intervenants terre-neuviens et les intervenants d'Hydro-Québec affectés au projet.

De plus, un autre volet de notre mandat a consisté à mener des recherches et à mettre à jour un centre de documentation sur la question autochtone.

Au total, plus de 40 employés de nos bureaux de Montréal, de Québec, d'Ottawa et de Vancouver ont participé à l'une ou l'autre des tâches décrites plus haut. Nos honoraires facturés à ce jour pour notre collaboration ont été de 685 330 $ et non de 1,6 million, dont 135 861 $ pour la conférence de presse du 9 mars.

■■■

Ce genre de mandat, complexe et d'envergure, n'a rien d'exceptionnel pour une firme de communication comme National. Notre firme a été fondée à Montréal, il y a 22 ans, compte aujourd'hui plus de 275 employés à travers le Canada et a un chiffre d'affaires de près de 50 millions. National domine depuis quinze ans le secteur des relations publiques au Québec et il est également maintenant le no 1 des relations publiques à Toronto. Notre plus proche concurrent au Canada est une société américaine dont les opérations canadiennes

ont leur siège à Toronto et compte 125 employés au pays.

Nous n'aurions jamais atteint notre position de leader au Québec comme dans l'ensemble du Canada si nous ne cherchions pas à procurer à nos clients des services de qualité supérieure à des prix concurrentiels. La grande majorité de nos clients sont d'ailleurs de grandes entreprises qui font appel à nos services sur une base continue.

Les apparences sont trompeuses et les mythes ont la vie dure. Contrairement à ce que l'on croit, National ne fait pas de travail pour des partis politiques fédéraux ou provinciaux. À titre de citoyens, nos employés ont parfaitement le droit de s'intéresser aux affaires de leur collectivité, mais ils le font en leur nom personnel. Nous recrutons nos professionnels en fonction de leur compétence, pas de leurs allégeances politiques.

Nous ne travaillons pas pour les partis politiques mais nous travaillons volontiers pour les services de communication — gouvernements, ministères, sociétés d'État, etc. Ainsi, notre mandat pour l'entente de Churchill Falls provenant d'Hydro-Québec et nous n'avons rien planifié, ni rien réalisé qui soit destiné à la prochaine campagne électorale. Dans une province où les dépenses gouvernementales représentent la moitié de l'activité économique, nous tenons à obtenir notre juste part des mandats de communication octroyés par les pouvoirs publics, même si le gros de nos affaires vient du secteur privé. Notre firme fait par exemple du travail pour Hydro-Québec depuis plus de dix ans sur une base ponctuelle. Contrairement à ce que l'on croit, les mandats des organismes publics ne représentent généralement pas plus de 10 % de notre chiffre d'affaires.

La plupart de nos clients qui utilisent nos services possèdent déjà à l'interne leurs propres services de communication, petits ou grands. Ils font appel à nous pour des conseils stratégiques, pour mener à bien des projets précis ou ponctuels, pour exécuter divers éléments de leurs programmes, etc. Toutes les grandes entreprises le font, aussi bien dans le domaine de la communication que dans le domaine du droit, de l'administration ou des ressources humaines. On ne s'étonne d'ailleurs pas qu'Hydro-Québec fasse appel à des firmes de génie-conseil pour ses projets.

■■■

En résumé, le rôle de National ne s'est pas limité à l'organisation d'une conférence de presse. Depuis trois mois, nous avons joué le rôle de bureau d'information sur le projet de Churchill Falls pour répondre aux demandes d'informations et en faire la promotion auprès des investisseurs et d'autres parties intéressées. Mais aussi, nous avons joué au départ un rôle de « facilitateur » dans un dossier extrêmement délicat sur le plan politique et extrêmement complexe de par son envergure. Nous parlons ici d'un projet de 11,8 milliards impliquant trois gouvernements (Ottawa étant aussi concerné) et deux sociétés de production énergétique, Hydro-Québec et Newfoundland and Labrador Hydro. Nous sommes en fait très heureux d'avoir contribué à cette entente historique.

La Presse.

Mise au point de Luc Beauregard sur Churchill Falls dans *La Presse*, 23 juin 1998.

Shawinigan Engineering Corporation possédait dans Brinco étaient revenus à Hydro-Québec, qui acquérait ainsi une participation significative dans la société et devenait un partenaire incontournable dans le projet.

L'entente de principe signée par le premier ministre Daniel Johnson père ouvrait la voie à un nouveau montage financier visant une première tranche de 600 millions de dollars pour la construction de l'ouvrage. À cela, il fallait ajouter le règlement des aspects techniques liés à la distribution de l'électricité produite, soit la construction de trois lignes de haute tension pour acheminer l'électricité vers les marchés du sud. On parlait alors d'un budget de 200 millions de dollars additionnels.

Une émission d'actions fut lancée en octobre 1967 afin de former la nouvelle société CF(L)Co[5] qui deviendrait propriétaire de l'ouvrage. Sans plus attendre, Brinco lança immédiatement les travaux avant la signature en bonne et due forme, deux ans plus tard, du contrat d'achat ferme d'électricité par Hydro-Québec. En vertu de l'entente qui sera finalement signée en 1969, Hydro-Québec achetait pour une durée de 40 ans, renouvelable en 2016 pour 25 années supplémentaires, la presque totalité de la production de la centrale, soit plus de 32 TWh, à l'exception d'un bloc de 300 mégawatts réservés au marché terre-neuvien. Les tarifs négociés à l'époque (0,2695 ¢ le kilowattheure) correspondaient au marché et tenaient compte des coûts estimés pour la construction de cet important ouvrage. À cause des risques qu'Hydro-Québec acceptait de prendre et de sa promesse d'achats évalués au bas mot à cinq milliards de dollars, Hydro-Québec put acquérir, en 1974, une participation de 34,2 % dans CF(L)Co, l'entreprise propriétaire de la centrale hydroélectrique souterraine[6].

Au fil des décennies, les tarifs d'électricité ont augmenté considérablement et Terre-Neuve finit par se plaindre du peu de revenus relatifs que la province tirait d'une entente qu'elle considérait comme désuète et qui était en outre techniquement en vigueur jusqu'en 2041 ! Une guerre

---

[5] Pour Churchill Falls (Labrador) Corporation Limited.

[6] En 1974, le gouvernement de Terre-Neuve acheta les intérêts de la British Newfoundland Corporation (Brinco) dans la Churchill Falls (Labrador) Corporation (CF(L)Co). La répartition du capital-actions devint la suivante : Newfoundland and Labrador Hydro (propriété du gouvernement de Terre-Neuve), 65,8 % et Hydro-Québec (propriété du gouvernement du Québec), 34,2 %.

larvée s'en est suivie entre les gouvernements de Terre-Neuve et du Québec, lequel a toujours refusé de revoir l'entente malgré quelques tentatives avortées de négociations.

Les premiers ministres successifs de Terre-Neuve s'étaient en effet relayés au fil des décennies pour réclamer une révision des tarifs accordés à Hydro-Québec en vertu de l'entente de 1969 et pour dénoncer le peu de bénéfices que tirait leur province de l'exploitation d'un ouvrage entiè-rement situé sur son territoire[7], insistaient-ils. Ils déploraient surtout qu'en trente ans, les tarifs avaient explosé alors qu'Hydro-Québec vendait la majeure partie de la production aux États-Unis, un marché lucratif dont Terre-Neuve ne recevait pas sa juste part. La cause fut portée devant les tribunaux, mais à deux reprises, en 1984 et en 1988, la Cour suprême du Canada trancha en faveur du gouvernement du Québec dans deux recours reliés à des tentatives de Terre-Neuve de rouvrir une entente présentée comme inique et obsolète.

Voilà que dix ans plus tard, le projet de construction d'une autre centrale hydroélectrique avait été lancé à l'amiable et conjointement par les deux gouvernements autrefois antagonistes. L'entente de 1998 était donc historique en ce qu'elle réconciliait les deux provinces avec pour toile de fond un litige acrimonieux, vieux de trois décennies. Ce que l'on devait annoncer ce matin-là du 9 mars 1998 était le démarrage des travaux de construction de cette autre centrale, au coût de 11,8 milliards de dollars, dans la partie inférieure de la rivière Churchill, dont Terre-Neuve devait recevoir cette fois sa juste part, à des tarifs durement négo-ciés, mais qui convenaient aux deux parties. Les négociations entreprises dans un climat de méfiance s'étaient révélées aussi délicates qu'ardues. Le sprint final s'était déroulé sur trois mois intensifs, mais il avait produit des résultats heureux dont les deux gouvernements se réjouissaient.

Hydro-Québec avait confié le mandat de relations publiques entou-rant cet exercice délicat à Luc Lavoie de NATIONAL, qui avait été le directeur de cabinet du premier ministre Lucien Bouchard[8], alors que

---

[7]   À la faveur de ces négociations, le premier ministre Jean Lesage avait tenté en vain de faire revoir le controversé tracé imposé en 1927 par le Conseil privé de Londres eu égard aux frontières entre Terre-Neuve et le Québec, que ce dernier n'a jamais reconnu et qui ne tient pas compte de la ligne de partage des eaux. Le mot d'ordre avait été donné aux négociateurs du gouvernement québécois de ne jamais utiliser le mot « frontières » dans le libellé de quelque entente que ce soit.

[8]   Voir le chapitre 11.

ce dernier était ministre dans le gouvernement conservateur de Brian Mulroney avant de fonder le Bloc québécois. Luc Lavoie connaissait bien les enjeux canadiens.

Dans son article riposte de juin 1998, Luc Beauregard donne le détail des tâches réalisées par NATIONAL dans ce dossier historique. Il avait fignolé le texte avec soin avec la collaboration de Marc Sévigny, un conseiller de NATIONAL qui avait été étroitement associé au mandat. En plus du volet communication proprement dit, soit par exemple la tenue des rencontres avec des journalistes et éditorialistes des principaux quotidiens du pays, il s'agissait d'organiser des présentations auprès de groupes d'affaires, d'environnementalistes ou d'intervenants régionaux. Il cite également l'élaboration et la présentation de productions multi-médias spécialisées, en français et en anglais, à l'intention notamment d'associations d'affaires, d'analystes financiers et d'évaluateurs de cotes de crédit gouvernementales, sans compter le monitorage et l'analyse publiée dans les médias et sur Internet sur le sujet. Il décrit également le volet stratégique des négociations pour lesquelles NATIONAL a parti-cipé activement lorsqu'il était question d'importants enjeux de communi-cation auprès de différents publics concernés. Il affirme que pour la firme fondée 22 ans plus tôt, et qui comptait alors 275 employés, la réalisation d'un mandat d'une telle ampleur et d'une telle complexité n'avait rien d'exceptionnel. Il précise finalement que les honoraires facturés s'éle-vaient au total à exactement 685 330 $, et non à 1,6 million, dont 135 861 $ pour la conférence de presse en territoire éloigné.

Il réfute sur un ton ferme les accusations de favoritisme en souli-gnant que NATIONAL ne travaille pas pour des partis politiques, mais bien pour les pouvoirs publics une fois qu'ils sont élus. « Dans une province où les dépenses gouvernementales représentent la moitié de l'activité économique, nous tenons à obtenir notre juste part des mandats de communication octroyés par les pouvoirs publics même si le gros de nos affaires vient du secteur privé », martèle-t-il.

« Les apparences sont trompeuses et les mythes ont la vie dure », écrivait-il dans le même article. Voilà un adage incontournable qu'il avait voulu faire sentir vigoureusement parce qu'il y allait de la réputation de NATIONAL. Luc Beauregard n'a jamais hésité à défendre l'intégrité de sa firme, car il considère qu'une crédibilité sans faille et un nom sans tache sont essentiels au bon fonctionnement d'une firme, faute de quoi elle risque de perdre sa raison d'être et de voir menacé le gagne-pain de ses employés. Avec le recul, Luc Beauregard affirme qu'il s'agit de la pire crise que NATIONAL ait eu à vivre dans son existence, depuis sa fondation en 1976.

Pour calmer le jeu au moment des débats acrimonieux à l'Assemblée nationale, Hydro-Québec désigna ses vérificateurs pour enquêter sur les factures de NATIONAL. Il s'agissait, selon Luc Beauregard, d'un geste vraiment hostile à l'égard de la firme pour permettre à Hydro-Québec de sauver la face. La firme de vérificateurs fit éventuellement rapport que les heures avaient été réellement travaillées et que les tarifs de NATIONAL se comparaient tout à fait à ceux de l'industrie.

Ce mandat n'était pas le premier que NATIONAL avait reçu d'Hydro-Québec. Le premier remontait à 1988, au moment où le président du conseil et chef de la direction était Richard Drouin et le président et chef de l'exploitation, Claude Boivin. La nouvelle direction avait décidé de restructurer les services de communication. La première étape avait été de mettre sur pied un groupe de travail pour se pencher sur la question. Richard Drouin, qui connaissait Luc Beauregard de longue date avant même de faire partie du Club des Quinze[9], l'invita à siéger à ce comité consultatif. Ce fut pour le président de NATIONAL un premier contact de familiarisation avec le fonctionnement d'Hydro-Québec. Ainsi, il était aux premières loges lorsque Hydro-Québec eut à faire face à une panne majeure produite par des éruptions solaires d'une amplitude telle qu'elles avaient perturbé le champ magnétique terrestre. Des mécanismes de protection avaient été déclenchés, isolant automatiquement les installations hydroélectriques de la baie James. La panne avait duré plus de huit heures et avait touché tout le Québec de même qu'une partie de la Nouvelle-Angleterre et du Nouveau-Brunswick.

Quelques années plus tard, Hydro-Québec lançait un important appel d'offres pour l'installation, à l'échelle du Québec, dans toutes les résidences, de thermostats électroniques visant à rationaliser la consommation de l'électricité des ménages. La société avait convoqué au Centre Sheraton de Montréal toutes les firmes de relations publiques et toutes les agences de publicité à une session de breffage expliquant l'ampleur historique du mandat. Les porte-parole d'Hydro-Québec avaient suggéré

9   Voir le chapitre 22.

aux firmes présentes de bien étudier le lourd cahier des charges et de former des consortiums pour faire des soumissions conjointes pour les deux volets relations publiques / publicité de ce vaste projet.

NATIONAL s'associa alors à l'agence Marketel pour soumettre une offre conjointe. Près de deux mois complets furent consacrés à la préparation du dossier qui promettait des revenus de l'ordre de 13 millions de dollars étalés sur plusieurs années. La soumission écrite détaillée permit de se rendre à la deuxième étape : la présentation orale. NATIONAL, représenté par Luc Beauregard et Francine La Haye, ainsi que Marketel, également représentée par deux conseillers principaux, firent l'exposé verbal devant le jury mis sur pied par Hydro-Québec. À la fin de la présentation, Luc Beauregard se souvient que les membres du jury se sont levés et ont applaudi chaleureusement, ce qui est très rare dans de telles circonstances, en affirmant que c'était exactement ce qu'ils avaient en tête. NATIONAL et Marketel obtinrent le mandat.

Hydro-Québec avait retenu les services d'un maître d'œuvre extérieur pour l'installation des thermostats. Pour NATIONAL, il s'agissait de faire équipe avec le fournisseur pour annoncer de région en région, de municipalité en municipalité, de rue en rue et de porte en porte, la date où l'installation des thermostats se ferait chez les résidants. Cette démarche commandait une campagne de communication de grande envergure : préparation de documentation, distribution de brochures, campagne de publicité, annonces dans les journaux nationaux et locaux, avertissements aux autorités locales, et le reste.

La première année a consisté à mettre l'opération en branle et à tester la démarche. C'est alors que survint un des fréquents changements de garde à la tête de grandes sociétés comme Hydro-Québec. Il s'avéra que le nouveau vice-président responsable de la distribution n'était pas chaud à l'idée de dépenser des fortunes pour vendre moins d'électricité. Luc Beauregard apprit bientôt que le vaste mandat de communication, qui devait générer pour plus de 13 millions de dollars de revenus, rappelons-le, était stoppé. La nouvelle philosophie voulait que la raison d'être d'Hydro-Québec ne fût pas de faire économiser de l'électricité, mais plutôt d'en vendre, donc, l'installation de thermostats visant à en réduire la consommation allait à l'encontre de la nouvelle politique.

NATIONAL et Marketel étaient évidemment très déçus, pour ne pas dire frustrés, de l'arrêt brusque du mandat auquel ils avaient consacré beaucoup de temps et de ressources. Rappelons que l'appel d'offres avait été lancé pour un montant de 13 millions de dollars. NATIONAL se résigna à accepter un règlement pour mettre fin au mandat, à son grand regret.

Un autre appel d'offres remporté par NATIONAL ne vit jamais le jour. Hydro-Québec s'apprêtait à accueillir à Montréal le Congrès mondial de l'énergie, et le gouvernement du Québec avait confié à Camille Dagenais, ex-président de la société d'ingénierie SNC, la responsabilité de diriger le comité organisateur de ce grand rendez-vous. Le comité organisateur lança un important appel d'offres pour le choix d'une firme en vue d'élaborer et de mettre en œuvre un plan de communication pour attirer les congressistes et gérer les communications de l'événement. Un jury composé de trois professionnels des relations publiques, dont Marcel Couture, grand manitou des communications d'Hydro-Québec pendant des décennies, choisit NATIONAL.

La rumeur commença toutefois à courir suivant laquelle NATIONAL aurait à partager le contrat avec une firme qui n'avait pas gagné l'appel d'offres. La rumeur s'est avérée, car Michèle Bazin, de la firme BDDS[10], avait obtenu du ministre des Ressources naturelles, John Ciaccia, que le contrat fût réparti entre les deux firmes.

Au cours d'une entrevue avec Camille Dagenais dans la tour SNC, où ce dernier avait encore ses bureaux, Luc Beauregard dénonça vertement cette façon de faire qui frisait l'illégalité. Camille Dagenais eut beau lui dire que les firmes d'ingénieurs formaient constamment de tels consortiums pour exécuter des contrats, Luc Beauregard était outré et fit part sur-le-champ à Camille Dagenais qu'il se refusait à jouer cette comédie et que NATIONAL préférait renoncer au contrat remporté dans le cadre d'un appel d'offres public, plutôt que de le partager avec un concurrent.

Un autre appel d'offres majeur remporté par NATIONAL avorta lui aussi, impliquant cette fois Loto-Québec. Il s'agissait à nouveau d'un concours mettant en concurrence plusieurs firmes touchant cette fois la communication interne de cette autre société d'État. De telles soumissions exigent des semaines de préparation et entraînent souvent des nuits blanches pour respecter les échéanciers. En outre, les soumissions écrites sont suivies de présentations verbales devant le jury constitué par le donneur d'ouvrage. Au terme d'un autre long processus, NATIONAL avait gagné. Peu après, on apprenait que Loto-Québec avait annulé le projet. Un haut dirigeant de la société d'État confia à Luc Beauregard qu'un proche collaborateur du premier ministre Robert Bourassa était intervenu pour faire annuler le contrat, affirmant que NATIONAL gagnait tous les appels d'offres et que cela créait trop d'ennuis au gouvernement auprès des petites firmes qui aidaient les députés libéraux à se faire élire.

L'autre important mandat obtenu d'Hydro-Québec fut celui de Lower Churchill Falls, dont on a parlé plus haut et dont on connaît l'issue fâcheuse. Comme pour tous les dossiers exécutés par NATIONAL, Luc Beauregard s'attendait à obtenir « dans les meilleurs délais » selon la formule consacrée, le règlement complet des honoraires que sa firme avait facturés à Hydro-Québec. Mais ce ne fut pas le cas. Une partie des honoraires avait été payée, mais, malgré le rapport favorable des vérificateurs, il restait encore, en 1998, une tranche non négligeable de 500 000 $ à payer.

Pendant tout le temps où l'affaire était débattue à l'Assemblée nationale, la direction d'Hydro-Québec souhaitait que NATIONAL réduise sa facture, ce que Luc Beauregard refusa constamment. Il en faisait une question de principe. Les honoraires étaient dus et les réduire équivalait, selon lui, à laisser croire que la facture avait été gonflée indûment, ce qui n'était pas le cas. La société d'État se laissant tirer l'oreille pour verser le dernier montant en souffrance, Luc Beauregard se résigna à nouveau à accepter un règlement à la baisse et, malgré ses fortes réticences, il apposa néanmoins son nom au bas d'une entente presque forcée. En retour, la direction d'Hydro-Québec lui promettait verbalement de se rattraper dans d'autres contrats à venir.

Il avait le sentiment que sa firme avait fait un travail honnête, qui méritait sa juste rémunération malgré les aléas de la fameuse conférence de presse. À l'époque, NATIONAL avait reçu l'assurance que les représentants de la Newfoundland and Labrador Hydro avaient fait leurs devoirs de leur côté, et que les négociations avec les Innus du Labrador s'étaient soldées par une entente satisfaisante pour les deux parties avant que l'annonce conjointe des travaux ne soit faite. Il considère que NATIONAL n'avait à admettre aucune responsabilité dans la manifestation bruyante et non annoncée qui s'était déroulée lors de la conférence de presse. Surtout, il estimait qu'un tel geste de sa part équivalait à une admission d'avoir volé Hydro-Québec, ce qu'il récusait viscéralement. «Mon père m'a toujours dit de ne jamais signer un document avec lequel je ne serais pas d'accord, se souvient-il. Mais cette fois-là, je n'avais pas vraiment le choix. La somme en cause était trop grande.»

La seule autre option qui s'offrait à lui était de poursuivre Hydro-Québec pour le montant de 500 000 $ qu'il restait à verser à NATIONAL sur la facture totale soumise pour les services rendus. Même dans la perspective d'obtenir, peut-être trois ans plus tard, devant les tribunaux, le règlement complet des honoraires (ce qui n'est jamais certain dans un procès, quelque juste que soit la cause), il faudrait alors en soustraire les honoraires des avocats et les frais juridiques. En outre, il n'est jamais agréable de poursuivre un client et une telle poursuite attirerait beaucoup l'attention. Finalement, Luc Beauregard accepta de réduire sa facture d'une tranche de 130 000 $ en espérant que cette preuve de bonne volonté le ramènerait dans les bonnes grâces de la société d'État. C'était s'illusionner. Au contraire, non seulement la direction d'Hydro-Québec ne respecta jamais sa promesse verbale, mais il eut l'impression par la suite que NATIONAL était boycotté.

Luc Beauregard retient d'importantes leçons de ses démêlés avec Hydro-Québec. En premier lieu, il a constaté que voilà une grande entreprise, engoncée dans ses traditions, où l'ingérence du ministre responsable et du premier ministre est subtile mais constante, du moins dans les dossiers d'importance. Bref, «c'est une immense machine où le bras politique s'étend volontiers», selon ses mots. Deuxièmement, «malgré la compétence indéniable des cadres, c'est une machine bureaucratique, qui carbure à la multiplication des réunions et à la temporisation». Troisième constat que Luc Beauregard applique à tous les organismes publics: respecter les processus est plus important que de livrer les résultats.

Luc Beauregard souligne que les mandats que NATIONAL reçoit des pouvoirs publics représentent moins de 10 % de son chiffre d'affaires, et il ne s'en plaint pas outre mesure, précisant qu'à cause d'ingérences politiques diverses ou d'interventions démagogiques, ce sont ces mandats qui causent à la firme le plus de soucis.

Ironiquement, depuis 2010, NATIONAL a reçu d'importants mandats de Nalcor (Newfoundland and Labrador Corporation). La société a décidé de développer seule le Lower Churchill et a requis d'Hydro-Québec de pouvoir utiliser ses lignes de transport d'électricité pour la vendre dans les Maritimes et l'Est des États-Unis, en vertu des accords pour la vente d'électricité aux États-Unis. Hydro-Québec s'y refuse, rétorquant que ses réseaux n'ont plus de disponibilité pour transporter l'électricité du Labrador vers les Maritimes et les États-Unis. Nalcor serait prête à payer une partie des coûts d'une nouvelle ligne de transport, mais Hydro-Québec répond qu'elle n'a pas besoin, elle, d'une nouvelle ligne.

Nalcor se tourne donc vers une nouvelle solution : construire une ligne sous-marine allant du Labrador à l'île de Terre-Neuve et de là, vers les Maritimes. Le premier ministre fédéral Stephen Harper est intervenu, au cœur de la campagne électorale 2011, en faveur du client de NATIONAL, promettant à Terre-Neuve et Labrador de cautionner les emprunts nécessaires de la province, au grand dam du Québec, tous partis politiques confondus, qui a toujours assumé seul les coûts de ses lignes de transmission.

C'est une histoire que Luc Beauregard aime à suivre de près. Il estime qu'Hydro-Québec a tort de s'asseoir sur son contrat et de ne pas entrer dans un nouveau partenariat avec Terre-Neuve et Labrador. Il prédit que le Québec paiera un jour le prix de son intransigeance.

TROISIÈME PARTIE

AUTOUR DE NATIONAL

CHAPITRE 20

PLEINS FEUX SUR L'AMARC

D ans sa vie professionnelle, Luc Beauregard n'a jamais dressé de cloisons entre ses rôles à NATIONAL et les diverses responsabilités qu'il a eu à assumer dans d'autres organisations. En plus d'être constamment sollicité pour engager son nom et son temps dans des causes caritatives, il a été appelé, à l'occasion, à occuper des postes de gestion hors de NATIONAL. Celui de président du conseil d'administration de l'AMARC est de ceux-là.

L'Association montréalaise d'action récréative et culturelle (AMARC) était l'organisme responsable de la gestion du site Terre des Hommes, étalé sur l'île Notre-Dame et l'île Sainte-Hélène, ainsi que du parc d'attractions La Ronde, situé à proximité.

À la fin de l'Exposition universelle de Montréal, tenue en 1967, le maire Jean Drapeau avait eu l'idée de prolonger le succès inespéré qu'avait connu l'événement en en faisant une attraction permanente. Le site enchanteur de l'«Expo 67», première du genre en Amérique du Nord, avait été aménagé en partie sur l'île Sainte-Hélène et sur la jetée Mackay (agrandie et renommée pour l'occasion Cité du Havre), mais en gros, l'événement se déployait sur une île construite à partir d'îlots existants et de hauts fonds situés le long d'une digue[1]. Le 1er avril 1963, fut adoptée une résolution municipale proposant le nom officiel d'Île Notre-Dame «pour l'île à former dans le fleuve Saint-Laurent le long de la voie maritime et près de l'île Sainte-Hélène». À l'intérieur du pourtour de la nouvelle île, des canaux, des étangs et des lagunes soigneusement dessinés traçaient des méandres autour des emplacements des pavillons reliés entre eux par de multiples passerelles, des ponts légers et un charmant «minirail» érigé à ciel ouvert. La terre et le roc extraits du sous-sol de Montréal pour la construction du nouveau métro avaient servi aux importants travaux de remblayage.

Cent vingt États, répartis dans 62 pavillons, y avaient participé, sans compter des villes (6), des États américains (3), deux organisations intergouvernementales, des provinces et territoires canadiens (5) et des organismes privés (34). S'y étaient ajoutés des pavillons thématiques où étaient montrés divers aspects de l'activité humaine illustrant le thème général, soit «Terre des Hommes», inspiré de Saint-Exupéry, qui avait été choisi avec soin[2].

---

[1] Le plan directeur du site avait été conçu par l'architecte en chef de l'Expo 67, Édouard Fiset. Après des études à Paris, Édouard Fiset avait été recruté dans les années 1950 par l'Université Laval pour concevoir un plan d'aménagement de son nouvel emplacement à Sainte-Foy dont on n'a retenu que quelques éléments (pavillons Ernest-Lemieux, Biermans-Moreaud et Charles-de-Koninck). On lui doit également l'aménagement de la Colline parlementaire d'Ottawa et celle de Québec. Il est décédé en 1994. Voir Michèle LaFerrière, «L'architecte Édouard Fiset, important mais peu connu». Voir <http://montoit.cyberpresse.ca>.

[2] Voir le Manuel d'information – Expo 67, publié par le Service d'information de l'Expo 67. On y trouve les détails historiques concernant la construction du site et l'organisation administrative de l'événement. Voir également Yves Jasmin, La petite histoire d'Expo 67, préface de Jean Drapeau, Montréal, Québec/Amérique, 1997, 462 pages, un récit truffé d'anecdotes savoureuses.

Parallèlement aux activités qui se déroulaient dans les pavillons, un « Festival mondial » occupait non seulement les quatre salles de la nouvelle Place des Arts, où se produisaient les plus grands noms mondiaux de l'opéra, du jazz, du ballet et du théâtre, mais également sur place, à l'Expo-Théâtre, à l'Autostade, au Théâtre des Étoiles et sur la Place-des-Nations. Les organisateurs les plus optimistes avaient prévu attirer 20 millions de visiteurs, mais c'est plus de 50 millions de personnes qui franchirent les tourniquets du site entre le 28 avril 1967, jour de l'ouverture, et le 27 octobre suivant, jour de la fermeture.

À côté du site de l'Expo, on avait construit un parc d'attractions nommé La Ronde sur l'île du même nom adjacente à l'île Sainte-Hélène, afin d'attirer les familles sur le site. Contrairement à l'Expo, conçue au départ comme une activité temporaire, La Ronde devait être une installation, certes saisonnière, mais permanente, qui survivrait à l'Expo. Dès l'ouverture, les familles montréalaises s'approprièrent les lieux, au point de faire ombrage au mythique parc Belmont installé dans la banlieue de Cartierville, au nord-ouest de Montréal depuis 1923[3]. La Ronde devint en soi un point

La Presse/René Picard.

Luc Beauregard devant le pavillon de la France dans le cadre d'un profil des futurs leaders, dans *La Presse*, en 1983.

---

[3] The Belmont Park Co. a été fondée le 18 mai 1923 par quatre hommes d'affaires montréalais : Louis-Philippe Godin, Léon Couture, Edgar Méthot et Ernest Gaudreau. Trois semaines plus tard, le Parc Belmont ouvrait ses portes à Cartierville, aux abords de la Rivière-des-Prairies. La charte de la société prévoyait « établir, acquérir, posséder, louer et exploiter des parcs destinés à la récréation et amusement du public ». Le 7 décembre 1932 s'installait une nouvelle équipe de dirigeants-propriétaires : Louis-Marcel Lymburner, Roméo Gauvreau, Conrad Joron, Hector H. Racine et Charles-Émile Trudeau, père du futur premier ministre du Canada Pierre Elliott Trudeau, qui était premier vice-président. Le parc Belmont connut ses belles années de 1937 à 1966. L'ouverture de La Ronde fragilisa l'exploitation du site qui vivota jusqu'en 1983, année de sa fermeture définitive. Voir <http://bilan.usherbrooke.ca et http://fr.wikipedia.com>.

de ralliement aussi populaire que l'Expo. L'engouement pour la grande roue, le carrousel, les montagnes russes, la « Pitoune », le « Gyrotron » et le « Village canadien » ne s'est pas démenti[4].

À l'approche de la fermeture de l'Expo 67, le sort de La Ronde était donc réglé, mais le débat était lancé sur l'utilisation future du site de l'Expo. Différents scénarios furent avancés, comme la construction d'un complexe résidentiel ou d'une université internationale placée sous l'égide de l'Organisation des Nations unies, mais dès le 9 octobre 1967, le maire Jean Drapeau trancha : le site serait transformé en une exposition permanente reprenant le thème général de l'Expo, soit « Terre des Hommes ».

Il suggéra que les pavillons temporaires qui avaient été offerts à la Ville par des pays participants, des gouvernements ou des commanditaires privés soient intégrés à l'exposition conçue pour poursuivre sur la lancée imprimée par l'Expo. Un an plus tard, le site était remanié, les pavillons retenus étaient réaménagés et Terre des Hommes était inaugurée en grande pompe conjointement par le premier ministre du Canada, Pierre Elliott Trudeau, et le maire de Montréal, Jean Drapeau. La nouvelle exposition attira 20 millions de visiteurs cette année-là, mais l'affluence diminua par la suite, de saison en saison. En 1972, on ferma la partie située sur l'île Notre-Dame pour concentrer l'exposition uniquement sur l'île Sainte-Hélène. En 1981, les autorités municipales durent se résigner à la fermeture définitive de Terre des Hommes, malgré d'importants efforts consentis entre-temps pour revitaliser les lieux.

À quelques reprises, l'île Notre-Dame avait subi différentes modifications dans des tentatives de donner d'autres missions au site. En prévision des Jeux olympiques de 1976, un certain nombre de pavillons furent démolis et le Grand bassin de l'île Notre-Dame fut réaménagé en profondeur pour servir aux compétitions d'aviron et de canoë-kayak. Deux ans plus tard, une piste de course automobile fut construite pour recevoir le

---

4   Pour plus d'information sur ce qui amena à la construction d'Expo 67 et de La Ronde, voir Jacqueline Cardinal et Laurent Lapierre, *Noblesse oblige. L'histoire d'un couple en affaires. Philippe de Gaspé Beaubien et Nan-b de Gaspé Beaubien, op. cit.*, particulièrement les chapitres VII et VIII, p. 95-123.

Grand Prix du Canada, ce qui entraîna une deuxième vague de démolition d'anciens pavillons d'Expo 67 et la construction d'infrastructures adaptées à l'activité[5].

Gestion de la Ronde et TdH: Roger D. Landry quitte la présidence de l'AMARC

Le président et éditeur de LA PRESSE Roger-D. Landry a démissionné hier de la présidence du conseil d'administration de l'Association montréalaise d'action récréative et culturelle (AMARC), un organisme formé par la ville et chargé de la gestion de Terre des Hommes et de la Ronde.

Son remplaçant, qui a été élu peu après par le conseil de l'Association, sera Luc Beauregard, 41 ans, qui fut président et éditeur de Montréal-Matin (73 à 76) et est aujourd'hui président d'une maison de relations publiques.

JACQUES BENOIT

Signalant qu'il songeait à démissionner depuis déjà six mois, pour mettre toutes ses énergies au service du journal qu'il dirige, Landry a dit, dans une interview, qu'il avait néanmoins préféré attendre après les élections municipales pour ce faire.

Interrogé sur le sens de son geste et s'il ne fallait pas y voir une séquelle de ce que certains ont appelé l'affaire Gobeil (du nom de

l'ex-directeur de la section des sports de LA PRESSE, Pierre Gobeil, qui a remis sa démission récemment à la suite de son implication dans la mise sur pied du combat Leonard-Duran), le président et éditeur a affirmé en substance qu'il n'y avait pas de lien de cause à effet entre les deux événements.

Par ailleurs, a-t-il ajouté, et c'est fois à la faveur de la période de réflexion collective qu'a suscité dans le monde journalistique le cas de Pierre Gobeil, il a décidé, pour sa part, en ce qui regarde les situations de conflits d'intérêts possibles, de « prêcher par l'exemple ».

« Je constate que nous devons, dans le milieu de la presse, être plus purs que la femme de César elle-même. Et ça s'applique à tous les échelons, à partir de l'éditeur. »

Son intention, ceci étant, est de démissionner peu à peu des postes qu'il occupe dans différents conseils d'administration, 18 au total, à l'exception toutefois de ceux d'organismes à but non lucratif.

« Je n'aurai plus de liens directs

ou indirects avec quelque groupe que ce soit, quoique j'occupais tous ces postes avant même que j'arrive à LA PRESSE, mais personne, je crois, ne me tiendra rigueur de continuer à m'occuper des Petits Chanteurs du Mont-Royal. »

Attitude, a-t-il enchaîné en substance, qui devrait être aussi la même dans les autres médias, journaux compris. « Il ne faudrait pas que de leur côté ceux des autres journaux fassent l'angélisme et s'abstiennent de faire leur propre examen de conscience. »

La Fédération

Tout en se réjouissant, d'autre part, de la décision récente de la Fédération professionnelle des journalistes de former un comité d'études sur la question des conflits d'intérêt, Roger-D. Landry a affirmé que le problème est

plus complexe qu'il ne peut paraître à première vue, donnant en exemple le cas des journalistes syndiqués affectés à la couverture d'activités syndicales.

Au sujet, enfin, d'une déclaration faite cette semaine au Journal de Montréal par le président Martial Dassylva du Syndicat des travailleurs de l'information de la Presse (journalistes et services connexes), comme quoi le syndicat entendait demander au Conseil de presse de se pencher sur le cas Pierre Gobeil et l'attitude du journal à ce propos, le président de LA PRESSE s'est étonné que le quotidien concurrent n'ait pas pris la peine de l'appeler. En désaccord, finalement, avec la position syndicale, il a souligné qu'il ne tenait pas debout de nuire à « une entreprise qui fait vivre tant de monde », et encore moins dans la vie des gens et de groupes qui en font partie.

Luc Beauregard et Roger D. Landry — Photos Pierre McCann LA PRESSE

La Presse.

Roger D. Landry quitte l'AMARC, en 1982.

Un an après les Jeux olympiques, le maire Jean Drapeau avait mis sur pied, le 7 octobre 1977, l'Association montréalaise d'action récréative et culturelle, communément appelée l'AMARC. Conçue au départ comme un organisme indépendant, elle regroupait des gens d'affaires et différents intervenants de la scène culturelle et sociale montréalaise. Son directeur général était l'avocat et gestionnaire Gilles Chatel. Le mandat était de gérer La Ronde et ce qui restait de Terre des Hommes. En 1980, l'AMARC organisa un grand événement international sur le site de l'île Notre-Dame, ce qui donna lieu à d'autres démolitions d'anciens pavillons de l'Expo 67, à la réaffectation de structures existantes et à un réaménagement majeur des lieux. Agréées par l'Association internationale des producteurs de l'horticulture et le Bureau international des expositions, les Floralies internationales attirèrent douze pays, trente-trois provinces, des villes, des commanditaires et d'importantes entreprises horticoles du

---

[5] Le lecteur intéressé par le patrimoine bâti sur le site de l'Expo 67 et ce qui en est advenu peut consulter le document suivant : *Étude patrimoniale sur les témoins matériels de l'Exposition universelle et internationale de Montréal de 1967 sur l'île Notre-Dame et la Cité du Havre*, produit par le Laboratoire de recherche sur l'architecture moderne et le design de l'École de design de l'Université du Québec à Montréal, dirigé par le professeur Réjean Legault, 2007, 30 pages.

monde. L'espace d'un été, l'île Notre-Dame refleurie connut sa seconde heure de gloire, mais aucun autre événement majeur ne prit la relève par la suite.

En 1982, Roger D. Landry, un bon ami du maire Jean Drapeau, est président du conseil de l'AMARC. Éditeur de *La Presse* depuis deux ans, il s'aperçoit que non seulement son emploi du temps ne lui permet pas de s'occuper de l'organisme autant qu'il le désirerait, mais il y voit une possibilité de conflit d'intérêts. Il a alors l'idée de demander à Luc Beauregard, qu'il avait fait nommer avec lui au conseil de l'organisme, de le remplacer à ce poste, ce que le maire Jean Drapeau accepte.

Voilà déjà six ans que Luc Beauregard a fondé sa firme de relations publiques. Il considère que le cabinet, qui s'appelle alors Beauregard, Hutchinson, McCoy, Capistran et associés, est sur une belle lancée. Sa situation lui permet de dépanner son ami Roger D. Landry et le défi l'intéresse.

D'abord organisme indépendant, l'AMARC deviendra sous Luc Beauregard une société paramunicipale; il en réduira le conseil d'administration à sept membres, à qui il confiera un rôle plus actif. À la gestion interne, il recrute un nouveau directeur général en la personne d'Alain Cousineau, qui sera détaché pour deux ans de la société Secor, dont il demeure toujours un des associés[6]. L'AMARC n'aura qu'à se féliciter de ce choix. Analyste méthodique, Alain Cousineau va au fond des choses et présente au conseil des dossiers rigoureux. Luc Beauregard et Alain Cousineau ont conservé jusqu'à ce jour une solide amitié.

Luc Beauregard suit de près les activités de Terre des Hommes et de La Ronde, qui emploient 700 personnes en haute saison, convoquant des réunions des administrateurs et de l'équipe de dirigeants à chaque semaine. Il justifie une telle fréquence par la nécessité de passer

---

[6] Diplômé de l'Université Laval en gestion, Alain Cousineau a été doyen de la Faculté d'administration de l'Université de Sherbrooke de 1976 à 1981 avant de se joindre à la société Secor comme consultant. Candidat défait du Parti libéral aux élections de 1981, il sera brièvement directeur général du parti. Il deviendra par la suite associé principal, président-directeur général de Secor puis, à partir de 1993, président du conseil. Il a été président du conseil d'administration et du comité exécutif de la Société des alcools du Québec (1986-1995), président du conseil d'administration de Tourisme Montréal et président-fondateur de la Fondation de l'Institut de tourisme et d'hôtellerie du Québec. En 2003, il a été nommé président-directeur général de Loto-Québec, poste qu'il a quitté en novembre 2011. Luc Beauregard a été président d'honneur d'une soirée hommage que la Fondation de l'Institut de tourisme et d'hôtellerie du Québec a consacrée à M. Cousineau en octobre 2011. En février 2012, M. Cousineau a été élu président du conseil d'administration du Centre hospitalier de l'Université de Montréal (CHUM).

à l'action, le conseil d'administration faisant aussi office de comité de direction. « Parfois, les administrateurs font des suggestions très valables, mais si les réunions sont trop distancées, s'il n'y a pas de suivi, les idées se perdent. » Siégeaient alors au conseil de l'AMARC des représentants de la Ville, comme le secrétaire général, Raymond Régnier, et le directeur des travaux publics, Richard Vanier, de même que des dirigeants d'entreprises privées.

Différentes mesures seront prises afin de rendre La Ronde plus attrayante, concernant notamment la restauration. Des sondages avaient montré que les clients se plaignaient de la piètre qualité de la nourriture offerte sur place. On se souvenait encore de la Commission d'enquête sur le crime organisé (CECO), instituée par le premier ministre Robert Bourassa en 1972, qui avait mis au jour un réseau de distribution, sur le site de l'Expo 67, de viande avariée, contrôlé par la mafia. Les concessionnaires bourraient de glaçons les gobelets de boissons gazeuses, si bien qu'après deux gorgées, ceux-ci étaient vides ! Les casse-croûte de La Ronde n'avaient pas la cote, peu s'en fallait. Il s'agissait d'un enjeu important pour l'AMARC qui tirait principalement ses revenus des prix d'entrée à La Ronde. Plus les restaurants plaisaient, plus les visiteurs étaient incités à venir au parc d'attractions.

L'AMARC décida de remédier à la situation en lançant des appels d'offres en vue d'attirer des restaurants bien cotés dans le marché. Les Rôtisseries St-Hubert avaient eu du succès à Terre des Hommes plusieurs années auparavant, mais s'étaient retirées. Luc Beauregard incita le populaire rôtisseur à répondre à l'appel d'offres pour revenir à La Ronde. Comme il siégeait au conseil de l'entreprise, il réussit à convaincre la direction de l'opportunité de présenter une proposition. Il fit de même avec son client Les Restaurants McDonald, si populaire auprès des enfants. Afin d'éviter des conflits d'intérêts, il prit soin cependant de s'absenter systématiquement lorsque les discussions du conseil portaient sur l'appel d'offres et de ne participer à aucune décision relative aux offres reçues des soumissionnaires. L'ouverture des deux restaurants St-Hubert et McDo marqua un point tournant pour La Ronde dont l'affluence augmenta ensuite de façon significative.

Du point de vue de la gestion du parc d'amusement comme telle, l'approche devint plus systématique. Il fut décidé par exemple de cesser de louer la grande roue d'un concessionnaire, au coût annuel de un million de dollars, et de faire plutôt l'acquisition d'une nouvelle roue, pour laquelle l'AMARC déboursa… un million de dollars. Le ton était donné. Le mot courut chez les concessionnaires qu'il fallait faire quelque chose pour protéger leurs acquis. Luc Beauregard reçut alors un appel de l'un d'entre eux lui demandant s'il pouvait faire quelque chose pour lui, s'il était intéressé par exemple à obtenir un mandat de relations publiques de son entreprise… Sans hésiter une seconde, Luc Beauregard refusa net et mit sèchement fin à la conversation.

Les concessionnaires adressèrent alors leurs récriminations directement au maire. Il faut savoir que les concessionnaires de Terre des Hommes étaient souvent des donateurs du Parti civique, formation politique dont Jean Drapeau était le chef.

Luc Beauregard s'apprête à inaugurer la nouvelle Grande Roue, en compagnie d'Alain Cousineau, à La Ronde en 1985.

Collection privée.

Luc Beauregard fut déçu d'apprendre un jour que le maire Jean Drapeau avait demandé aux vérificateurs de la Ville de procéder à une enquête interne exhaustive sur l'administration de l'AMARC. Quatre comptables avaient été mandatés pour scruter les livres. Leur passage à l'administration devait s'échelonner sur quelques mois, précisèrent-ils lorsqu'ils se présentèrent en force dans les bureaux de l'AMARC. Ne faisant ni une ni deux, Luc Beauregard demanda à rencontrer le premier magistrat le plus vite possible. Il lui rappela d'entrée de jeu que son travail était bénévole et désintéressé. « Pourquoi cette mission de vérification alors que vous savez fort bien, par vos propres représentants au conseil, que l'administration de l'AMARC n'a jamais été aussi professionnelle ? », demanda-t-il à Jean Drapeau.

Le maire lui répondit en souriant de ne pas s'en faire. S'il avait demandé une enquête de vérification comptable, c'est qu'il savait pertinemment que l'organisme n'avait rien à se reprocher et rien à cacher. « Si je n'avais pas confiance en vous, si je croyais qu'il y avait quelque chose de louche à l'AMARC, je n'aurais pas posé ce geste. » Luc Beauregard en fut abasourdi. Il occupait la présidence de l'AMARC pour le bien de la communauté et voilà qu'il se trouvait entraîné dans de telles histoires. Il y vit une façon habile de la part de Jean Drapeau de se dédouaner auprès des donateurs de son parti. Une fois l'enquête terminée et l'AMARC blanchie, le maire pourrait affirmer aux concessionnaires qu'il ne pouvait rien faire contre l'AMARC. Le temps venu, Luc Beauregard insista pour que dans la toute première page de son rapport, le vérificateur de la Ville affirme noir sur blanc qu'il n'avait rien trouvé de répréhensible dans la gestion de l'organisme, ce que le vérificateur accepta de bonne grâce.

Pendant cette période, La Ronde fit l'acquisition d'autres manèges comme le Boomerang, très prisé des amateurs de sensations fortes. L'AMARC donna en concession l'aménagement de glissades d'eau et entreprit en régie la construction d'un manège qui fait encore parler de lui, l'effrayant Monstre. Il s'agit d'un manège construit entièrement en bois dont le directeur général adjoint Guy Tringle avait commandé les plans et surveillé la construction. Pour tester le manège, on disposa d'abord des sacs de sable dans les sièges des trains. Les premiers humains à en faire l'essai furent les ouvriers qui l'avaient construit.

On procéda aussi à des travaux de réfection des sentiers et de la restauration de structures souvent intouchées depuis 1967. Sur quatre ans, de 1982 à 1986, grâce à l'appui d'Yvon Lamarre, président du Comité exécutif de la Ville de Montréal, la direction de La Ronde a consacré un budget de plus de 13 millions de dollars afin d'améliorer le site et le rendre plus attrayant aux jeunes et aux familles, qui constituent le gros de sa clientèle. L'innovation dont Luc Beauregard demeure toutefois le plus fier est le Concours international des feux d'artifices, imaginé, approuvé et mis en œuvre sous sa présidence.

Luc Beauregard avait engagé Christian Ouellet comme directeur des opérations de l'AMARC. Ils s'étaient connus alors que ce dernier était un permanent du Parti libéral du Québec, coordonnateur des campagnes de financement. Luc Beauregard avait été secrétaire de la commission d'information du PLQ au référendum de 1980, de même que membre du comité de financement du parti. Au moment de l'engager, Luc Beauregard avait dit à Christian Ouellet qu'au-delà de ses responsabilités quotidiennes, il attendait de lui qu'il imagine un grand projet, capable de maximiser le potentiel du site.

Originaire du Lac-Saint-Jean, Christian Ouellet était un individu à la fois créatif et organisé, ce qui est rare, de dire Luc Beauregard. Le projet fut présenté au conseil d'administration avec éclat dans le cadre d'un week-end de retraite avec les cadres. Luc Beauregard approuva le projet à une condition : que le secteur privé y contribue également.

Le succès que devait connaître, et que connaît toujours, l'événement est d'autant plus éloquent que l'époque n'était pas favorable à l'organisation d'événements internationaux de grande envergure. En 1976, il y avait eu les Jeux olympiques, qui s'étaient soldés par un gouffre financier, principalement à cause des coûts de construction du Stade, un ouvrage magnifique mais exorbitant. En 1984, la ruineuse aventure des Grands Voiliers, organisée à Québec, avait donné des résultats décevants. Luc Beauregard était emballé par le projet de concours international de feux d'artifices, mais il tenait à minimiser les risques financiers. C'était une première en Amérique du Nord, et on ne disposait pas de données comparables. La recherche systématique de commanditaires privés par une firme spécialisée ne porta pas ses fruits. Des grandes brasseries aux grands marchés d'alimentation, personne ne voulait s'aventurer, mais Luc Beauregard, réputé pour ne jamais lâcher le morceau, ne se laissa pas abattre. Il y avait bien une entreprise, à Montréal, se disait-il, qui accepterait de s'associer à un tel événement.

Il fit part de l'opportunité (et de son besoin désespéré) de commanditaire à son associé Daniel Lamarre, qui détecta une possibilité avec un client de la firme, la cigarettière Benson & Hedges dont le directeur du marketing était Francis Armstrong, neveu de Luc Beauregard. Ce dernier pilota le projet auprès des dirigeants de l'entreprise qui se montrèrent ouverts à l'idée. Après quelques semaines de négociation menées par Alain Cousineau, une entente fut signée, en vertu de laquelle Benson & Hedges s'engageait à commanditer l'événement pour trois ans à raison de 50 000 $ la première année, de 100 000 $ la deuxième et de 150 000 $ la troisième[7]. C'était peu, mais la condition était remplie et La Ronde pouvait mettre sur ses rails l'International Benson & Hedges.

Tout était prêt pour le grand soir de première. C'était l'Italie qui ouvrait le bal en présence du consul bien installé dans l'estrade d'honneur située en face du lac des Dauphins. Le succès de l'événement dépassa toutes les attentes. Les gens n'avaient pas seulement envahi La Ronde, mais la police avait dû laisser la foule affluer sur le pont Jacques-Cartier. Quelques minutes avant le lancement du spectacle, un journaliste de

---

7 Aujourd'hui, une telle commandite est de l'ordre du million de dollars. Benson & Hedges dut retirer sa commandite en 1998 à la suite de l'adoption de la loi stipulant que toute commandite faisant la promotion d'une marque, d'un produit ou d'un fabricant de tabac est interdite. L'événement s'appelle aujourd'hui l'International des feux Loto-Québec, du nom de son nouveau commanditaire. Loto-Québec a été présidée jusqu'en novembre 2011 par Alain Cousineau, directeur général de La Ronde au moment du lancement du concours.

Radio-Canada approcha le président de l'AMARC pour lui dire qu'une tempête dans la région d'Ottawa avait fait plusieurs morts et qu'elle s'avançait rapidement vers Montréal. Luc Beauregard demanda au journaliste de lui donner quelques minutes pour répondre. Il quitta aussitôt l'estrade pour aller consulter ses collègues. Il aperçut alors la crinière blanche du chef de police Roland Bourget[8] de la Communauté urbaine de Montréal qui dépassait les têtes. Il l'en avisa et lui demanda s'il valait mieux annuler l'événement. « Trop tard, lui dit ce dernier. Les gens seraient tellement déçus qu'il y aurait peut-être encore plus de grabuge si on annulait. » Luc Beauregard avait la caution qu'il voulait pour donner le feu vert au spectacle.

Lorsque les premières pièces pyrotechniques furent allumées, la pluie tombait dru, mais les gradins et les allées de La Ronde, où on voyait s'ouvrir les parapluies, demeuraient pleins à craquer. Le ciel s'illumina de la danse spectaculaire de bouquets multicolores de feux qui se reflétaient dans l'eau. Ils furent ensuite accompagnés d'une musique synchronisée qu'une chaîne radiophonique FM diffusait en direct. Par ailleurs, la montagne, le Vieux-Port, les berges de la rive-sud et surtout, le pont Jacques-Cartier avaient été envahis par des curieux enthousiastes qui espéraient avoir gratuitement un bon point de vue sur le spectacle, sans compter les plaisanciers qui s'accolaient sur le fleuve en face du Vieux-Port et les résidants qui s'entassaient sur les toits des maisons. À la surprise des organisateurs, le mauvais temps n'avait fait fuir personne. On aurait dit que les Montréalais s'étaient donné le mot pour participer à la fête, comme au bon temps de l'Expo 67, dont beaucoup avaient encore la nostalgie.

Par mesure de sécurité, le Service de police, qui ne s'attendait pas à tant d'affluence, décida de fermer le pont Jacques-Cartier à la circulation automobile, une mesure qui se répète encore, deux fois par semaine, près de vingt-cinq étés plus tard, car encore aujourd'hui, le Concours international des feux d'artifices attire toujours autant de spectateurs éblouis.

Pour l'AMARC, La Ronde était devenue rentable et la Ville se réjouissait de ne pas avoir à renflouer ses coffres. Les recettes de week-ends étaient clés pour les résultats financiers. Lorsqu'il se levait le samedi matin, la première chose que Luc Beauregard faisait était de regarder

---

8   Roland Bourget a été directeur du Service de police de la Communauté urbaine de Montréal de 1985 à 1989. Il est décédé à Montréal le 11 septembre 2010 à l'âge de 74 ans.

par la fenêtre. S'il faisait beau, il savait que la journée à La Ronde serait bonne. S'il pleuvait, il estimait que l'AMARC perdrait ce jour-là 300 000$ nets au bas mot.

L'AMARC avait aussi la responsabilité de la gestion de ce qui restait de Terre des Hommes sur l'île Sainte-Hélène et sur l'île Notre-Dame, soit, en plus du circuit Gilles-Villeneuve, le pavillon du Canada, celui du Québec et celui plus imposant de la France, qui avait été construit au départ comme une structure permanente avec l'idée d'en faire don, après l'Expo, à la Ville de Montréal ou à un établissement universitaire.

Les idées ne manquaient pas pour redonner vie au site. Le maire Jean Drapeau aimait bien faire venir Luc Beauregard à son bureau pour partager ses rêves pour l'utilisation future des divers pavillons. Le président de l'AMARC jouait patiemment le jeu. Le maire avait souffert d'un AVC et avait perdu le fil des événements durant sa maladie, sa convalescence et son courageux rétablissement. L'AMARC n'avait d'autre choix que de détruire les pavillons au fur et à mesure qu'ils menaçaient de s'effondrer ou que des vandales s'amusaient à y mettre le feu ou à y arracher les biens ayant encore quelque valeur. Il était financièrement impossible pour la Ville d'assurer le gardiennage du site.

De l'Expo 67, il ne restait à peu près plus que les pavillons du Canada, du Québec, de la France et du Japon, ainsi que le squelette d'acier de l'immense sphère géodésique de l'architecte Buckminster Fuller, dont l'enveloppe de polymère avait brûlé en fumée en quelques minutes à peine en 1976. L'AMARC aurait bien aimé revitaliser le site, mais les coûts étaient astronomiques et l'heure n'était pas aux grands projets. On encourageait du mieux qu'on pouvait la production de spectacles à la Place-des-Nations et on prêtait un petit théâtre derrière le pavillon du Canada à des troupes de ballet comme celle d'Eddy Toussaint ou à des compagnies de théâtre.

On avait envisagé un temps de faire une cité du cinéma sur l'île Sainte-Hélène. Le secrétaire d'État du Canada, Francis Fox, avait mis sur pied un comité présidé par Luc Beauregard, auquel siégeaient des représentants des milieux cinématographiques, notamment Serge Losique et le producteur Denis Héroux. On en vint finalement à la conclusion que la production cinématographique restait une activité industrielle peu appropriée pour un site comme l'île Sainte-Hélène.

En revanche, le maire Drapeau avait en tête un grand projet d'exposition et choisit de la tenir au pavillon de la France, situé sur l'île Notre-Dame. Du 1er juin au 29 septembre 1985 s'y est déroulé une grande exposition de prestige, intitulée *Ramsès II et son temps*. Yvon Lamarre, président du comité exécutif, avait demandé à Luc Beauregard que l'AMARC devienne l'organisme parapluie de l'exposition. Le président de l'AMARC accepta volontiers à la condition que le conseil de l'AMARC ait pleine responsabilité financière. L'organisation d'un événement d'une telle envergure était complexe. Il fallait s'occuper des ententes avec l'Égypte, des questions d'assurances, du transport des œuvres toutes aussi fragiles les unes que les autres, de la disposition des salles et des artéfacts, sans compter la production d'un important catalogue de prestige[9], l'embauche de personnels spécialisés, l'établissement de budgets de fonctionnement et la planification d'échéanciers.

Collection privée.

Richard Vanier, directeur des Travaux publics, Yvon Lamarre, président du Comité exécutif de la Ville de Montréal, Jean Drapeau, maire de Montréal, et Luc Beauregard qui leur fait visiter de nouvelles installations.

Le maire avait constitué un petit comité proche de lui pour l'organisation de l'événement. Heureusement, le directeur des finances de la Ville, Roger Galipeau, avait la responsabilité budgétaire de l'événement. Le comité venait faire son rapport hebdomadaire au conseil d'administration de l'AMARC, qui avait pleinement confiance en Roger Galipeau.

---

[9] L'exposition et le catalogue avaient été produits sous la supervision de Christiane Desroches Noblecourt, alors égyptologue réputée. Née à Paris en 1913, conservateur du Département des antiquités égyptiennes du Louvre de 1957 à 1976 et, à compter de 1980, inspecteur général honoraire des Musées de France, on lui doit le sauvetage des monuments menacés par la construction du barrage d'Assouan, décidé par Nasser en 1954. À la suite de son appel solennel à la solidarité mondiale devant la tribune de l'UNESCO, des travaux gigantesques ont permis de déplacer quatorze temples, dont celui célèbre d'Abou Simbel, et de procéder d'urgence à des fouilles sur des sites jusqu'alors peu étudiés. Première femme égyptologue, elle est décédée à Sésanne, petite commune de France, le 23 juin 2011.

L'exposition connut un grand succès. Chose rare, elle fit un surplus d'importance qui fut consacré à la création d'un nouvel organisme, le Palais des expositions, dont la mission fut d'organiser d'autres événements du genre dans l'ancien pavillon de la France[10].

En 1986, lorsqu'il apprit que Jean Drapeau ne se représenterait pas aux prochaines élections municipales après près de trente ans de règne, Luc Beauregard démissionna de son poste de président du conseil de l'AMARC. Jean Drapeau avait été critiqué par Jean Doré, chef du parti adverse, le Rassemblement des citoyens de Montréal (RCM), pour sa gestion « irresponsable » de la Ville. Le futur maire de Montréal avait écorché au passage l'AMARC et nommément son président du conseil[11], ce qui enleva toute envie à ce dernier de demeurer plus longtemps.

On constate souvent qu'un chef d'opposition qui veut évincer son adversaire du pouvoir aime bien crier au scandale et, à cette fin, faire flèche de tout bois. Probablement alerté lui aussi par les anciens concessionnaires dépités, Jean Doré dénonça au conseil municipal le président de l'AMARC comme ayant été en conflit d'intérêts lors de l'octroi de contrats à St-Hubert et à McDonald's, et Luc Beauregard se retrouva en manchette des journaux, particulièrement dans *Le Devoir* qui consacra à cette affaire tout le haut de sa première page. Yvon Lamarre, président du comité exécutif de la Ville, communiqua avec Luc Beauregard qui le rassura aussitôt et lui fit remettre les procès-verbaux de l'AMARC démontrant qu'il n'avait participé à aucune discussion ou décision à ce sujet au conseil d'administration. *Le Devoir* ne publia jamais le rectificatif et ne fit jamais d'excuses bien que Luc Beauregard fût allé lui-même présenter les faits à son rédacteur en chef, Paul-André Comeau[12].

---

[10] L'organisme présenta d'autres expositions marquantes comme *Chine, trésors et splendeurs* et *L'or des cavaliers thraces*, mais avec moins de succès financier. Finalement, le pavillon de la France changea de vocation pour devenir, en octobre 1993, le siège du Casino de Montréal. En 1996, vu l'augmentation constante de l'achalandage, on effectua un agrandissement majeur en le reliant à l'ancien pavillon du Québec situé à proximité.

[11] Un des premiers gestes de Jean Doré comme maire de Montréal sera de demander à l'AMARC de produire un « Plan directeur de réaménagement » du site des îles. On y proposait de transformer l'ancien Lac des Régates, vestige de l'Expo 67, en un « parc-plage », qui sera inauguré en 1990. Les Montréalais l'appelleront la « plage dorée ».

[12] Né à Montréal en 1940, Paul-André Comeau obtient une maîtrise en sciences politiques de l'Université de Montréal en 1965 et un DES de la Fondation nationale des sciences politiques à Paris en 1967. Après avoir enseigné à l'Université d'Ottawa pendant quelques années, il sera pendant quinze ans correspondant pour Radio-Canada à Bruxelles (1970-1982) et à Londres (1982-1985). À son retour au pays, il est nommé rédacteur en chef du *Devoir*, poste qu'il occupe de 1985 à 1990 alors qu'il devient président de la Commission d'accès à

Luc Beauregard, qui lisait *Le Devoir* depuis trente ans, annula son abonnement à la maison. Aujourd'hui encore, il ne lit *Le Devoir* qu'au bureau ou sur Internet aux fins de son travail.

Bien qu'il n'eût aucun reproche à se faire quant à la gestion de l'organisme, Luc Beauregard savait pertinemment que son nom était associé à l'administration de Jean Drapeau. Il préféra abandonner cette activité bénévole et parallèle à son travail à Beauregard, Hutchinson, McCoy, Capistran, Lamarre et associés, car il se doutait bien que, dans son grand ménage, la prochaine administration l'écarterait rapidement de son poste. Comme il lui était arrivé fréquemment dans sa carrière, il voulait décider lui-même de son sort avant que quelqu'un d'autre ne le fasse à sa place. Il partait néanmoins avec le sentiment d'avoir contribué de façon significative au développement économique et culturel de Montréal[13].

Chaque été, lorsqu'il voit le succès continu de l'« International des feux Loto-Québec » de La Ronde ou qu'il passe sur le pont Jacques-Cartier d'où l'on peut voir le Monstre, il sent un léger pincement au cœur et éprouve la fierté des bâtisseurs anonymes.

---

l'information du Québec, à qui il donne une ouverture internationale. Il en démissionne en 2000 après une période de turbulences à l'occasion d'une enquête sur les fuites de renseignements au ministère du Revenu. Il sera ensuite professeur invité à l'École nationale d'administration publique (ENAP) et directeur du Groupe d'étude, de recherche et de formation internationales (GERFI).

[13] Jean Doré, une fois maire de Montréal, invita Luc Beauregard à déjeuner pour lui exprimer ses regrets de l'avoir injustement accusé d'avoir été en conflit d'intérêts, ce que l'ex-président de l'AMARC apprécia au plus haut point.

21

LE GRAND VIZIR
DE LA FAMILLE MOLSON[1]

En traversant le hall d'entrée du Ritz en ce petit matin du printemps 1997, Luc Beauregard se demandait ce que pouvait bien lui vouloir Eric Molson. La veille, il avait reçu un appel de Ronald Corey, président du Club de hockey Canadien de Montréal, lui signifiant que le président du conseil de The Molson Companies Limited voulait

---

1 L'expression est empruntée à la journaliste Sophie Cousineau. Voir «Les frères Molson comme vous ne les avez jamais vus», *La Presse Affaires – Cyberpresse*, 30 novembre 2009.

le rencontrer parce qu'il avait «besoin de son aide ». Il fut convenu d'un petit déjeuner dès le lendemain matin. Aussitôt franchi le seuil du Café de Paris, il aperçut à droite de la salle un homme de taille moyenne qui lui faisait signe. Il reconnut à son front large et à sa mince chevelure blond châtain le représentant de la 6e génération des Molson à la tête de la célèbre brasserie du même nom. Le dos était légèrement voûté et le visage, grave.

À l'époque, en plus de l'industrie de la bière, le holding Les Compagnies Molson Limitée avait étendu ses intérêts dans une foule d'autres secteurs : un important fabricant de détergent industriel, des entreprises d'ameublement, une chaîne de quincailleries réparties à travers le Canada, des usines de traitement de l'eau et des entreprises de divertissement. Cette diversification tous azimuts avait amené les dirigeants à déménager le siège de la société de Montréal à Toronto. Le secteur de la bière ne représentait plus qu'une portion de son portefeuille.

En 1980, à l'âge de 43 ans, Eric Herbert Molson avait été nommé administrateur de The Molson Companies Limited. Huit ans plus tard, il devenait président du conseil après avoir été à la tête du secteur brassicole de l'entreprise pendant six ans. Il avait hérité en 1978 des intérêts que son père Tom détenait dans l'entreprise lors de son décès, ce qui faisait de lui le plus important actionnaire individuel avec 45 % des actions assorties de droit de vote. Avec la tranche de 10 % détenue par ses frères et sœurs, cette branche de la famille Molson contrôlait près de 55 % des actions avec droit de vote.

Eric Molson déplorait les résultats peu glorieux de la diversification des activités de l'entreprise. Il avait en outre la nette impression que la haute direction des Compagnies Molson, en place dans la Ville reine, négligeait, ou pire, méprisait la bière, qui continuait pourtant de constituer la vache à lait, si l'on peut dire, de l'entreprise. Il se désolait en outre de voir que le holding ne détenait plus que 40 % de la Brasserie Molson, ayant cédé 40 % à la société australienne Foster's Brewing Group et 20 %, au brasseur américain Miller Brewing Co.

Né en 1937, Eric Molson avait obtenu un baccalauréat en chimie de l'Université Princeton avant de débuter comme apprenti brasseur dans l'entreprise fièrement familiale depuis 1786. Après avoir obtenu un certificat de maître brasseur de l'United States Brewers Academy et un diplôme en économie de l'Université McGill, il était entré au bas de l'échelle dans l'entreprise qui portait son nom, car il voulait en connaître tous les aspects. Il en avait gravi patiemment et progressivement les échelons. Contrairement à la direction torontoise, il valorisait le secteur traditionnel de la bière qu'il voulait voir redevenir le cœur des activités de l'entreprise fondée au XVIIIe siècle à Montréal par son ancêtre direct, John Molson, débarqué d'Angleterre quatre ans plus tôt[2]. On ne trouve pas plus Montréalais qu'Eric Molson. Il adore sa ville pour laquelle sa famille a toujours été généreuse. Lui-même a été pendant des années président du conseil de l'Hôpital général de Montréal et de l'Université Concordia.

Principal actionnaire et président du conseil de The Molson Companies, Eric Molson en avait assez de la dérive du management de Toronto et entendait donner un coup de barre. Il confia ce matin-là à Luc Beauregard qu'il visait à long terme à amener les actionnaires à se départir de tous les intérêts que la société possédait encore en dehors de la bière, à racheter les participations que des brasseurs étrangers détenaient dans la Brasserie Molson et à ramener le siège de Toronto à Montréal, lieu historique de sa fondation. Il lui fallait des gens pour l'appuyer et de nouveaux membres au conseil d'administration. Il demanda à Luc Beauregard son aide dans la mise en œuvre de ce vaste projet.

Eric Molson, Jane Molson, Luc Beauregard et Michelle Beauregard.

Eric Molson est un homme discret, réservé, peu ostentatoire. Luc Beauregard l'avait connu en 1986 lors des cérémonies entourant le 200e anniversaire de la Brasserie puis à l'occasion d'un discours à la Chambre de commerce de Montréal. Chaque fois, il avait eu l'occasion d'aider le grand brasseur à préparer ses présentations. Il n'aimait pas

---

2 John Molson est né dans le Lincolnshire, en Angleterre en 1763. À l'âge de 18 ans, il s'embarque pour le Canada où il séjourne pendant quatre ans. En 1786, il retourne brièvement en Angleterre et tombe par hasard sur un livre expliquant le brassage de la bière. Il retourne au Canada avec l'idée de construire une brasserie. Il achète un grand terrain en bordure du Saint-Laurent à proximité de Montréal et quelques mois plus tard, il fonde son entreprise, la Brasserie Molson, qui occupe toujours le même emplacement dans l'est de Montréal, le «faubourg à mélasse», depuis près de 250 ans.

parler en public. Cette fois, Luc Beauregard se trouvait en face d'un homme résolu, prêt à aller au front. Il l'assura de son entière et étroite collaboration dans cette démarche à long terme.

En 1989, l'entreprise avait consolidé ses parts du marché de la bière au Canada en fusionnant avec son ancien rival Carling O'Keefe, devenant ainsi le plus important brasseur au Canada. En retour, le brasseur australien Foster, qui en était propriétaire depuis 1987, acquérait 50 % de la brasserie canadienne. Puis, les deux actionnaires réduisirent à 40 % chacun leur participation dans la Brasserie Molson O'Keefe et en cédèrent 20 % à l'américaine Miller, dans le cadre d'un accord de production et de mise en marché dans leurs territoires respectifs. Éventuellement, Eric Molson ne vit rien de bon dans ce ménage à trois et n'avait plus qu'une idée en tête : reprendre le contrôle de la Brasserie Molson.

En 1998, Eric Molson était arrivé à ses fins : après avoir d'abord racheté Miller, la société Les Compagnies Molson annonçait fièrement le rachat des parts de Foster dans son secteur brassicole pour un montant de l'ordre de un milliard de dollars. Pour financer cette opération, elle s'était servie de la vente de ses intérêts en dehors de la bière. Molson inc. était redevenue un brasseur, et rien d'autre, et était à nouveau propriétaire à 100 % de son secteur, la bière. En même temps, la société abandonnait le nom The Molson Companies Limited / Les Compagnies Molson limitée pour celui de Molson inc. Pour bien marquer le coup, NATIONAL réserva des pages entières dans les journaux pour annoncer partout au pays que Molson était redevenue à 100 % canadienne.

Cette longue opération ne s'était pas faite sans heurt, non seulement au niveau de la haute direction torontoise qui, faute de grande réussite ailleurs, ne pouvait plus résister au recentrage des activités et au retour du siège à Montréal, mais aussi auprès des partenaires dans le secteur de la bière, notamment le brasseur australien Foster, qui avait envisagé presque en même temps, de son côté, d'acquérir la Brasserie Molson pour lui-même. On peut facilement imaginer l'ampleur et la complexité des négociations qui se sont déroulées entre les représentants des deux groupes.

Le rôle de Luc Beauregard dans ce long chapitre de l'histoire de l'entreprise dépassa de beaucoup celui de conseiller en communication. Eric Molson lui demanda non seulement de siéger au conseil, mais de lui suggérer des noms de personnes aptes à devenir membres d'un conseil d'administration qu'il voulait renouveler. Luc Beauregard lui recommanda la nomination de Francesco Bellini, son client et ami[3], un entrepreneur dans l'âme qui serait prêt lui aussi à soutenir un homme comme Eric Molson. D'autres personnes furent nommées en même temps, dont Daniel W. Colson, un avocat montréalais alors vice-président du conseil et chef de la direction de la société britannique The Telegraph Group Limited, qui était propriété du groupe de Conrad Black.

Même avant que Luc Beauregard ne siège au conseil, Eric Molson lui avait confié la difficile tâche de communiquer à certains administrateurs la nouvelle que leur mandat ne serait pas renouvelé. Son approche était diplomatique : les membres restants du conseil comprenaient qu'à cause de leurs nombreuses activités, ces administrateurs ne pouvaient pas toujours faire montre d'assiduité aux réunions ou qu'il leur fallait souvent s'absenter des délibérations pour répondre à leur téléphone cellulaire ; ils les remerciaient d'avoir fait une importante contribution à l'entreprise pendant toutes ces années, mais étaient d'avis qu'il n'était pas raisonnable de leur demander de continuer à siéger au conseil. Leurs noms ne figureraient donc pas sur la liste des candidats soumis au vote lors de la prochaine assemblée annuelle des actionnaires.

À la demande d'Eric Molson, Luc Beauregard appela même le patron de The Molson Companies pour le rencontrer et ce dernier l'invita à déjeuner à son club privé de Toronto. Avant le dessert, Luc Beauregard sortit de sa veste un projet de communiqué de l'entreprise annonçant le départ de son hôte, qui en resta interloqué. Le président avait déjà lui-même fait allusion à son départ éventuel et l'heure semblait appropriée, avança le communicateur. Il suggéra qu'un bon moment pour le faire serait le jeudi avant Pâques, de telle sorte que la nouvelle ne fasse pas grand bruit. Le patron soumit qu'il n'aurait pas d'objection à annoncer son départ à cette date mais que celui-ci ne devrait être effectif qu'au moment de l'assemblée annuelle, au mois de septembre suivant, ce qui fut convenu. Comme quoi, le rôle du conseiller va parfois bien au-delà de la rédaction ou de la diffusion d'un communiqué !

Le travail d'un administrateur, selon Luc Beauregard, comporte beaucoup de responsabilités, mais peu de contrôle réel. Selon la complexité des dossiers figurant à l'ordre du jour, ce travail suppose des heures parfois considérables de lecture fastidieuse de documents afférents. Une fois réunis, les administrateurs font valoir leurs points de vue avec plus ou moins d'insistance selon les tempéraments. Certains ont déjà fait un tour de table virtuel avant la tenue de la réunion et ont préparé le terrain dans le sens qu'ils désirent. D'autres demeurent aux aguets sur place et n'interviennent qu'à la fin. Pour justifier leur présence, une minorité étirent parfois inutilement les débats ou font des diversions inutiles. L'administrateur peut et doit poser des questions. S'il en pose trop ou s'il se fait insistant sur les détails, son attitude peut être perçue comme un manque de confiance envers le chef de la direction et comme inamicale. Difficile équilibre entre aller au fond des choses et braquer la direction.

Dans la période où Luc Beauregard siégeait au conseil de Molson, il se souvient d'avoir eu quelquefois à imposer son point de vue face à des administrateurs péremptoires, à forte stature dans le milieu des affaires. Ainsi, un grand financier pensait que pour vendre le Centre Molson et le Club de hockey Canadien, il suffisait de confier le dossier à des spécialistes des marchés des capitaux qui ont l'habitude de garder ces choses secrètes. Luc Beauregard n'était pas d'accord et pensait que la nouvelle était trop sensible pour rester longtemps confidentielle et qu'elle aurait tôt fait de sortir un beau jour sous forme de « scoop » probablement négatif pour la brasserie, sans que l'entreprise ait eu l'occasion d'expliquer ses intentions et les motifs qui les sous-tendaient. Luc Beauregard se mettait la tête sur le billot au conseil, mais eut la satisfaction de voir son point de vue retenu. Heureusement, la brasserie n'encaissa aucune baisse des ventes lorsqu'elle annonça qu'elle ne pouvait plus paralyser l'avoir de ses actionnaires dans une activité qui ne lui rapportait pas d'argent (ce qui était vrai alors du Centre Molson et du Canadien), qu'elle avait décidé de recentrer ses activités sur la bière uniquement et qu'il valait mieux passer le flambeau de l'équipe à un propriétaire qui la mènerait vers de nouveaux sommets.

Les démarches des banquiers à la recherche de nouveaux propriétaires demeuraient vaines. Personne ne voulait acheter le Centre Molson et le Canadien. Dan O'Neill, président et chef de la direction de Molson inc., qui passait ses vacances de Noël à Vail au Colorado, alla rencontrer un exploitant de station de ski qui avait déjà été propriétaire d'équipes de sport professionnel. George Gillett n'avait pas l'argent requis, mais Dan O'Neill lui fit un montage financier auquel Gillett ne put résister. La Caisse de dépôt et placement du Québec et d'autres institutions financières du Québec finançaient l'amphithéâtre tandis que le vendeur, Molson inc., conservait 20 % des actions et un solde de prix de vente.

Luc Beauregard fut désigné pour préparer l'acheteur à affronter les médias de Montréal. Ces séances préparatoires permettent de finaliser le communiqué d'annonce, de rédiger un message d'ouverture de la conférence de presse, d'élaborer les messages-clés à faire valoir et, enfin, d'envisager des réponses pour toutes les questions possibles et imaginables. Avec sa bonhommie, l'acquéreur de l'équipe conquit rapidement le public montréalais.

Eric Molson, qui avait fait de Luc Beauregard un confident et un homme de confiance, l'avait invité à son conseil parce qu'il voulait qu'il en connaisse les joueurs et qu'il soit en mesure de l'aider à faire valoir ses vues sur l'orientation de l'entreprise. Il bénéficia éventuellement de son appui à une réunion très importante.

En juin 2004 se tint en effet une réunion du conseil d'administration qui fut probablement une des plus cruciales dans l'histoire récente de l'entreprise. On devait d'abord approuver la décision de fusionner Molson inc. avec Coors Brewing Co. On devait ensuite approuver un rapport du comité de gouvernance réduisant le nombre d'administrateurs. Eric Molson y fit alors face à une mutinerie de la part d'un cousin éloigné qu'il avait fait nommer à l'origine au conseil dans l'espoir de trouver un allié bien formé dans le domaine financier. Il faut toutefois remonter en arrière pour comprendre tous ces enjeux.

James (Jim) Arnett, un fameux avocat corporatif qui venait du bureau torontois de Stikeman Elliott, fut l'homme de la situation lorsqu'il fut nommé président et chef de la direction de Molson inc. La société était sans cesse en mode de désinvestissement ou de rachat de partenaires et l'expertise de Jim Arnett se révéla précieuse pour la négociation de toutes ces transactions. Paul de la Plante, un conseiller de NATIONAL spécialisé en communication financière, joua un grand rôle dans des dossiers souvent très complexes pour épauler Luc Beauregard auprès de Jim Arnett. Ce dernier consacra éventuellement beaucoup d'énergie à examiner la possibilité d'acquérir le brasseur néo-zélandais Lyon-Nathan, très actif en Australie également, mais Molson recula finalement, estimant que la compagnie n'avait pas alors la masse critique de cadres voulue pour gérer une entreprise située aussi loin.

L'entreprise s'étant résolument tournée vers son métier de base, la vente de bière, il lui fallait trouver un as du marketing et de la vente. Dan O'Neill, un Canadien ayant occupé des postes de direction à la société des soupes Campbell au Canada puis au siège de Heinz, aux États-Unis, fut une recrue épatante dont la flamboyance eut tôt fait d'éclipser son patron avocat. Il lui succéda comme président et chef de la direction. Avec des campagnes comme celle de « *I am Canadian* », l'entreprise avait le vent dans les voiles. Le cours du titre en Bourse grimpait. Tout le monde était heureux. En trois ans, la valeur nette de l'entreprise avait triplé, passant de 1,5 milliard à 4,5 milliards de dollars[4].

Dan O'Neill osa alors un grand coup, qui se révélera malheureusement un échec monumental : l'incursion de Molson inc. au Brésil. Pour préserver la concurrence dans le marché de la bière, le gouvernement brésilien avait forcé un consolidateur à se défaire du brasseur Bavaria. L'affaire était belle : l'acquisition ne coûtait presque rien et l'acquéreur canadien bénéficiait de l'appui bienveillant du gouvernement brésilien. Les ventes n'eurent rien d'inspirant, cependant. S'il s'en était tenu là, l'entreprise aurait radié un mauvais placement et l'opération aurait eu peu d'impact. Or, pour s'en sortir, Dan O'Neill recommanda l'acquisition du numéro 2 brésilien, Kaiser. Cette fois, la bouchée était beaucoup plus grosse et le prix était substantiel. En 2003, Molson brassait plus de bière au Brésil qu'au Canada.

Malheureusement, la situation eut tôt fait de péricliter. Molson avait acheté Kaiser des embouteilleurs de Coca-Cola et, après la vente, ces derniers ne portaient plus autant attention à la distribution de la bière, qui se vend moins cher que le cola au Brésil. Rapidement, on constata que l'investissement rapportait peu et que les ventes déclinaient toujours. En rétrospective, on se rendit à l'évidence que le fameux adage « *don't throw good money after bad* » aurait dû prévaloir. Mais Dan O'Neill prit les grands moyens et envoya son numéro 2, son chef de la direction financière, Robert Coallier, prendre la direction du Brésil. Ancien cadre de la Caisse de dépôt et placement du Québec, Robert Coallier excellait dans son rôle de chef de la direction financière, mais les stratégies que Dan O'Neill et lui mirent de l'avant pour remédier aux problèmes de distribution au Brésil ne connurent pas davantage de succès. Les profits ne furent pas au rendez-vous et il fallut commencer à songer à radier des éléments d'actif.

---

[4] Source : « Family brew : The Life and Times of the Molsons », *Life and Times*, CBC, date de diffusion, le 18 février 2003. <www.cbc.ca/lifeandtimes/molsons.html>.

La tendance à l'échelle mondiale était à la fusion entre grands brasseurs. Étant donné les piètres résultats de 2004, Molson envisageait elle aussi de consolider ses activités avec une entreprise étrangère qui aurait des stratégies convergentes avec les siennes. Eric Molson avait établi des relations avec la famille et Dan O'Neill entama des négociations en vue d'une fusion avec une autre entreprise de bière, l'américaine Adolph Coors Company. L'entreprise familiale une fois centenaire était une candidate naturelle pour une fusion avec Molson, car déjà en 1998, une entente avait été signée entre les deux brasseurs pour vendre de leurs produits respectifs sur les marchés l'un de l'autre. Molson vendait notamment la Coors Light au Canada.

La bière Coors Light était devenue un produit vedette au Canada, engendrant une bonne partie des profits de Molson. Si Molson avait envisagé une transaction avec un brasseur rival, Coors lui aurait immédiatement retiré la fabrication sous licence et la distribution de la Coors Light au Canada. Le sort des deux entreprises, Molson et Coors, était lié. Le conseil d'administration approuva la fusion avec Coors, car c'était un bon mariage en soi et, en plus, l'importance de la Coors Light rendait impensable toute transaction avec un autre candidat.

Le deuxième point important à l'ordre du jour à cette fameuse réunion du conseil de juin 2004 était le rapport du comité de gouvernance concernant la composition du conseil d'administration. Ce rapport faisait suite à une initiative d'Eric Molson qui avait demandé en 2003 à une firme de consultants de faire une étude sur la gouvernance de l'entreprise. On recommanda de rationaliser le fonctionnement du conseil d'administration dont le nombre de membres devrait passer de quinze à dix. Les consultants recommandèrent également que les administrateurs assistent en personne aux réunions, et non par téléconférence, comme le faisaient souvent ceux qui résidaient hors de la ville ou du pays. Le rapport préconisait en outre l'abolition du comité exécutif, dont Ian Molson était le président, parce qu'il ne se réunissait pas assez souvent pour justifier son existence.

La question de la gouvernance du conseil prenait beaucoup moins d'importance dans les circonstances puisque, comme modalité essentielle de la transaction, la fusion avec Coors allait entraîner la création d'un tout nouveau conseil représentant la famille Molson, la famille Coors et les investisseurs non liés aux familles. Il n'y eut aucune résistance de la part des administrateurs dont le poste était aboli. Ian Molson prit cependant avantage de cette dernière réunion du conseil existant pour tenter un putsch avec l'aide de plusieurs administrateurs sortants. L'affaire a été rapportée ici et là[5].

Ian Molson était ce cousin éloigné qu'Eric Molson avait attiré pour le seconder. Après avoir étudié à la Harvard Business School, il avait fait une lucrative carrière comme courtier en valeurs mobilières aux États-Unis puis en Europe dans une banque d'affaires, Crédit suisse First Boston. Il manifesta de l'intérêt pour l'entreprise canadienne qui portait aussi son nom et fit l'acquisition d'un important bloc d'actions dont le nombre de droits de vote qui leur était assorti représentait 10 %. Il fut nommé vice-président du conseil d'administration en 1996 et quitta Crédit suisse First Boston en 1997 pour consacrer tout son temps à Molson.

Alors âgé de 48 ans, le financier Ian Molson pensait qu'Eric Molson avait fait son temps et qu'il devait laisser la présidence du conseil. La situation était extrêmement tendue et les couteaux volaient bas. Lors de la réunion de juin 2004, la question de la fusion avec Coors avait accaparé la majeure partie de la réunion et il était déjà tard. Des administrateurs avaient des avions à prendre et le temps ne permettait pas de vider la question. Il fut proposé de remettre la discussion à une prochaine réunion qui fut fixée au plus tôt, le samedi suivant, dans un hôtel de l'aéroport de Toronto, plus facile d'accès pour tout le monde.

Les administrateurs dont le mandat n'avait pas été reconduit ne se présentèrent pas à la rencontre qui se déroula également sans la présence des intéressés, Eric Molson et Ian Molson. Mais les alliés du premier, soit Luc Beauregard, Dan Colson et Francesco Bellini, s'y rendirent dans le jet de ce dernier. Après une discussion studieuse sur le rôle du président du conseil et ses relations avec lui, les participants en arrivèrent à la conclusion que rien ne justifiait un vote de non-confiance envers le président du conseil. Ian Molson avait échoué.

Une fois exclu, Ian Molson continua néanmoins d'essayer d'ébranler le leadership d'Eric Molson en prenant prétexte de la fusion avec Coors qu'il se mit alors à combattre. Entretemps, en effet, les pourparlers en vue

[5] Bernard Simon, «A family feud at Molson as profit falls», *The New York Times*, 22 juin 2004, <http://www.nytimes.com/2004/06/22/business/a-family-feud-at-molson-as-profit-falls>. Voir également Derek DeCloet et Andrew Willis, «Family feud envelops boardroom at venerable Molson», *Globe and Mail*, 17 juin 2004 et «Power Struggle at Molson», *Idem*, 18 juin 2004. Articles reproduits sur le site de l'University of Toronto Scarborough, <http://www.utsc.utoronto.ca/~mgta02/summer2004/articles/13.html>.

The Molson Companies Limited

| Luc Beauregard | Francesco Bellini | Michael von Clemm | Daniel W. Colson |

Eric H. Molson, Chairman of The Molson Companies Limited, is pleased to announce that Luc Beauregard, Francesco Bellini, Michael von Clemm and Daniel W. Colson have joined the Board of Directors of the company.

Luc Beauregard is the founding Chairman and Chief Executive Officer of NATIONAL Public Relations, Canada's leading business communications firm with offices across the country. A former president of the Canadian Public Relations Society, Mr. Beauregard is a governor of the Conseil du Patronat du Québec and Chairman of *Vie des Arts* magazine. He is a director of the St. Hubert Group and of the Montreal Museum of Contemporary Art. Mr. Beauregard is a member of the Order of Canada.

Dr. Francesco Bellini is President, Chief Executive Officer and co-founder of BioChem Pharma Inc., one of the world's leading biopharmaceutical companies. Having graduated with a doctorate from the University of New Brunswick, Dr. Bellini has authored or co-authored over 20 patents and has published numerous articles based on his research. A pioneer in the Canadian biopharmaceutical industry, he was recently honoured with an Award of Distinction by the Faculty of Commerce and Administration of Concordia University. Dr. Bellini is a director of several companies, including Uniforet and Société Générale de Financement.

Dr. Michael von Clemm is Chairman and Chief Executive Officer of Highmount Capital, President of Templeton College, University of Oxford and Chairman and President of Roux Restaurants. He is a former chairman of Merrill Lynch Capital Markets and Credit Suisse First Boston. With degrees from Harvard College and Corpus Christi College, Oxford, he is active in education and the arts through Harvard and Oxford Universities, Royal Academy of Arts and Compton Verney Opera Project. His board memberships include Eastman Chemical, Liberty Mutual Insurance Group, Merrill Lynch Capital Partners and Nycomed ASA.

Daniel W. Colson is Deputy Chairman and Chief Executive Officer of The Telegraph Group Limited in London, England. He is also Vice-Chairman of Hollinger Canadian Publishing Holdings Inc. and Chairman of UniMédia Inc. of Montreal. In addition, Mr. Colson is an executive director of Hollinger Inc., Southam Inc. and Argus Corporation in Canada, Hollinger International Inc. in the U.S.A., The Spectator (1828) Limited in England and John Fairfax Holdings Limited in Australia, of which he was until recently deputy chairman.

Mr. Molson wishes to extend his sincere gratitude to outgoing directors Mr. Arthur S. Hara and the Honourable Gordon F. Osbaldeston for their contribution to the corporation during their terms on the board.

The Molson Companies' origins date back to 1786, in Montreal. The principal business of the corporation is the brewing and marketing of beer, and related sports and entertainment activities.

Luc Beauregard, Francesco Bellini, Michael von Clemm et Daniel W. Colson sont nommés au conseil d'administration de The Molson Companies Limited en 1997. Annonce parue dans *The Financial Post*.

de la fusion avec Adolph Coors Co. allaient bon train. Le 22 juillet 2004, les deux entreprises annonçaient qu'une entente de principe avait été signée. Un mois plus tard, Ian Molson avisait les différents organismes de réglementation canadiens qu'il avait l'intention de faire une offre d'achat hostile pour Molson, de concert avec d'importants partenaires financiers, soit le conglomérat Onex Corporation, afin de contrer la fusion proposée.

Il échoua à nouveau. Le conseil refusa de considérer son projet d'offre d'achat qui n'était pas ferme et précis, et qui aurait pu mettre à risque la relation avec Coors.

Ian Molson ne réussit à convaincre aucun investisseur sérieux à l'appuyer. La Brasserie Molson est une entreprise canadienne datant de 1786 et les gens d'affaires n'ont aucune envie de créer des ennuis à une telle institution. Mais, pour Ian Molson, ce ne fut pas faute d'avoir essayé. Il attisait l'appétence des médias pour les batailles entre membres de conseils d'administration et membres de grandes familles. À la vérité, même si Ian Molson portait le nom célèbre, il ne faisait pas partie du clan d'Eric Molson qui comprend ses deux sœurs, Deirdre et Cynthia, son frère Stephen et ses fils Andrew, Geoffrey (Geoff) et Justin, et leurs descendants.

Ian continua d'entretenir la braise dans les médias de Toronto et de Londres, où il habite. Un ami new-yorkais lui ouvrit les portes du *Wall Street Journal* qui le porta aux nues comme s'il avait encore quelque dire que ce soit dans les affaires de l'entreprise. Au Canada, les arbitragistes en profitèrent pour faire monter les enchères et Molson inc. dut consentir à payer un dividende spécial à ses actionnaires pour avoir l'appui du marché à la fusion avec Coors. La famille d'Eric Molson, théoriquement le plus grand récipiendaire du dividende, a refusé de se le verser afin de favoriser la conclusion de la transaction.

Au début, Molson et Coors avaient engagé une firme américaine « neutre » pour annoncer leur transaction à New York. Mais au fur et à mesure que la transaction s'enlisait, Luc Beauregard fut remis à contribution et il fut de plus en plus impliqué dans les communications entourant la transaction.

En dépit des manœuvres d'Ian Molson et des vautours qui survolent toujours de telles transactions, la fusion Molson – Coors fut bel et bien approuvée par les actionnaires d'Adolph Coors Company le 28 janvier 2005 et par les actionnaires de Molson inc. le 1er février suivant. Le lendemain, le Tribunal de la concurrence donna son aval à la transaction.

La nouvelle entité, la Molson Coors Brewing Co., annonça en même temps que son siège américain serait situé à Denver, au Colorado, son siège canadien, à Montréal, son siège brésilien, à São Paulo et son siège britannique, à Burton-on-Trent[6]. Le chiffre d'affaires net combiné s'élevait à six milliards de dollars, ce qui en faisait la cinquième plus importante brasserie au monde avec 15 000 employés répartis au Canada, aux États-Unis, au Brésil et au Royaume-Uni. Pour atteindre les niveaux de bénéfices évoqués lors de la fusion, Molson Coors mit sur pied un bureau des synergies et de l'intégration dont on confia la direction à Dan O'Neill, le président sortant de la Brasserie Molson. On visait l'optimisation des réseaux de brassage, l'amélioration de l'efficacité du processus d'approvisionnement, la simplification de la structure organisationnelle et la consolidation des fonctions administratives[7]. L'opération fut un succès.

Eric Molson devint président du conseil de la Molson Coors Brewing Company alors que Peter Coors, leader de la famille Coors, prenait le poste de vice-président du conseil. Les deux familles ayant droit à un nombre restreint d'administrateurs, Andrew Molson prit la relève de Luc Beauregard et devint membre du conseil de Molson Coors. En 2009, Eric Molson prit sa retraite et Peter Coors le relaya à la présidence du conseil alors qu'Andrew Molson, fils d'Eric Molson et représentant de la 7e génération de la famille Molson, devenait vice-président du conseil. Son frère Geoff, qui faisait carrière au sein de Molson inc. et qui occupait le poste de vice-président marketing pour le Québec[8], se joignit également au conseil.

La relation de NATIONAL avec Molson Coors se poursuivit. Son nouveau président, Leo Kiely, établi à Denver, cherchait un appui en communication à Montréal. Luc Beauregard lui présenta Paul de la Plante qui avait servi l'entreprise sous Jim Arnett. Paul de la Plante, chef de groupe à NATIONAL, occupa de fait la fonction de chef des communications de Molson Coors pendant quelque temps. Mais les relations entre NATIONAL et Molson allèrent encore beaucoup plus loin.

Avant de faire des études de droit à l'Université Laval, Andrew Molson avait obtenu un baccalauréat de l'Université Princeton, aux États-Unis. Il compléta plus tard sa formation par une maîtrise en gouvernance d'entreprise et en éthique des affaires de l'Université de Londres.

[6] Adolph Coors Co. possédait déjà une brasserie au Royaume-Uni avant la fusion.

[7] Voir le site <http://www.marketwire.com/press-release/Molson-et-Coors-finalisent-leur-fusion-pour-former-Molson-Coors-Brewing-Company-578662.htm>, consulté le 31 octobre 2011.

[8] Justin Molson, le troisième fils Molson, est l'enfant du milieu. Architecte paysagiste de formation, il n'est pas actif dans l'entreprise familiale. Il vit avec sa femme, qui est psychologue, et ses deux enfants au Vermont. Voir Sophie Cousineau, *ibidem*.

Après ses études de droit, il entra au cabinet d'avocats McCarthy Tétrault où il s'orienta en droit des affaires. Un dossier l'amena à collaborer avec des conseillers de NATIONAL et Luc Beauregard. C'est alors qu'il commença à croire que les relations publiques l'intéressaient plus que le droit et qu'il « tomba en amour avec NATIONAL », de sorte que comme le personnage de la célèbre publicité[9], l'idée d'acheter la firme germa dans sa tête !

Déjà en 2005, vingt-neuf ans après avoir fondé sa firme de relations publiques, Luc Beauregard pensait à sa relève à RES PUBLICA, holding qui chapeaute entre autres les firmes NATIONAL et Cohn & Wolfe. Lorsque Andrew Molson manifesta de l'intérêt, il y vit une façon avantageuse de transmettre le flambeau de la propriété de l'entreprise à quelqu'un en qui il avait confiance et qui en assurerait la pérennité. Sur le plan de la gestion, sa succession était assurée par le président Jean-Pierre Vasseur, qu'il venait de nommer à ce poste, par la vice-présidente principale, affaires corporatives, sa fille Valérie Beauregard, et par John Crean, associé directeur national.

Jean-Pierre Vasseur est entré à NATIONAL en 1988. Il a été le premier comptable professionnel engagé par Luc Beauregard. À un moment où la firme vivait une croissance accélérée, il eut d'abord la tâche de mettre sur pied son premier système de comptabilité et de contrôle financier. Au fil des années, il a su se rendre indispensable au fur et à mesure que la firme prenait de l'expansion à l'échelle nationale et internationale. Il devint successivement vice-président finance, chef de la direction financière, vice-président exécutif, président et finalement président et chef de la direction. C'est un homme ordonné qui a été le bras droit de Luc Beauregard pendant vingt ans, qui connaît à fond le fonctionnement de l'entreprise, tous ses bureaux et ses dirigeants. Il était tout désigné pour succéder au fondateur.

Jean-Pierre Vasseur trouve en la vice-présidente principale, affaires corporatives, une collaboratrice entièrement dévouée à la firme fondée par son père. Valérie Beauregard détient un baccalauréat en commerce, finance et affaires internationales de l'Université McGill. Après une brève carrière de journaliste pour un hebdomadaire financier, elle a œuvré pendant sept ans comme journaliste aux pages économiques de *La Presse*,

---

[9] Il s'agit de la publicité des rasoirs Remington des années 1980, la première mettant en scène un président d'entreprise annonçant lui-même ses produits. Victor Kiam clamait dans un français laborieux qu'il avait tellement aimé son rasoir Remington qu'il avait décidé d'« acheter la compagnie ». On en parle encore.

avant de se joindre à NATIONAL à la demande de son père. Mère de trois enfants, elle assume l'important travail de gestion interne qu'elle accomplit depuis plusieurs années déjà, ayant participé activement dans la restructuration entamée en 2004, en étroite collaboration avec Francine La Haye puis Doris Juergens et le cabinet de consultants Deloitte[10]. Elle pilote tous les projets liés aux ressources humaines, aux communications avec les employés et aux programmes de développement professionnel, de même que les projets de *branding* à l'échelle nationale. Elle siège aux conseils d'administration de RES PUBLICA et de NATIONAL ainsi qu'aux comités exécutifs de tous les bureaux du groupe.

Collection privée.

NATIONAL célèbre ses 35 ans à l'occasion d'une réunion de ses associés venant de partout au Canada, de New York et de Londres, sur le toit du Club 357c, à Montréal, en 2011.

Lorsque Andrew Molson manifesta son vif intérêt pour les relations publiques et pour NATIONAL, Luc Beauregard lui offrit de se joindre à la firme à titre de conseiller en septembre 1997. Après avoir travaillé sur des dossiers de fermetures d'usine[11], Andrew Molson fut imparti à la Bourse de Montréal où il agira finalement comme secrétaire de l'organisme tout en s'occupant des communications. Il y travaillera étroitement avec le président-directeur général

[10] Voir les chapitres 14 et 16.
[11] Voir le chapitre 15.

Luc Bertrand et, comme nous le verrons plus loin, ce dernier sera la cheville ouvrière et un des partenaires financiers dans la transaction pour acquérir le Club de hockey Canadien de Montréal en 2009.

En cours de route, Andrew Molson fit savoir à Luc Beauregard qu'il aimerait bien se «mettre une entreprise sous la dent» et que lui-même serait intéressé à une participation dans RES PUBLICA à titre d'actionnaire. La proposition tombait à point nommé pour le président-fondateur. Sans envisager de quitter complètement ses fonctions, il estimait que le temps était venu de penser à l'avenir de l'entreprise qu'il avait mise sur pied trente ans auparavant.

Dans un premier temps, Andrew Molson, par l'entremise du holding des frères Molson (Molson Frères), devint actionnaire important, mais minoritaire, avec une possibilité de passer à une seconde étape où Andrew Molson deviendrait majoritaire, ce qui fut fait en 2008. À ce moment-là, Luc Beauregard abandonna ses fonctions de président et chef de la direction pour les transmettre à Jean-Pierre Vasseur, et il devint président exécutif du conseil. Quant à Andrew Molson, il fut nommé vice-président du conseil de RES PUBLICA. Le 1er janvier 2012, Luc Beauregard a pris le titre de président-fondateur et Andrew Molson, celui de président du conseil de RES PUBLICA. En plus de Molson Frères, qui est majoritaire, les actionnaires de RES PUBLICA sont Jean-Pierre Vasseur, Valérie Beauregard et la grande firme WPP, de Londres[12]. Plus tôt, en mai 2011, Andrew Molson avait succédé à Peter Coors comme président du conseil de Molson Coors.

En 2009, lorsque Geoff Molson voulut acquérir le Club de hockey Canadien de Montréal, il demanda à Jean-Pierre Vasseur s'il connaissait quelqu'un qui pourrait l'aider dans cette transaction. Pierre Robitaille, anciennement de la firme d'ingénierie et de construction SNC-Lavalin et un comptable de formation que Luc Beauregard avait amené au conseil de RES PUBLICA, fut réquisitionné et il recommanda le cabinet PricewaterhouseCoopers qui hérita de l'aspect comptable et financier, de même que Me Richard Dolan, du cabinet Lavery et ancien chef du contentieux de SNC-Lavalin. Me Gérard Coulombe, de Lavery, joua ultimement lui aussi un rôle majeur dans la transaction, fort de son expérience dans

---

[12] Le groupe mondial de communication marketing WPP avait fait l'acquisition de l'agence internationale Young & Rubicam en 2000, laquelle venait avec une participation dans Burson-Marsteller et, par voie de conséquence, dans RES PUBLICA. Voir le chapitre 14.

la société en commandite des Expos de Montréal. Luc Beauregard, que Geoff Molson avait à son tour impliqué dans le dossier, lui conseilla de se trouver un solide gestionnaire qui s'occuperait de la gestion au quotidien de l'imposant dossier. Il fallait engager une personne capable de coordonner les nombreux consultants afin de mener à bon port des négociations complexes.

Luc Beauregard suggéra le nom de Luc Bertrand, ancien président-directeur général de la Bourse de Montréal qui avait été fusionnée à la Bourse de Toronto en 2007. Après deux ans au poste de vice-président de TMX à Toronto, Luc Bertrand quittait ses fonctions, littéralement : Geoff Molson et Luc Beauregard sont allés le voir le jour où il faisait ses cartons à la Tour de la Bourse. Le moment était bon pour lui faire une offre. Andrew Molson le connaissait depuis son passage à la Bourse de Montréal quelques années plus tôt et ne pouvait qu'appuyer la recommandation. Luc Bertrand accepta l'offre de Geoff Molson et devint ainsi le grand responsable de la coordination des négociations devant mener à l'acquisition par le groupe des frères Molson du Club de hockey Canadien de Montréal, du Centre Bell et du Groupe de spectacles Gillett[13], devenu depuis *evenko*.

Soucieux de partager les intérêts des fils de son ami Eric Molson, Luc Beauregard s'est impliqué dans divers volets de cette transaction. Notamment lorsqu'il fut question de remplacer le prêteur américain qui, soudain, en raison de la crise financière aux États-Unis, n'était plus en mesure de rester au dossier. Luc Bertrand et Luc Beauregard proposèrent d'offrir à la Banque Nationale du Canada la possibilité de prendre la relève. Ils allèrent trouver Louis Vachon, président de la Banque Nationale, qui sauta sur l'occasion et la Banque prit la tête du syndicat financier.

La communication entourant la transaction fut extrêmement disciplinée. Pendant trois mois, les pages des journaux étaient remplies de spéculations tous les jours, mais Luc Beauregard, pour sa part, s'en est tenu à quatre grands moments : 1) un communiqué annonçant que les frères Molson considéraient faire une offre ; 2) un communiqué annonçant qu'ils avaient fait une offre ; 3) un communiqué annonçant que l'offre

---

[13] Dans la transaction pour l'achat du Club de hockey Canadien de Montréal, du Centre Bell et du Groupe de spectacles Gillett, Luc Bertrand a fait partie des partenaires financiers avec les frères Molson, la société Woodbridge, BCE/Bell, le Fonds de solidarité FTQ, Michael Andlauer et la Financière Banque Nationale. La Banque Nationale prit la tête d'un syndicat financier pour assurer le financement du Club, avec le Groupe Desjardins, la Banque Scotia et Investissement Québec. Voir le chapitre 15.

avait été acceptée ; et 4) une conférence de presse, à l'occasion du tournoi de golf annuel au profit de la Fondation du Canadien pour les enfants, où Geoff Molson rencontra les médias pour la première fois comme nouveau propriétaire et patron du Canadien. Les Québécois et les amateurs de hockey découvraient un jeune homme brillant et très à l'aise en français.

Luc Beauregard estime avoir répondu à plusieurs centaines d'appels de journalistes, avec qui il s'en tenait le plus possible au contenu des communiqués et à des messages clés.

L'art de ne rien dire pour alimenter les rumeurs – ou aider des adversaires – devenait de plus en plus difficile au fur et à mesure que s'enlisait la négociation détaillée des participations des divers commanditaires et des termes de l'entente. Mais grâce à Me Gérard Coulombe pour le groupe, et Me Sylvain Cossette, de Davies, Ward, Philipps pour la famille Molson, ainsi qu'à Guy Leblanc, pour PricewaterhouseCoopers, la transaction fut finalement complétée. La société en commandite a pris le nom de Groupe CH – un nom suggéré par Luc Beauregard.

En rétrospective, Eric Molson peut être fier d'avoir réalisé son grand plan. L'entreprise s'est recentrée dans la bière. À l'heure d'un processus de consolidation mondiale, sa famille est coactionnaire de contrôle d'une des plus grandes entreprises brassicoles au monde. Le nom Molson est plus que jamais associé à sa communauté d'origine. À leur tour solidement enracinés dans la communauté montréalaise, ses fils poursuivent la tradition familiale plus de deux fois centenaire.

Depuis ces transactions, RES PUBLICA, société mère du Cabinet de relations publiques NATIONAL et de Cohn & Wolfe, et le Club de hockey Canadien de Montréal sont devenues des entreprises sœurs appartenant à Molson Frères. Luc Beauregard est fier de ce dénouement et reste un conseiller rapproché.

Depuis le 1er janvier 2012, Luc Beauregard « n'est plus le patron de rien », comme il aime à le répéter. Fort du titre de président-fondateur de l'entreprise, il y a toujours sa place. Il se rend au bureau tous les jours, il sert encore des clients personnellement et contribue au développement des affaires. Le « grand vizir » peut maintenant consacrer tout le temps qu'il désire à ses engagements familiaux, sociaux et communautaires[14].

---

[14] Voir le chapitre 22.

CHAPITRE 22

RESPONSABILITÉ SOCIALE, FAMILLE ET AMITIÉ

Pour Luc Beauregard, les activités d'affaires, d'amitié et de bénévolat sont imbriquées les unes dans les autres. Il ne fait pas de hiérarchie, en tant que citoyen engagé dans son milieu, entre les trois. Ses clients sont ses amis et, espère-t-il, ses amis seront ses clients. Si l'un d'entre eux porte à son attention un besoin communautaire, artistique, environnemental ou social, il n'hésitera pas à donner un coup de main, mais à une condition : que les causes ne prêtent pas à controverse vis-à-vis de ses autres clients. Il considère en effet qu'en s'identifiant publiquement à une cause, c'est comme s'il y engageait par le fait même tous ses clients, car en ces matières comme en d'autres, Luc Beauregard et NATIONAL ne font qu'un.

Cette approche personnelle se reflète depuis toujours sur la politique sociale de la firme. Dans la réorganisation qui a eu lieu en 2007[1], rappelons que le volet « responsabilité sociale » a même fait l'objet d'une vaste réflexion qui a donné lieu à la formation d'un Comité de la responsabilité sociale et de la durabilité. NATIONAL encourage ses employés à consacrer de leur temps et de leurs énergies dans des causes qui leur tiennent à cœur, allant jusqu'à intégrer dans l'évaluation des employés le nombre d'heures qu'ils consacrent au bénévolat et la nature des projets à caractère social qu'ils soutiennent à titre gratuit, et qui entraînent parfois l'appui formel de NATIONAL. Par ailleurs, les réalisations exceptionnelles des employés sont saluées chaque année par la remise du prix Engagement et Rayonnement. La mise sur pied, en 2008, du Modèle de leadership visionnaire (MLV), une formation offerte à tous les employés pour les aider dans leur carrière, contient aussi une approche de responsabilité sociale.

« Portage NATIONAL », déjà cité, en est une illustration éloquente. Son premier projet a été un Programme de développement des jeunes du Nunavut, axé sur le hockey, issu d'un partenariat avec Joé Juneau, ancien joueur de la Ligue nationale, dans lesquels des employés de plusieurs bureaux ont été mis à contribution. Un deuxième projet vise l'implication de la firme auprès de communautés dans les Territoires du Nord-Ouest. Il en va de même, par exemple, avec Equitas, un organisme dédié à l'éducation sociale en droits humains, que des conseillers ont contribué à faire connaître par des initiatives de relations médias ciblées. Dans son rapport annuel pour 2010, le Comité de responsabilité sociale et de la durabilité dénombre plus de quatre-vingts causes soutenues par des employés de NATIONAL.

De telles mesures s'inscrivent dans une culture d'entreprise façonnée, comme on sait, par de multiples facteurs. Luc Beauregard a coutume de dire que le leadership est un phénomène fuyant, facilement identifiable mais difficile à cerner. Selon le fondateur de NATIONAL, il est le résultat d'une série de bonnes décisions qui se révèlent justes au fil du temps et qui traduisent, au quotidien, la vision des dirigeants. La mise

---

1   Voir le chapitre 16.

en œuvre de cette « vision », terme abstrait, est pour Luc Beauregard le résultat de la constance dans le bon jugement dont fait preuve le leader en prenant les menues décisions, chaque jour, en fonction de l'objectif global qu'il s'est donné d'atteindre[2].

La culture d'entreprise, cette proche cousine du leadership, est elle aussi facile à identifier, mais tout aussi insaisissable. Elle se révèle aussi dans l'accumulation de gestes et de comportements encouragés et inspirés par la direction. C'est un truisme aujourd'hui d'affirmer que cette culture découle d'un ensemble de « valeurs », autre terme abstrait, mais qui transpire concrètement dans des réalités de tous les jours. Toujours en 2007, NATIONAL les a définies. Rappelons-les : la qualité, l'innovation, l'engagement, le respect, la collaboration, l'intégrité et la *responsabilité*[3]. Bien sûr, NATIONAL est une entreprise à but lucratif, qui a l'ambition et le devoir, pour ses actionnaires, ses conseillers et ses employés, d'être rentable et chacun a aussi le devoir d'agir de façon responsable à cet égard.

Son énoncé de mission met l'accent sur son rôle premier, qui est d'« aider les entreprises et les organismes à fonctionner avec succès grâce à une communication efficace et la recherche de relations harmonieuses avec les publics qui les concernent ». Quant à la vision que la firme se donne, un des éléments se lit comme suit : « être une entreprise responsable et éthique qui réalise ses objectifs financiers et sociaux ». La responsabilité sociale se situe donc à même hauteur que son parti pris économique.

Ces « valeurs », cette « mission » et cette « vision » ne sont pas les fruits du hasard. Toute entreprise est quelque part le prolongement de son dirigeant principal, en l'occurrence, de son président-fondateur. Luc Beauregard était seul à la barre lorsqu'il a fondé ce qui est devenu NATIONAL. Il en a connu toutes les étapes de développement et pendant de nombreuses années, il a engagé lui-même ses premiers collaborateurs et fixé des balises précises à leurs actions. Il a pris des décisions de stratégie, de gestion et d'éthique, au quotidien, qui ont révélé et tissé peu à peu son propre style de leadership au sein de la firme et au-delà.

---

[2] Voir la définition du leadership et de la culture d'entreprise selon Luc Beauregard dans Jacqueline Cardinal et Laurent Lapierre, « Leadership et relations publiques », *La Presse Affaires*, 25 septembre 2006, p. 6.

[3] Ce sont les auteurs qui soulignent.

Comme tout leader d'affaires, il a configuré la culture de son entreprise à son image, et on constate que comme reflet de ses valeurs, la responsabilité sociale en est une constituante cardinale.

Est-ce à cause de son expérience de journaliste ? D'une curiosité naturelle ? D'un sens aigu du devoir ? Aucun aspect du milieu dans lequel il œuvre, qui s'étend maintenant à l'échelle du Canada et ailleurs dans le monde, ne lui est étranger, pour paraphraser Térence[4]. Lecteur boulimique, il s'intéresse autant à l'actualité du jour qu'aux grandes tendances sur les plans politique, social, administratif, juridique, environnemental et artistique, dans l'ordre et dans le désordre. Toujours à l'affût de ce qui survient, il veut être à jour en tout, au cas où il devrait conseiller d'urgence un client aux prises avec des problèmes rattachés aux enjeux de l'heure. Il aime prendre part au débat public, non seulement en tant que conseiller, mais par des gestes concrets, en son nom propre. À NATIONAL, l'exemple en matière d'engagement social vient de haut, et ce, depuis longtemps.

En compagnie de Robert Bourassa, premier ministre du Québec, de Mme Andrée Bourassa et de Marcel Brisebois, directeur du Musée d'art contemporain à l'occasion d'un bal présidé par Luc Beauregard au bénéfice du Musée.

Collection privée.

Au cours de sa carrière, Luc Beauregard a appuyé une grande variété de causes. La liste est longue et on se demande comment fait cet homme d'affaires pour étirer son temps déjà bien accaparé par ses tâches de dirigeant et de conseiller stratégique. L'adage veut que si on veut que quelque chose soit fait, il faut le demander à quelqu'un d'occupé, ce qui s'avère avec éloquence dans le cas de Luc Beauregard.

---

[4] Publius Terentius Afer est un poète comique latin né à Carthage au IIe siècle avant Jésus-Christ, et ayant fait carrière à Rome. Né esclave, sa grâce et sa beauté lui valurent d'être éduqué en homme libre et de devenir un affranchi. Fortement influencé par l'hellénisme, on lui doit la célèbre phrase «*Homo sum ; humani nihil a me alienum puto*» : «Je suis humain ; et je considère que rien de ce qui est humain ne m'est étranger.»

Responsabilité sociale

Sa première cause caritative lui est venue d'une cliente que lui avait référée son client et ami, Roger D. Landry[5]. Le ton était donné. Directrice exécutive de la Fondation du Québec des maladies du cœur, Jacqueline Ostiguy lui avait donné un mandat pour s'occuper des communications entourant les programmes d'éducation populaire et les campagnes annuelles de collecte de fonds pour l'organisme. Par la suite, Luc Beauregard a siégé longtemps, bénévolement, au conseil d'administration et au comité exécutif de la Fondation pour qui il élabora ensuite gratuitement un plan de développement stratégique. Il refusa d'accepter la présidence, craignant que le temps lui manque pour faire un bon travail.

D'autres causes ont suivi, souvent portée à son attention par les mêmes voies à la fois amicales et professionnelles, comme la mise sur pied de la Fondation du conseil scolaire de l'île de Montréal dont il fut le président-fondateur à la demande d'un client de NATIONAL, Jacques Mongeau, alors président du Conseil scolaire. Il demeura six ans à la tête de la Fondation au cours desquels il commanda d'abord une étude à des chercheurs de l'Université de Montréal pour mettre un chiffre exact sur le décrochage dans l'Île ; puis la Fondation créa un Centre de décrochage dans un petit immeuble voisin du Conseil dont la mission fut essentiellement de guider les personnes vers des ressources existantes dans les quartiers à travers la ville. Le décrochage n'avait pas encore atteint la notoriété qu'il a aujourd'hui et il était très difficile de recueillir des fonds. La Fondation a pu démarrer son action grâce à la générosité de quelques grands donateurs.

La participation active à des campagnes de collectes de fonds est chose courante pour Luc Beauregard : Centraide du Grand Montréal, l'Association pour la fibrose kystique, la Fondation de l'Institut de cardiologie de Montréal, la Fondation de l'hôpital Brome-Missisquoi-Perkins, la Fondation de l'hôpital Sainte-Justine, les Jeux olympiques spéciaux, le Gala des étoiles de la Fondation pour la recherche sur les maladies infantiles et la Fondation des communications et des relations publiques ne sont que quelques-unes des œuvres pour lesquelles il a recueilli des fonds.

[5] Voir le chapitre 9.

Comme à-côté de ses relations d'affaires et d'amitié avec Francesco Bellini, président de BioChem Pharma[6], il a été sensibilisé à la nécessité d'une recherche médicale de pointe. Ainsi, il consacre beaucoup de ressources à l'Institut et Hôpital neurologiques de Montréal, que les Montréalais appellent familièrement le « Neuro ». Depuis 1999, il siège au conseil consultatif et il est membre du Comité de la campagne majeure de financement. C'est d'ailleurs à cause de son dévouement envers le Neuro que le chapitre du Québec de l'Association des professionnels en philanthropie (AFP)[7] lui a remis, en novembre 2011, un Prix Hommage au Bénévole exceptionnel de l'année. Autre exemple : à la demande expresse d'amis concernés, il a accepté, en 2003, de devenir administrateur de PROCURE, un organisme sans but lucratif voué à la lutte contre le cancer de la prostate. De même, il a accepté la demande d'André Chagnon et du gouvernement du Québec de siéger au conseil de l'Appui, une société mixte publique-privée soutenant les aidants naturels des personnes souffrant de la maladie d'Alzheimer. Au moment où les installations du CHUM commencèrent à prendre forme, il a travaillé plusieurs mois à constituer le cabinet de campagne du Centre hospitalier de l'Université de Montréal.

En environnement, Luc Beauregard a codirigé avec John Cleghorn, Bob Winsor et Fernand Roberge (un membre du Club des Quinze) la campagne de financement pour l'organisme Conservation de la nature voué à la préservation à perpétuité des monts Sutton. À Montréal, il a été membre des Amis de la montagne. NATIONAL a aussi pris des mesures en 2007 favorisant le développement durable ainsi qu'une administration soucieuse de l'économie de l'énergie et respectueuse de l'environnement.

En tant qu'amateur d'art contemporain et collectionneur d'œuvres d'avant-garde, Luc Beauregard a été associé à des organismes artistiques et à l'industrie culturelle en général. Il considère que l'art contemporain est à la culture ce que la recherche-développement est à la science et à la gestion. Il a été président du conseil d'administration de la revue *Vie des Arts*. Il a été président du conseil de la Fondation du Musée d'art

---

[6]   Voir le chapitre 17.

[7]   L'AFP (Association of Fundraising Professionals) regroupe plus de 30 000 membres répartis dans plus de 200 chapitres dans le monde qui travaillent à faire progresser la philanthropie par l'éducation, la formation, le mentorat, la recherche, l'accréditation et la sensibilisation. L'Association favorise le développement et la croissance des professionnels de la collecte de fonds et fait la promotion du maintien de normes éthiques élevées dans la profession. Voir <http://www.afpnet.org/>.

contemporain et a siégé au conseil d'administration du Musée pendant dix ans, soit le même nombre d'années comme administrateur de la Nouvelle Compagnie théâtrale (Théâtre Denise-Pelletier). Il a présidé le Comité de la campagne corporative 2009 de l'Orchestre symphonique de Montréal.

Dans le domaine de l'édition, il est membre du comité consultatif du magazine *Premières en affaires*, qui fait connaître les réalisations de femmes d'affaires. Dans le domaine social, il soutient plus souvent qu'à son tour les établissements universitaires, toujours à court de fonds de fonctionnement et de recherche, et pendant des années, même s'il est agnostique, il a collaboré activement à la Collecte diocésaine annuelle du cardinal Jean-Claude Turcotte, archevêque de Montréal, pour qui il a beaucoup d'admiration.

Au-delà de NATIONAL, Luc Beauregard a toujours joué un rôle prépondérant au sein de sa profession. Il considérait important, à l'époque, de donner des assises solides à la pratique des relations publiques au Canada, alors qu'elles n'avaient pas encore acquis leurs lettres de noblesse. Il a été président de l'Institut des conseillers en relations publiques, président de la Société canadienne des relations publiques et président du North American Public Relations Council. Ses pairs reconnaissent d'ailleurs sa contribution à la profession : au fil des années, il a mérité le Prix du président de la Société des relationnistes du Québec et a été proclamé « *PR Executive of the year* » par une

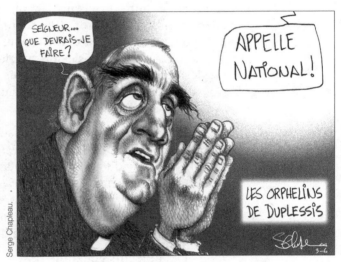

Serge Chapleau.

Au moment d'une petite crise, Serge Chapleau s'amuse aimablement aux dépens du cardinal Turcotte et de NATIONAL. Bonne intuition. Le cardinal n'est pas un client de NATIONAL, mais Luc Beauregard et le cardinal maintiennent des relations amicales.

publication spécialisée de Toronto ; il a reçu le Grand prix Équinoxe de la Société des professionnels en relations publiques du Québec et le prix Philip A. Novikoff de la Société canadienne des relations publiques. Pendant sept ans, de 2000 à 2007, il a été président du Collège des fellows de la Société canadienne des relations publiques. Cette dernière lui a décerné, en 2007, son Prix des réalisations exceptionnelles, la plus haute distinction accordée à un professionnel des relations publiques au pays. Luc Beauregard a été reçu membre de l'Ordre du Canada en 1996 pour sa contribution au monde de la communication et pour sa participation aux activités de sa communauté.

Luc Beauregard est président-fondateur de Relations publiques sans frontières (RPSF), un organisme non gouvernemental (ONG) de bienfaisance dont la fondation remonte au milieu des années 2000, au moment où Stéphane Prud'homme, un praticien à son compte, propose à Luc Beauregard de créer un organisme qui viendrait en aide à des populations du monde aux prises avec des situations problématiques en leur proposant les services gratuits de professionnels en relations publiques. Luc Beauregard accueille l'idée favorablement et passe à l'action. En 2007, un comité provisoire est mis sur pied afin de définir les règles permettant la fondation d'un tel organisme à vocation internationale. Quelques mois plus tard, Luc Beauregard forme son conseil d'administration. Une fois définis la mission, la vision, les objectifs généraux et les règles de régie interne, des comités permanents se partagent, en 2008, les questions entourant la gouvernance, les projets, le financement, la vérification et la communication.

L'année 2009 marque la mise sur les rails et le lancement officiel des activités de RPSF : une entente est signée, en collaboration avec Oxfam-Québec, en vue d'une première mission internationale au Niger sous la direction de Deanna Drendel, devenue ensuite directrice générale de l'organisme. Peu après une première campagne de collecte de fonds, le lancement officiel de RPSF est organisé avec le concours de la Société québécoise des professionnels en relations publiques.

Les objectifs généraux sont les suivants : utiliser la discipline des relations publiques pour contribuer à améliorer les conditions de vie, l'éducation et le développement social et économique durable dans les pays en développement ; faire connaître et faire adopter les relations publiques comme fonction de gestion stratégique, contribuant à l'atteinte des objectifs sociaux et économiques et, ultimement, à la vie démocratique ; finalement, servir de lieu de rassemblement aux professionnels et aux étudiants en relations publiques qui souhaitent se dévouer bénévolement à des causes humanitaires. À ce jour, RPSF a piloté près d'une dizaine de missions et compte localement 150 bénévoles parmi les praticiens et les étudiants[8].

Luc Beauregard a mis beaucoup de collègues de son entreprise à contribution au conseil d'administration de RPSF : y siègent comme vice-présidente et présidente du Comité de gouvernance, Francine La Haye, vice-présidente principale de NATIONAL, et comme secrétaire-trésorière Marie-Christine Demers, conseillère principale de Cohn & Wolfe | Montréal. Les autres administrateurs dirigent des sociétés de relations publiques ou occupent des postes de direction en communication en entreprises ou encore proviennent du milieu universitaire.

Luc Beauregard a aussi été actif au sein de conseils d'administration d'entreprises. Il a entre autres été pendant plus de vingt ans membre du conseil d'administration du Groupe St-Hubert, dirigé habilement aujourd'hui par Jean-Pierre Léger, fils des fondateurs. Pendant huit ans, il a été membre du conseil de Molson[9], une société cotée en Bourse ; il y a été président du Comité du conseil sur l'environnement et la sécurité au travail et membre du comité de la caisse de retraite. Pendant quatre ans, il a été administrateur de 3-Soft, puis il a été membre du conseil de LIPSO, deux petites entreprises du secteur de la technologie. Il est membre du conseil des gouverneurs du Conseil du patronat du Québec (CPQ), dont il a été pendant plusieurs années membre du conseil d'administration et du comité exécutif, appuyant son collègue et ami Ghislain Dufour. Avec ce dernier, il a créé le Centre patronal de l'environnement, dont il a été membre du conseil d'administration et dont il est toujours membre du conseil des gouverneurs.

Enfin, de 2002 à 2005, se voyant comme un acteur dans l'ensemble du pays, il a été membre du conseil d'administration et du comité exécutif de la Chambre de commerce du Canada. Il a de nouveau refusé d'assumer la présidence de cet organisme national, craignant de ne pas disposer d'assez de temps pour faire un bon travail.

[8] Voir « Relationnistes cherchent bonnes causes », *L'actualité*, 1er mars 2011, p. 19, et le site Internet de l'organisme : <http://www.rpsf-prwb.org>.

[9] Voir le chapitre 21.

En 1999, le CPQ a souligné la contribution exceptionnelle de Luc Beauregard au monde des affaires et au développement économique en l'admettant à son Club des entrepreneurs. À son tour, le Cercle Entreprendre, créé par le magazine *Entreprendre*, l'a proclamé, en 2006, Lauréat de la réussite *Entreprendre*.

NATIONAL, comme entreprise, a pour principe de ne pas faire de politique partisane, mais le cabinet encourage ses membres à s'engager dans les affaires de leur province ou de leur pays. Luc Beauregard, pour sa part, ne craint pas de s'afficher comme un fédéraliste convaincu et militant. Il a été membre du conseil d'administration du Conseil pour l'unité canadienne. En 1977, il a fait partie de l'équipe qui a soutenu l'élection de Claude Ryan comme chef du Parti libéral du Québec. Puis, à titre de secrétaire de la Commission d'information et membre du Comité de financement du Parti libéral du Québec, il a milité corps et âme pour le camp du NON au référendum sur la souveraineté du Québec de 1980. En 1995, il a été conscrit pour œuvrer au sein d'un comité comptant des représentants de tous les partis fédéralistes québécois et canadiens en vue de ce second référendum.

Luc Beauregard a fondé son cabinet en septembre 1976 et l'élection d'un gouvernement péquiste deux mois après a été pour lui un élément déclencheur. Il ne se voit pas réduit au statut de Québécois et aime évoluer dans le plus grand ensemble canadien où il s'est mesuré à ses pairs d'un bout à l'autre du pays. Pour lui, le Canada n'est pas qu'un choix économique, mais bien son pays, sa patrie. Il ne comprend pas ces Québécois qui renient leur histoire, qui n'ont pas l'ambition de conserver leur patrimoine canadien et de s'approprier leurs institutions fédérales. Encore aujourd'hui, il est membre du conseil des gouverneurs et membre du conseil d'administration de l'Idée fédérale, un réseau de réflexion faisant la promotion du fédéralisme comme mode de gouvernement.

Comme auditeur canadien, il est outré de la performance de Radio-Canada, et il s'enflamme. À son avis, la Société est irrespectueuse de sa mission et vogue sans gouvernail. Ses patrons utilisent les centaines de millions reçus chaque année de l'État pour faire concurrence aux diffuseurs du secteur privé, poursuit-il, tandis qu'ils ont totalement baissé les bras à l'égard du contenu de leurs émissions de nouvelles et d'affaires publiques. « Le président Hubert Lacroix fait des efforts mais, après des décennies de dérive, la tâche est encore titanesque », se désole Luc Beauregard.

Selon ses mots: « Le puissant service d'information de RDI et de la Première chaîne est un incessant instrument de propagande d'une vision socialiste et indépendantiste du Québec. » Il cite à cet égard une ex-ombudsman de Radio-Canada dénonçant la pensée unique qui règnerait généralement dans la communauté journalistique.

> Il n'y a pas assez de diversité d'opinions et de diversité culturelle dans les grands médias québécois […] Parlons d'abord des journalistes. Les plus influents appartiennent souvent à la génération des baby-boomers. […] Souvent, leur façon de voir le monde comporte, par exemple, les éléments suivants: préjugés favorables envers les syndicats, antiaméricanisme, anticléricalisme, etc.

> Au Québec […] dans l'ensemble des médias, le débat se réduit généralement entre souverainistes et fédéralistes. Et les deux options se définissent depuis longtemps comme étant soit de centre gauche, soit de gauche centriste. En d'autres mots, c'est blanc bonnet et bonnet blanc.

> Les commentateurs qui filtrent les nouvelles politiques et les interprètent pour notre bénéfice, sauf exception, baignent tous dans le même bouillon[10].

Pour se garder au fait de ce qui se passe autour de lui, Luc Beauregard compulse assidûment les journaux et les magazines du Québec, du reste du Canada, des États-Unis et de France, de même que des ouvrages spécialisés, profitant de ses nombreux déplacements en avion pour se mettre à jour. Il s'abreuve aussi à un riche bassin de clients de tous les horizons. Il s'informe auprès de personnalités influentes dans différents milieux professionnels avec qui il fraie. Mais c'est notamment auprès d'un groupe d'amis irréductibles, membres du Club des Quinze, que Luc Beauregard se ressource et, surtout, aime se détendre.

Le Club des Quinze

Après ses années intenses de journalisme et une brève carrière à Ottawa et à Québec, après l'épreuve de l'assassinat de Pierre Laporte et les déchirements d'un divorce imprévu, Luc Beauregard a connu les débuts de l'entrepreneur solitaire. Le hasard a voulu qu'il trouve en un collègue en relations publiques de la première heure, Roger D. Landry, le réconfort au moment où il se trouvait à la croisée des chemins, tant sur le plan personnel que professionnel. Ce que Luc Beauregard ne savait pas, c'est

[10] Cité dans Joanne Marcotte, *Pour en finir avec le gouvernemaman*, Éditions Francine Breton, 2011, p. 68-69.

que son nouvel ami Roger D. Landry ne venait pas seul, mais qu'il culti-
vait autour de lui un cercle d'irréductibles qu'il voulut lui faire connaître
pour l'aider à briser sa carapace de franc-tireur reclus.

D'un naturel sociable et bon vivant, Roger D. Landry était régulièrement le boute-en-train d'une quinzaine de ses amis œuvrant dans
des secteurs d'activité différents, se réunissant autour d'une bonne table,
d'abord au restaurant Chamonix Mont-Blanc, rue Drummond, puis au
St-Tropez, rue Crescent. Depuis 1970, ils avaient pris l'habitude de se
rencontrer le vendredi midi pour des déjeuners qui se prolongeaient
parfois jusqu'à tard dans la nuit ! Ronald Corey, qui était alors directeur
des relations publiques de Molson, en était. Le 8 février 1971, ce dernier
formalisa l'existence du groupe, qui fut baptisé « Club des Quinze », et
agit pendant plusieurs années comme président-fondateur, se proclamant
même président à vie de la confrérie pour qui les déjeuners du vendredi
midi devinrent un rituel sacré[11].

Collection privée.

Les membres du Club des Quinze avec leurs invités, dont l'invité d'honneur, le premier ministre
Robert Bourassa, lors d'un dîner d'apparat au Ritz-Carlton, marquant le 15e anniversaire du Club.

[11] L'historique de la fondation du Club des Quinze a été donné par Me Pierre A. Michaud dans une entrevue
téléphonique avec Jacqueline Cardinal, le 10 mai 2011. À l'occasion de son 25e anniversaire de fondation, le Club
a produit une vidéo également consultée, recueillant les témoignages des membres.

Les membres de la première mouture étaient les suivants : à part Roger D. Landry et Ronald Corey, il y avait Paul Duquette (commerçant en aliments congelés) ; André Robert (animateur de radio) ; Jean-Claude Tremblay (joueur du Club de hockey Canadien de Montréal) ; André Lecompte (président de Telbec) ; Marc Bourgie (président du Groupe Urgel Bourgie) ; Paul Leduc (avocat) ; Larry Wilson (avocat puis vice-président de BioChem Pharma) ; Michel Dagenais (avocat) ; Gérard V. Blais (courtier d'assurances) ; Raymond Lemay (vice-président de Canada Steamship Lines puis de Quebecor) ; Simon Sénécal (courtier en valeurs mobilières) ; Richard Johnson (journaliste) ; Tancrède Sicard (du Complexe Desjardins alors en construction) et Jean-Luc Lussier (courtier en valeurs).

En 1972, lors du premier processus d'expansion du groupe, dont les activités se limitaient toujours aux joyeux déjeuners du vendredi midi, Roger D. Landry proposa la candidature de Luc Beauregard. Il fut accepté en même temps que d'autres candidats dont les frères Pierre et Claude Michaud (Val Royal, puis Brico et Réno-Dépôt) et Réjean Gagné (alors propriétaire d'une compagnie de grues mécaniques).

Au fil des ans, d'autres se joignirent au groupe qui compte toujours plus ou moins vingt membres. Citons le Dr Jean Charbonneau (urologue), Jacques Lefebvre (alors vice-président de SNC), Guy Charbonneau (président du Sénat canadien) ; Fernand Roberge (directeur général du Ritz-Carlton) ; l'avocat Francis Fox ; Michel Poirier (concessionnaire d'automobiles) ; Pierre A. Michaud (ex-juge en chef de la Cour d'appel du Québec) ; Me Ronald Montcalm (ex-bâtonnier du Québec) ; le champion skieur Peter Duncan ; Richard Drouin (ex-président du conseil d'Hydro-Québec) ; Dr Guy Roberge (cardiologue) ; et Dominique Taddéo (ex-président du port de Montréal). Pour marquer la vocation première du Club, le réputé gastronome Gérard Delage en fut nommé président honoraire. À compter de 1978, les déjeuners se déroulaient dans les salons du Ritz, qui était un lieu de rencontres d'affaires très populaire à l'époque et dont Fernand Roberge était directeur général. L'ex-juge en chef Pierre A. Michaud, avocat conseil de Norton Rose Canada, agit comme président depuis 2001 et Simon Sénécal est le trésorier.

À une époque où la population du Québec se familiarisait avec la chose économique et réclamait collectivement plus d'influence dans les sphères de pouvoir, des cercles d'une autre nature apparurent dans les mêmes années 1970. On vit naître des regroupements féministes et des associations francophones d'affaires. On peut citer par exemple les

« Girls du Ritz[12] » (du nom du restaurant où elles se rencontraient elles aussi), l'Association des femmes en finance du Québec ou le Réseau des femmes d'affaires du Québec[13]. Ces groupes militants se donnaient pour mission d'encourager les femmes à faire de la politique active et à forcer les portes des conseils d'administration[14].

On vit par ailleurs se former des groupes mixtes, le Réseau 21, par exemple, qui se définissait comme un regroupement d'hommes et de femmes d'affaires, travailleurs autonomes ou autres. Son objectif était de former un réseau ouvert de professionnels issus de tous les milieux. Faire carrière en affaires devenait prestigieux, et nombreux étaient ceux, et celles, qui voulaient s'y engager alors que contrairement aux milieux anglo-saxons, la tradition existait peu chez les francophones, qui préféraient s'orienter vers le droit, la médecine et la prêtrise. Pour mettre les chances de leur côté, les groupes se formaient par besoins ou par affinités.

Le Club des Quinze était unique en son genre. Il n'avait aucune prétention ni haute visée sociale. Il était exclusivement axé sur l'amitié, la gastronomie et l'humour. Lors des déjeuners du vendredi, les membres discourent de façon humoristique sur les sujets de l'heure. Il n'y est pas opportun de parler d'affaires. Pour les avocats, ce peut être une chronique humoristique ou pour les sportifs, un récit d'anecdotes cocasses reliées à leurs performances. On invite parfois des personnalités de l'heure, à qui l'on demande de faire une brève présentation sur un ton léger, suivie d'une période de questions, lancées à bâtons rompus. Le but est d'abord d'avoir du plaisir entre amis autour d'un excellent repas bien arrosé, et tant mieux si les échanges débouchent sur une réflexion utile.

Une des règles était de rester un groupe exclusivement masculin. À une occasion, un des membres osa briser le tabou. Il invita une femme à un des déjeuners du vendredi, peut-être une des Girls du Ritz qui invitaient régulièrement des hommes d'affaires à venir leur adresser la parole. L'accueil fut poli et l'événement se déroula avec civilité, mais la réaction humoristique qui s'ensuivit était néanmoins révélatrice : peu après,

---

[12] Le nom a changé au fil du temps. Après « Société pour la promotion du leadership féminin », qui deviendra Politiqu'elle, le groupe portera le nom de Club Dam'as pour devenir Les Girls du Ritz, Les Filles du Ritz puis Les amies d'affaires.

[13] Voir Francine Harel Giasson, Nicolle Forget, Louise Roy et Annette Dupré, « Les réseaux de femmes en gestion », *Recherches féministes*, vol. 20, n° 1, 2007, p. 151-165.

[14] Certaines des « Girls » (Louise Roy, chancelière de l'Université de Montréal, Micheline Bouchard, ingénieure et administratrice de sociétés, Germaine Gibara, financière, et Francine Harel Giasson, professeure à HEC Montréal et administratrice de sociétés) réussirent à faire leur marque dans la société québécoise.

on simula un procès en bonne et due forme où Pierre A. Michaud, qui deviendra juge en chef de la Cour d'appel du Québec, défendait l'intimé, et où Roger D. Landry officiait comme juge. Grâce aux effets de toge de son procureur, le prévenu fut acquitté et put rester membre du groupe… à condition, insista-t-on sur un ton faussement péremptoire, de ne pas récidiver. La scène était en fait un prétexte à divertissement, mais personne par la suite n'osa inviter une femme à ces agapes exclusivement réservées, comme dans les tavernes d'autrefois, à de joyeux drilles de sexe masculin.

Un des membres, André Lecompte, avait fait partie d'un groupe d'humoristes se produisant au Café St-Jacques. Souvent, le Club des Quinze invitait des vedettes, par exemple les humoristes de l'heure comme Jacques Normand et Roger Baulu. En de plus rares occasions, pour marquer les grands anniversaires du Club, on conviait des personnalités politiques importantes à des dîners d'apparat, toujours placés sous le signe de la détente. Robert Bourassa, Jean Drapeau, Brian Mulroney et Antonio Lamer, alors juge en chef de la Cour suprême, y furent notamment conviés. On imposait à l'occasion un décorum et un protocole particulier, avec un code vestimentaire strict : tous les convives devaient porter le smoking, mais la cordialité restait de mise et le mot d'ordre était que, comme à un conseil des ministres, rien ne devait transpirer des échanges tenus à huis clos. Aujourd'hui, plus de quarante ans après la fondation du Club, beaucoup de membres ont pris leur retraite ou séjournent en Floride pour de longues périodes l'hiver. Même s'il n'est plus possible ou même dans l'air du temps de faire bombance tous les vendredis midis, le Club se réunit toujours une douzaine de fois par an.

En plus de ses rencontres au Club des Quinze, Luc Beauregard a d'autres façons de se détendre : il affectionne l'art contemporain, l'opéra et la musique classique, en plus d'aimer les voitures sportives de luxe. Il aime en changer régulièrement, et la dernière acquise est toujours la plus rapide et la plus belle. En revanche, il porte une affection constante et fidèle à son Jack Russell Terrier[15], qui écoute « la voix de son maître », seul être vivant au monde à qui il confie ses pensées les plus secrètes. Il a

---

[15] Le Jack Russell Terrier est originaire de l'Angleterre du XIXᵉ siècle. Il doit son nom au pasteur Jack Russell qui créa cette race à partir de plusieurs types de fox-terriers à poil dur pour obtenir un chien apte à courir avec les chiens d'arrêt, mais également capable d'aller dans les terriers débusquer les renards ou dans les écuries chasser les rats des champs. Le chien qui apparaît dans les premières publicités de RCA Victor était un Jack Russell Terrier, d'où le nom que Luc Beauregard a donné à son chien. Uggie, un autre Jack Russell, a atteint plus récemment la gloire en obtenant la *Palm Dog* au Festival de Cannes 2011 et comme vedette coup de cœur à la remise des Oscars 2012 pour son rôle dans le film *The Artist*.

À leur maison de campagne, Luc et Michelle Beauregard
(qui tient leur chien Victoria)
avec Valérie et Stéphanie Beauregard et leur famille.

Luc Beauregard avec les enfants de Valérie,
Jonathan, Sarah et Vanessa en 2004.

eu plusieurs chiens et chats dans sa vie, dont les deux derniers sont des Jack Russell. Victor était un Jack à poil court, mais le plus récent est Victoria, une chienne Parson Jack Russell, à pattes plus longues et à poils longs et frisés.

Liens interfamiliaux

Un autre pan intime de la vie de Luc Beauregard, et non le moindre, a évidemment trait à sa famille. Il a eu deux filles de son premier mariage, Valérie et Stéphanie, et compte d'elles cinq petits-enfants qu'il réunit souvent à sa résidence secondaire des Cantons-de-l'Est.

L'aînée, Valérie, est vice-présidente principale, affaires corporatives du Groupe conseil RES PUBLICA, holding chapeautant NATIONAL, Cohn & Wolfe, AXON et Sonic Boom. Divorcée de Michael Aronovici, elle a trois enfants, Jonathan, Sarah et Vanessa. Elle est un des trois actionnaires de RES PUBLICA, aux côtés de Jean-Pierre Vasseur, président et chef de la direction, et d'Andrew Molson, qui est l'actionnaire de contrôle depuis 2008[16] et qui est président du conseil d'administration depuis le 1er janvier 2012.

Stéphanie est avocate en droit immobilier. Après des études à l'Université d'Ottawa, elle a étudié à Paris et obtenu une maîtrise en histoire du droit à l'Université Panthéon-Assas (Paris 2). Elle a d'abord fait carrière à la société immobilière Trizec, alors notamment propriétaire de la Place Ville-Marie, puis dans un grand cabinet d'avocats en droit immobilier, en se spécialisant dans la location de propriétés commerciales (immeubles de bureaux, centres commerciaux, propriétés industrielles et sites de télécommunication). En 2010, elle s'est jointe à Delegatus Services juridiques, une firme fondée en 2005 dans le but d'offrir des « solutions d'affaires dans une perspective juridique[17] ». Mariée à Robert Ring, rédacteur anglophone et traducteur, Me Stéphanie Beauregard a deux enfants, Thomas et Gabrielle.

Luc Beauregard à la cérémonie de circoncision de son petit-fils Jonathan, en 1995.

Stéphanie Beauregard avec son mari Robert Ring, Gabrielle et Thomas.

---

17 Voir <http://www.delegatus.ca/pages/concept>.

Luc Beauregard a rencontré sa deuxième femme, Michelle Lafleur, en septembre 1970, qui avait elle-même deux enfants en bas âge, François et Philippe Théberge. Ils sont ensemble depuis le premier jour de leur rencontre et se sont mariés quinze ans plus tard, en 1985. Le couple vivait avec les deux garçons, alors que les deux filles se joignaient à la famille pendant les week-ends et les vacances. Les quatre enfants sont pratiquement devenus des frères et sœurs.

François est un musicien de jazz faisant une carrière remarquée en Europe. Saxophoniste, il a étudié la musique au Collège Notre-Dame, à Bordeaux, à l'Eastman School of Music à Rochester, N. Y., puis à l'Université de Miami. Avant de s'installer en France dans les années 1990, il a été membre du Glenn Miller Big Band au sein duquel il a fait des tournées mondiales. Il a ensuite enseigné le saxophone à Grenoble, et depuis 1990, il est professeur de jazz au Conservatoire de musique de Paris.

Quant à son frère Philippe, il est consultant en informatique. Il se spécialise dans le domaine de l'intelligence informatique (*business intelligence architect – BI*). Il vit à Ottawa et a deux enfants, Hugo et Nasao.

Collection privée.

François Beauregard avec Valérie
et son arrière-petit-fils.

Collection privée.

François et Gertrude Beauregard,
les parents de Luc Beauregard.

Collection privée.

Le Jack Russell Victor dans les bras
de son maître, en 2002.

Collection privée.

Michelle Beauregard et madame Leblanc
lors de l'intronisation de Luc Beauregard
à l'Ordre du Canada par le gouverneur général
Roméo Leblanc en 1996.

ÉPILOGUE
Journalisme, relations publiques et leadership

« Le journalisme mène à tout, à condition d'en sortir. » Le récit de vie présenté dans ces pages est une illustration éloquente de cet aphorisme du journaliste et romancier Jules Janin[1]. Après de

---

[1] Né à Saint-Étienne, en France, en 1804, Jules Janin collabora à la *Revue de Paris*, à la *Revue des deux mondes* et au *Figaro*. Il fut pendant quarante ans le critique du *Journal des débats* avec une autorité qui le fit surnommer le prince des critiques. Il publia quelques romans et des essais, mais il est surtout connu comme journaliste pamphlétaire ayant le sens de la formule. Bien que soutenu par l'influente Mme de Rothschild, il ne réussissait pas à obtenir une majorité à l'Académie française, qui le trouvait trop voltairien. Il publia alors son *Discours de réception* sur les marches du pont des Arts, en déclarant qu'il ne se présenterait plus aux suffrages de l'Académie qui finit par l'élire en 1870 sans qu'il se soit présenté. Il est mort le 19 juin 1874. Voir <http://fr.wikipedia.org/wiki/Jules_Janin>.

solides débuts en journalisme, Luc Beauregard a fait deux passages aussi courts que mouvementés à Ottawa et à Québec, puis, à la croisée de ses chemins possibles, il est revenu vers les relations publiques par choix et par instinct. Ou était-ce par désir de repli dans ses terres intérieures ?

Quoi qu'il en soit, dès les premiers mois de sa nouvelle vie d'entrepreneur solitaire, en 1976, il savait qu'il ne s'était pas trompé : il se trouvait dans son élément. Pas de retour possible. À la lumière de sa formation de journaliste et de son expérience de dirigeant d'entreprise de presse, il a abordé la pratique de cette discipline relativement nouvelle à sa manière. En plus de trente ans, à la force du poignet, par son travail acharné et par son habileté à bien s'entourer, il a contribué non seulement à en inventer et à en définir les paramètres en imprimant sa marque sur NATIONAL, mais il lui a donné ses lettres de noblesse à l'échelle du Canada comme fonction à part entière de la gestion d'entreprise.

Sans fausse modestie, il affirme que « NATIONAL a écrit le livre des relations publiques au Canada ». Ce faisant, il a lui-même fait preuve de leadership en inventant au fur et à mesure, pour les dirigeants d'entreprise, la façon de faire des relations publiques. Devenir un leader dans l'art même de conseiller des leaders, voilà une mise en abyme du leadership pour le moins singulière[2].

C'est en faisant le pari de la vérité que Luc Beauregard est devenu un leader de la communication stratégique d'entreprise, suivant en cela les principes journalistiques les plus sacrés. Il a coutume de dire qu'il vaut mieux couper le plus tôt possible un membre atteint de gangrène que d'attendre que les dommages se répandent à tout l'organisme et qu'ils deviennent irréversibles. Il a appliqué cet adage autant pour NATIONAL, qu'il a dirigé visière levée, qu'en conseillant des clients paniqués qui répugnent toujours à dévoiler les côtés sombres des crises qu'ils vivent.

Ses antécédents journalistiques l'amenaient à tout coup à transmettre l'information telle quelle, sans rien inventer ni travestir, mais « en faisant bon usage de faits ». Encore aujourd'hui, cet ancien éditorialiste

---

[2] L'expression « mise en abyme » réfère à un procédé artistique ou littéraire consistant à représenter une œuvre dans une œuvre du même type, par exemple une pièce de théâtre dont le sujet est la pièce de théâtre en train d'être jouée, un roman mettant en scène un écrivain qui écrit le roman que l'on lit ou le reflet dans un miroir d'une scène peinte et reproduite ainsi à l'infini. Citons les exemples célèbres d'*Hamlet* de Shakespeare, *À la recherche du temps perdu* de Marcel Proust ou *Les Ménines* de Velázquez.

n'hésite pas à afficher ses convictions, et à interpeller les journalistes qui ne sont pas à la hauteur de la conception pure et dure qu'il a de la profession. Il faut dire qu'il a été à l'école des Jean David, Jean-Thomas Larochelle, Gérard Pelletier, D'Iberville Fortier et Antoine DesRoches, et qu'il a été un ami intime de Jean Sisto.

S'agissant des relations publiques, une pratique de l'ombre, il existe, encore aujourd'hui, une grande méconnaissance. Par ignorance, on les réduit trop souvent encore aux relations de presse, qui marquèrent leurs premiers balbutiements et qui restent un élément important de la discipline. Les relations publiques se sont considérablement enrichies par la suite, comme on a pu le constater dans cet ouvrage. Elles comportent aujourd'hui des fonctions plus complexes qui sont apparues peu à peu, selon les besoins de communication des organisaitons et des dirigeants d'entreprises modernes. Les relations publiques sont désormais une des grandes fonctions dans la gestion d'entreprise.

Qui mieux que Luc Beauregard, journaliste dans l'âme et conseiller en relations publiques par choix, pouvait dresser un parallèle aussi fertile entre le journalisme et les relations publiques, et énumérer les droits et les devoirs croisés de chacun ? Dans le style incisif et succinct qui le caractérise, il a livré sa réflexion à cet égard, dans des capsules publiées sous forme d'annonces payées, il y a plus d'une vingtaine d'années dans le magazine *Le – 30* [3]. À la lecture de ces courts textes, qui n'ont pas pris une ride depuis, on se surprend à espérer qu'au lieu d'être stérile et conflictuel, un tel tandem, marqué au coin du respect et de la collaboration, peut contribuer à l'enrichissement du débat public, au renforcement du droit à l'information et, partant, à la préservation de la liberté de presse si fragile, mais si chère à nos sociétés démocratiques.

Par ailleurs, en côtoyant et en observant des dirigeants d'entreprise, il a développé sa propre conception du leadership en affaires. Dans un article publié cette fois dans la revue *Gestion* en septembre 2008 [4], il précise sa pensée sur les responsabilités premières qui incombent aux

---

[3] Le magazine *Le – Trente –* (auparavant *Le – 30 –*) est publié par la Fédération professionnelle des journalistes du Québec (FPJQ) depuis 1976. «C'est un lieu de débat, de réflexion et de formation continue pour les journalistes et pour toutes les personnes qui s'intéressent à l'information», comme on peut le lire sur leur site <http://www.fpjq.org>.

[4] Luc Beauregard, «Leadership et communication. La forme ne l'emporte pas sur le fond», *Gestion*, automne 2008, vol. 33, n° 3, p. 45-47.

leaders, et y décrit la part prioritaire qu'y jouent, aujourd'hui, la communication et les relations publiques. Des passages marquants de cet article phare portent sur les leaders, mais on peut supposer que par projection, sans qu'il en soit tout à fait conscient, Luc Beauregard se dévoile. En fait, il s'y décrit lui-même comme le leader à part entière qu'il est devenu.

À tout seigneur, tout honneur! En guise de conclusion à cet ouvrage biographique portant sur le leadership de Luc Beauregard, il allait de soi que nous lui laissions les mots de la fin. Au prisme du récit de vie présenté ici, ces textes écrits, les uns il y a plus de vingt ans, et les autres, plus récemment, prennent un sens intemporel. À vous de juger!

Suivant en cela un ordre que nous qualifierions de «chrono-logique», parallèle à la vie de Luc Beauregard, nous commencerons par reproduire ici les chroniques du – 30 –, suivies d'extraits de l'article de *Gestion* et le discours prononcé devant l'Association des MBA en décembre 2010. Il y présente sa pensée sur le leadership et livre les réflexions d'une vie à côtoyer des leaders de tous les horizons, qui lui demandaient simplement conseil pour leurs communications, qui lui confiaient leurs pensées, leurs espoirs, leurs préoccupations et leurs craintes les plus intimes ou qui, en désespoir de cause, remettaient leur sort entre ses mains expertes.

Nous espérons que le lecteur en retiendra non seulement des réflexions éclairantes sur les deux disciplines et sur leurs rapports entre les deux, mais qu'il y découvrira des filons porteurs sur la genèse du riche leadership que Luc Beauregard a déployé à NATIONAL.

Magazine *Le – 30 –*

■

Premier d'une série d'articles visant à favoriser la compréhension entre journalisme et relations publiques.

Une fonction de gestion

Autant le journalisme a ses potineurs et ses grands reporters, autant les relations publiques ont leurs genres, qu'il ne faut pas confondre.

Aujourd'hui, le praticien des relations publiques exerce un métier qui ressemble de moins en moins à ses formes traditionnelles, comme celle d'agent de presse de vedettes.

La profession s'accorde aujourd'hui sur une définition : les relations publiques sont une fonction de la gestion d'une entreprise ou d'un organisme, visant à gérer ses relations avec son environnement socioéconomique.

De la même manière que l'entreprise doit gérer ses finances, sa production, ses ventes, elle doit aussi, en 1988, gérer ses relations avec les divers publics qui peuvent affecter son développement parfois même son existence : actionnaires, employés, pouvoirs publics, communautés locales, clients, médias, etc.

Le praticien des relations publiques est le professionnel qui assume cette fonction de gestion au sein de l'entreprise. Se mesurant aux comptables, aux avocats et aux professionnels de tous ordres, il est de plus en plus solidement formé et préparé.

On verra dans le deuxième article de la série qu'il est devenu facteur d'excellence dans le processus d'information.

■

Deuxième d'une série d'articles visant à favoriser la compréhension entre journalisme et relations publiques.

Un facteur d'excellence

Certains prétendent que les journalistes sont des ignares et des vendus. D'autres affirment que les relationnistes, quant à eux, sont des menteurs et des manipulateurs. Ce genre d'accusations et de généralités se situe à un niveau intellectuel peu reluisant. Chaque discipline a ses raisons d'être. Chacune a ses droits et ses devoirs.

Le rôle du praticien des relations publiques est d'aider l'entreprise ou l'organisme qu'il représente à formuler ses politiques et à les exprimer. Il est en fait l'avocat de l'entreprise auprès du tribunal de l'opinion publique où préside le journaliste. Le professionnel des relations publiques ne demande rien de plus et rien de moins que le droit de son organisme d'être entendu. *Audi alteram partem.*

Le choix ultime des nouvelles rapportées et des points de vue exposés est du domaine réservé du journaliste. C'est l'acte journalistique par excellence.

La personne qui entend faire carrière dans les relations publiques a intérêt à être de bonne foi et à connaître son sujet pour conserver sa crédibilité auprès du journaliste. De la même façon que le journaliste qui veut préserver une certaine crédibilité auprès de ses lecteurs ou de ses auditeurs n'a pas intérêt à faire preuve de paresse intellectuelle ou de parti pris systématique.

Le relationniste n'a pas parole d'Évangile. Qui l'a? Tout au plus invite-t-il le journaliste à considérer des faits additionnels et à soupeser des points de vue nouveaux. Cette interaction entre le professionnel des relations publiques et le journaliste contribue à l'enrichissement du débat public.

■

Troisième d'une série d'articles visant à favoriser la compréhension entre journalisme et relations publiques.

Frères ennemis

La Society of Professional Journalists établie à Chicago, se cherchait récemment un directeur des relations publiques… Comme quoi les relations publiques sont bien une fonction de gestion légitime de toute entreprise ou de tout organisme.

Les éditeurs du *New York Times* et du *Wall Street Journal* invitent régulièrement les professionnels des relations publiques à des briefings pour leur expliquer la nature de nouvelles chroniques et pour solliciter des suggestions de reportages. Les recherchistes de grandes émissions de télévision comme *60 minutes* ou *Good Morning America* en font autant.

Évidemment, ces médias ne s'engagent pas à accepter les sujets qui leur sont proposés. Mais loin de se plaindre d'être « dérangés » dans leur travail par les professionnels des relations publiques, ils tirent avantage de ces sources d'information aptes à connaître certains sujets en profondeur.

Voilà qui tend à démontrer que dans une société adulte, les journalistes professionnels et les relationnistes professionnels ne sont pas des « frères ennemis ». Pas plus d'ailleurs que les avocats ne sont les frères ennemis des juges.

Il n'y a pas de professionnel des relations publiques digne de ce nom qui ne respecte le droit du journaliste de décider ultimement, une fois tout bien considéré, du traitement qu'il accordera à une nouvelle ou à une opinion.

En recueillant le point de vue du relationniste, le journaliste ne brime en rien sa liberté, au contraire. Il ne fait que s'ouvrir à des sources additionnelles qui sont susceptibles de connaître un domaine donné. Pas toujours mais souvent, le relationniste peut ainsi aider le journaliste à mieux servir le droit du public à l'information.

■

Quatrième d'une série d'articles visant à favoriser la compréhension entre journalisme et relations publiques.

Les relations de presse entre autres !

Les relations publiques, c'est-à-dire la fonction de gestion qui consiste à gérer les relations de l'entreprise avec son environnement socioéconomique, incluent bien sûr la gestion des relations de l'entreprise avec les médias.

Parce que les médias sont des relayeurs d'information puissants, les relations de presse occupent une place importante dans les activités de relations publiques. Mais elles ne sont qu'un des nombreux outils du professionnel des relations publiques. La fonction principale de ce dernier est de servir de conseil auprès de la direction de son entreprise. À cette fin, il se donne des instruments continus d'analyse de l'opinion qui lui permettent d'élaborer et réaliser un plan d'action et de communication, à court et à long terme.

Ce plan peut inclure les éléments suivants : participation à la redéfinition de la mission de l'entreprise ; recherche d'un nouveau nom et d'une nouvelle identité visuelle ; rapport annuel à l'intention des actionnaires, des investisseurs et des milieux financiers ; bilan social et organismes internes à l'intention des employés ; mémoires à diverses instances gouvernementales ; dons et actions communautaires ; vidéos ; brochures ou dépliants à caractère corporatif ou commercial ; campagnes publicitaires au soutien d'objectifs corporatifs à caractère social, etc.

Le journaliste doit souvent traiter dans la même journée de plusieurs sujets différents. De la même manière, les relations de presse ne sont qu'une des multiples activités du professionnel des relations publiques.

■

Cinquième d'une série d'articles visant à favoriser la compréhension entre journalisme et relations publiques.

Droits et devoirs réciproques

À titre de professionnels de la communication, journalistes et praticiens des relations publiques ont chacun leurs droits et leurs devoirs réciproques.

Pour le praticien des relations publiques, les devoirs incluent notamment les suivants :

- tenir compte des contraintes matérielles du journaliste (par exemple, de ses heures de tombée) ;
- présenter au journaliste un dossier intelligent et étoffé ;
- pouvoir discuter du fond de ce dossier avec le journaliste, sinon être prêt à mettre le journaliste en rapport avec un porte-parole qui connaît le dossier ;
- ne pas surprendre la bonne foi du journaliste.
  En corollaire, les devoirs du journaliste n'incluent-ils pas les suivants ?

- tenir compte des contraintes du relationniste (par exemple, on ne peut donner cinq entrevues individuelles en même temps);
- entendre les points de vue qu'on tente de lui présenter;
- faire preuve d'honnêteté dans son rapport des faits ou des points de vue qui lui ont été présentés;
- ne pas surprendre la bonne foi du relationniste.

Dans un cas comme dans l'autre, on pourrait assurément ajouter à la liste. L'important, c'est de reconnaître que la diffusion de l'information comporte pour chacun des droits et des devoirs.

■

Huitième d'une série d'articles visant à favoriser la compréhension entre journalisme et relations publiques.

Mythes et réalité

Communication, relations avec les investisseurs, relations gouvernementales, relations avec les collectivités locales, relations internes, affaires publiques, relations avec les médias: voilà autant de vocables reflétant diverses branches d'une seule et même discipline que l'on est convenu d'appeler aujourd'hui les relations publiques.

Après certains tâtonnements en effet, le consensus s'est graduellement établi dans les grandes sociétés professionnelles pour retenir l'expression «relations publiques» pour désigner cette discipline qui recouvre les diverses branches d'activités énumérées plus haut.

Pour la plupart des journalistes, malheureusement, les relations publiques se résument à la branche des relations avec les médias. Pour le grand public, pire encore, l'expression relations publiques est synonyme d'actions d'éclat ou encore de «relations avec le public», dans le sens où les préposés aux renseignements ou les hôtesses de l'air sont en relations avec le public. Ce qui n'a évidemment rien à voir.

Les relations publiques ont de moins en moins à voir avec l'image qu'on s'en fait généralement et de plus en plus avec une profession authentique, soucieuse de développement professionnel et de déontologie. Une discipline qui a pris place aux rangs des grandes fonctions du management moderne et qui consiste à gérer les relations des entreprises et des organismes avec leur environnement socioéconomique.

■

Neuvième d'une série d'articles visant à favoriser la compréhension entre journalisme et relations publiques.

Relations publiques et mondialisation

L'Accord de libre-échange Canada – États-Unis et celui de l'Europe de 1992 incitent les firmes de relations publiques à accélérer la globalisation de leurs réseaux.

Il y a, en gros, trois sortes de firmes de relations publiques. Les plus nombreuses sont celles qui ne comptent qu'une poignée d'employés gravitant généralement autour d'une personnalité forte. Elles vont et viennent selon la bonne fortune de leur créateur et de ses relations à l'étranger.

À l'autre extrême, il y a de grandes entreprises internationales qui fondent ou achètent des bureaux dans toutes les grandes villes du monde. La plupart de ces firmes de relations publiques sont elles-mêmes filiales de super-agences de publicité américaines ou britanniques dont le chiffre d'affaires atteint plusieurs milliards de dollars.

Puis, il y a des entreprises canadiennes structurées, comptant un éventail important de ressources, qui œuvrent au plan local ou national. Pour leur rayonnement international, elles collaborent avec des collègues ou des entreprises d'autres pays avec lesquels, généralement, elles ont établi des ententes. Mais elles gardent leur liberté d'action et leur caractère corporatif distinct.

Chacune à sa manière s'adapte à la mondialisation de l'économie, comme les firmes canadiennes d'experts-comptables ou d'avocats doivent le faire.

Revue *Gestion*: « Leadership et communication. La forme ne l'emporte pas sur le fond »

Un des grands principes de base des relations publiques, remontant à presque un siècle, est le fait de prendre les bonnes décisions et de les faire connaître (*do it right and let it be known*). Les deux parties de la phrase sont également importantes. Un bon dirigeant d'entreprise doit d'abord bien faire ses devoirs, c'est-à-dire s'entourer, bien ausculter son environnement socioéconomique, élaborer un bon plan et veiller à sa réalisation. Il doit s'assurer dans le quotidien de prendre les bonnes décisions, qu'il s'agisse de dossiers de harcèlement, d'opérations financières ou de relations communautaires. Mais il ne suffit pas de prendre les bonnes décisions. Il faut aussi les faire connaître. Ce ne sont pas les concurrents ou les groupes de pression qui vont le faire à sa place. Le dirigeant a le droit et le devoir de faire connaître ses décisions et surtout ses réalisations, qui valent mieux que des mots.

[...]

Beaucoup trop de dirigeants, à mon avis, cherchent à se grandir au moyen de leur titre de chef d'entreprise au lieu de grandir la fonction qui leur est confiée. À l'inverse, des dirigeants disparaissent faute d'avoir fait valoir leurs décisions et leurs réalisations. Ils n'ont pas bâti une banque de crédibilité apte à les soutenir dans les moments difficiles. Comme consultant en relations publiques, je passe certainement 90 % de mon temps à discuter du fond des choses avec mes clients plutôt que de pure communication, tant il est vrai que la meilleure communication est d'abord l'action.

[…]

Un leader doit apprendre à convaincre ses troupes en leur expliquant les fondements de ses décisions, à leur indiquer la direction clairement, à les séduire presque. Chose certaine, il doit faire adhérer rationnellement son équipe aux décisions prises. Même si ce type de leadership se montre plus exigeant que le mode traditionnel de direction où l'on ne fait qu'affirmer, l'éclatement des vieilles structures hiérarchiques et les attentes des employés solidement formés aujourd'hui l'exigent. Ensuite, il faut maintenir des relations basées sur la confiance mutuelle avec les autres intervenants qui peuvent influer sur les activités et sur la performance de son entreprise : les communautés locales, les organisations non gouvernementales, les gouvernements, etc.

[…]

Comme ancien journaliste, je suis frappé par le fait que souvent les dirigeants ne voient pas les conséquences ultimes de leurs décisions sur l'opinion publique. Ils pensent s'en tirer avec une esquive dans le journal du lendemain sans voir que la suite des choses risque d'être encore pire. Pour régler les crises, il faut la plupart du temps aller à la racine du mal, ce qui est souvent contre nature. Si bien que la vraie nouvelle n'est plus la crise elle-même, mais elle devient le *cover-up*, la tentative pour étouffer l'affaire, pour camoufler la crise. Tirer le sparadrap tout d'un coup ne fait mal qu'une fois. Le manque de transparence fait durer le supplice. C'est dans les crises qu'on voit la fibre des leaders.

[…]

On ne peut parler de leadership sans qu'il soit question de communication et d'image. Contrairement à ce qu'on pourrait attendre d'un conseiller en communication comme moi, je ne crois pas que la forme l'emporte sur le fond, que la communication l'emporte sur le réel. Pour moi, le réel est la meilleure forme de communication.

[…]

Le contenu n'apparaît pas soudainement, sans effort. Les individus qui souhaitent diriger avec substance sont des gens responsables qui travaillent fort. Entêtés, c'est l'accumulation des gestes qu'ils exécutent et des décisions qu'ils prennent quotidiennement qui fait d'eux des leaders de substance. Ils se révèlent dans l'action, la constance et le bon jugement. C'est ainsi qu'ils deviennent des êtres cohérents, qui savent comment mener leur barque. Un peu comme l'artiste qui peint une toile. Au premier coup de pinceau, on ne sait pas de quoi aura l'air l'œuvre finale, mais tranquillement on voit naître son contenu. La meilleure façon de construire l'image d'un leader consiste à bâtir sur la substance et sur la transparence.

■

Discours à l'Association des MBA du Québec, le 1er décembre 2010

Mesdames, Messieurs,

Je suis rempli d'humilité à traiter d'un sujet aussi vaste et difficile que celui du leadership. Surtout devant un auditoire aussi connaisseur – je le sais, nous avons beaucoup de savants MBA dans notre firme. Les rayons de librairies accueillent chaque année des dizaines de nouveaux ouvrages sur le sujet. Les écoles d'administration ont toutes leur lot de gourous sur cette question.

On me questionne souvent à propos de leadership parce qu'à titre de conseiller en relations publiques, j'ai été en contact avec beaucoup de leaders. Permettez que je vous parle un peu de notre métier car il y a assez peu de gens qui savent en quoi consistent les relations publiques. Notre métier consiste à aider les entreprises ou les organismes à gérer leurs relations avec leurs divers publics – les *stakeholders*. Partant de notre lecture du contexte socioéconomique, nos conseils portent essentiellement sur deux éléments : les décisions en matière d'action à prendre ou à ne pas prendre et les stratégies de communication au soutien de l'action.

On ne soupçonne pas que l'industrie mondiale des firmes conseils en relations publiques génère des revenus de 8 milliards de dollars et emploie 55 000 personnes. Selon un classement qui vient d'être publié, nous sommes heureux de figurer au 24e rang des 100 plus grandes firmes dans le monde.

Notre firme fondée à Montréal est la plus grande du genre au Canada. C'est aussi le leader dans la majorité des marchés où elle a des bureaux dans tout le pays, de Vancouver à Halifax. Les médias du Québec parlent souvent de nous en lien avec des enjeux québécois mais les trois quarts de nos activités et de nos revenus se font à l'extérieur du Québec, dans le reste du Canada et ailleurs.

On a dit que « la culture c'est ce qui reste quand on a tout oublié ». Je vous livre aujourd'hui ma perspective sur le leadership après avoir tout oublié… Je ne suis pas un champion de la notion de leadership comme Laurent Lapierre, professeur titulaire et titulaire de la Chaire Pierre-Péladeau à HEC-Montréal. Le professeur Lapierre décrit le leadership comme un phénomène omniprésent, ambigu et fuyant. Il n'y a d'ailleurs pas de mot équivalent en français. Selon lui, le leadership ne peut se réduire à des recettes ou à des habiletés politiques ou de communication. Le leadership ne vient pas tant du poste d'autorité qu'on occupe que de ce qui émane de la personne elle-même.

Le consultant torontois Richard Davis, qui vient de publier *The Intangibles of Leadership*, pense lui aussi que le leadership est fait de différences subtiles dans la personnalité des dirigeants, et non d'habiletés. Le fin mot pour lui est le jugement. Un spécialiste de l'INSEAD a formulé un modèle consistant en huit archétypes de leadership : le stratège, le catalyseur du changement, le négociateur, l'entrepreneur, l'innovateur, l'organisateur, l'entraîneur et le communicateur. Cela vous fait sûrement penser à des leaders que vous connaissez ? Dans son fameux ouvrage *From Good to Great*, Jim Collins définit cinq niveaux de leadership, le plus haut niveau étant celui où le dirigeant est un mélange paradoxal d'humilité personnelle et de volonté professionnelle. Sans prétention, j'ai classé pour ma part quatre sortes de leaders.

Premièrement, le leader charismatique, doté d'une personnalité exceptionnelle, dont le magnétisme attire naturellement des adeptes. Intellectuel, souvent autoritaire et craint. Qui répond à un appel ou que les circonstances placent dans une situation où il va mettre ses dons à profit. Pensons à Trudeau et à Lévesque, qui tous deux ont fait prévaloir en même temps leurs pensées diamétralement opposées auprès de la même population. Pensons à Lucien Bouchard. Pensons aussi à Roosevelt, De Gaulle et Churchill. Pensons aussi dans le secteur des affaires à Jack Welsh ou, même, à Warren Buffett.

Deuxièmement, le leader entrepreneur, motivé par la création, la découverte, la conception, l'accomplissement. Un passionné. Placé dans les bonnes circonstances, il fait avancer la connaissance et suscite l'émergence de nouvelles façons de faire ou de nouvelles technologies. Songeons à Bill Gates et à Steve Jobs, à Charles Sirois et à Laurent Beaudoin. Ce dernier saisit l'opportunité de la création du métro de Montréal et de la vente de Canadair pour passer de la motoneige au transport par train et à l'aéronautique, et bâtit une des entreprises canadiennes les plus remarquables.

Troisièmement, le leader visionnaire, qui n'est pas nécessairement charismatique ni entrepreneur mais qui, placé dans les bonnes circonstances et au bon moment, acquiert une compréhension globale d'une organisation et choisit des orientations stratégiques majeures qui vont la lancer ou relancer dans des directions gagnantes. Songeons à Lou Gerstner chez IBM. Songeons à Jean Drapeau qui, avec l'Expo et les Jeux olympiques, a une vision internationale de sa ville. Songeons à Paul Desmarais, père. Songeons à Pierre Karl Péladeau qui a joué ses cartes en passant de l'imprimé à la télévision, au câble et au téléphone. Songeons à Eric Molson dont la famille contrôle aujourd'hui à parts égales avec la famille Coors la cinquième plus grande entreprise brassicole dans le monde.

Enfin, quatrièmement, il y a le bon gestionnaire tout court, habile opérateur, pas nécessairement charismatique, pas nécessairement entrepreneur ou visionnaire mais qui, à la bonne place et au bon moment, sait faire marcher les organisations. Il n'a pas le plus grand ego mais, très *hands-on*, méticuleux, il sait où il s'en va et tisse sa toile en mobilisant son monde. Pensons à Jacques Lamarre à SNC Lavalin et Pierre Lessard à Metro.

Évidemment, aucun leader n'est cantonné dans l'une ou l'autre de ces quatre catégories. Chacun est plus ou moins charismatique, entrepreneur, visionnaire et bon gestionnaire. Chaque leader emprunte à l'une ou l'autre des catégories. Jean Coutu a été à son heure un entrepreneur visionnaire et charismatique.

Je l'ai souligné chaque fois, les circonstances et le bon *timing* créent les leaders. Cela est tellement vrai qu'on observe très peu de cas où le succès arrive deux fois au même leader dans deux entreprises différentes. Et les gens d'affaires ont généralement peu de succès en politique.

Ce que l'on observe aujourd'hui, c'est à quel point l'exercice du leadership est plus difficile qu'il ne l'a jamais été. La durée de vie des chefs d'entreprise rétrécit sans cesse, se situant apparemment aux alentours de quatre ans, et les gouvernements sont de plus en plus minoritaires et contestés. Nous vivons un grand tournant qui rend le métier de leader plus périlleux que jamais. C'est de cela dont j'aimerais parler aujourd'hui.

Nous vivons, tant ici qu'au plan international, de grands chocs. Un des plus grands à mon avis est le choc des ethnies et des civilisations résultant de l'immigration et de la mondialisation. Le déferlement d'immigrants au Québec et au Canada est souhaitable au plan économique et enrichit notre capital humain. Mais il déconcerte la population et occasionne des affrontements difficiles à gérer pour les institutions comme l'école, la police et les tribunaux.

En même temps, l'effondrement de la fréquentation religieuse a remis en cause les valeurs traditionnelles et contribué à l'effritement de la morale, des bonnes mœurs, de l'ordre public et des civilités. Au plan du respect, de la courtoisie et de la délicatesse, sans parler du langage, je n'ai pas le sentiment qu'on a beaucoup avancé. Sans parler de la brutalité des propos sur Internet. Le militantisme linguistique et le *politically correct* n'ont pas rehaussé la qualité du langage.

L'éditorialiste de *La Presse*, Mario Roy, pose la question : d'où vient cette muflerie institutionnelle ? « D'abord de l'anonymat dans lequel on peut la pratiquer. Brûler des voitures pour signaler son désaccord avec la mondialisation est grandement facilité par le port de la cagoule. Hurler dans une salle bondée qui hurle est parfaitement sécuritaire. Et plus quotidiennement sévit la rage au clavier : la goujaterie anonyme marque l'essentiel des blogues hystériquement commentés et des courriels vengeurs… »

Heureusement, il y a l'envers de la médaille montrant que notre civilisation continue sa marche. Mentionnons la non-discrimination dans l'emploi et les salaires, l'ouverture à la diversité et à l'homosexualité, les recours collectifs, le respect de la vie privée, la protection du consommateur, la préservation de l'environnement, l'économie de l'énergie et la recherche de la durabilité dans nos façons de faire. Toutes ces causes font naître autant de groupes qui font pression sur les entreprises et les pouvoirs publics.

Le conseiller Guy Versailles écrit que la fonction relations publiques est l'interface obligée de l'entreprise avec les différents groupes sociaux qui militent pour modifier l'ordre social à leur avantage.

« Les revendications même les plus loufoques se présentent dans le langage des droits fondamentaux », écrit Matthieu Bock-Côté, candidat au doctorat en sociologie à l'UQAM. « Depuis une vingtaine d'années, dit-il, on assiste à l'émergence de la *société civile* qui permet à une collection de groupes militants et de lobbies de gagner un pouvoir démesuré sur le débat public. Il n'y a plus de peuple, seulement des intérêts catégoriels. Ces groupes, qui ne représentent souvent qu'eux-mêmes, n'existent que par leur mise en scène médiatique. »

Le columnist Alain Dubuc parle des dérives de nos débats de sociétés et son collègue Mario Roy, déjà cité, note qu'universitaires, journalistes, artistes, intervenants sociaux et autres professionnels des mots forment une véritable classe sociale dominante penchant très nettement à gauche et ne reflétant pas du tout l'opinion de la majorité. Il cite Julie Miville-Dechêne, ombudsman de Radio-Canada, selon qui « les commentateurs qui filtrent les nouvelles politiques et les interprètent pour notre bénéfice, sauf exception, [baignent] tous dans le même bouillon ».

Le Québec est une société compacte, dominée par quelques grands médias qui, en effet, penchent généralement du même bord. La columnist Lysiane Gagnon pense que les médias, dans ce contexte, amplifient la vague. Ils sont en quelque sorte les vecteurs et les gardiens de l'« unanimisme ». Ces commentateurs auraient pu ajouter que le culte voué à l'État a prolongé chez nous le dédain religieux à l'égard de l'argent, de l'industrie, des affaires et du profit.

Autres éléments qui perturbent notre planète : la récession et la crise financière qui se poursuit. Qui aurait prédit il y a dix ans que l'hégémonie des États-Unis allait commencer à chanceler et que son niveau de dette atteindrait celui des pays en développement ?

Les chefs d'entreprise, en plus de leurs responsabilités en matière de production, de finance, de marketing, ne peuvent ignorer aujourd'hui les changements majeurs dans leur communauté immédiate et sur la planète. Mais tout cela n'est encore rien par rapport à un autre grand choc : l'information en continu qui provoque « le leadership en continu ».

Le monde de l'information, connaît lui aussi des perturbations profondes. La télévision avait déjà changé les choses. Les chefs d'entreprises ont dû apprivoiser la façon de se comporter devant le micro et la caméra. Mais ce sont les nouvelles en continu qui ont encore plus radicalement changé l'information. Désormais tout est *live*. On vit la tyrannie de la « clip », du *deadline* et de l'audimat. Les ordinateurs personnels et Internet en ont rajouté, sans compter les téléphones intelligents, capables de capter des photos et de tourner des vidéos aussitôt retransmise *live* partout et tout le temps.

« Le gouvernement ne réagissant pas dans l'heure [...] est vite accusé de mollesse, d'incompétence », écrit André Pratte sur son blogue. Il cite Jean-Louis Servan-Schreiber qui déplore que « les élus sont condamnés à *gouverner en direct* avec l'électorat toujours sur les talons. Le politicien n'a plus le temps de réfléchir. » Ni le journaliste, d'ailleurs. L'opinion publique se forge souvent avant que tous les faits soient connus, écrit l'éditorialiste en chef de *La Presse*.

Le leader qui n'accepte pas de se prêter à l'inquisition avant d'avoir pu vérifier les faits et considérer la question est cité comme « se refusant à tout commentaire » et, donc, comme admettant les faits par défaut.

Je cite souvent les pages éditoriales de *La Presse* parce qu'à mon avis, elles sont les plus riches en contenus diversifiés et souvent contrariants par rapport aux idées reçues de la machine médiatique.

En réponse à la télé continue, les imprimés ont changé leur fusil d'épaule, abandonnant la nouvelle brute pour l'enquête et surtout le commentaire, prêtant le flanc au mélange des genres. Certains jours, on a l'impression qu'il y a plus de chroniques d'opinions dans les journaux que de nouvelles. On trouve dans une même page un texte de nouvelle et juste à côté, un commentaire du journaliste qui a rédigé la nouvelle. Devant le tribunal de l'opinion publique, ce journaliste est l'avocat et le juge en une seule personne.

Les chroniqueurs émettent des opinions contraires à celles exprimées en page éditoriale. Et les pages éditoriales contiennent parfois des informations capitales qu'on n'a pas trouvées dans les pages d'information.

Il y a de multiples manières d'orienter l'information : le choix du sujet plutôt qu'un autre, l'angle, la manière de traiter le sujet, les commentateurs ou les experts invités. Tout ça sous le couvert du plus grand professionnalisme. Mais les commentateurs sont toujours les mêmes et ont des opinions qui vont toujours dans le même sens, celui de la contestation des entreprises et des pouvoirs publics, de la mise de l'avant des groupes d'intérêt et, souvent en filigrane, de l'avancement de la souveraineté – le fameux thème qui tient notre débat public en otage depuis 50 ans.

Comment expliquer qu'on laisse une émission, très divertissante au demeurant, mais qui n'est pas dirigée par le service de l'information, traiter continuellement de sujets politiques, le tout ponctué d'applaudissements de l'auditoire allant toujours dans le sens que l'on sait ? Dans un avis concernant la participation d'un journaliste à *Tout le monde en parle*, l'ombudsman de Radio-Canada souligne elle-même le danger du mélange des genres.

À mon sens, avec la confusion des genres, il n'y a plus d'opinion publique informée. Il y a une opinion publique dirigée et provoquée. La concurrence au sein de la machine médiatique, entre les grands réseaux, entre les chaînes d'information continue, entre les médias traditionnels et les médias en ligne, force les journalistes à baisser la garde malgré eux.

> Grâce à Internet, dit Alain Minc, c'est la première fois que l'on voit la société à l'état brut, sous la mince couche de civilisation qui fait que les relations humaines restent correctes. La violence sur le Net est extraordinaire. C'est l'état primitif de la vie. C'est le point ultime de la modernité qui nous montre l'état primitif de la société. C'est fascinant. La société sophistiquée peut voir ce qu'elle serait sans sophistication.

J'ajouterais que les médias sociaux sont souvent antisociaux…

Qui veut être leader aujourd'hui quand les médias se livrent à une sorte de *demolition derby*, *live* et en continu ? Les personnes en autorité désignées pour diriger les entreprises ou les personnes élues par la population n'ont plus droit à aucun respect de la part d'un pouvoir qui juge tout le monde mais qui ne se soumet lui-même à aucune instance déontologique ou disciplinaire.

Certains procédés médiatiques représentent plus de dangers que les torts qu'ils prétendent corriger lorsque la règle de droit est contournée, lorsqu'ils foulent aux pieds la présomption d'innocence et s'apparentent au lynchage public.

Suivez bien le processus. L'utilisation des sources anonymes, maintenant voilées et à la voix déformée, est désormais monnaie courante. La parole est ensuite donnée à des experts, professeurs d'universités ou éthiciens autoproclamés, qui font les gorges chaudes. On poursuit avec les commentaires de groupes d'intérêts ou de syndicats qui appellent à une commission d'enquête publique. Et on met les feux sur l'Opposition qui prend le relais à la période de questions de l'Assemblée nationale et qui crie à l'Apocalypse. Tout journaliste digne de ce nom veut être le Daniel Leblanc d'une Commission Gomery. Au terme d'un tel battage, on fait alors un sondage et on rapporte, comme si c'était une surprise, que bien oui !, la population veut une enquête publique !

[…]

L'opinion publique souffre souvent de contradictions. En quelques mois, à Québec, 50 000 personnes sont descendues dans la rue pour protester contre les dépenses du gouvernement et, juste après, 50 000 personnes ont manifesté pour réclamer des fonds publics pour un nouveau Colisée. Les sondages dont les médias sont friands ne veulent plus rien dire parce qu'ils posent des questions hypothétiques. Un sondage a même attribué un vaste appui à un parti qui n'existe pas. Dans une élection, les gens votent à un moment précis sur des enjeux et sur des candidats dûment en lice. Les sondages sur les intentions de vote juste avant les élections sont généralement plus exacts. Entre ces moments précis de choix, manifestement les répondants utilisent les sondages pour se défouler mais leurs réponses ne se traduisent éventuellement pas dans leurs votes.

Robert Bourassa, élu quatre fois par les Québécois, pensait qu'il ne fallait pas confondre les humeurs du moment avec les convictions profondes du peuple. Malgré tout le battage, le peuple ultimement décide. Les voteurs de Montréal ont réélu Gérald Tremblay après des mois de dénonciation et de commentaires négatifs à pleines pages.

De la même manière, les actionnaires ne sont pas si fous non plus. Les Yves Michaud et les Léo-Paul Lauzon de ce monde ont toute la place dans les médias mais les véritables actionnaires, notamment les grandes institutions financières qui gèrent nos fonds de retraite, savent discerner ce qui est dans le véritable intérêt de leurs déposants.

Un des grands défis de la direction des organisations de nos jours est de gérer l'instabilité érigée en système aussi bien par les groupes d'intérêts, l'information continue et les médias sociaux que par les médias traditionnels qui cherchent à rivaliser avec eux. Pas étonnant qu'apparemment, on compte désormais quatre conseillers en communication pour un journaliste.

En conclusion, face à une population de plus en plus éduquée et informée, pour ne pas dire surinformée, le leader a l'obligation d'expliquer les décisions qu'il prend et celles qu'il ne veut pas prendre. Il doit partir du principe que pratiquement tout se sait ou se saura et donc être prêt à la plus grande transparence. À cette fin, il doit s'assurer au départ d'avoir de solides assises au plan de la gouvernance. Plus facile à dire qu'à pratiquer tous les jours dans la vraie vie. Les citoyens ont le droit à la vie privée mais pas les leaders…

Tant dans le secteur privé que dans le secteur public, le leadership en continu nécessite cent pour cent d'attention vingt quatre heures par jour, sept jours par semaine. Pour leur part, les leaders de la classe politique ont beaucoup de mérite, ne bénéficiant hélas que de rémunérations modestes par rapport à leurs responsabilités, avec souvent pour toute prime le mépris. Il faut être fait fort.

À l'heure des grands chocs et du leadership en continu, comment se présentent les quatre catégories de leaders que j'ai évoquées au début : le charismatique, l'entrepreneur, le visionnaire et le bon gestionnaire – habile opérateur ?

Les charismatiques comme Barak Obama semblent avoir des lunes de miel plutôt courtes. L'information en continu risque de raréfier ce genre de leaders. Le Québec a eu son lot de leaders entrepreneurs dont certains sont encore partiellement aux commandes. Mais la génération qui suit ne compte pas beaucoup d'entrepreneurs à la Paul Desmarais, Francesco Bellini,

Rémi Marcoux et Serge Godin, même si certains d'entre eux ont une bonne relève familiale pour gérer l'entreprise qu'ils ont créée. Les Alain Bouchard et Jean-Guy Desjardins les ont suivis de près mais des études récentes montrent en fait que le Québec a un faible taux d'entrepreneurs par rapport aux autres provinces.

À l'heure de la crise financière, de la récession et de l'instabilité économique, le temps ne semble pas propice non plus aux leaders visionnaires. Ce n'est probablement pas le moment des grandes manœuvres mais davantage le temps de la consolidation et de la réduction de coûts.

Comme dans le secteur politique où les héros à panache se font rares, l'heure semble plutôt aux bons gestionnaires et habiles opérateurs qui ont grandi dans l'entreprise et qui souvent, sans faire de bruit, tirent habilement leur épingle du jeu.

L'heure est aux MBA, quoi!

Je vous remercie de votre attention.

POSTFACE
Pourquoi j'ai collaboré à cet ouvrage

Si ce livre existe, c'est en raison de l'insistance et de la persistance des auteurs pour qui j'ai acquis beaucoup d'admiration. Jacqueline Cardinal et Laurent Lapierre s'intéressent à la question du leadership et ont choisi de tenter de le cerner à partir d'observations sur les carrières de chefs d'entreprise. Le leadership est une notion qui m'intéresse aussi parce qu'autant la capacité de diriger est importante dans les entreprises — et dans les firmes de services professionnels en particulier – autant c'est un concept difficile à définir. Les nouvelles générations et l'évolution des mentalités à l'égard de l'exercice de l'autorité en modifient d'ailleurs constamment les caractéristiques.

Le métier de conseil en relations publiques et de dirigeant d'entreprise ne m'a guère laissé de temps pour apprécier des genres littéraires comme les essais philosophiques, le roman ou la poésie. J'ai écrit beaucoup, mais des articles, des éditoriaux, des plans de communication, des mises en situation, des recommandations, des déclarations, des communiqués de presse. De la même manière, je ne regarde généralement la télévision que pour le téléjournal – en changeant le plus souvent de chaînes pour m'aérer l'esprit du ghetto médiatique québécois et écouter les nouvelles ou les émissions culturelles de qualité des stations américaines ou européennes. Je n'écoute pas les téléromans, les émissions de téléréalité ou de variétés. Trop souvent déçu, je vais moins au cinéma qu'autrefois. Bref, je n'ai pas beaucoup de temps pour la culture populaire qui offre peu d'intérêt pour ceux qui se consacrent à exercer des responsabilités de direction. J'ai conscience de rater un aspect de la vie, mais on ne peut pas tout faire. Oui, j'ai conscience d'être quelqu'un qui est défini par son travail.

J'ai lu beaucoup mais, évidemment, en me concentrant sur les pages économiques et politiques des journaux et des magazines du Québec, du reste du Canada, des États-Unis et d'Europe, des publications de sociétés professionnelles de relations publiques ou encore des ouvrages sur le management, en particulier ceux traitant de la gestion de firmes de services professionnels. Des lectures utiles, répondant à la curiosité de quelqu'un dans ma situation. La seule « fantaisie » que je me suis permise est la lecture d'ouvrages biographiques, surtout dans le domaine politique ou celui des affaires. Ce qui ramène à nouveau à la question du leadership.

C'est donc pour cette raison que j'ai finalement accepté de collaborer à cet ouvrage alors que, par tempérament, j'éprouve toujours un malaise à parler de moi. Déformation professionnelle, sans doute, de quelqu'un dont le métier est de mettre les autres en valeur. Mais je n'estime pas vraiment avoir vécu une vie digne de cette attention. D'autant plus que le succès est le plus souvent le fait d'équipes et non d'individus. NATIONAL est le fait de collaborateurs qui, depuis plus de trois décennies, ont contribué à tour de rôle à sa croissance. Je comprends la propension des auteurs de souvent centrer les faits sur ma personne puisque j'en portais la responsabilité ultime. Mais je n'aurais eu pareille carrière sans l'aide capitale de collègues à travers tout le pays et au-delà. On ne le soupçonne pas, mais 75 % des affaires de NATIONAL se font dans une douzaine de bureaux situés hors des frontières du Québec. C'est dire que beaucoup de notre succès est dû à nos dirigeants dans les autres provinces, à Londres et à New York. Si plusieurs collègues sont mentionnés dans cet ouvrage, d'autres occupent des fonctions non moins cruciales. Que tous trouvent ici l'expression de ma sincère reconnaissance.

Les auteurs s'inspirent le plus souvent de ma version des faits qui, sans compter les aléas d'une mémoire toujours défaillante, est nécessairement partielle et partiale. Des acteurs qui ont assisté aux événements décrits en auront sans doute un souvenir différent du mien, ou une interprétation divergente. Sans le vouloir, j'ai dû omettre des personnes et des faits qui auraient mérité d'être mentionnés. Qu'on veuille bien m'en excuser.

Une autre raison d'accepter de collaborer à la publication de cet ouvrage est l'occasion unique qu'il permettait de conserver une mémoire, à travers le regard de tierces personnes, les trente-cinq ans de notre entreprise et d'une époque dans l'histoire des relations publiques chez nous. Si j'avais écrit ce volume, il serait probablement assez différent. J'ai collaboré avec ses auteurs parce qu'il s'agit de gens objectifs, sérieux et expérimentés dans la rédaction de tels récits. Ils ont probablement su, mieux que je n'aurais pu le faire, aborder le sujet d'une manière à intéresser les lecteurs potentiels.

En 2001, mes collègues et moi avons publié un livre écrit en collectif et intitulé *NATIONAL, 25 ans de relations publiques*. L'ouvrage voulait célébrer notre anniversaire et, pour ne pas gâter notre plaisir en l'exposant aux critiques, nous avons décidé de ne pas le distribuer dans le commerce. Nous l'avons publié à compte d'auteur et ne l'avons offert qu'à nos employés et amis. Le présent ouvrage a été rédigé dans une perspective différente et se veut le reflet d'un leadership que j'ai exercé de mon mieux comme journaliste, patron de presse puis comme conseiller en relations publiques, à travers le prisme de la fascinante histoire du Québec et du Canada des cinquante dernières années.

Ce livre devant donc cette fois connaître une diffusion plus large, il faut s'attendre que certaines critiques soient virulentes, non pas sur le propos ou la qualité du livre, mais en raison de la discipline des relations publiques que beaucoup de commentateurs aiment

bien écorcher. Certains journalistes – pas tous – ont un mépris souve-
rain des relations publiques, révélant le plus souvent leur ignorance
dans ce domaine comme dans d'autres.

Parmi mes collègues professionnels des relations publiques, beaucoup s'offusquent encore de ce que les médias disent d'eux. Ils ne
devraient plus en faire de cas. Avec un apport économique évalué à plus
de six milliards de dollars, ils appartiennent à une profession et à une
industrie aujourd'hui plus importante en nombre et en impact financier
que le journalisme. Nous existons. Nous apportons à nos employeurs
ou à nos clients une valeur ajoutée reconnue et appréciée d'eux. Nous
jouons un rôle majeur dans les débats publics. Comme dans beaucoup de
situations, il vaut mieux faire le dos rond, laisser braire et continuer d'agir,
tant il est vrai que la communication est d'abord l'action !

Luc Beauregard

LES AUTEURS

Jacqueline Cardinal, M.A. (Université Harvard), est membre de la Chaire de leadership Pierre-Péladeau à HEC Montréal. Elle est titulaire d'une maîtrise en études françaises de l'Université Harvard, d'un DSA de HEC Montréal et d'un diplôme en traduction de l'Université McGill. Biographe, conférencière, rédactrice et traductrice agréée, elle a traduit des articles pour la *Harvard Business Review* et écrit plus de trente histoires de cas en leadership pour HEC Montréal, qui lui a décerné à deux reprises son prestigieux prix Alma-Lepage. Rédactrice en chef du bulletin *Recherche@HEC / Research@HEC*, elle a été adjointe à l'animation et recherchiste des émissions *Leaders* télédiffusées sur la chaîne Argent. En collaboration avec Laurent Lapierre, elle a publié une monographie et cinq biographies, dont un important ouvrage sur Pierre Jeanniot, directeur émérite de l'IATA et ancien président d'Air Canada, qui est en cours de traduction en anglais. Elle a publié des articles de fond en leadership et des portraits de leaders, tant dans des quotidiens et des revues professionnelles que dans des revues arbitrées. Elle a fait partie du projet *1000 Femmes 2007 – Montréal* du photographe français Pierre Maraval. Son livre *Sid Lee c'est qui?* a obtenu le Grand Prix Grafika 2008 (catégorie Livre).

Le professeur **Laurent Lapierre**, Ph. D. (Université McGill), est professeur titulaire à HEC Montréal et titulaire de la Chaire de leadership Pierre-Péladeau depuis sa fondation en 2001. Partisan convaincu de l'approche empirique, il base son enseignement et ses recherches sur la méthode des cas et le *storytelling*. Il anime les émissions *Leaders* de la chaîne Argent. Il a signé plusieurs articles et essais en gestion et produit plus de deux cents histoires de cas en leadership et management. Sa carrière est ponctuée de prix prestigieux, entre autres le prix de la pédagogie HEC Montréal, le prix 3M de reconnaissance en enseignement, le prix PricewaterhouseCoopers d'excellence en enseignement et le prix Esdras-Minville HEC Montréal. Il a été membre du Comité exécutif du Conseil des Arts du Canada de 2004 à 2007. De 2009 à 2011, il a été président de l'Observatoire de la culture et des communications du Québec (OCCQ). Avant d'entreprendre ses études de doctorat en gestion à McGill, il a été le premier directeur général du Théâtre du Trident. Conférencier recherché en leadership, il s'intéresse à l'industrie culturelle et à la gestion des entreprises artistiques. Il est membre de l'Ordre du Canada depuis 2007.

INDEX